# Gib Deinem Leben Kraft

HUNA-VITA-Lehrbuch des neuen Bewußtseins

Ekkehard Zellmer

Ekkehard Zellmer

# Gib Deinem Leben Kraft

HUNA-VITA-Lehrbuch des neuen Bewußtseins

HUNA-VITA-Verlags-GmbH Friedberg

Anton-Heinle-Str.21, D-86316 Friedberg

2. Auflage 1993



Umschlag und Innengestaltung: Ekkehard Zellmer, Friedberg
Druck: Sofortdruck Center Blasaditsch GmbH & Co KG, Augsburg
Printed in Germany

ISBN 3-929665-00-X

Dieses Buch

ist allen "HUNIS" gewidmet,
die von Realitätstunnel zu
Realitätstunnel hüpfen wollen.

Der Verfasser dankt allen Personen
die an der Entstehung dieses Buches
mitgeholfen haben.

# INHALT

# Der zehnfache HUNA-VITA-RITUS:

# Die 21 Psycho-Bilder

# 1. KAPITEL

**In diesem ersten Kapitel berichte ich Dir in einer Zusammenfassung vom tiefen Sinn und der Aufgabe der HUNA-VITA-Lehre: Wie dieses alte und zugleich neue Wissen praktischer Lebens- und Heilkunst die Qualitäten Deines Lebens wandeln kann. Zugleich erzähle ich Dir etwas über meine Erfahrungen mit HUNA-VITA und über die Aufgabe, die ich aus der geistigen Ebene erhalten habe.**

**Noch etwas solltest Du wissen:**
Ich habe bestimmte Informationen in diesem Lehr- und Einweihungsbuch so gestaltet, daß Dein Unteres Selbst und Dein Mittleres Selbst diese Sachen besonders gut aufnehmen und lernen können.

So gibt es kurze Zusammenfassungen nach Kapiteln, die mit *Fazit:* ........ beginnen. Das ist ein sog. "Anker", ein Signal für Dein Unteres Selbst, diese Aussage besonders fest zu speichern.

Weiter habe ich wichtige Gedankengänge in *"Psycho-Bilder "* umgesetzt. Diese bildlich-energetischen Beschreibungen prägen sich besonders intensiv Deinem Unteren Selbst ein.

Andere Aussagen, die eine sehr wesentliche Grundlage der HUNA-VITA-Lehre sind, habe ich öfters in Varianten wiederholt. Dadurch steigt das Verständnis für dieses Grundlagen-Wissen.

Techniken und Übungen sind in einer bestimmten Abfolge in dem Buchtext integriert. Ich nenne jede dieser Techniken einen "HUNA-VITA-RITUS". Das bedeutet, hier handelt es sich um einen Ablauf bestimmter, aufeinanderfolgender und aufbauender Handlungen, die dann in ihrer Gesamtheit den Übungserfolg ausmachen. In dieser Hinsicht sind der "rituelle" Ablauf und die geistige Einstimmung darauf wesentlich und nicht nur eine Teilübung.

# HUNA-VITA

## Eine neue Dimension des befreiten Bewußtseins.

Nicht erst die moderne Psychologie hat das Unterbewußtsein und die Formen der Komplexe erforscht. Schon die KAHUNAS, die Priester und Eingeweihten der Polynesier, beherrschten ein umfassendes spirituell-psychologisches Weisheitssystem, mit dessen Hilfe sie die feinstofflichen Bewußtseinsebenen des Menschen und der Natur beeinflussen und harmonisieren konnten, so daß der Mensch fähig wurde, sein inneres LICHT, seine Göttlichkeit wiederzuentdecken.

**Es heißt HUNA.**

Das bedeutet soviel wie "geheimes Wissen" um die Kräfte und Fähigkeiten sowie die Göttlichkeit des Menschen.
Dieses geheime Wissen verbarg sich hinter den Wundertaten der Kahunas, wie z.B der Sofortheilung, der scheinbar magischen Erfüllung von Wünschen, der menschliche Schicksalsgestaltung und der Beeinflussung von Wind und Wetter. All dieses war den Kahunas möglich, wenn sie ihre besonderen HUNA-GEBETE mit einem bestimmten System durchführten.

Ich habe dieses alte HUNA-System, verbunden mit neuen westlichen Meditations- und bioenergetischen, bewußtseinserweiternden Praktiken, als **HUNA - VITA** neu erarbeitet und in Europa bekanntgemacht.
So ist es heute jedem möglich, diese spirituell-psychologische Methode zu erlernen. Dadurch erhält jeder die Möglichkeit, bewußt und gezielt die Qualitäten seines Lebens selbst zu wandeln, hin zu mehr innerem Frieden, zum LICHT, zu Erfolg, Gesundheit und Liebe, im Sinn des Neuen Zeitalters.

**Allerdings..**

um diese Qualitäten der Freiheit und des inneren Friedens zu erreichen, ist als *zweites* intensive, disziplinierte, freudvolle Arbeit an sich selbst notwendig. Nicht umsonst berichten die alten esoterischen Schulen darüber, daß die Entwicklungsarbeit an sich selbst die schwierigste Tätigkeit für den Menschen ist. Ja, und was glaubst Du, ist als *erstes* noch wichtiger, etwas ohne das auch intensives Üben und Meditieren kaum etwas nützt?

**"AUFWACHEN zur Freiheit des Bewußtseins"!**

Im Osten wie auch in den geistigen Wissenschaften des Westens herrscht schon seit uralten Zeiten über diese "Freiheit" und den "freien Willen" eine erstaunliche Klarheit. Alle sind zu der Erkenntnis gekommen, daß Hunde, Esel, Katzen, alle Tiere, Pflanzen und der örtliche Bankdirektor, der Hilfsarbeiter, der Chefarzt usw. von gleicher göttlicher Bedeutung und zugleich auch Bedeutungslosigkeit sind.
Man hat erkannt, daß jene klugen Tiere einschließlich der Menschen genausoviel "freien Willen", wie die Pflanzen besitzen und genauso mechanisch, automatenhaft sind. Der Wahn (die Illusion) des Menschen, von allen anderen Lebewesen getrennt und, im Vergleich mit ihnen, himmelweit freier zu sein, ist eine Form der Selbsthypnose, oder so wie ich es nenne, "Tiefschlaf" und "roboterhaft". Nimm es erst einmal so hin, wie ich es Dir hier sage. Später wirst Du selbst Deine "Roboterhaftigkeit" erkennen - und sie vielleicht vor Schreck gleich wieder verdrängen.-

Dazu im Gegensatz stehen westliche Glaubenssysteme christlicher-kirchlicher-demokratischer-psychologischer Natur, die zwar einräumen, daß der Mensch ähnliche Mechanismen wie seine wilden Artgenossen (Affen) aufweist, doch sei der Mensch durch seine höhere Geistigkeit frei und weniger "roboterhaft" in seinen Handlungen als diese.
Nun gehen die meisten östlichen Traditionen davon aus, daß der Mensch schlafend, als "Roboter" in diese Welt inkarniert und genauso als Roboter stirbt. Der "geistig-zivilisierte-kirchliche" westliche Kulturbereich bringt gegenüber dieser Tatsache des "Tiefschlafes" noch wenig Interesse auf. Man geht einfach davon aus, daß man in geistiger, wacher Freiheit geboren ist und nicht erst durch bestimmtes tiefes Wissen, Einweihungen und intensiver Arbeit an sich selbst nichtmechanische Bewußtseinszustände und Verhaltensweisen erreichen kann.

Darum ist man in den östlichen Geisteslehren (und bei HUNA-VITA) schneller bereit zu vergeben. Man weiß - im ganz liebevollen Sinn - daß man von den schlafenden, durch Vererbung, Eltern, Erziehung und Umwelt programmierten "Roboter-Menschen" wenig Wachheit und Verantwortlichkeit erwarten kann.

**Was ist denn nun der "freie Wille"?**

Genau darum geht es hier in diesem Buch. *Erstens,* den Aufwachvorgang wirklich tief zu erkennen und zu trainieren. *Zweitens,* intensiv die HUNA-VITA-Techniken zu üben, um die Wachheit zu steigern und damit die Verbindung zu der hohen Geistigen Ebene. Und *drittens,* dieses Wissen und die HUNA-VITA-Praxis in Deinem Alltag anzuwenden. Und weil ich schon jetzt auf die Arbeit zu sprechen komme, will ich Dir etwas offenbaren.

**Jetzt weihe ich Dich in ein altes mystisches Geheimnis ein.**

Das ist ein Wissen, das noch kaum an die Öffentlichkeit gelangt ist. Die Arbeit, von der ich zuvor sprach, die Dein Bewußtsein und Dein Gehirn wandelt, ist gar nicht Arbeit im normalen Sinn.
Es hat viel eher etwas mit kreativem Spiel, eben mit "Nicht-Arbeit" zu tun. Die Chinesen sagen dazu "das Handeln im Nichthandeln". Buddha sagte: "Der Mensch ist auf das ewige Rad der Wiedergeburt geflochten, bis er erkennt, daß er der Nicht-Handelnde ist."
Genau das ist das Paradox, das viele davon abhält, zu erwachen. Sie wollen zu viel "handeln" und tun, sie grübeln und denken zuviel. Sie wollen kontrollieren, verändern, neue Überzeugungssysteme erdenken und ihre Standpunkte verteidigen. Sie erhalten dadurch lauter "Trostpreise" und halten diese in ihrem Tiefschlaf für die "Hauptgewinne".

Den tatsächlichen Hauptgewinn der Wachheit und des LICHTS verschlafen sie, bzw. sie träumen davon (glauben), wach, bewußt, frei im LICHT zu sein.
Wenn Du also etwas später mit den verschiedenen Übungen (den 10 HUNA-VITA-RITUALEN) bekanntgemacht wirst, betrachte sie als ein

neues, kreatives, hochenergetisches, intensives Spiel. Sollten diese Techniken bei Dir in eine harte Arbeit ausarten, stimmt etwas nicht.
Nur eins ist wichtig. Das ist eines der wenigen, aber wichtigen geistigen Gesetze, von denen schon Jesus, Buddha und die anderen geistigen Eingeweihten sprachen. Das ist das Gesetz, warum u.a. ein Picasso ein Picasso und ein Einstein ein Einstein wurde. Das ist das Gesetz, das über Dein Aufwachen oder Deinen weiteren "Schlaf" mitbestimmt. Das Gesetz heißt:

**Übe jeden Tag spielend. Übe jeden Tag spielend. Übe jeden Tag spielend. Übe jeden Tag spielend. Übe jeden Tag spielend.**

Weißt Du jetzt warum Picasso, Einstein...... soviel geschaffen haben? Weil sie jeden Tag "gespielt" haben! Weil sie ihr Tun einfach geliebt haben.
Und jetzt weißt Du auch schon, wie Du im Tiefschlaf bleiben kannst. Du mußt nur jeden Tag, dann jeden zweiten Tag, später dann einmal in der Woche hart und verbissen HUNA-VITA-Übungen machen.
Dieses Gesetz erklärt auch ganz nebenbei, warum so viele Menschen mit "Müllbergen" von Kummer, Problemen, Krankheiten und Mißerfolg durchs Leben laufen.

*Sie üben hart und verbissen jeden Tag daran, krank zu sein, deprimiert zu sein, früh zu sterben, Probleme zu haben und Mißerfolg zu haben.*

Warum? Weil sie jeden Tag - meist unbewußt = sub-liminal (unterhalb der Grenze des Bewußtseins) - daran "üben". Sie üben jeden Tag verbissen die Gedanken aufrechtzuerhalten: ich kann das nicht - ich bin krank - ich verstehe das nicht - ich bin schlecht und sündig - ich bin dumm usw.....
Daran kannst Du unmittelbar erkennen, wie dieses so machtvolle Gesetz "üb jeden Tag" hervorragend funktioniert - hier sogar im Negativen.

Solltest Du jedoch wach sein wollen und LICHT-Träger sein und gesund sein und lange leben und erfolgreich sein wollen, so empfehle ich Dir, an das Gesetz zu denken und jeden Tag voll Freude, mit Liebe an Deinen Übungen, Aufgaben und Tätigkeiten *spielerisch zu "arbeiten".*
Du kannst Dir denken, daß der Erfolg mit diesem Tun nicht ein absoluter

ist. Jahrelang jeden Tag Tennis zu spielen, heißt noch nicht ein Boris Becker zu sein. Aber ganz sicher kann man besser spielen als die meisten im Stadt- oder Landgebiet.
Sich jeden Tag Sorgen machen, über Menschen ärgern usw. "garantiert" wohl noch keine Depression oder einen Aufenthalt im Krankenhaus oder ein kurzes Leben. Ganz sicher jedoch wird man zu der größeren Gruppe von Leuten in der Nachbarschaft gehören, denen es hundsmiserabel schlecht geht.
Wer sich immer wieder mit dem HUNA-VITA-Wissen und den Techniken befaßt (jeden Tag), ist wohl noch nicht ein "Erleuchteter", er wird jedoch ganz sicher bedeutend wacher, gesünder, harmonischer und liebevoller seiner Welt entgegentreten als viele andere Menschen seiner Umwelt.

***Fazit:***

*Ausschließlich Du bist der Herrscher in Deinem Universum und erschaffst Mangel und Unglück in Deinem "Schlaf." Du erschaffst Fülle und Glück in Deiner Wachheit!*

**Das Universum schenkt Dir und mir und uns allen inneren und äußeren Lebensreichtum in großer Fülle - wenn wir wach sind und das mitbekommen!**

Im Moment, wo Du dies liest, ja, gerade jetzt in diesem Augenblick, in der Sekunde, wo Du ganz bewußt bist, (wach) diese Worte in Dich aufnimmst und zugleich Dein Dasein spürst, bist Du der Mittelpunkt des Universums - von Deinem Bewußtsein aus betrachtet. Und gerade jetzt bist Du dabei, Gefühle, Gedanken, Erleben, Freude oder Leid zu erschaffen.

**Du bist Teil des kosmischen Bewußtseins.**

Zugleich sind wir jedoch auch alle miteinander in *einem* kosmischen Bewußtsein verbunden. Wir sind ein Teil des großen Ganzen. Als Teil dieser

Großstruktur bist Du, bin ich, sind wir alle im Besitz von Informationen über das Universum, so wie jede Zelle unseres Körpers die Informationen über den ganzen Körper in sich enthält. Diese Informationen Deines Mikrouniversums - des Körpers - entsprechen, so erstaunlich das für Dich zuerst sein mag, den gesamten Informationen des großen Makrouniversums.

Diese unglaubliche Fülle des "Mikro-Makrouniversum-Bewußtseins" ist in der Gesamtheit Deines Bewußtseins gespeichert und strukturiert, allerdings meist tief verborgen, unbewußt und "schlafend".
Darum erleben und nutzen wir nur wenige Prozente dieses Universums. D.h. der größte Teil der Menschheit lebt im Mangel. Da schlummern ungenutzt großartige Potentiale von Energie, Wissen und Fähigkeiten in jedem Menschen und außerhalb von uns in der Welt.
*Sogar die Medizin weiß davon, daß der Mensch nur höchstens ein paar Prozente (ca. 5% ) seiner Gehirn- und Bewußtseinskapazität nutzt. Alles andere "schläft".*
Darum ist es auch kein Wunder, daß wir in einer "5%-Welt" leben, die aus ihrem kleinen 5%-Teil-Bewußtsein heraus alles in der Welt aufteilt in wissenschaftlich kleinste Teilchen, in Wissens-Spezial-teil-gebiete, in Grundstücks-teile, Länder-teile mit Teil-Regierungen usw.
Vor lauter Teilen sehen die Menschen und die Wissenschaft nicht das große Ganze. Ein 5%-Bewußtsein zerstört das Ganze - die Welt - zugunsten der vielen kleinen Teile. Und genau dies geschieht gerade überall in dieser Welt. Dabei werden um diese Teile (Teil-Länder, Teil-Ideologien, Macht- und Geldan-teile) schreckliche Verwüstungen und Zerstörungen angerichtet. Wenn all das nicht hilft, werden auch vernichtende Kriege geführt.

## Über 95% unseres Gehirns

und aller damit verbundenen Möglichkeiten an innerem und äußerem Lebensreichtum liegen also brach und warten darauf aufzuwachen, sich zu entfalten und zum *Wohle aller* genutzt zu werden.
Darum sagen die eingeweihten Meister: "Der Mensch ist ein schlafender Gott!"

Bei der Entfaltung dieses in Dir ruhenden, machtvollen kosmisch-göttlichen "95 %-Bewußtseins", das heißt bei Deiner spirituellen (geistigen) und *materiellen* Ent-Wicklung wird dieses schlummernde Wissen freigesetzt für inneren und äußeren Lebensreichtum.

***Fazit:***
*Du bist dazu geboren in der Fülle zu leben und zu lernen. Mangel ist der große Lebensirrtum. Nun, auch darum geht es in diesem Buch, um die bewußte Freisetzung Deiner spirituellen, körperlichen und materiellen Entwicklungsmöglichkeiten. Ich nenne das auch "Befreites Bewußtsein".*

## VITA, neue wissenschaftliche Techniken der Bewußtseinsentwicklung.

**VITA,**
so nenne ich diesen praktischen Teil.

**VITA**
heißt, altes HUNA-Wissen mit neuen modernen Erkenntnissen, Anwendungen und Techniken für die heutige Zeit praktizierbar gemacht.

**VITA**
beinhaltet also neue bewußtseinserweiternde Techniken, z.B. aus der modernen Gehirnforschung, moderne verhaltenspsychologische Anwendungen, Erkenntnisse und Techniken aus der Kinesiologie, der chinesischen Energielehre, das Wissen und die Praxis von Lebensmeisterung und Lebenserfolg und verschiedene andere praktische Möglichkeiten aus den Gebieten der Bewußtseinsforschung und der psycho-energetischen Ernährung.

Aus all diesen heutigen Wissensgebieten und modernen Techniken hat

sich im Laufe der Zeit durch meine eigene Bewußtseins-Forschung und die praktische Anwendung in den Seminaren und die von vielen hundert HUNA-VITA-Praktikern, eine besondere, gezielte HUNA-VITA-Praxis entwickelt.
Das bedeutet, während der langen Forschungs-, Entwicklungs- und Seminarzeit sind nur die besten, wirkungsvollsten, gezieltesten und somit die effektivsten Übungen, Techniken und Erkenntnisse für die HUNA-VITA-Lebenspraxis übriggeblieben.

**Wir sind eine Familie von "Schülern" auf dem Weg des Herzens und des Friedens.**

HUNA-VITA kennt nur Schüler. Wir sind eine große "Familie" von Schülern, die hier auf diesem Schulplaneten Erde Wege und Lernlektionen suchen, um diesen Entwicklungs-Schulungsweg zu "innerem und äußerem Lebens-reichtum" auf dem Weg *des Herzens und des Friedens* zu gehen. Dabei macht es eben mehr Spaß - und das Lernen und Wachwerden ist dabei bedeutend wirkungsvoller und umfangreicher - wenn man mit lieben Freunden gemeinsam lernt und erwacht. Z.B. in den HUNA-VITA-LICHT-KREISEN, während der Kurse und bei anderen gemeinsamen Treffen.
Du wirst also bei HUNA-VITA keinen "Guru" finden, sondern nur Schulfreunde, die sich in unterschiedlichen "Lebens- u. Aufwach-Schulklassen" aufhalten und gemeinsam oder auch alleine lernen, den Meister in sich, ihr Hohes Selbst, zu finden.

Was ich Dir also für Deine Lebensschulung und für Deine Lebensfülle in diesem Buch vorschlagen und worin ich Dich einweihen möchte, sind gezielte Lernlektionen, Verhaltensweisen, Techniken und Gedankengänge, die wirksam sind und Dich in all Deinen Lebenssituationen begleiten, auch dann, wenn diese belastend und schwierig sind.

***Fazit:***
*Diese Lerninhalte sind uraltes HUNA-WISSEN und im Grunde sehr einfach, so wie das Universum letztendlich genial klar und einfach ist.*

Du würdest sehr große Schwierigkeiten haben, wenn Du das in Dir schlummernde göttliche Wissen und die entsprechenden Fähigkeiten mit komplizierten Büchern, Anweisungen und "harter Arbeit" entfalten wolltest.

**HUNA-VITA, eine Erfahrung besonderer Art für viele suchende Menschen.**

So wird die erlernte Praxis dieses Buches für Dich ein beratender Begleiter werden. Es war das praktische und klare HUNA-VITA Wissen, welches mir aus der hohen Geistigen Ebene gegeben wurde, das auch mir einen überzeugenden, sicheren und liebevollen Entwicklungsweg "des Herzens und des Friedens" aufgezeigt hat.

Das bedeutet, alle Informationen, Übungen und Techniken, in die ich Dich hier einweihen darf - von der Ebene meines Hohen Selbst betrachtet und gestattet - sind von vielen Menschen vor Dir ausprobiert und erprobt worden, darauf, daß sie funktionieren.

So hat HUNA-VITA mich und viele andere Mitmenschen durch undurchschaubare Bewußtseinstiefen und wunderbare Bewußtseinshöhen sicher geleitet und wird in Dir die Macht erzeugen, die Qualitäten Deines Lebens - auch in Krisensituationen - so zu bestimmen, wie Du es möchtest.

*HUNA-VITA ist ein Schulungsweg für suchende Menschen, um sich mit den Hochs und Tiefs in der Lebensfülle zu entwickeln und um aufzuwachen.*

*HUNA-VITA, "der Weg des Herzens und des Friedens", vermittelt eine wesentlich erweiterte Sicht des bisherigen und zukünftigen Lebensweges.*

**Gehe "in Spitze" in Deiner Bewußtseinsentfaltung.**

Seit ich HUNA in diesem Leben wiedergefunden habe, führt mich die "Geistige Welt" auf diesem Weg der Bewußtseinsentfaltung so eindeutig und klar, daß ich es jeden Tag immer wieder aufs neue verwundert und beglückt wahrnehmen kann.
Seit langer Zeit erforsche, lerne und übe ich "Bewußtseins-Befreiung und Entfaltung". Das heißt, ich gehe hier "in Spitze". Dieser Ausdruck ist für mich immer der Hinweis verstanden zu haben, wie man *eine* Sache wirklich gezielt und effektiv macht.

Wie schon oben gesagt, befasse ich mich "beruflich" und privat damit, mir selbst und meinen Mitmenschen diesen Weg der Bewußtseinsentwicklung und Befreiung beizubringen, wobei ich von einer hohen Geistigen Ebene aus geführt werde.

Dabei ist die alte HUNA-Weisheit die Grundlage, also das Wissen um die Göttlichkeit des Menschen (Hohes Selbst), das Wissen von den drei machtvollen Seelen-Wesen, von der vitalen Lebensenergie Mana und der Schattenkörpersubstanz Kinoaka.
In all meinen Forschungen, Lehren und Kursen geht es darum, dieses alte, meist theoretische HUNA-Wissen bzw. Ur-Wissen vom LICHT und der menschlichen Psyche für unsere heutige Zeit verständlich und anwendbar zu gestalten.

**Viele Pfade führen zum Gipfel.**

Eines wollen wir jedoch nicht, den Anspruch erheben, als würden wir die einzigen sein, die solch einen Entwicklungsweg und die letzte Wahrheit anbieten. Viele Pfade führen zum Gipfel.

Darum betone ich gerade diesen Punkt der persönlichen Freiheit immer wieder. Denn nur in dieser eigenen, wirklich erkannten Freiheit und Wachheit wird sich Dein wunderbares, geistiges Potential zu Deinem Wohle und dem Deiner Umwelt entfalten können. Und so, lieber Freund, magst Du auch dieses Buch, die Kassetten und die verschiedenen HUNA-

VITA-KURSE verstehen und für Dein Wohl und das Deiner Mitmenschen nutzen.

**Das (HUNA) Geheimnis.**

Gleich zu Anfang spreche ich über das "Geheimnis", das eigentlich kein Geheimnis ist. HUNA heißt Geheimnis. Es ist das Wissen und die erlebte Erfahrung vom UR-LICHT, die Manifestation Gottes in unserer materiellen und immateriellen Schöpfung und auch in Dir selbst. Es ist dies eine so wesentliche und machtvolle Kraft, die in jedes Wissens- und Lebensgebiet hineingreift, daß ich die ersten Kapitel diesem UR-LICHT, dem Geheimnis, gewidmet habe.

Ganz gezielt beschreibe ich darum einen etwas größeren Wissens-Kreis, bis weit zurück an die Urquellen des UR-LICHTS, zu unseren Vorfahren, unseren kosmischen Brüdern und Schwestern, um in Dir das schon immer vorhandene, intuitive Gespür für dieses UR-LICHT und Deine kosmische Zugehörigkeit und Herkunft zu erwecken.
Zugleich werden Dir diese Informationen und auch die Energien, die damit in Zusammenhang stehen, umfassendere Einblicke und ein tieferes Ahnungsvermögen von der wundervollen alten HUNA-Weisheit vermitteln, in die Du vielleicht schon früher einmal eingeweiht worden bist und die Du heute wieder in Dir erweckst, wodurch Dir alles "irgendwie bekannt" vorkommt.

Ansonsten möchte ich Dich bitten, all die Gedanken, neuen Erkenntnisse und Übungen auf Dich wirken zu lassen und spiele mit Deinen Ideen mit. Erlebe, wohin Du geführt wirst, sei offen und frei und, was wesentlich ist, fühle Dich wohl, wenn Du jetzt damit beginnst - zumindest vorerst in Deinen Gedanken

**den siebenfachen Weg des Herzens und des Friedens für inneren und äußeren Lebensreichtum zu beschreiten.**

Das ist die LICHT-Botschaft der HUNA-VITA-Lehre in ganz praktischer Form für die heutige Zeit und die "Neue Zeit" des Wassermann-Zeitalters.

Dieser LICHT- u. Erkenntnisweg wird, wenn Du wirklich bereit bist ihn zu beschreiten bzw. wiederzubetreten, Dich sicher durch die kommenden Turbulenzen des Weltgeschehens und Deines Lebens führen.

## DER SIEBENFACHE WEG DES HERZENS UND DES FRIEDENS

der "innere Weg" der
HUNA-VITA-Praxis.

**1. WEG**
**Das UR-LICHT-Wissen**

**2. WEG**
**Die Drei-Selbst-Seelenwesen**

**3. WEG**
**Der Ernährungs- und Energie-Yoga**

**4. WEG**
**Die Befreiung - "Remothering"**

**5. WEG**
**Die Reinigung - "Clearing"**

**6. WEG**
**Lebensmeisterung - Lebenserfolg**

**7. WEG**
**Selbstheilung - Naturheilung**

**Dieser siebenfache Weg der praktischen HUNA-VITA-LEHRE ist in diesem Buch niedergelegt und vermittelt Dir eine tiefe, umfassende Lernerfahrung, Dich selbst zu erkennen, aufzuwachen und hinter die Formen der Welt zu schauen.**

Der "Siebenfache Weg des Herzens und des Friedens" beinhaltet die Regeln, Techniken, Übungen und die praktischen Anwendungsmöglichkeiten draußen im Alltag, um den Weg des Herzens sicher beschreiten zu können. Der Mensch erfährt seine Macht, die Qualitäten seines Lebens nach seinen eigenen, wachen und ganzheitlichen, Vorstellungen zu erschaffen. Auch erlebt er eine materielle und psychisch-körperliche Verbesserung seiner Lebensumstände. Alte, hinderliche Gewohnheiten werden aufgelöst und durch neue, lebenskonforme Verhaltensweisen ersetzt. Das Verstehen erweitert sich und erstreckt sich auf viele Gebiete des Seins. (Wassermann-Zeitalter- Bewußtsein) Der Mensch erkennt schließlich, daß er Grenzen überschreiten kann, viel mehr ist (nämlich göttlich) und viel mehr tun kann, als er bisher für möglich gehalten hat. Er beginnt aufzuwachen.

***Fazit:***

*Der HUNA-VITA-Pfad des siebenfältigen Weges des Friedens und des Herzens, Bestandteil der HUNA-VITA-Lehre, macht den Menschen zu einem fähigen Mitarbeiter, einem "LICHT-Arbeiter" der aufbauenden Kräfte des Universums. Du erkennst: Du und Deine Mitmenschen haben in sich unter allen Umständen und zu jedem Zeitpunkt die Macht, die Qualitäten des Lebens zu wandeln.*

Heute sollte jedem Menschen die Möglichkeit gegeben werden, mit diesen gewaltigen Kräften des Geistes umzugehen. Wendet der in das HUNA-VITA-Wissen Eingeweihte den "Siebenfachen Weg des Friedens und des Herzens" in seinem Leben konsequent an, führt diese Praxis ihn zu einer körperlichen, seelischen und geistigen Ausgewogenheit und Entwicklung, von der Jesus als "neu geboren werden" spricht.

# 2. KAPITEL

## Der 1. Weg

des Friedens und des Herzens
mit der göttlich-kosmischen Macht
des UR-LICHTES.

**In diesem Kapitel möchte ich Dich auf etwas Wesentliches auf-merksam machen. Vielleicht hast Du es schon geahnt oder bist davon schon berührt worden. Es ist das tiefe Wissen vom UR-LICHT, vom "Geheimnis" und davon, wie Du damit in Kontakt kommst. Dieses "Geheimnis" befähigte die Eingeweihten, die Kahunas, Gestalter ihres Lebens und des Lebens ihrer Mitmenschen zu werden.**
**Es ist das tiefe Wissen, wo, wie und wann Du mit diesen LICHT-Kräften des Kosmos und Deines Hohen Selbst zusammenkommen kannst, um mit Ihnen zu kooperieren.**

Wer ist der wichtigste Mensch in Deinem Leben? Natürlich **DU** selbst! Wer damit beginnt, nach diesem Menschen zu forschen, hat die Reise in sein "Inneres", in die Welt des Wunderbaren, des eigenen inneren UR-LICHTES schon begonnen.
Hierfür möchte ich Dir, lieber Freund, eine bildhafte Geschichte berichten. Diese Art Geschichten nenne ich auch in meinen Kursen für Bewußt-seinsschulung und Befreiung "Psycho-Bilder".

# Die besondere Wirkkraft der Psycho-Bilder.

Zu allen Zeiten sahen sich die großen Meister, die das Wissen von Wahrheit und LICHT verkündet haben, einer gewaltigen Anforderung gegenüber. Und die heißt:
"Auf welchem Weg kann der menschliche Geist von diesem LICHT der Wahrheit erreicht werden und sich dadurch befreien?"

Nur einfach von dieser Wahrheit erzählen, hat sich als wenig sinnvoll erwiesen. Der menschliche Geist ist in seinem Schlaf noch weit davon entfernt, wirklich lichtvolle Gedanken offen und unvoreingenommen aufzunehmen. Das engstirnige kleine Ego befürchtet den Sieg des LICHTES und damit verbunden eine Verminderung der eigenen Dominanzstellung im Leben. Darum erfindet das Mittlere Selbst (5%-Ego) eine unglaubliche Anzahl von Ausflüchten und Widerständen, um in seinem alten Weltbild und in seinen Glaubenssystemen zu verharren - auch dann, wenn es ihm schlecht dabei geht.
Nun, es gibt Wege, die Wahrheiten über diese geistigen Barrieren zu bringen. Es ist das *Psycho-Bild.*

**Wie ist die Wirkung eines Psycho-Bildes zu verstehen?**

Ein Psycho-Bild ist, wie der Name schon sagt, wie ein Bild bzw. ein Film aufgebaut, und die Leinwand ist unser inneres Bewußtsein, das im Gehirn konkret wird. Die Wahrheit ist als "Gleichnis", als Geschichte, mit den entsprechenden Bildern, in dem geistigen "Film/Bild" verpackt.
Mit anderen Worten, eine abstrakte Idee wird in eine bildhafte Vorstellung umgewandelt, die dann mit schon erlebten, eigenen Lebens-Situationen verglichen werden kann und darum verständlich wird.
Wird Deinem Unteren Selbst ein solches Psycho-Bild übergeben, kann es sofort an die Arbeit gehen, weil es eine Information in seiner eigenen "Sprache" bekommen hat. Die Sprache des Unteren Selbst sind bildhafte und gefühlsmäßige Vorstellungen und Bilder. Darum wirkt ein Psycho-Bild wie eine machtvolle Strömung unter der Wasserfläche, verleiht Energie und Erkenntnis und arbeitet <u>sofort</u> mit dem Unteren Selbst und dem Mitt-

leren Selbst, gleichgültig, über welches Wissen Du momentan Zugriff hast. Diese sofort eintretende Wirkung jener "Psycho-Bilder" und Filme erleben die Kursteilnehmer ganz praktisch und hautnah, wenn es darum geht, alte Belastungen aus der Kindheit und Jetztzeit - nachdem sie erkannt und von "Masseenergie" befreit worden sind - zu erlösen und neue, positive Wahlmöglichkeiten für das eigene Leben zu erschaffen. (Falls das noch notwendig ist).

Aus diesen Gründen werde ich sehr oft diese Psycho-Bilder verwenden. Lies Dir diese Texte *besonders genau* durch. Ich habe für Dein Unteres Selbst spezielle "energetische" Wort-Bilder benutzt. Dadurch wird in Dir eine hohe Ebene des Verstehens und Lernens aufgetan.

Wohlgemerkt: Dieses "unterschwellige" Lernen (sub-liminal = unter der Grenze des Verstandes) vollzieht sich meist in Deinem Unteren Selbst und der rechten Gehirnhälfte, unbemerkt vom Mittleren Selbst, dem linearen Verstand der linken Gehirnhälfte. Darum kann es geschehen, daß Du den wirklichen Lernerfolg, die Erkenntnis, den "Hauptgewinn", zeitverschoben, etwas später entdeckst. Das Mittlere Selbst ist langsamer als das ca. 60.000 mal schnellere Untere Selbst. Denk hier einmal an die Reklame die - für das Mittlere Selbst nicht erkennbar - in Filmen eingeblendet wird.

**Fazit:**

*Psycho-Bilder steigern in hohem Maße Dein Verständnis für geistige Prinzipien.*

**Ich sprach weiter oben von der Welt des Wunderbaren, des UR-LICHTES. Wo liegt diese Welt?**

***Psycho-Bild Nr. 1 "Der Lebens-Turm".***

*Stell Dir vor, Dein jetziges Leben spielt sich in den vier Etagen Deines "Lebens-Turmes" ab. Du schaust aus dem Fenster der ersten Etage hinunter und kannst bestimmte, eng begrenzte Teile Deiner vor Dir ausgebreiteten Lebenslandschaft erkennen.*

*Dort, etwas weiter entfernt, erkennst Du einen Ort Deiner Lebensebene, der Dir Probleme bereitet. Hier aus der ersten Etage*

*erkennst Du diesen Problem-Ort schlecht. Alles ist zu weit weg und zu unübersichtlich. In diesem Moment erinnerst Du Dich daran, daß es eine zweite Etage gibt, in der Du schon ab und zu warst, wenn es darum ging, bestimmte Probleme zu lösen.*
*Schnell begibst Du Dich in diese "höhere, zweite Ebene" Deines Bewußtseinsturmes. Während Dein Blick von dieser zweiten Etage aus dem Fenster zu dem problematischen Ort hinüberstreift, nimmst Du jetzt Details dieses Problemortes wahr, die Dir vorher nicht aufgefallen waren. Mit diesen scheinbar neuen und erweiterten Einsichten fällt es Dir leicht, das Problem zu lösen.*
*Ähnliches gilt für die dritte und vierte Etage. Viele Jahre spielt sich Dein Leben nun schon in diesen vier Etagen ab. Mit der Zeit treten immer wieder Gefühle und Gedanken des Zweifels und der Ungewißheit auf, mit so einem Beigeschmack von Sehnsucht nach etwas viel Bedeutungsvollerem im Leben.*
*In einem für Dich sehr wesentlichen Traum erfährst Du etwas von einer "geheimnisvollen" Tür. Tatsächlich findest Du sie auch am folgenden Tag, ganz oben versteckt, im äußersten Winkel der vierten Etage. Während Du Dich noch bemühst, diese scheinbar sehr alte Tür zu öffnen, fragst Du Dich, wieso Dir diese Tür bisher verborgen blieb. Noch ehe diese Frage eine Beantwortung finden kann, öffnet sich Dir die Tür zu einer viel raumvolleren, helleren und lichteren fünften Etage. Mit einem eigenartigen Gefühl der Vertrautheit, etwas wiedergefunden zu haben, durchschreitest Du die Räume. Ein tiefes Empfinden der Wachheit, der Verbundenheit mit Deinem Leben, der Natur und den Menschen durchflutet Dich, wenn Du nun aus dem Fenster hinunter über die Ebene Deines Lebens schaust.*
*Fast scheint es Dir so, als ob sich in Dir etwas verändert hat. Doch mit einem prüfenden Blick aus dem Fenster erkennst Du recht schnell, daß sich Deine Lebenslandschaft, die Menschen, die Arbeit und die Aufgaben nicht verändert haben.*
*Und jetzt weißt Du es. Dein* ***Blickwinkel*** *hat sich verändert. Du bist etwas mehr wach geworden. Alles ist aus dieser erhöhten "Bewußtseins-Ebene" übersichtlicher und verständlicher zu betrachten. Man erkennt größere Zusammenhänge, die vorher in Etage eins bis vier nie sichtbar waren.*

*Das was die Menschen tun, eigene Lebenssituationen, die Aufgaben der Arbeit, all das bekommt durch diesen erweiterten Blickwinkel für Dich eine ganz neue, ganzheitlichere Qualität, von der Du früher manchmal ganz vage etwas erahnt hast.*
*Immer öfters kommt es jetzt vor, daß die LICHT-Strahlen der Wahrheit und Wachheit Deine Bewußtseinsräume dieser fünften Etage viel weiter erhellen, als das je in den unteren Etagen möglich war. Vielleicht mag es Dir vor Aufregung und Glück bei dem Gedanken schwindlig werden, nun einen "Weg" gefunden zu haben, der Dich in weitere, höhere Bewußtseins-Etagen, dem LICHT entgegenführt:*
*in die Welt des Wunderbaren, des LICHTES.*

Ich werde Dir von Tatsachen berichten und besondere geistige und körperliche Übungen vermitteln, die eine Schlüsselwirkung haben, Deine "fünfte Etage" zu öffnen, damit Du auf diesem Weg Deinem inneren LICHT, Deiner in Dir schlummernden Wahrheit und Göttlichkeit, Deiner ganzen, reichen Lebens- und Wirklichkeitsfülle liebevoll entgegengehen kannst : in Deine innere Welt des LICHTES, das Hohe Selbst.

**Wie schnell wandelt sich der Blickwinkel und damit das Leben, wenn das eigene göttliche LICHT entdeckt wird?**

Manche Wandlungen und Ergebnisse geschehen in einem Augenblick. Das sind LICHT-Blicke, die etwas in Dir verwandelt und wacher hinterlassen. Besonders oft geschieht dies natürlich in den hochenergetischen, dynamischen HUNA-VITA-Kursen.
Dabei habe auch ich die Möglichkeit als "Kanal" zu wirken, um die Energien aus der Hohen Selbst-Ebene auf die Teilnehmer zu übertragen. Teilnehmer berichten dann zum Schluß immer wieder, daß diese Woche das größte geistige "Abenteuer" war, das sie je erlebt haben.

Andere Wandlungen und Ergebnisse kannst Du ebenfalls sofort in Dir erfühlen, wenn Du eine grundlegende Tatsache, ein Prinzip verstanden hast. Dann geschieht etwas in Dir. Es öffnet sich eine Tür der erweiterten Wahrnehmung zu Deiner "fünften Etage". Licht des Erkennens dringt in Dein Bewußtsein. Diese Reaktion mag zuerst sehr sacht und noch nicht so machtvoll spürbar sein. Gehst Du aber diesen Weg der Erkenntnis konsequent weiter, wird sich vieles in Deinem Leben wandeln. Typische Bemerkungen von Menschen, die auf dem HUNA-VITA-Weg sind lauten:

*" Ich fühle, seitdem ich HUNA-VITA mache, ganz genau, daß etwas mit mir und in mir geschieht. Ich bin wacher, LICHT dringt in mein Leben und verwandelt die Welt in mir und um mich."*

Dein Leben beginnt mehr von innen nach außen zu fließen. Die äußerlichen Lebensstürme jagen Dich nicht mehr vor sich her wie ein welkes Blatt im Wind. Die ganzheitlichen, harmonischen Wandlungen, die sich in Deinem Inneren (Unteres Selbst, Mittleres Selbst und Hohes Selbst) vollziehen, spiegeln sich in Deinen äußeren Handlungen wider.
Du kannst tatsächlich *wach beobachten* (das ist eine neu erweckte Qualität Deines Mittleren Selbst, "der Beobachter". Ich erkläre das im Kapitel vom Mittleren Selbst), auf welche Weise Du Dein Leben vervollkommnen kannst. So mag Deine berufliche und private Situation neuen Auftrieb erhalten. In den Beziehungen zu anderen Menschen bist Du nachsichtiger, verständiger und liebevoller. Du kannst auf einmal Grenzen überschreiten, die Dich vorher in Deinem freien Verhalten eingeengt haben. Vor allem aber wirst Du die zwei fundamentalen Gesetze erkennen, nach denen jeder Mensch strebt:

**1. Gesetz** : Jeder Mensch möchte geliebt werden.
**2. Gesetz**: Jeder Mensch möchte lieben.

**Fazit:**

*Du erfährst, nach und nach, wie die LICHT-Kraft, die Wahrheit in Dir, im Leben praktisch anwendbar wird, sich als der "Weg des Herzens und des Friedens" darstellt.*

**Der Mensch beginnt nach dem LICHT zu fragen.**

Damit beginnt es: Überhaupt erst einmal auf den Gedanken zu kommen, daß so etwas wie dieses LICHT, das Hohe Selbst, der göttliche Funke, in Dir existiert. Das ist eine *erste* und wesentliche Aufgabe von HUNA-VITA bzw. diesem Buch, den suchenden Menschen und Dir diese LICHT-Botschaft zu übermitteln. Wie sollen Menschen sonst diese innere LICHT-Kraft finden, wenn sie davon *kein* Wissen haben?
Wer sucht schon nach etwas, von dem er nichts weiß?

**Das Wissen um die Wahrheit der LICHT-Kraft.**

Die Frage ist zu Anfang also immer die: Wie kann der Mensch von dieser Wahrheit der LICHT-Kraft erfahren? Wer die Einsicht hat, zu sagen : "Ich weiß nichts von dieser LICHT-Kraft und den im Menschen schlummernden Fähigkeiten", hat einen ersten großen Erkenntnisdurchbruch gewonnen, zu einer neuen Weisheit. Diese heißt: "Jetzt bin ich mir erst bewußt, daß es etwas Großartiges gibt, von dem ich noch nichts weiß. Jetzt weiß ich, daß es für mich eine Befreiung gibt."
Überlege, wie vielen Menschen Du tatsächlich begegnet bist, die Dir vielleicht mit strahlenden Augen sagten: " Jetzt weiß ich, daß es für mich eine Befreiung gibt!" Hierzu möchte ich Dir nun wieder ein Psycho-Bild erzählen.

***Psycho-Bild Nr. 2 "Das Kloster der Lebensfülle".***

*Du gehst in einer Landschaft Deiner Wahl spazieren. Der Grund dieses Gehens ist der, daß Dir jemand, dem Du vertraust, von einem sehr alten Kloster erzählt hat, in dem die Mönche ein Wissen und praktische Übungen kennen, Dein Leben vitaler und gesünder zu gestalten und das Altern weit hinauszuschieben. Jeder, der dieses Kloster findet, wird von den Mönchen in das Geheimnis des gesunden und langen Lebens in der Fülle eingeweiht.*
*Und darum bist Du nun auf dem "Weg". Es ist ein langer und mühsamer Weg. Oft hat es den Anschein, daß Du die Richtung verloren hast oder scheinbar unüberwindliche Hindernisse von Felsen, Schluchten und dichten Wäldern Dich daran hindern wollen, das Ziel*

*zu erreichen. Immer öfters fühlst Du in Dir eine enttäuschende Mutlosigkeit aufsteigen, mit den Gedanken des Zweifels, ob es dieses Kloster überhaupt gibt.*

*Du erinnerst Dich daran, wie Dein Freund Dir noch kurz vor der Abreise sagte, daß man das Kloster schon aus großer Entfernung an einem sehr hoch aufragenden, goldenen Kreuz auf einem Turm erkennen kann. Aber solange diese Reise nun auch schon dauert, nirgends konntest Du dieses Zeichen entdecken. Darum erinnert Dich diese Wanderung fast schon an einen schweren Traum, aus dem Du schnellstens erwachen möchtest, und alles ist vorbei .*
*Und dann ist es soweit. Plötzlich, in der untergehenden Abendsonne, siehst Du etwas aufblitzen, dort über dem bewaldeten Kamm eines Berges. Mit Deinem Fernglas kannst Du es jetzt ganz genau erkennen. Da, in dem farbigen Abendhimmel glitzert Dir das Kreuz des so lange gesuchten Klosters entgegen. Dir mag es vorkommen wie eine herzliche Einladung, nun voll Zuversicht diesen beschwerlichen Weg weiterzugehen.*

*In den nächsten Stunden und Tagen erlebst Du an Dir etwas Erstaunliches. Obwohl Du auf diesem letzten Stück Deiner Wanderung, genauso wie auf dem ersten Wegteil, in falsche Richtungen gegangen bist, vor Hindernissen standest, so war jetzt in Dir ein ganz tiefes Wissen, daß es dieses Kloster des Wissens gab. Ja, es existiert wirklich. Erst jetzt ist es Dir richtig bewußt, daß es dieses großartige Kloster gibt, von dem Du vorher nichts gewußt hast! Das reicht Dir. Jetzt weißt Du, daß es für Dich eine Befreiung von Krankheit gibt, und erst jetzt ist es für Dich wirklich möglich, diesen Weg des Wissens um das Geheimnis der Gesundheit zum Kloster zu gehen. Jetzt ist in Dir eine Flamme der Erregung und Neugierde entfacht, die alles in Dir in Vitalität verwandelt. Immer öfters sahst Du das Kreuz, bis Du das Kloster schließlich erreicht hast.*

Ich möchte Dich bitten, dieses Bild und die Sätze davor und danach, ganz tief in Dich aufzunehmen und mit besonderer Sorgfalt zu lesen.
Wenn Du dieses hier aufgezeigte Prinzip des "*Wissens um eine Sache*"

wirklich verstanden hast, dann machst Du in diesen Minuten des Lesens größere Fortschritte als sonst in vielen Monaten.

**Fazit:**
*Der Mensch erlangt keine Befreiung seines Bewußtseins, wenn er sich nicht bewußt ist, daß dieser göttliche Zustand des UR-LICHTES in ihm wirklich existiert!*

Kein Mensch, auch Du nicht, wird etwas suchen und eifrig verfolgen, wenn Du nicht tief in Dir ein zumindest intuitives Wissen hast, daß es vorhanden ist. Es muß Dir *vorher* bewußt werden, daß in Dir eine gänzlich neue Welt existiert, von der Du *vorher* noch nichts gewußt hast.
Diese "neue Welt" des LICHTES, der Göttlichkeit, der Lebensfülle wurde zu allen Zeiten der Menschheit mal deutlicher und mal in Andeutungen, verkündet.

**Bitte mach es Dir jetzt bewußt:**

Wie wenig Menschen haben dies erkannt und sind diesen Weg bisher gegangen! Warum? Ihnen war ganz einfach nicht *wirklich bewußt*, daß es diesen LICHT-Weg gibt! Mach einen Test dafür und frage Deine Freunde, Kollegen usw., ob sie je etwas über diesen Weg des LICHTES erfahren haben.
Ob sie überhaupt eine Ahnung davon haben, daß es diesen Weg tatsächlich gibt. Dieser Weg ist also nur darum ein Geheimnis, weil Millionen unglücklicher Menschen es nicht ahnen, annehmen und verstehen. Du, liebster Freund, (Freundin ist mit eingeschlossen) kannst es wagen, anders zu denken und bereit zu sein. Du kannst es wagen, Dich auf den folgenden Seiten diesem UR-LICHT-Wissen zu öffnen. Dann wirst Du die Wahrheit, die Lebensfülle und die Liebe erkennen, die Dich befreit.
Das "geheime HUNA-VITA-Wissen" ist also nur ein Geheimnis, weil es viele Menschen nicht wissen und verstehen. Weil sie es nie von ihren Eltern, der Schule und in ihrer Ausbildung erfahren haben.

**Fazit:**
*Die Wahrheit der LICHT-Kraft, des inneren Lebensreichtums wird gefunden durch die Frage danach und das darauf folgende Bewußtsein seiner Existenz!!*

## Das UR-LICHT.

Das LICHT, von dem die Rede ist, wird als das Urlicht bezeichnet, das in die Welt kam als die Schöpferkraft, die von einem Ende zum anderen des Universums strahlt und alles erschafft. Wie diese machtvolle LICHT-Kraft wiedergefunden werden kann, besonders in einem selbst, ist Kern der Überlieferung aller Lehren, Mysterienschulen, vieler Botschaften aus dem Kosmos und auch von HUNA-VITA. Alle bekennen sich zur LICHT-Suche; sie gehört zu ihrem innersten Wesen.

Weiter wirst Du bei dieser Suche nach dem UR-LICHT Antworten erhalten auf die Fragen: "Woher komme ich, wer bin ich, wohin gehe ich?" Du wirst Antworten erhalten auf die Fragen nach dem *Sinn* des "Leides", der Probleme und Krankheiten und Du wirst Antworten erhalten, wie das eigene Leben erfolgreich und stark mit diesem UR-LICHT verlaufen kann und warum das Leben bisher so "schwach" verlief ohne das Wissen vom UR-LICHT in Dir.
In der HUNA-VITA-Lehre wirst Du auf Deiner Reise alles finden, was diese Fragen beantwortet und wessen Du zu Deiner inneren Entfaltung bedarfst. Die Frage, was es für Dich bedeutet, das LICHT wiederzufinden, beantwortet HUNA-VITA und zeigt damit an, daß diese LICHT-Suche ein zentrales Element der Lehre ist.

### Die Wahrheit, die Kraft, das LICHT.

Hier möchte ich Dir gleich etwas über diese Wahrheit des LICHTES berichten. So selbstverständlich wie ich hier diesen Satz über das LICHT formuliert habe, so schwierig, ja "lebensgefährlich" war es, über so etwas

in alten Zeiten zu sprechen.
Da es heute nun nicht mehr "lebensgefährlich" ist, darüber öffentlich zu sprechen - vielleicht für einige Institutionen unangenehm - möchte ich näher auf dieses so lange gehütete LICHT-Geheimnis eingehen, das zugleich auch das alte HUNA-Geheimnis ist, welches uns unsere kosmischen Geschwister übermittelt haben.

Nach der östlichen Lehre des "Karma-Gesetzes" unterliegt der Mensch dem lang andauernden "Rad der Wiedergeburt", bis er das Karma-Gesetz völlig erfüllt hat, durch den stetigen Wiederholungs- und Lernprozeß eines neuen Lebens, bzw. bis er erkannt hat, daß er der *Nicht-Handelnde* ist. (Auf diesen so wesentlichen Gedanken des "Nicht-Handelns" komme ich später noch zu sprechen.)
Dieser Lern-Lebensweg ist die Ent-Wicklung von den vielen Ver-Wicklungen der vergangenen Leben. Und gehe nicht in die so verbreitete Falle zu glauben, Karma-Verwicklungen seien nur die "schlechten Taten" der Vergangenheit. Nein, karmische Verwicklungen beinhalten *beide* Lebenspole. Die guten, wie die schlechten! Auf dieses äußerst wichtige Lebensthema werde ich später noch im kosmischen Gesetz der Polarität genauer eingehen. Der Lebensweg der Entwicklung eines jeden Menschen vollzieht sich auf der Grundlage von zwei "freien" Wahlmöglichkeiten:

1. Der Erkenntnis-Weg (Wachheit)
2. Der Leidens-Weg (Schlaf)

**Der lange Leidensweg, der Schlaf ( 2 )**

ist den Nicht-Wissenden, also dem größten Teil aller bisherigen Völker vorbehalten. - Sieh Dir den Lebens- und Leidensweg heutiger Völker an, und Du erkennst worüber ich spreche.

Dieser 2. Leidens-Weg bezeichnet das "Rad der ewigen Wiedergeburt".
Wie man diesen Leidensweg, das Rad der ewigen Wiedergeburt, durchbrechen kann, war den Eingeweihten vieler Völker bekannt und wurde als eines der wesentlichsten Tempelgeheimnisse bis in die heutige Zeit bewahrt. Dieses Wissen ist letztlich *das* innere Geheimnis fast aller Weis-

heitslehren, Religionen und natürlich auch der alten HUNA-Lehre.
Bedeutet dieses geheime Wissen doch nichts anderes, als selbst frei und eigenverantwortlich sein Schicksal zu gestalten, *unabhängig* von Menschen, jeglichen Institutionen und Kirchen. D.h. die Macht der Priesterkaste, der Kirchen, der Gurus und der politischen Regierungen verliert Einfluß und Wirkung auf das Volk bzw. den einzelnen Menschen.
Sag mir, welche Institution will so etwas schon? Wird doch der Mensch mit diesem Wissen und der Praxis, kaum noch zu manipulieren und zu regieren sein. Welche irdische Macht hat daran Interesse, nicht regierbare Menschen regieren zu wollen? Jedem Politiker und guten Kirchenmann werden Schweißperlen auf die Stirn treten, wenn er daran denken muß, sich diesen Menschen zur Wahl und damit zur Begutachtung zu stellen!

**Dieses ist der Weg der Erkenntnis, der Wachheit ( 1 )**

der nicht wie der Leidensweg außen, im Exo-terischen, sondern im Inneren, im Eso-terischen, gefunden wird.

***Fazit:***

*Das alte, verborgene Tempelgeheimnis heißt: Du bist ein göttliches Wesen. In Dir ruht der göttliche Funke des LICHTES. Du bist immer verbunden mit dem göttlichen UR-LICHT, mit GOTT, weil in Dir selbst ein Teilaspekt Gottes, der göttliche Funke, Dein Hohes Selbst, ruht, und darum bist Du nicht sündig. GOTT ist UR-LICHT, ewige, allesumfassende raumvolle Liebe. Darum gibt es keinen strafenden Gott.*

Nicht umsonst sagten die Eingeweihten: *"Der Mensch ist ein schlafender Gott"*.

Weiter beinhaltet dieses alte Tempelgeheimnis, was der Mensch tun muß, um aus seinem "Schlaf" des Nicht-Wissens (Leides) aufzuwachen, um mit dieser göttlichen LICHT-Kraft in sich, außerhalb von sich und im Kosmos zu kooperieren. (Erkenntnis und vor allem Erkenntnis und Praxis vom "Nicht-Handeln") Liebster Freund, überlege einmal, hast Du je von Deinen

Eltern, Erziehern, Lehrern, vom Staat und von der Kirche so etwas gehört: *"Mit der LICHT-Kraft in Dir und im Kosmos zu kooperieren und sie für alle Belange Deines Lebens zu nutzen, um eigenverantwortlich und frei zu sein?"*

Im Gegenteil, man hat den meisten von uns beigebracht, sündig und gottfern zu sein und von einem strafenden Gott zur Verantwortung gezogen zu werden. Fürwahr, dieses alte Wissen vom UR-LICHT ist bis auf den heutigen Tag noch immer geheim! Und wird ganz bewußt geheimgehalten!

***Psycho-Bild Nr. 3 "Das Versteck".***

*Eine alte Geschichte berichtet folgendes:*

*Als Gott die Welt und den Menschen erschaffen hatte, wollte Er dieses Geistesprinzip der göttlichen Schöpferkraft, "die Göttlichkeit im Menschen" das LICHT, so verbergen, daß es der Mensch noch nicht erkennen, handhaben und evtl. mißbrauchen kann. Also wollte er dieses Geistesprinzip auf dem höchsten Berg verstecken. Dann kam Er allerdings zur Einsicht, daß der Mensch dieses geheime Prinzip dort oben wohl doch sehr schnell finden wird. So kam Ihm die Idee, es auf dem tiefsten Grund des Meeres zu verstecken. Aber auch hier, so meinte Gott, würde es der Mensch entdecken.*

*Und dann kam Ihm der wahrhaft "göttliche" Einfall: Er versteckte dieses göttliche Prinzip - das alles erschafft - im Menschen selbst. Und wahrlich, das war ein vollendetes Versteck.*

*Denn bis heute hat kaum ein Mensch seine in ihm schlummernde Göttlichkeit, sein UR-LICHT, erkannt!!*

**Hohe Eingeweihte "verraten" das Geheimnis des LICHTES.**

Im Laufe der Geschichte der Menschheit traten immer wieder hohe Eingeweihte auf, die diesen Weg des LICHTES und der "Befreiung" vom Karma der Wiedergeburt, oft unter Einsatz ihres Lebens, dem Volk mitteilten.

☞ Was war das für ein Geheimnis, daß dieses UR-LICHT menschliches Karma, also die eigenen Verwicklungen, Blockaden, Ängste und "Sünden" auflösen kann?

☞ Was war das für ein Geheimnis, daß praktisch jeder Mensch *selbst* sich aus seinen Verwicklungen und Sünden befreien kann? Ohne Priester, ohne Kirche und ohne Psychologen?

☞ Was muß das für ein Geheimnis sein, daß Menschen umgebracht, eingesperrt und in ihrer Freiheit beschränkt wurden, wenn sie dieses Geheimnis verrieten, bzw. unerlaubt selbst praktizierten?

**Die Antwort**

auf dieses Geheimnis ist - wie alles Große und Geniale - einfach. Es ist im wahrsten Sinne LICHT-Physik, "Meta-Physik". Diese geheime "LICHT-Formel " heißt:

*"Die jeweils höhere Schwingung (LICHT-Schwingung)*
*transformiert die niederere Schwingung."*

**Praktisch bedeutet das:**

Die niedrig schwingenden geistigen Verwicklungen, Ängste und Verfehlungen, die im Unteren Selbst des Menschen gespeichert sind, werden durch die "höhere, lichte Weisheit" des einströmenden UR-LICHTES aus der Ebene des eigenen Hohen Selbstes aufgelöst, transformiert !
Das ist die alte, geheime "LICHT-Physik", deren genaue Anwendungstechnik noch heute - besonders von der Kirche, falls sie es noch genau weiß - verschwiegen wird. Was würde wohl geschehen, wenn Menschen sich auf diese Weise *selbst* erlösen würden?

Einen ganz frühen Hinweis auf solch einen Eingeweihten, der dieses LICHT-Geheimnis "verriet", finden wir in der altägyptischen Zeit. Der Pharao Amenophis IV, später auch als Echnaton bekannt, (seine Frau war die Nofretete) hat dieses uralte Weisheitsprinzip der Befreiung, des LICHTES,

das Prinzip der lebensspendenden Liebe *eines* Gottes, aus der Verborgenheit der Tempel dem Volk offenbart. Mit dieser Tat hat er natürlich den Zorn der ganzen Priesterkaste auf sich gezogen, und man hat ihn ca. 20 Jahre später umgebracht.
Das äußere Abbild dieses LICHT und Liebe gebenden Gottes war die Sonne. Dahinter stand das göttliche LICHT, das *durch* die materielle Sonne sich dem Menschen offenbart. Diese "neue Sonnenreligion" war eine der größten religiösen Wenden der vorchristlichen Zeit und findet sich in Abwandlung im "esoterischen Christentum", der Lehre Christi und noch viel früher in der Essener- und HUNA-Weisheit exakt wieder. Bekanntlich hat Jesus - der dieses Geheimnis vom göttlichen Menschen ebenfalls lehrte - den Zorn der gesamten jüdischen Priesterkaste auf sich gezogen und wurde aufgrund ihrer Befürwortung gekreuzigt.
Da HUNA sehr eng mit der esoterischen christlichen Geheimlehre zusammenhängt, will ich später noch etwas genauer darauf eingehen.

**Nun weiter zu dieser so geheimnis- und machtvollen LICHT-Kraft:**

Wie oben schon beschrieben, geht es zuerst einmal darum, von der Existenz dieser LICHT-Kraft und dem möglichen, wirklichen Kontakt zu wissen. Und Du weißt jetzt, daß gerade dieses Wissen von der LICHT-Kraft und der Kontaktmöglichkeit bis heute in vielen Fällen vor der Öffentlichkeit verschwiegen wird.
Damit Du Dir ein klareres Bild von dieser LICHT- GOTTES - Kraft außerhalb und in Dir machen kannst, wähle ich nun wieder ein bildhaftes Gleichnis, (Psycho-Bild) das besonders gut von Deinem Unteren Selbst aufgenommen und später schnell abgerufen werden kann.

### *Psycho-Bild Nr. 4 "Das Augen-Universum".*

*Du bist jetzt sehr sehr klein. Noch kleiner. Du bist so klein, daß Du im Hohlraum Deines Auges stehen kannst. Um Dich wölbt sich dieser dunkle Innenhohlraum Deines Auges wie ein Nachthimmel. Du weißt, daß irgendwo weit hinter Dir, im Augenhohlraum-Hintergrund, eine elastische, netzartige Haut gespannt ist. Man nennt sie Netzhaut. Noch ist alles um Dich herum in eine völlige, tiefschwarze Dunkelheit*

*getaucht. Doch auf einmal scheint sich dort oben, am Himmel des Augenhohlraumes, etwas Phantastisches zu ereignen.*
*Jetzt mußt Du sogar Deine Augen schließen. Es sieht so aus, als ob an diesem Nacht-Augenhimmel eine unglaublich hell gleißende Sonne aufgegangen ist. Du gehst jetzt aus diesem hellen Lichtkegel heraus, etwas zurück in den noch dunklen Teil des Augenhohlraumes. Von hier aus kannst Du ungeblendet diese erstaunliche "Sonne" am Himmel des Augenhohlraumes beobachten, die ihre Lichtstrahlen genau auf die große, ausgespannte Wand der Netzhaut wirft.*

*Dort hat sich jetzt ein helles, glitzerndes, rundes Lichtfeld abgebildet, und Du kannst genau beobachten, wie die Netzhaut-Wand durchsichtig erscheint, mit ihren pulsierenden Blutadern und glitzernden Nervensträngen.*
*Jetzt wird Dir auch klar was geschehen ist. Das, was Du zuerst für eine Sonnenscheibe gehalten hast, ist gar keine Sonne, sondern nur die Öffnung, die Pupille, am Augen-Himmel, durch die eine unglaublich helle "Licht-Flut " hereinströmt.*

*Könnte nicht auch unsere Sonne am Himmel solch eine "Pupillen-LICHT-Öffnung" sein, durch die das UR-LICHT auf unsere Erde strömt und alles zu Leben wandelt?*
*Vielleicht erahnst Du jetzt eine tiefe, machtvolle, verborgene Weisheit des alten Ägypten und zugleich auch des Kosmos.*
*Da fließt und pulsiert nun Licht in das Auge, auf die Netzhaut. Analysieren wir dieses Licht, so werden wir feststellen, daß viele Frequenzbereiche der unterschiedlichsten Lichtwellen vorhanden sind: Lichtwellen von Gegen-ständen, Menschen, Buchstaben, der Natur usw. Dieses ins Augeninnere strahlende Licht besteht also aus einer unglaublichen Menge an Lichtwellen-Informationen, die von irgendwo* ***außerhalb*** *des "Augen-Universums" kommen, durch das ganze innere Augen-Universum strahlen und auf der Netzhaut eine Bewußtseinsreaktion hervorrufen.*
*Wie im Kleinen, so im Großen. In Deinen Gedanken machst Du nun einen Sprung vom kleinen Mikrokosmos des Augenraumes in den großen Makrokosmos des Welt-Raumes. Und da entdeckst Du es in*

*Deiner Hellsichtigkeit. Von einem Ende des Universums strahlt aus einer "UR-SONNE", aus einem Bewußtseinspunkt allen Seins, dieses UR-LICHT durch das ganze Universum. Und ALLES ist in diesem UR-LICHT enthalten, jede nur vorstellbare Geistinformation, jede nur erdenkliche Schwingungsfre-quenz. Alles ist durch und durch göttliche UR-LICHT-Natur.*
*Jetzt kannst Du sogar beobachten, wie diese UR-LICHT-Frequenzen und Informationen mit Deinem in Dir schlummernden göttlichen Funken (das HOHE SELBST) in Resonanz kommen und ihn beleben (wie das Licht auf der Netzhaut). In Dir entsteht Bewußtsein. Da Du in diesem Spiel schon so weit entwickelt bist, so geöffnet, so wach für einen großen Teil dieser UR-LICHT-Informationen, erfährst Du in Dir nicht erklärbare, göttliche ALL-Bewußtseinsfrequenzen. Jetzt bist Du ein Wissender, ein Eingeweihter des ALL-Bewußtseins geworden........*

**Das Hohe Selbst hat Resonanz zum UR-LICHT.**

Ähnliches, meist in weit abgeschwächter Art, je nach dem Entwicklungs- und Öffnungsgrad, erfährt jeder Mensch, der den esoterischen Weg geht: diese Verbindung des Gottes-Bewußtseins bzw. des UR-LICHTES mit seinem eigenen göttlichen Funken, dem HOHEN SELBST. Es entsteht die Kommunion, die Zwiesprache und Verbindung mit dem GOTT-UR-LICHT und dem eigenen Hohen Selbst.

Die Herstellung dieser Verbindung zum eigenen HOHEN SELBST und die damit verbundene Resonanz zum GOTT-UR-LICHT ist der praktische Teil der HUNA-VITA-Lehre, zugleich das alte Tempelgeheimnis und zugleich auch das alte HUNA-Geheimnis von Mu und Atlantis, das aus dem Kosmos zu uns kam.

**Fazit:**
*Der göttliche Funke in uns, das Hohe Selbst, kommt mit dem ausgestrahlten UR-LICHT in Resonanz und wir empfinden in uns GOTT als UR-LICHT.*

So stellt das HUNA-VITA-SYSTEM einen vollständigen Entwicklungs- und Befreiungsweg über den Vorgang der Selbstfindung, der Lebensmeisterung, der Selbst- und Geistheilung, bis hin zum Erlangen des Zustandes des "inneren Friedens" (Verbindung mit dem Beobachter und dem UR-LICHT) dar. Aus der Gesamtheit schließlich erwächst die Fähigkeit, das eigene Leben wach und nach eigenem Willen im geistigen LICHT zu gestalten.

Im nächsten Kapitel wirst Du von den Eingeweihten und Wissenden erfahren, die schon in der frühesten Zeit dieses UR-LICHT-Wissen in dem alten HUNA-System niedergelegt haben, und was dieses Wissen für Dein Leben bedeutet.

*Wir sagen:*

*Menschen mit diesem UR-LICHT-Wissen*
*beschreiten den "Weg des Herzens und des Friedens."*

# 3. KAPITEL

## Die Quelle des UR-LICHT-WISSENS.

**In diesem Kapitel wollen wir uns dem Anfang, der Quelle des großen, machtvollen Weisheits-Stromes des UR-LICHTES nähern. Wir wollen erfahren, wo und durch wen dieses UR-LICHT-Wissen auf unseren Planeten gebracht wurde. Laß Dich durch die folgenden Aufzeichnungen in Deinem tiefen Ahnungsvermögen vom UR-LICHT inspirieren, auf daß es Dir immer mehr zur Gewißheit wird:**
**Dieses UR-LICHT existiert. Du kannst mit diesem LICHT kooperieren so wie viele "aufgewachten" Menschen vor Dir.**

## Woher kommt HUNA?

An vielen Orten der Erde finden wir jenes geheime Wissen um die LICHT-Kräfte und Fähigkeiten, die meist verborgen im Menschen schlummern. Dieses Wissen ist uralt, wurde stets geheimgehalten und nur wenigen mitgeteilt. Die mystische Suche nach diesem geheimen Wissen gehört zu den fortgeschrittenen Stufen der Entwicklung des Menschen.

Auch HUNA ist eine solche, rund 12000 Jahre alte (wahrscheinlich noch viel ältere) psychologisch-spirituelle Weisheits- und Geheimlehre. Der amerikanische Forscher Max Freedom LONG entdeckte diese solange verborgen gehaltene Geheimwissenschaft praktisch anwendbarer Lebens- und Heilkunst im polynesischen Raum auf Hawaii. ( Um 1917)
Die KAHUNAS, das heißt "Hüter des Geheimnisses", waren Priester und Eingeweihte, die dieses geheime Wissen nur bestimmten Personen von Generation zu Generation weitergegeben haben. Mit Hilfe ihres so

machtvollen Wissens haben sie nicht nur ihr eigenes Leben und Schicksal gestaltet, sie wurden auch zu den mächtigen und führenden Persönlichkeiten ihrer Zeit.

**Vier besondere Fähigkeiten zeichneten die Kahunas aus:**

**1.** Die Sofortheilung von Krankheiten jeder Art. (HUNA-Heilung)
**2.** Sie konnten mit Hilfe der spirituellen HUNA-Praxis die Zukunft des Menschen erforschen und zum Besseren wenden. (HUNA-Schicksals-gestaltung)
**3.** Sie konnten barfuß über glühende Kohlen gehen.
**4.** Sie beeinflußten Wind und Wetter. (HUNA-Naturheilung)

Die Fähigkeit zu diesen erstaunlichen Phänomenen war nur möglich, weil die Kahunas schon damals umfassende Erkenntnisse auf dem Gebiet der menschlichen Psyche und der paranormalen Geisteskräfte des Menschen besaßen. Aber genauso wußten sie Bescheid über die meta-physischen Elemente der Natur und die universellen, kosmischen Gesetzmäßigkeiten.

**Man nimmt an, daß all dieses ein Erbe aus der Zeit von Mu und Atlantis war und aus dem Kosmos zu uns kam.**

Die Hotumatu-Sage der Polynesier erwähnt, der König habe sein Geburtsland (Mu) verlassen, bevor es im Ozean (Pazifik) versank, weil er vorausgesehen hatte, was eintreten würde. Die Gelehrten des Mutterlandes Mu, eingeweiht in die Geheimnisse des Kosmos, hatten ausreichende Kenntnisse über Mensch, Natur, bis hin zur Astronomie und hatten den Untergang von Mu vorausgesehen. Die polynesischen Inseln sind die Landreste vom ehemaligen Kontinent Mu, der im Pazifik, zwischen Amerika und Asien lag.

*Max Freedom LONG* berichtet, daß er unter dem Deckmantel der polynesischen Alltagssprache eine alte "heilige Sprache" entdeckte, die mit der Ur-Muttersprache der Polynesier (der "Leute von Mu") entstanden sein mußte, also in einer Ur-Zeit, in der Dämmerung der Geschichte, lange bevor das Volk (von Mu) seine alte Heimat verließ. (Vor ca. 12000 Jahren)

Aus dieser alten heiligen Sprache und der heutigen polynesischen Sprache konnte LONG die alte HUNA-Weisheit herauskristallisieren.
Diese Auffassung fand nun in verschiedenen Richtungen Bestätigung. Einige dieser Berichte, Sagen und Dokumentationen werde ich hier ansprechen, um Dir einfach einen größeren Rahmen von der Quelle dieser alten HUNA-Weisheit um das UR-LICHT zu geben.

**Die HUNA-Geschichte.**

Ein Engländer, W. Reginald Stewart aus Brighton, berichtete LONG, daß er in jungen Jahren, als er in Afrika war, von einem Berberstamm im Atlasgebirge gehört habe, der über große magische Kenntnisse verfügte. Die Tradition dieses Stammes weise darauf hin, daß er einst von Ägypten nach Westen ausgewandert sei. Stewart suchte diesen Stamm auf und verweilte eine Zeit bei ihm. Er wurde von einer Frau, die sich "Quahini" nannte, in ein altes Geheimwissen eingeweiht. Wie sich später herausstellte, ist Quahini kein Wort aus der Sprache der Berber, sondern die Zusammenziehung der hawaiischen Wörter "Kahuna Wahine", was weiblicher Kahuna bedeutet. Die Berberfrau lehrte Stewart das alte Geheimwissen in einer heiligen Sprache, die nicht mit der Berbersprache übereinstimmte. Stewart notierte sich die Worte dieser Sprache. Viele Jahre später, als Long diese Wortliste der Heiligen Sprache der Berberfrau erhielt, entdeckte er, daß diese heilige Sprache zweifelsfrei ein Dialekt der heutigen polynesichen Sprache ist.

**Die Berberfrau berichtete weitere interessante Einzelheiten über ihre Stammesgeschichte.**

Sie berichtete, daß 12 Volksstämme, die alle Kahunas hatten, ehemals im Gebiet der Sahara lebten, als diese noch grün und fruchtbar und von Flüssen durchzogen war. Als die Flüsse austrockneten, zogen die Stämme weiter ins Niltal. Dort halfen sie mit ihrem "magischen Wissen" die riesigen Steinblöcke der Pyramiden zu schneiden, zu transportieren und zu einer Pyramide aufzuschichten. Diese Stämme waren damals die wirklichen Herrscher von Ägypten. Wegen ihres großen Wissens standen sie weit über den Stämmen der anderen Länder.

Der Bericht sagt weiter, man habe einst in einer Vorausschau zukünftiger Ereignisse erkannt, daß einmal eine Zeit spiritueller Finsternis über die Welt hereinbrechen werde und daß dann das "geheime Wissen" der Stämme in Gefahr sei, verlorenzugehen.
Um das kostbare, geheime Wissen (vom UR-LICHT) zu erhalten, beschlossen die 12 Stämme, entfernt liegende, isolierte Länder aufzusuchen, um das "Geheimnis" solange zu bewahren, bis die Welt für seine Aufnahme wieder reif geworden sei. (Was heute mit der Verbreitung von HUNA, bzw. HUNA-VITA geschieht)

LONG berichtet in seinen Schriften weiter, daß sich 11 Stämme auf den Weg in den pazifischen Raum begaben und die verschiedenen polynesischen Inseln besiedelten. Ein Stamm jedoch zog nordwärts in das Atlasgebirge. Dort lebte der Stamm nun seit Jahrhunderten und hatte in all dieser Zeit das Geheimnis bewahrt.

**Hawaiische Legenden berichten in ähnlicher Weise davon, daß die Bewohner einst in einem fremden Lande gewohnt hätten.**

In geistiger Schauung, heißt es weiter, hätten die Kahunas die polynesischen Inseln, besonders Hawaii, als die zukünftige Heimat erkannt. Es wird erzählt, daß die Reise im "Roten Meer von Kane" begonnen hatte, daß man dann von Land zu Land in doppelten Kanus weiterzog. Nach und nach landeten alle Ausgewanderten auf den hawaiischen Inseln.
Lange Zeit hindurch unterblieben Reisen zu den anderen polynesischen Inseln. Als aber schließlich das königliche Blut versiegte, fuhr man hinaus zu anderen Inseln in der Hoffnung, einen Prinzen hohen Blutes zu finden. Man fand ihn auch. Dieser neue König führte ein wenig gutes Regiment. Er verlangte Götzendienst. Daneben aber setzten diejenigen Kahunas, die um das alte, machtvolle, geheime Wissen wußten, ihre Arbeit fort und bewahrten so das hohe geheime Wissen in unverfälschter Form.
Soweit die Informationen von *LONG* bzw. von den alten hawaiischen Legenden.
In ähnlicher Art gibt es eine wohl noch ältere Überlieferung, die davon berichtet, wie und wo die Polynesier lebten, bevor sie Ägypten und die

anderen Länder erreichten und anschließend wieder in ihre eigentliche Ur-Heimat zurücksiedelten. Diese Überlieferung läßt auch erahnen, warum heute so viele Menschen sich gerade zu dieser HUNA-VITA-Lehre hingezogen fühlen.

**Eine alte HUNA-Überlieferung.**

( Nach dem Kahuna "WK" , zitiert im Buch von *Serge King*, "HUNA-HEALING")
Die Eingeweihten, die wußten, daß sie aus einer Sternengruppe kamen, die jetzt als die Plejaden bekannt ist, beobachteten die Umlaufbahn der Venus und anderer Planeten. Dadurch konnten sie vorausberechnen, was mit dem Kontinent Mu und Atlantis geschehen würde. Diese "Wissenden" von Mu wurden auch MAN A'HUNA die "Leute der geheimen Macht", genannt (und von den Hopis KACHINA. Beachte die Wortverwandtschaft zwischen KA-CHINA und KAHUNA. Anm. von E.Z.) wegen ihrer fortgeschrittenen Technologie und ihrer psychischen Kräfte.
Ihr Wissen war HUNA, eine wohlbegründete Lehre von Lebensweisheit, Heilkraft und meta-physischem LICHT-GOTT-Wissen. Sie begannen die Menschen auf Mu in ihr HUNA-Wissen einzuweihen. Weil es viele Sprachen gab und weil ihre eigene teilweise telepathischer Art war, schufen die Lehrer von Mu eine neue, leicht zu erlernende Sprache. Diese Sprache war so konstruiert, daß sie das HUNA-Wissen in einer Weise enthielt, die sicherstellte, daß dieses Wissen überleben würde, solange diese Sprache gesprochen würde. Heute kennen wir diese Sprache als das *Polynesische.*
(Es ist *Max Freedom LONG* zu verdanken, daß er rein intuitiv erkannte, wie die Kahunas ihr HUNA-Wissen in ihrer polynesischen (hawaiischen) Sprache verborgen hatten. In jahrelanger, mühseliger Arbeit rekonstruierte LONG wesentliche Elemente jener alten HUNA-Lehre, die wir heute zu unserem Wohl und dem der Menschheit wieder nutzen können.
Menschen kamen nach Mu, um zu lernen und auch die Weisen von Mu schickten Gesandtschaften von Lehrern in andere Teile der Erde, um dort Schulen verschiedener Art zu gründen. (Einer der Anfänge der Weißen Bruderschaft Anm. von E. Z.)
Es gab mit der Zeit eine recht große Zahl von "Mischehen" zwischen den

Menschen von Mu und ihren Nachbarn. Daraus gingen Kinder hervor, die die genetischen Fähigkeiten und Erinnerungen ihrer sterngeborenen Eltern in sich trugen.

In der heutigen Zeit des Umschwungs in das neue Zeitalter des Wassermanns und damit in eine höhere Schwingungsfrequenz des Bewußtseins werden zum einen sehr viele dieser Sternenmenschen und deren Sternen-Menschenkinder wiedergeboren. Zum anderen werden jetzt schon länger lebende Sternen-Kinder-Menschen sich ihrer Herkunft immer bewußter. Durch die jetzt erhöhte Bewußtseins-Frequenz wird ihre entsprechende, gespeicherte, kosmische Bewußtseinsfrequenz "erweckt". Diese Menschen wissen auf einmal etwas von ihrer wahren Herkunft (oder fühlen sich intuitiv zu diesem alten Wissen hingezogen. Anm. E. Z.)

Nach und nach organisierten sich die bei den MU-Weisen studierenden Menschen in drei verschiedenen Orden. Jeder praktizierte das HUNA-Wissen mit einem leicht unterschiedlichen Schwerpunkt. Benutzt man unsere heutigen Worte zur Klassifizierung dieser drei Orden, so gibt es folgende Unterscheidungen:

**"Intuitionisten".**

1. Jene legten Wert auf ihre Intuition und auf ihr inneres psychologisches Wissen. Es sind Psychologen, Meta-Physiker und Mystiker. Wir nennen sie die "Intuitionisten". (Das ist auch der HUNA-VITA-Weg.)

**"Intellektuelle".**

2. Eine andere Gruppe legte mehr Wert auf des Mittlere Selbst, also Logik und Verstand. Es sind Wissenschaftler und Ingenieure, die jedoch auch das tiefe Wissen und die Verbindung mit ihrem Unteren Selbst und Hohen Selbst hatten. Wir nennen sie die "Intellektuellen".

**"Emotionale".**

3. Die dritte Gruppe richtete ihre Arbeit mehr auf das menschliche, soziale Miteinander aus. Es waren Menschen in sozialen und ökonomischen Berufen.Wir nennen sie die "Emotionalen".

Alle Mitglieder dieser drei Orden wendeten ihre durch HUNA trainierten psychischen Fähigkeiten bei ihrer Arbeit, in ihrem Leben und bei Heilungsvorgängen an. (Ähnliche HUNA-Richtungen entstehen jetzt wieder vermehrt.)

**Der Untergang von Mu.**

Viele Jahrhunderte lang ging es gut auf der Erde, und es formte sich allmählich eine Zvilisation. Dann aber machten die Menschen auf Mu, besonders jene, die nicht mehr den Weg des LICHTES, sondern den Weg der Macht und Habgier gingen, fatale Fehler.
So verhärteten sich ihre Herzen, und die liebevolle Mitmenschlichkeit verlor immer mehr an Bedeutung. In dieser Zeit der Abkehr vom LICHT kamen verzweifelte Hilferufe vom Schwesterplaneten Mallona.

( Als Mahnzeichen einer kosmischen Katastrophe von unvorstellbarem Ausmaß kreisen in unserem Sonnensystem, zwischen Mars und Jupiter, die Trümmer dieses einstigen Planeten. Dort, wo heute der Schwarm der sog. Asteroiden seine Bahnen zieht, hat sich in vorgeschichtlichen Zeiten eine Tragödie abgespielt, über die ein Schleier von ungelösten Geheimnissen gebreitet scheint. Die gegenwärtigen katastrophenträchtigen Zustände auf unserer Erde - wie Kriege, Ölpest, hohe Luft- Erd- und Wasserverschmutzung, Atomwaffenversuche, strahlende Atommeiler, tödliche Waffensysteme, hohe Verschmutzung mit Elektrosmog, Ölkriege, Machtkämpfe um die Herrschaft des Kapitals usw. - ähneln in gefährlicher Weise den Zuständen, die einst auf dem Planeten Mallona vor seinem Zerbersten herrschten. Anm. von E. Z.)

Die Menschen dort (auf Mallona) waren kurz davor, sich selbst zu vernichten, und schnelle Hilfe war notwendig. Unglücklicherweise waren die Menschen auf Mu selbstzufrieden geworden und wollten nichts unternehmen, was ihr glanzvolles Luxusleben störte. Sie verschlossen sich den Bitten ihrer in Not geratenen Brüder und Schwestern. Damit verhielten sich die Menschen von Mu im Widerspruch zu ihren eigenen Lehren.

Da sie niemand aufhalten konnte, erfanden die Menschen des anderen Planeten Mallona immer schrecklichere Vernichtungswaffen. Dann kam der letzte Moment der Zerstörung. Sie vernichteten sich und ihren ganzen Planeten. Das ganze Sonnensystem wurde davon erschüttert. Das vollkommene Verschwinden eines Planeten bewirkte ein störendes Ungleichgewicht in unserem Sonnensystem.
Als Folge davon wurden einige Umlaufbahnen von Planeten verändert. Auch die Auswirkungen auf die Erde waren verheerend. Der Druck dieser Veränderung zeitigte sehr starke Vulkanausbrüche, Erdbeben und Überschwemmungen. Altes Land versank und neues tauchte aus dem Meer auf. Auch die großen pazifischen Erdplatten verschoben sich, und Mu versank zum Teil.
Als eine gewisse Stabilität zurückgekehrt war, schauten die Überlebenden auf eine neue Erde. Vielerorts wurde Mu die Schuld für diese Katastrophe zugeschoben. Die Menschen von dem Restland Mu wurden geächtet und verfolgt. Sie mußten sich verstecken, um den Verfolgungen zu entgehen.
(Wer das Buch "RAMTHA" kennt - In der Tat Verlag - wird hier diese Geschichte von Ramthas Leben auf MU wiederfinden. Das Buch empfehle ich Dir zu lesen! Anm. von E. Z.)

**In der Folgezeit blühte eine andere Kultur auf.**

Es war die von Atlantis, die ebenfalls wieder Weltherrschaft erlangte, das Wissen von Mu besaß und mit anderen Sternenwesen Kontakt unterhielt.
Auch hier auf Atlantis vollzog sich das gleiche Menschheitsdrama noch einmal. Kriege und Experimente mit machtvollen Energien bewirkte, daß auch Atlantis und Mu nun endgültig, versanken.
Um die bevorstehende Katastrophe wissend (ca. 10 000 v. Chr.), entschlossen sich diese Eingeweihten (man nannte sie Kachinas) zur Flucht, nachdem sie ihre Landsleute eingeweiht hatten.
(Wohin ging die Flucht? Man findet ihr Wissen - Pyramidenbau, das Wissen von dem einen Gott "hinter der Sonne", dem UR-LICHT, das Wissen von den göttlichen Kräften und Fähigkeiten des Menschen, astronomisches Wissen usw. - letztendlich in fast allen Ländern, die an den Pazifik und den Atlantik angrenzen. Vor allem findet man in der altägyptischen Kultur >Pyramidenbau, Ra-Sonnenreligion, die

verschiedenen Bewußtseinsebenen des Menschen< die alten Weisheitselemente der Eingeweihten von Mu und Atlantis wieder. Ein altägyptischer Weisheitslehrer, ein kosmischer Lehrer, der dieses alte MU-Wissen als Grundlage des esoterischen Wissens, der Philosophie, der Alchemie, der Astrologie und der späteren Astronomie weitergab, ist HERMES TRISMEGISTOS, der dreimal Große, der "Meister aller Meister". Anm. von E.Z.)

In der Zwischenzeit wurde die HUNA-Tradition von kleineren Gruppen fortgesetzt, die diese Lehre in die Kulturen ihrer Lebensräume mit einbezogen. Die meisten verloren bald den Kontakt untereinander, jedoch lehrten, heilten und praktizierten sie weiter.

**Die Polynesier.**

In den folgenden Zeiten begannen verschiedene Stämme, die von Eingeweihten mit dem Wissen von HUNA bzw. Mu und Atlantis geführt wurden, zurück in den pazifischen Raum zu siedeln. Man weiß bis heute noch nicht genau, von wo überall her diese Menschen kamen. Wir nennen sie heute mit einem Sammelbegriff "die Polynesier".
Sie begannen ihre Gemeinschaft wieder aufzubauen, auf den Gesellschaftsinseln und auf Samoa. Unter ihnen waren Mitglieder der drei Orden, die als Priester, Psychologen und Heiler (Kahunas) arbeiteten und als technisch Wissende. Von dieser Gruppe hielten nur die Intuitionisten den Kontakt mit ihren Kollegen überall auf der Welt aufrecht.
Langsam brachten sie ihre Technologie auf den Stand, daß sie große Segelschiffe bauen konnten, die in der Lage waren, mehr als 100 Menschen zu transportieren. Die MAORI, die sich in Neuseeland ansiedelten, unternahmen die weitesten und erfolgreichsten Entdeckungsreisen und Aussiedlungen.
Der Name MAORI bedeutet "die echten Menschen" oder die "ursprünglichen Einwohner" und bezieht sich sowohl auf die Herkunft vom alten Kontinent Mu (als Misch-Abkömmlinge einer Sternenrasse) als auch auf die Tatsache, daß sie die Menschen waren, die sich in den von ihnen entdeckten Ländern niederließen. Eine andere Gruppe, die alten Navigations-Informationen folgte, die in alten Gesängen enthalten waren,

zogen von Tahiti und den Marquesas nach Norden. Sie erreichten die Hawaii-Inseln und siedelten dort. Zuerst landeten sie auf KAUAI, der ältesten der Hauptinseln. Dort entdeckten sie einige der ursprünglichen MEN A'HUNA-Menschen wieder, die sich die "MU" nannten. Diese MU waren sehr scheu, aber nicht unfreundlich. Manchmal halfen sie den Neuankömmlingen. Sie hatten Steintempel und Wasserstraßen gebaut und waren Experten für Bewässerungs- und Fischteichanlagen.
Viele Jahre kamen diese zwei Völker gut miteinander aus, und es gab viele wechselseitige Heiraten. Es war jedoch gerade dieser Punkt, der den König der Mu-Leute dazu veranlaßte, eine schwerwiegende Entscheidung zu treffen.
Durch die immer weitergehende Verbindung mit dem anderen Volk sah er, daß das Mu-Volk verschwinden würde. So beschloß er, daß die Mu-Menschen fortziehen müßten.
Die Überlieferung berichtet, daß die Mu-Menschen in einer Nacht vom Nordende von Kauai fortgingen. Niemand weiß wie und wohin.......

**Die Entwicklung auf Hawaii.**

Zuerst waren die drei Orden der Kahunas (die Priester, Führer) in Hawaii gleichberechtigt. Der Handel zwischen Hawaii, Samoa und Tahiti florierte. Im 13. Jahrhundert n. Chr. kam ein machthungriger Kahuna vom Orden der Emotionalen von Samoa nach Hawaii.
Angeblich wollte er den Emotionalen auf Hawaii bei ihrer Reorganisation behilflich sein. In schon kurzer Zeit gelang es ihm, die religiöse und politische Kontrolle über die Inseln zu gewinnen. Das Ergebnis war, daß der Kontakt und die Handelsbeziehungen zwischen Hawaii und den anderen polynesischen Inseln zum Erliegen kamen. Der Bau der großen Segelschiffe wurde gestoppt, die Navigations - und Astronomieschulen wurden aufgelöst. Das Volk wurde einer Religion des Aberglaubens und der Einschränkung unterworfen.
Am meisten mußten die Intellektuellen leiden, dabei ging mit der Zeit viel Wissen verloren. Die andere Gruppe der Intuitionisten war größtenteils gezwungen, sich zu verstecken. Lange Zeit war das Volk von Hawaii einem harschen Regime unterworfen, mit Psychoterror, Hunderten von Tabus und vielen sozialen Unruhen.

Als Käpten Cook auf Hawaii landete, befanden sich alle Inseln im Krieg. Zu der Zeit war das idyllische Leben der Polynesier eine Meinung jener Ausländer, die nicht unter die Oberfläche schauen konnten.
Die ganze Zeit über hielt jedoch eine kleine Gruppe der Intuitionisten telepathischen Kontakt mit dem Rest ihres Ordens auf Hawaii und sonst überall auf der Welt. Sie arbeiteten eifrig hinter "der Szene" weiter für das Wohl ihres Ordens und vieler anderer Menschen.
Soweit die Informationen eines Kahunas.

## Max Freedom Long.

Als der junge Amerikaner *Max Freedom Long* im Jahre 1917 nach Hawaii kam, erfuhr er vom Wirken der Kahunas, die es verstanden, die Zukunft zu erforschen und zum Besseren zu wenden, Krankheiten und Verletzungen zu heilen, Wind und Wetter zu beeinflußen und vieles mehr.
Nach der Entdeckung Hawaiis durch Käpten *Cook* und die anschließende Missionierung um 1820 wurde den Kahunas jegliche "Magie" von der Kirche aus untersagt. So war es Long zunächst nicht möglich hinter das HUNA-Geheimnis zu kommen, zumal die Kahunas der Intuitionisten Fremden nichts über den tieferen Inhalt ihres Wissens und ihrer Praktiken sagten.
Erst nach langem Suchen und Forschen fand er den Weg, HUNA zum Teil zu entschlüsseln. An Hand des 1820 von den Missionaren geschriebenen hawaiisch-englischen Wörterbuches untersuchte er die Wörter, die in den alten Sagen, Gesängen und Gebeten der Kahunas vorkamen. Die Wörter der hawaiischen Sprache setzten sich aus kurzen "Wurzelworten" zusammen. Aus der Analyse dieser Wurzelworte erkannte Long, daß hier das alte HUNA-Wissen "gespeichert" war. In seinen wichtigsten zwei Büchern "Geheimes Wissen hinter Wundern" und "Kahuna-Magie" legte er das wiederentdeckte HUNA-Wissen nieder.
Später gründete er in Amerika eine HUNA-Forschungsgesellschaft, die heute von Prof. Dr. *E. Otha Wingo* weitergeführt wird. Das HUNA-System ist heute fast wiederentdeckt, aber bei der richtigen Anwendung desselben waren uns die Kahunas noch weit überlegen - reichte doch ihr Können von der Beeinflussung des Wetters bis hin zur Erweckung Toter.

**Weiterentwicklung zum heutigen HUNA-VITA-SYSTEM.**

So enthalten die Bücher von *Long* auch größtenteils nur Erklärungen des alten HUNA-Systems. Als ich mit HUNA 1975, durch Führung der geistigen Welt, wieder in Kontakt kam, bestand meine Aufgabe darin, diese Angaben von Long in die Praxis umzusetzen.
Heute, nach langen Jahren praktischer Tätigkeit mit HUNA, nach vielen gezielten Informationen aus der kosmischen Ebene (auf die ich später noch genauer eingehen werde) und nach jahrelanger praktischer Seminararbeit, können die wichtigsten Teile des HUNA-Systems von jedermann praktisch im HUNA-VITA-System der "Intuitionisten" angewandt werden.

Wenn Du achtsam bist, wirst Du auch die HUNA-Formen der "Intellektuellen" und der "Emotionalen" auf unserem esoterischen Markt wiederfinden. Schade ist, daß jene es noch so unbewußt praktizieren, so wenig von sich untereinander wissen und ihr Wissen als das einzig richtige hinstellen. -

Früher, als noch die meisten Menschen in Unwissenheit lebten, wurde geheimes Wissen vom Menschen, der Natur und dem Kosmos nur nach langen Jahren der Prüfung und Vorbereitung weitergegeben. Heute, in der höherschwingenden Zeit des Wassermann-Zeitalters, sind viele Menschen reifer geworden. Die Kurve der Bewußtseinsentwicklung bewegt sich rapide nach oben. Weiter erfordert es die Gegenwart geradezu, daß diese großartige HUNA-VITA-Weisheit vielen Menschen offenbart wird, um sich und der bedrohten Umwelt zu helfen. HUNA-VITA zeigt den Suchenden, daß die wohlgehütete LICHT-Kraft und alle anderen erstaunlichen Möglichkeiten im Inneren eines jeden Menschen zu finden sind.
Es zeichnet sich auch immer deutlicher ab, daß viele verstreute "HUNA-Seelen" und "HUNA-Sternen-Kinder-Seelen " zu HUNA bzw. HUNA-VITA und ihrem alten Wissen zurückgeführt werden.

**Erstaunliche Überlieferungen der Hopi.**

Ehe ich Dir gleich mehr über die so wirkungsvolle und umfangreiche HUNA-VITA-Praxis, den siebenfältigen Weg des Friedens und des Herzens berichte, möchte ich Dir noch etwas über die erstaunlichen Hopi-Überlieferungen erzählen. Hier, aus einer ganz anderen Richtung, von einem Indianerstamm aus Mittelamerika, hören wir wieder etwas von diesem alten, sagenhaften Kontinent Mu und seinen Einwohnern, die nach der großen Katastrophe in alle Richtungen auswanderten und die Länder mit ihrem "Ur-Wissen" vom LICHT befruchteten.

*J.F. Blumrich,* einer der führenden NASA-Ingenieure, weist nach, daß die uralten Überlieferungen der Hopi-Indianer durch heutiges Wissen bestätigt werden. In seinem Buch "Kasskara und die sieben Welten" berichtet ein Indianer - *"Weißer Bär"* folgendes.

**Dies ist die Geschichte meiner Ahnen und der Clans, die auf diesen Erdteil (Amerika) gekommen sind.**

Der Kontinent, auf dem mein Volk lange Zeit gelebt hatte, versank im Meer, und die Menschen mußten ihn verlassen. Es ist nun die Zeit gekommen, daß wir davon sprechen und die Wahrheit darüber sagen, wer wir sind und warum wir hier sind - in der Hoffnung, daß uns eines Tages jemand verstehen wird. Und obgleich ich es bin, der hier spricht, ist es Hopi-Wissen, das ihr erfahrt. Aus der langen, langen Geschichte meines Volkes kommt für euch andere eine Warnung. Ihr werdet später verstehen, was ich meine, wenn ich meine Geschichte erzählt habe.

**Die alten Zeiten.**

Nach unserer Überlieferung haben wir in zwei anderen Welten gelebt, bevor wir in die Dritte Welt kamen und dann in die Vierte Welt, in der wir jetzt leben.

Der Name der Dritten Welt war "Kasskara". Wenige Menschen kennen heute die Bedeutung dieses alten Wortes. Es bedeutet "Mutterland". Wir nennen es auch "Land der Sonne". (Mu heißt auch Land der Sonne. Anm. von E. Z.) Kasskara war ein Erdteil, den man auch Mu oder Lemura nannte. Der größte Teil des Erdteils lag südlich des Äquators, nur ein

kleiner Teil lag nördlich. (Im Bereich des Pazifischen Ozeans, zwischen Amerika und Asien. Anm. von E.Z.)
Die Kenntnisse, die wir suchten und die uns gegeben wurden, waren über Pflanzen, Tiere und Menschen. Wir konnten uns mit Pflanzen und Tieren verständigen. Wir hatten das, was ihr wissenschaftliche Kenntnisse nennen würdet, aber wir benutzten sie nicht zur Herstellung von Dingen, die man braucht, um andere Menschen zu unterwerfen.
Am Anfang war lange Zeit alles gut in Kasskara. Viel später begannen die Menschen allmählich die Achtung voreinander zu verlieren.
Es gab noch einen Kontinent östlich von uns, den wir deshalb das "Land im Osten" nannten, Atlantis. Am Anfang der Dritten Welt waren die Menschen von Atlantis so friedlich wie wir. Aber im Laufe der Zeit veränderten sie sich noch mehr als wir. Sie begannen die Geheimnisse des Schöpfers zu erforschen und verletzten diese Gesetze. Atlantis weitete seinen Einfluß aus und unterwarf Völker in den Ländern, die weiter östlich lagen, die wir jetzt Europa und Afrika nennen. Die Atlanter erfuhren zu früh von den Gesetzen, und sie waren geistig noch nicht weit genug entwickelt. Sie gebrauchten dieses Wissen, um anderen zu schaden.
Außerdem erforschten sie auch die Planeten und unterhielten Kontakte mit anderen außerirdischen Wesen.
Dann wendeten sie sich gegen Kasskara. Sie wußten, daß wir geistig und moralisch viel stärker waren, und das machte sie neidisch. Von hoch oben in der Luft, aus ihren Luft- und Raumschiffen, richteten sie ihre magnetische Kraft auf unsere Städte. Aber diejenigen aus unserem Volk, die den wahren Weg des Schöpfers nicht verlassen hatten, wurden in einer bestimmten Gegend zusammengerufen, um gerettet zu werden.

**Die Zerstörung der Dritten Welt.**

Die Städte wurden angegriffen, und dort wurden auch Menschen getötet.
Und dann hat - wie unsere Überlieferung sagt - "jemand auf den falschen Knopf gedrückt", und beide Kontinente versanken. Es war keine große Flut, nicht die ganze Erde wurde zerstört. Atlantis versank sehr schnell im Atlantischen Ozean, unsere Dritte Welt (Mu) ging langsamer unter. Wir wollen sehen, was dann geschah und welche Rolle die "Kachinas" spielten, die uns auf diesen jetzigen Kontinent brachten, in die Vierte Welt.

**Die Kachinas.**

Seit der Ersten Welt haben wir mit den Kachinas in Verbindung gestanden. Kachina bedeutet, "hoch Geachtete, Wissende".
Die Kachinas können sichtbar sein, aber manchmal sind sie auch unsichtbar. Sie kommen zu uns aus dem Weltraum. Sie kommen nicht aus unserem eigenen Sonnensystem, sondern von anderen, weit entfernten Planeten. (Hier finden wir von einer ganz anderen Seite wieder Hinweise auf die schon frühe Anwesenheit von Außerirdischen. Anm. von E. Z.)
Die Kachinas können sich sehr schnell fortbewegen. Raumschiffe fliegen mit Magnetkraft, auch wenn sie die Erde umrunden.
Die Ränge der Kachinas richten sich nach ihren Fähigkeiten. Sie heißen alle Kachinas, aber einige werden auch Wuyas genannt. In eurer Sprache bedeutet das soviel wie Gottheit. Wenn Du die Kachinas und Wuyas mit euren christlichen Gestalten vergleichen wolltest, würdest Du die Kachinas Engel und die Wuyas Erzengel nennen, und über allem steht der Schöpfer. Nur die Kachinas stehen in Verbindung mit den Menschen.
Es wurden auch Kinder geboren infolge einer Art mystischen Verbindung zwischen Kachinas und unseren Frauen. Unsere Leute konnten die Kachinas berühren, es gab also physische Nähe zwischen ihnen und menschlichen Wesen. Die Kinder hatten, wenn sie aufwuchsen, große Kenntnis und Weisheit und manchmal auch übernatürliche Kräfte, die sie von ihren geistigen Vätern erhalten hatten. (Vergleiche auch die Darstellungen in der Bibel. Dort wird berichtet, wie Engel oder Götter in fliegenden Lichtkugeln zu den Menschen kamen. Anm. von E. Z.)
Die Kachinas sind körperliche Wesen; deshalb brauchen sie auch Flugkörper für ihre Reisen in unserer Luft und wenn sie zu ihren Planeten zurückkehren. Wegen ihrer Form haben wir diese Flugobjekte auch "Fliegende Schilde" genannt. Bei den Hopi weiß man, daß auch einige von uns mit solchen Raumschiffen fuhren und daß sie auch in anderen Ländern benutzt wurden, weil die Atlanter mit ihnen zu uns herüberkamen.

## Die Wanderung in die Vierte Welt.

Man sagt bei uns, daß die Erde einige Male umgekippt sei. Ich meine, daß der Nordpol dort war, wo jetzt der Südpol ist und umgekehrt. Augenblicklich sind die Pole vertauscht, der echte Nordpol ist im Süden und der Südpol im Norden. Aber in der Fünften Welt (Wassermann-Zeitalter) wird sich das wieder ändern; dann werden die Pole wieder an dem jeweils richtigen Platz sein..........

Unser Volk ist auf drei Arten von der Dritten in die Vierte Welt gelangt. Die ersten, so sagt man bei uns, kamen mit den Fliegenden Schilden. Die waren für die wichtigsten Leute, für die Hochgestellten. Sie hatten den Vorrang, weil sie die neuen Siedlungen gründen und alle Vorbereitungen treffen mußten.

Dann gab es eine zweite Art, Menschen hierher zu befördern. Und zwar mit Hilfe der "Großen Vögel". Mit den Vögeln kamen diejenigen Menschen herüber, die sich im Übergangsstadium zu den Stufen geistiger Gelehrsamkeit befanden.
In der dritten und letzten Gruppe waren diejenigen, die noch am Anfang ihres Strebens nach geistiger Kraft standen. Zu diesen gehörte auch mein Clan, das weiß ich von meiner Mutter und ihren Eltern. Sie wußten es alle ganz genau, denn es war sehr wichtig, diese Ereignisse im Gedächtnis zu behalten und als Erbe diesem Kontinent, der Vierten Welt, zu überliefern.
Diese dritte Gruppe ist mit Booten herübergekommen. Während der ganzen Zeit, die diese Gruppe mit den Booten unterwegs war, stand auch sie unter dem Schutz der Kachinas. Jeder Clan hatte einen Kachina, dessen Aufgabe es war, ihn zu begleiten und auf diesen neuen Kontinent (Amerika) zu bringen.
Dieses ist nun der Kontinent der Vierten Welt. Er wird als "das schöne Land für alle Menschen" bezeichnet.

In Kasskara kam alle Kraft und Energie, die wir brauchten, von der Sonne. Man konnte sie überall gewinnen, und Leitungen waren nicht notwendig. Wir hatten viele Geräte mit einem Kristall darin, der nur etwa ein Zoll groß war. Die Menschen mußten dieses Gerät in einer Weise halten, daß sich

die Sonne in dem Kristall spiegelte, und so konnten sie jeden Stein mit Sonnenenergie spalten.
Auch alle Laute wurden in Kristallen gespeichert. Alle diese Aufnahmen aus der Dritten Welt liegen in einer Höhle irgendwo in Südamerika.

**Ein Schlußwort**

Jeder von uns wird mit einer Bestimmung geboren und muß seine Aufgabe in dieser Welt erfüllen. Lange vor meiner Zeugung war beschlossen worden, daß es zu meiner Bestimmung gehörte, all diese Dinge aufzuzeichnen. Darum bin ich gekommen, mit dir zu sprechen.
Diese Geschichte meines Volkes soll eine Mahnung für euch sein.
Natürlich werden uns die Wissenschaftler korrigieren, wie sie es immer tun. Aber wir Hopi erkennen in den Ereignissen der heutigen Zeit das Gleiche wieder, was gegen Ende der Dritten Welt geschah.
Wir können das Schreckliche verhindern, wenn wir auf den rechten Weg des Schöpfers zurückkehren."

**Mu und Atlantis, die Quelle des Ur-Wissens und zugleich des HUNA-Wissens.**

Wenn wir das Wissen jener Völker zusammenfassen und all die Erkenntnisse aus alten Überlieferungen, Dokumenten und Inschriften, so erkennen wir die Spuren von Mu (Kasskara), Atlantis und die Licht-Botschaften unserer kosmischen Geschwister. Die Gewalt der Ereignisse um Kasskaras Untergang konnte sein Andenken und das alte Wissen um die Geheimnisse des Lebens nicht ganz auslöschen. Die Überlieferungen jener Ur-Erkenntnisse reichen weit über seine Grenzen hinaus in andere Länder.
Die durch die Spuren von Kasskara und von den alten hawaiischen Legenden offenbarte Einheitlichkeit der Grundbegriffe von Natur, Mensch und Kosmos läßt auf einen gemeinsamen kosmischen Ursprung schließen, dessen Einfluß bis in die heutige Zeit hinein spürbar ist.
Die Schönheit der Kachina-Philosophie der Hopi und damit des Ur-Wissens bestand darin, daß sie auf der Ganzheit der Schöpfung basierte

und in der Erkenntnis einer allumfassenden Einheit - im Gegensatz zu unserem heutigen differenzierenden und zerteilenden "5%Wissen".
Sie betrachteten jedes Ding als Teil eines großen Ganzen. Ihr Denken richtete sich aufwärts, während wir auf unserer Suche nach immer kleineren Elementen und Teilchen alles zerlegen und über der ungeheuren Summe der gefundenen Einzelteile das Ganze nicht mehr sehen können. (Die Welt unseres 5% Bewußtseins)

Ich sage Dir, der Mensch mag als Meister von Bruder und Schwester Tier und Pflanze in der Natur erscheinen, doch er darf das, was ihm Mutter Erde gibt, nicht grenzenlos ausbeuten, zum Schaden aller anderen Lebewesen. Es ist dem Menschen erlaubt, von der Natur zu nehmen, doch nur in dem Bewußtsein, daß er letztlich von seiner eigenen Substanz nimmt, von seinem *eigenen* Erbe, von seinen eigenen Geschwistern und seinen *eigenen* Kindern. Die Betrachtung der Welt als lebenden Organismus und nicht als eines Nebeneinanders von toten Dingen macht es leicht verständlich, daß jeder unbewußte Eingriff in einem Bereich sich auf viele andere auswirkt.
Dieses ganzheitliche, alles miteinander verbindende Bewußtsein führt ganz zwangsläufig zur Verabscheuung des Krieges, jeglichen Mordes an menschlichen Wesen - unseren Brüdern und Schwestern - und der Zerstörung der Umwelt.

Genau dies ist HUNA-Bewußtsein. Alles ist Ausdruck der Schöpferkraft, der LICHT-Kraft, des höchsten Wesens das in allem schwingt.
Schädigung der Erde, des Menschen und allen Lebens ist darum eine Zuwiderhandlung Gott gegenüber.

*Fazit:*
*HUNA-VITA Wissen basiert auf den Ur-Quellen des Wissens von Mu und Atlantis. Alles ist Ausdruck der Schöpfer-Kraft, der UR-LICHT-Kraft, die in allem schwingt.*

# Die LICHT-Kraft, Quelle der Ur-Religion.

Die moderne Wissenschaft erkennt heute immer klarer die ausschlaggebende Wichtigkeit der Sonne, die die eigentliche Grundlage für alles Leben auf der Erde ist.

So ist die Sonnenreligion eine sehr alte Religion. Man findet sie überall: in Ägypten (Ra-Sonnenkult), in Afrika, in Indien und in China. Die Pyramiden hatten ebenfalls eine solare Bedeutung, im Sinn des LICHTES. Sie dokumentierten die Sonne (LICHT) sowohl in Ägypten wie auch in Amerika, Indien und im polynesichen Raum.

Die Priester (Kahunas) der Polynesier wußten, daß alle Götter, auch die großen "Atuas", einzig Manifestationen eines einzigen Gottes waren. Diesen Gottesnamen sprachen sie nur mit größter Ehrfurcht aus. Es war der Name "IO".

*H. Nevermann* schreibt in seiner Studie über die Südsee:

"IO bedeutet >Kern, Mark<, zugleich aber auch das innere Wesen, das eigentliche Sein und von hier aus gewinnt es die Bedeutung von >wahr<. Da das einzige Wahre und Wirkliche aber das Mächtige ist, bedeutet IO auch Macht oder Tatkraft. Von dieser Gottheit erfuhren die Priester etwas im "Haus der Lehren", wovon eines im Himmel und ein anderes im sagenhaften Hawaiki gestanden haben soll."

Die Elite der Kahunas betrachtete das Volk und die einfachen Priester als unfähig und unwissend. Sie konnten die Lehre IOs nicht verstehen. Deshalb wurde diese IOs-Lehre auch nicht zum festen Glauben des einfachen polynesischen Volkes. Ihr oberster Gott war, je nach ihrer Heimatinsel, "Tane, Tangaroa oder Makemake".

Der IO-Geheimkult hatte auch in anderen Ländern Entsprechungen, eigentlich überall, wo man die Sonne als UR-LICHT-Spender anbetete. Äußeres Dokument waren, wie schon erwähnt, die Pyramiden und Menhire. Sie stellten u.a. auch die "versteinerten" Sonnenstrahlen des obersten Gottes hinter der Sonne dar.

Die Sonnenreligion weist auf eine besonders hoch entwickelte, monotheistische Religion ( von einem Schöpfer) hin. D.h. die Sonnenanbeter beteten weniger den materiellen Stern Sonne an, sondern durch diesen

Stern hindurch ein LICHT, einen Gott, den obersten und unergründbaren GOTT, dem alle monotheistischen Religionen der Welt huldigen. (Psycho-Bild Nr.4 "Das Augen Universum")
Es ist übrigens wahrscheinlich, daß nur immer wenige Eingeweihte Kenntnis von der tieferen Bedeutung dieser Religion um die Sonne hatten, dem alten Wissen um das UR-LICHT. (Bis heute)

**HUNA-Weisheit und die Lehren der Essener vom UR-LICHT.**

Um tiefer an die Quellen der Weisheit vom UR-LICHT zu gelangen, haben wir uns mit den alten Traditionen der Ägypter, der südamerikanischen Indianer und der Polynesier befaßt. Hier begegnet uns nun ein weiterer, uralter Weisheitsstrom vom UR-LICHT Wissen, der ebenfalls erstaunliche Wahrheiten für unser heutiges und zukünftiges Leben bereithält. Es ist die alte Weisheits-Lehre der Essener.

Der HUNA-Wissensstrom und die Lehren der Essener haben soviel Gemeinsamkeiten, daß man daraus schließen kann, sie entstammen einem Ur-Strom des Wissens, dem von Mu und Atlantis. (Kosmisches Wissen)
Dies ist besonders durch die Bücher und Übersetzungen von *Edmond B. Szekely* in unser Blickfeld getreten, aus denen ich weiter unten einige interessante Dinge zitiere.
In beiden Fällen waren diese Lehren der Kahunas und der Essener die Hüter eines als äußerst wichtig angesehenen Geheimwissens, das für die künftige Entwicklung der Menschheit aufbewahrt werden mußte. Es war das Wissen um die UR-KRAFT im Menschen. In der HUNA-Lehre wird dieser göttliche Funke im Menschen als das Hohe Selbst bezeichnet; die Essener nannten es die im Menschen ruhende und wirkende "Christus-Kraft".
Die Essener - wie die HUNA-Lehre - kannten die Mächte des Unteren Selbst. In ihren Ritualen (Kommunionen) verbanden und vereinigten sich die Essener mit den Energien der Erde, der Natur, der Pflanzen und der Elemente. Hier erkennen wir die nahe Verwandtschaft und das tiefe Wissen von den Kräften des Unteren Selbst, das sie mit all seinen Fähigkeiten zu enger Zusammenarbeit zwischen sich und der Natur aufriefen. Die Engel des Himmlischen Vaters, an die sie sich in ihren

nächtlichen Kommunionen wandten, repräsentieren alle Eigenschaften des "Aumakua", des Reiches der Höheren Selbste. (Die leuchtende Gesellschaft der Hohen Selbste, von den Kahunas als POE-AUMAKUA bezeichnet.)
Weiter meditierten sie jeden Mittag über den "Siebenfachen Frieden". Sie erblickten im Frieden und in der Harmonie eine dynamische Kraft, auf die sie sich mit Körper, Gefühl (Unteres Selbst), Denken (Mittleres Selbst) und der in ihnen ruhenden Christus-Kraft (Hohes Selbst) einstimmen konnten. Das brachte ihnen Stille und Freiheit von den Bindungen. Damit stehen die Essener auf der gleichen Stufe wie die Kahunas mit ihrer Lehre: " Niemanden zu verletzen." Dasselbe sagt auch das Gebot: "Liebe Deinen Nächsten wie Dich selbst."

Da anzunehmen ist, daß Jesus sowohl ein Essener-Lehrer als auch ein eingeweihter Kahuna war, und da beide Systeme auch Bestandteil seiner Lehren waren - darauf komme ich noch später zurück - besteht wohl Grund zur Annahme, daß diese beiden so bemerkenswerten Weisheitslehren aus derselben Quelle, derselben Wahrheit stammen und tatsächlich die Hüter der größten der Menschheit zugänglichen Geheimnisse sind.

**Die Weiße Bruderschaft und die Essener.**

Aus den alten Annalen der Rosenkreuzer geht hervor, daß die Essener ein Zweig der "Erleuchteten Bruderschaft" oder der "Großen Weißen Bruderschaft", welche in Ägypten unter Amenhotep IV gefördert wurde, waren. Die verschiedenen geheimen Weisheits-Schulen Ägyptens, welche alle unter der Leitung jener Weißen Bruderschaft standen, hatten auch den Auftrag, ihr Wissen in anderen Teilen der Erde weiterzugeben. So finden wir, daß sich die Mitglieder dieser Schulen bzw. der Weißen Bruderschaft in Alexandria "Essener" nannten. Das Wort "Essener" ist von dem ägyptischen Wort "Kaschai", d. h. geheim, abgeleitet. Dieses Wort wurde übersetzt in "essaios", "Essaier" oder "Essener", das heißt geheim oder mystisch. Auch die Priester in dem alten Tempel zu Ephesus wurden "Essener" genannt, wie uns die Geschichte des Altertums lehrt. Ein von den Griechen gegründeter Zweig der Organisation übertrug das aus dem

Syrischen genommene Wort "asaya", d.h. der Arzt, in das griechische Wort "therapeutes", mit derselben Bedeutung.

**Das Leben der Essener**

*Edmond B. Szekely* berichtet in seinen Schriften, daß die Essener eine Abneigung gegen das Leben in den Städten zeigten und daher für sich kleine Ortschaften, außerhalb von Städten gründeten. Es war den Essenern nicht verboten zu heiraten. Frauen war es erlaubt, außerordentliche Mitglieder der Bruderschaft zu werden. Bei den Essenern waren Männer und Frauen absolut frei und irgendwelche Sklaverei und Leibeigenschaft streng verboten, und das in einer Zeit, in der Leibeigenschaft völlig normal war!
Die Essener beteiligten sich selten an öffentlichen Erörterungen, und niemals nahmen sie an politischen Besprechungen teil. Wenn andere sprachen, waren sie meistens schweigsam. Schweigen schien ihr Motto gewesen zu sein.
Es war ganz natürlich, daß die Essener infolge ihres gepflegten Körpers, ihres klar und kraftvoll entwickelten Geistes und ruhigen Auftretens anziehende Persönlichkeiten darstellten. Sie entwickelten eine prächtige Aura, so daß diese bei mancher Gelegenheit auch Uneingeweihten sichtbar wurde. Nur selten war es den Essenern erlaubt, dem Volke zu predigen oder öffentlich Wunder zu tun. Wurde diese Erlaubnis dennoch einmal erteilt, dann nur, um dem Wohle der Menschen zu dienen. Diejenigen unter der Essener Bruderschaft, die die meisten Reinkarnationen durchlaufen hatten und daher die Fähigsten waren, wurden als ihre Führer erwählt.

Die Essener betrieben Pflanzenanbau und Baumkultur. Sie verfügten über ein umfangreiches Wissen von Getreide, Erde und Klima. Das ermöglichte ihnen den Anbau einer Vielfalt von Früchten und Gemüse, in letztlich unfruchtbaren und ausgedörrten Gebieten, mit einem Mindestmaß an Aufwand.
Ihre Lebensweise ermöglichte ihnen, das hohe Alter von 120 Jahren und mehr zu erreichen. Auch wurde davon gesprochen, daß sie über wunderbare Kräfte und Ausdauer verfügten.

Sie schickten Heiler und Lehrer aus ihrer Bruderschaft in die Welt. Unter ihnen waren Elias, Johannes der Täufer, Johannes der Geliebte und der größte Essener-Meister Jesus.
Die Essener haben eine Menschheitskatastrophe vorausgesehen, wenn das Abweichen vom Gesetz so weitergeht. So war es eines der wesentlichsten Ziele, genügend Menschen aufzuwecken und für das Überleben in Zeiten des Unheils zu schulen, sowie Zentren zu bilden, in denen Techniken des Überlebens und eine Lebensführung in Harmonie mit dem Gesetz eingeübt werden konnte.

Wenn eine ausreichende Zahl von Menschen diese Gesundheit und Harmonie wiedergewinnen und wahrhaft mit der Natur und den Kräften der Engel zusammenarbeiten konnten, so war (und ist) die Menschheit zu retten.

***Fazit:***

*Genau hier vereinigen sich diese beiden großen Lehrströme im HUNA-VITA-Wissen und seiner Praxis. HUNA-VITA, sowie die Essener-Lehre praktiziert und repräsentiert einen Lebensstil, der die Lebensenergien, die Geist-Kosmos-Energien des UR-LICHTES und das rechte Verhältnis zu Natur und Erde und zu unseren Mitmenschen erschließt.*

**Betrachten wir abschließend diese Suche nach der Quelle des UR-LICHTES, so steht eines fest.**

Die Kultur, die die Ägypter, die Essener, die Indianer Mittelamerikas, die Hopis und Polynesier hervorbrachten, betete die Sonne bzw. die durch sie wirkende LICHT-UR-KRAFT an, und das war die Kultur von Kasskara bzw. Mu und Atlantis.
Der Name Ra für die vergöttlichte Sonne findet sich nicht nur in Ägypten und Polynesien, sondern auch im alten Indien der ersten Arier und in

Südamerika. Aus diesem Ra ist auch der Rajah der Hindus, der Rex der Römer und der Roi der Franzosen entstanden.

***Fazit:***

*Für uns hat diese Richtung den Namen: "Mu, das Reich der Sonne", kosmische Ur-Quelle allen Wissens um das GOTT-UR-LICHT.*

Wir sehen, alles ist miteinander verwoben. Die kulturellen und religiösen Zusammenhänge zwischen den alten Kulturen und unserer Jetztzeit gehen fast alle in die eine Richtung, zu der Quelle, wo wir das Wissen um das göttliche UR-LICHT finden.

Heute, am vordersten Ende dieses UR-LICHT-Stromes, stehen wir an der Schwelle des neuen Wassermann-Zeitalters. Wie wirkt sich dieser machtvolle UR-LICHT-Strom in der jetzigen Zeit auf uns aus? Wie können wir diese große, einflutende kosmische Macht in unser Leben integrieren?

Im folgenden Kapitel wirst Du von diesen Möglichkeiten der Integration und der heutigen Auswirkungen dieser einströmenden UR-LICHT-Kraft mehr erfahren.

# 4. KAPITEL

**Haben wir im letztem Kapitel nach der Quelle dieses UR-LICHT-Stromes geforscht, so befassen wir uns jetzt mit dem heutigen Auftreten und Auswirken dieses UR-LICHT-Stromes. Das bedeutet, auch heute, am vorderen Ende dieses Weisheitsstromes begegnen wir wieder dem UR-LICHT und dem alten-neuen Wissen vom UR-LICHT. Davon möchte ich Dir in diesem Kapitel berichten.**

## Unsere "Neue Jetztzeit", das Wassermann-Zeitalter.

Wir befinden uns jetzt am Rande der Morgendämmerung einer "neuen", ganzheitlich-kosmischen Ära. Eingeleitet wird sie durch das Aufziehen des Neuen Wassermann-Zeitalters. Dieser Entwicklungsimpuls zielt in die Richtung einer globalen-kosmischen Ganzheit von Umwelt-Wissenschaft-Religion-Mensch. Alles bereitet sich (wieder einmal) darauf vor, in diese gemeinsame Schwingung einzutreten.

Auf der Entwicklungsspirale 10 000 Jahre zurück stand auch Atlantis vor solch einer Wende und, noch weiter zurück, irgendwann einmal Mu. Zu jeder Zeit der Evolutions-Spirale stand den Menschen das UR-LICHT-Wissen, das Geheimnis der Entwicklung zur Verfügung - vor 10 000 Jahren genauso wie heute.

Wieder haben wir eine neue, wunderbare Chance, die Tür in ein "Goldenes Zeitalter" weit aufzustoßen. Allerdings nur dann, wenn der Mensch das "Geheimnis des UR-LICHTES" für sich entdeckt, d.h. wenn er sich dem kosmischen Bewußtsein nähert, seine eigene Göttlichkeit erahnt und lernt, sich ihr zu öffnen.

**Es werden uns heute, durch die hohe Schwingung des Wassermann-Zeitalters, buchstäblich die Tore in die Ebene des Hohen Selbst, des UR-LICHTES, als kosmische Einladung geöffnet! Was bewirkt das jetzt anbrechende Neue Wassermannzeitalter aus HUNA-Sicht?**

Das Neue Zeitalter ist angebrochen. Die umwandelnde Kraft der Neuen Ordnung hat bereits mit voller Intensität eingesetzt. Wir, jene bewußten Seelen von Mu und Atlantis und all die anderen Entwicklungsströme von Seelen, nehmen jetzt an einer gewaltigen Wandlung im Kosmos und auf der Erde teil. Jeder wird es jetzt spüren, bewußt oder unbewußt.

Wir alle leben in einer einzigartigen, einmaligen und aufregenden Zeitepoche des vermehrten Einströmens der UR-LICHT-Kraft. Das Erdbewußtsein und unser menschliches Bewußtsein befinden sich in einem radikalen, spirituellen (geistigen) Umwandlungsprozeß. Alles Alte wird in seiner niederen Schwingungsfrequenz erhöht und damit zugleich im alten Zustand zerstört. D.h. die erhöhte UR-LICHT-Energie-Kraft wird alles - vor allem jene Seelen, die sich wehren und auf dem alten Niveau stehenbleiben möchten - in dieser höheren Schwingungsatmosphäre als nicht mehr lebensfähig hinwegfegen. Und genau hier wird das Problem vieler Menschen liegen, die nicht bereit waren und sind, an ihrer eigenen Bewußtseinsenergiesteigerung zu arbeiten.

**Für jene Menschen wird sich diese Energie-Anhebung als "Energie-Unfall" auswirken.**

Da die Erde ein durch und durch geistiges Wesen ist, beginnt sie sich - mit Hilfe der höheren LICHT-Kräfte - zu reinigen. Auch das ist ein jetzt beginnender, überlebensnotwendiger Akt. Denn die Umweltbelastungen sind im Moment so unglaublich hoch, daß, würden sie so ungehindert weiterwachsen, die Erde und alles auf der Erde zerstört würde. Hier ist es für den Menschen nun von ausschlaggebender Bedeutung, diesen Energiewandel und zugleich den Anstieg der Umweltvergiftungen - mit dem eigenen erhöhten Energie-System - zu überstehen.
Ich glaube, gerade die Tatsache der Umweltvergiftung sollte jeden bewuß-

ten Menschen aufwecken und für seine Energie-Entfaltung sehr nachdenklich und zugleich aktiv machen, um diese Periode der steigenden Umweltvergiftung mit einem energetischen Immunsystem zu überstehen. (Wie das zu machen ist, werde ich noch beschreiben. Besonders wichtig ist in dieser Hinsicht auch das Kapitel über energetisch-spirituelle Ernährung. HUNA-VITA-Ernährungs-Yoga)
Sehr viele Menschen sind noch immer nicht bereit, diese jetzt aktuelle, radikale Übergangsperiode als den schon beginnenden Wandel zu betrachten und mitzumachen. Sie sehen weder die auf sie zukommenden Gefahren noch die unendlichen, großartigen Möglichkeiten dieser machtvollen Evolutions-Periode. Diese neuen Welt-Energie-Bewußtseinsimpulse erschüttern Erstarrtes und fördern die überall - in Ost und West - aufsprießende Keimkraft des Neuen Zeitalters.
*Vielen Menschen, denen ich begegne, verwechseln die jetzige, sich wandelnde Zeitqualität mit Prophezeiungen von künftigen Ereignissen!*
Sie meinen, jetzt sei noch Zeit und es reiche zu überlegen, ob man "morgen" damit beginnen solle, sich um seine eigene Wachstums-Energie zu kümmern.

**Das ist wahrlich unglaublich kurzsichtig und bequem!**

Es gibt *keine Zeit* mehr zu überlegen. *Sofortiges, schnellstes Handeln* für die eigene energetische und psychische Entfaltung ist angesagt. Nur das Jetzt-Tun beinhaltet alle Wandlungsqualitäten und Chancen. Alle zukünftigen Überlegungen und Möglichkeiten sind völlig unverbindlich.

**Fazit:**

*Jetzt, gerade heute überall um Dich herum, geschieht diese Gesetzmäßigkeit des Zerfalls alter Denk-, Handlungs- und Machtstrukturen. Jetzt bist Du aufgefordert, in Dir das UR-LICHT zu entfalten.*

Liebster Freund/in, mach Deine Augen ganz weit auf und schau Dich wirklich bewußt um! Du wirst diese Erschütterungen - auch bei den

Menschen - diesen Zerfalls-Kampf überall wahrnehmen, und er wird an Dramatik noch machtvoll zunehmen.

Gleichzeitig ist dies aber auch ein sicheres Zeichen des neuen, universalen, planetaren und kosmischen Wandels im Zeitgeschehen. Alles, was heute geschieht, ist zugleich auch das ganzheitliche Bewußtseins-Feld der Zeit-Dynamik der Evolution. Dieses neue Zeitgeschehen im Wassermann-Zeitalter ist, um es nochmals eindringlich zu betonen, keine Prophezeiung. Es sind bereits die Auswirkungen der früheren Prophezeiungen, es ist der jetzt beginnende Wandel und unser Aufwachen in die hohe Frequenz des "Neuen Zeitalters". (Chaos-Prinzip)

Alles beginnt sich gegenseitig zu durchdringen. Die Substanz ist das Bewußtsein. Dadurch eröffnen sich uns Wege, die uns aus unserem Kreis der so begrenzten Wahrnehmungen herausführen. Du wirst immer mehr zur Erkenntnis kommen, daß Bewußtsein das Allumfassende ist, daß Bewußtsein und Energie verschmelzen und eins sind. Darum ist es unsere und Deine Aufgabe, unser Bewußtsein immer mehr auszuweiten und alles einzubeziehen.

In diesem neuen Zeitalter verwandeln sich die Gegensätze der Vergangenheit (Fische-Zeitalter), und beginnen sich jetzt mit unwiderstehlicher Liebes-Sehnsucht wieder anzuziehen und zu harmonisieren.

***Fazit:***

*Die Neue Welt kann in dem Moment entstehen, in dem wir uns der einströmenden höheren UR-LICHT-Kraft des Universums öffnen und bereitwillig mitarbeiten.*

**Die Wandlung unseres ganzen Sonnensystems.**

- Woher kommen diese machtvollen Energie-Erhöhungen?
- Warum wird die Erde gerade heute von so vielen Katastrophen, Erdbeben und Überschwemmungen heimgesucht wie in kaum einer Zeit zuvor?
- Warum gibt es heute weltweit mehr Kriegsschauplätze, als jemals zuvor?
- Warum sind heute die Immunschwächenerkrankungen - Aids, Allergien usw. - so hoch wie nie zuvor?
- Warum steigt die Rate der psychisch Belasteten und Kranken jedes Jahr schneller an?
- Warum gibt es andererseits in verschiedenen Ländern so positive Bewußtseinsveränderungen wie kaum zuvor?
- Warum wenden sich heute immer mehr Menschen ihrer Göttlichkeit zu?
- Warum beginnen schon Kinder, diesen Weg des LICHTES zu gehen?

Um hierauf Antworten zu finden, werde ich Dir jetzt wesentliche Fakten berichten, über die Du bitte öfters nachdenken und auch mit anderen Freunden sprechen solltest. Möglicherweise wird das Verständnis für das Nachfolgende Dir Impulse geben, die Qualitäten des UR-LICHTES noch umfassender zu erkennen, um Deine Energien noch mehr zu entfalten.

Unser gesamtes Sonnensystem rückt in eine nächsthöhere kosmische Region göttlichen UR-LICHTES vor. Das wird unseren Planeten Erde und alles Leben darauf umwandeln.
Das bedeutet: Gerade heute bewegen wir uns in eine Zeit der Wandlung hinein, die in dieser machtvollen Art noch nie dagewesen ist. Wir alle schwimmen auf der vordersten, machtvollen UR-LICHT-Welle in das Neue Zeitalter des Wassermanns. Dieses jetzt einströmende göttlich-kosmische Energiegeschenk gilt es zu erkennen und praktisch für die eigene Entwicklung zu nutzen !!!

**Im Moment laufen zwei ganz einmalige und ungewöhnliche Entwicklungszyklen ab, die alles in kaum vorstellbarer Art wandeln werden. Der erste Zyklus der Wandlung**

Der Tierkreis bildet einen ungeheuer großen kosmischen Kalender, der aus den zwölf Tierkreiszeichen und damit zugleich aus den zwölf Weltzeitaltern besteht. Wir, unser gesamtes Sonnensystem, bewegen uns auf einer elliptischen Bahn durch diese zwölf Tierkreiszeichen (Sternbilder) hindurch, genauso wie unsere Erde und die Planeten die Sonne umkreisen.

**Weltenjahr.**

Wenn unser Sonnensystem sich durch diese Tierkreiszeichen bewegt, tritt es etwa alle 2150 Jahre mit einem neuen Tierkreiszeichen in Konjunktion. Das entspricht *einem Weltenjahr.*

**Kosmisches Jahr.**

Ein vollständiger Durchgang durch alle 12 Tierkreiszeichen dauert ca. 26000 Jahre. Das wird dann als *ein kosmisches Jahr* bezeichnet.

Wenn wir mit unserem Sonnensystem bzw. mit der Erde, mit einem Tierkreiszeichen in energetische Beziehungen treten, erfahren wir auf der Erde jeweils eine besondere Art und Qualität von Energie-Bewußtseinsströmen.
Zur Jetztzeit haben wir gerade die Strahlungen des Tierzeichens Fische verlassen - das Ende des "Kosmischen Jahres" - und haben uns in das des Wassermanns begeben, das die höchste Schwingung aller Tierkreiszeichen hat und zugleich der Anfang und Neubeginn eines nächsten "Kosmischen Jahres" ist.
Seit über 2000 Jahren wirkten die Strömungen und Energien der Fische-Konstellation auf uns ein. Das bedeutet, die Menschheit und alle menschlichen Institutionen sind "durchtränkt" von dieser Fische-Energie und dem Fische-Bewußtsein.
D. h. der Mensch entdeckte in diesem Fische-Zeitalter in besonderem Maße seine Individualität und seine Persönlichkeit. Es war das Zeitalter der großen Persönlichkeiten und der Entdeckungen dieser Persönlichkeiten.

Damit trennte  sich die Persönlichkeit auch zugleich ab. Ich-Werdung bedeutet Trennung, Abhebung von dem Ganzen, der Einheit. Besonders gut wird dies symbolisiert durch das Fische-Zeichen. Es sind zwei *gegeneinander* schwimmende Fische. Das symbolisiert unsere jetzt auslaufende Zeit der Gegensätze, des Kampfes und des Gegen <--> einanders.

Das Symbol des Wassermanns sind zwei miteinander parallel laufende Wellen. Das bedeutet, in der jetzt anbrechenden "Neuen Zeit" herrscht der Geist der Synthese. Das ist der Geist der Gemeinschaft. Es ist die große Aufforderung zur Ganzheitlichkeit und zum Miteinander. Der Wassermann ist der universale, der kosmische Mensch, mit dem sich öffnenden Bewußtsein seiner Göttlichkeit, der Himmel und Erde vereint, oder der "auferstandene" Mensch in seinem LICHT-Körper. (Vereint mit seinem Hohen Selbst)

Die geistige Wiederkunft der "Christus-Liebe-Energie" (das ist das kosmische Prinzip des Wassermann-Zeitalters) ereignet sich jetzt zunehmend in immer mehr Herzen und im Geist von Millionen Menschen. Sie gelangen dadurch zur Erkenntnis dieser geistigen Liebes-Energie in sich selbst. Dadurch entsteht in den Menschen und in den Ländern ein Geist größerer Solidarität und Stabilität, der auf neuen Visionen und Werten fußt.

*Es liegt in der Verantwortung der erkennenden Menschen in aller Welt,  diesen neuen Visionen und Werten durch die Kraft ihrer Lebensweise und Aktivitäten zur Verkörperung zu verhelfen. Hieraus wird ein klarer Weg des Fundamentes entstehen, auf dem eine neue, gewandelte planetarische Kultur gründen kann.*

Der wache Mensch erfährt in dieser Neuen Zeit, daß er eine gemeinsame Wurzel (der göttliche Funke) mit allen anderen Menschen und seinen kosmischen Brüdern und Schwestern hat. Das läßt die alten Trennungen in Rassen und Nationen überwinden.

Da das Alte jedoch noch nicht vollständig "gestorben" ist, besteht im Moment noch eine Konfrontation zwischen der "im Sterben liegenden" Fische-Zeitalter-Qualität und der gerade begonnenen, neuen Bewußtseinsqualität des Wassermann-Zeitalters. Dies wird auch als "der letzte End-

kampf" bezeichnet. Hier gibt es genügend Hinweise in der Bibel, in anderen Kulturen (auch der der Hopi = die Fünfte Welt und dem Maya-Kalender) und den großen Sehern der gegenwärtigen und vergangenen Zeit. Und schauen wir uns die Welt draußen an, stellen wir fest, daß wir mitten in diesem Endkampf sind.
Die wirklichen Dimensionen und Schauplätze der Konflikte liegen allerdings im Menschen selbst, im psychologischen und spirituellen Bereich. D.h. letztlich kämpfen die Menschen im Moment nicht gegeneinander, sondern *gegen die Angst voreinander.*
Jede Überwindung der Angst - und hier wirkt eben die immer stärker werdende Liebes-Energie des Wassermann-Zeitalters mit - durch Verständnis und Liebe füreinander, bringt uns der Neuen Zeit mehr entgegen.

**Die Zeit der Wandlung.**

Auf der anderen Seite gab es auch noch nie eine so vielversprechende Zeit der Wandlung wie heute. Große Energien und machtvolle geistige Kräfte strömen gerade auf unseren Planeten! Als Folge wird alles enorm beschleunigt in der Schwingung der Zellen, der Energieteilchen in den Atomen und Molekülen. Die Wirkungen dieses Einflusses sind sehr vielseitig: von Momenten des erweiterten Bewußtseins, des Wissens und des Erlebens des eigenen göttlichen Funkens bis hin zu enormen psychischen Spannungen und Krankheitsbelastungen, die aus dem immer größer werdenden Potential-Unterschied zwischen hoher Schwingungs-Energie und zurückbleibender niederer Bewußtseinsschwingung von Macht, Krieg, Ichsucht und Zerstörung bestehen.
Es können uns nunmehr, wie schon gesagt, alle Arten höherer Schwingungen erreichen und auf der Erde wie im Menschen wirksam werden.
Nehmen wir als Beispiel die kosmischen Strahlen. Als man sie entdeckte, stellte man fest, daß sie in ihrer Art weit stärker waren als Röntgenstrahlen, indem sie eine zweieinhalb Meter dicke Bleiplatte durchdringen konnten, während Röntgenstrahlen noch nicht einmal eine 1 Zentimeter dicke Bleiplatte durchdringen können.
Das war im Jahre 1932. Und seitdem sind die kosmischen Einstrahlungen immer stärker geworden. Mißt man die Schwingungen des Fische-Sternbildes, so entspricht das dem Infra-Rot, mit einer Schwingung von

15 Trillionen Schwingungen pro Sekunde. Dagegen schwingt das Sternbild Wassermann mit einer Frequenz von 75 Trillionen Schwingungen pro Sekunde im Ultra-Violett Bereich.
D. h. die Menschen werden jetzt in geradezu dramatischer Weise in eine sehr hohe Bewußtseinsschwingung katapultiert. Darum ist es für jeden wachen Erdenbürger so überaus wichtig, dafür zu sorgen, daß er mit seinem physischen und psychischen Körper diese machtvollen Schwingungsimpulse mitmachen und sich angleichen kann, ohne Schaden zu leiden.

**Der zweite Zyklus der Wandlung. Kommen wir nun zur Wirkung der Zentralsonne.**

Im "Mittelpunkt" dieser großen Tierkreis-Bahn des Sonnensystems ruht eine geistige Zentralsonne. Stell sie Dir als einen machtvoll pulsierenden, hochschwingenden, göttlichen Energie-Bewußtseins-Pol aller umkreisenden Tierkreis-Planeten und Sonnensysteme vor. Die Zentralsonne beinhaltet die göttliche Bewußtseins-Potenz aller um sie befindlicher Materie und Geisteskraft. Sie besitzt nicht nur eine ungeheure Läuterungs- und Reinigungskraft, sondern sie übt auch einen belebenden, anregenden und verjüngenden Einfluß auf alles Lebendige aus. Auch Astrophysiker beschreiben seit einiger Zeit "Energiestrahlenbündel" in der Galaxis, von denen sie annehmen, daß sie die Evolution der Erde und alles Leben beeinflussen. Die Mayas kennen ebenfalls diese kosmischen Energieeinstrahlungen des "Großen Zyklus", der bestimmte Perioden der Erdentwicklung bewirkt. Dieser Zyklus begann 3113 v.Chr. und endet nach dem Maya-Kalender 2012 n. Chr.
Es ist durchaus wahrscheinlich, daß die starken Strahlungseinflüsse aus dieser Zentralsonne noch größere umwandelnde Wirkungen als die aus der Wassermann-Konstellation auf uns und die Erde haben.
Das ist darum der Fall, weil unser Sonnensystem bzw. die Erde auf der Ellipsenbahn durch das Wassermann-Sternbild ganz nah an der Zentralsonne vorbeikommt. Wir gelangen also jetzt am unmittelbarsten in diese "goldenen Strahlen" der Zentralsonne. Daher auch der Begriff: "Das Goldene Zeitalter".
Besonders durch den machtvollen Strahlungseinfluß der Zentralsonne werden unsere Sinne empfindsamer für die höheren Schwingungen und

Informationen aus der geistigen Welt. Unsere Atmosphäre wird wieder gereinigt, und ständig wächst die Zahl der Tausenden von Menschen, die der Telepathie, des Hellsehens und des Hellhörens fähig werden. (Das merke ich auch genau in den Intensivkursen.)
Dies steht auch in völliger Übereinstimmung damit, was der Prophet Joel (Joel 3, 1-4) sagt:
Und nach diesem (Fische-Zeitalter) will ich meinen Geist ausgießen über alles Fleisch, und eure Söhne und Töchter sollen weissagen.
Eure Ältesten sollen Träume haben, und eure Jünglinge sollen Gesichte sehen. Auch will ich zur selben Zeit über Knechte und Mägde Meinen Geist ausgießen. Und ich will Wunderzeichen geben am Himmel und auf Erden. Blut, Feuer und Rauchdampf. Die Sonne soll in Finsternis und der Mond in Blut verwandelt werden, ehe dann der große Tag des Herrn kommt."

Es heißt, daß die zodiakale Übergangsperiode vom Fische- zum Wassermann-Sternbild ca. 180 Jahre dauert. Während dieser Zeit nehmen die Schwingungen stetig zu (und die Schwingung des Fischezeitalters ab). Die ersten Wassermann-Schwingungen haben sich etwa um 1840 bemerkbar gemacht, ca. 1930 war der Wechsel und die volle Strahlungskraft werden wir etwa um das Jahr 2012 empfangen. Dieser Zeitpunkt ist zugleich ein "Umschlagspunkt", ein "Triggerpoint", an dem das alte Fischezeitalter-Bewußtsein endgültig in einem machtvollen Quantensprung auf die höhere Ebene des Wassermannzeitalters springt. Dieses Datum wird auch im Maya-Kalender erwähnt. Schauen wir auf die vergangene Zeit zurück, so sehen wir, welchen gewaltigen geistigen Einfluß diese Strahlungszunahme hatte. In den letzten hundert Jahren sind mehr Fortschritte gemacht worden als in allen anderen Zeitaltern zusammen. In der Jetztzeit hat man herausgefunden, daß sich das Wissen auf unserem Planeten jedes 1/2 Jahr verdoppelt. Und bedenke, Du bist als Teil des Ganzen mit Deinem Bewußtsein an diese unglaublichen Bewußtseinssprünge angeschlossen! Das bedeutet, je offener und aktiver Du bist, Dein Bewußtsein schulst, desto intensiver bist Du bewußt in diesen Entwicklungszyklus eingeschlossen und desto umfassender entwickelst Du Dich.

## Zwei kosmische Ereignisse bestimmen unser Leben .

Wir müssen hier jetzt festhalten, daß wir heute aus diesen *zwei* kosmischen Ereignissen doppeltstarke Schwingungs- und Bewußtseins-Energien erhalten. Und gerade diese doppelte Konstellation übt einen so machtvollen, wandelnden Einfluß auf uns und die Erde aus.
Diese hohen Kräfte wirken jetzt gewaltiger denn je auf das im Menschen lagernde geistige Potential von Angst, Zerstörung und Haß ein. Wir sehen das in den jetzigen geistigen Auseinandersetzungen in Form von Kriegen und Gewalt.
Spätestens jetzt, in dieser Zeit der hohen Energieeinflüsse, kommt keiner mehr darum herum bewußt zu sehen, welches Verhältnis er zu Gewalt, Angst und Aggression hat. Jetzt ist die Zeitqualität für den Erkennenden reif, mitzubekommen, daß er wählen kann zwischen Liebe und Angst, zwischen Gewalt und Frieden.
Aus diesem Bewußtsein heraus werden die Menschen in Kürze eine kritische Bewußtseinsschwelle (gemeinsames morphogenetisches Bewußtseins-Feld) erreicht haben, (den Umschlagspunkt) wo genügend "raumliebevolles" Bewußtsein vorhanden ist, so daß Krieg und Gewalt als Lösungsstrategien von Konflikten überholt sind.
Was sich jetzt ereignet, ist dasselbe, was geschieht, wenn wir vom Winter in den Frühling gehen, nur in weit größerem Maße und in einem geistigen Sinn. Die alten Lebensumstände und Grundlagen zerbrechen, lösen sich auf und zerfallen. Die Erde wird so drastisch verwandelt und angefüllt mit neuen Bewußtseins-Energien, daß alle alten Zustände gänzlich verschwinden werden.
Über dieses Geschehen und besonders über den kosmischen Triggerpoint haben sich viele Hellsichtige und wissenschaftlich forschende Menschen Gedanken gemacht.

## So hat sich Dr. Jose Argüelles,

Sohn mexikanischer Eltern, in den USA geboren, sehr intensiv mit diesem kommenden Umschwung befaßt. Zeit seines Lebens erforschte er die uralte Weisheit des Maya-Kalenders und dessen so erstaunliches Wissen um die kosmischen Geschehnisse. So haben die Mayas in ihrem Kalender die

Tage eines Jahres so genau und präzis bestimmt, wie das uns erst heute mit unserer jetzigen Technologie möglich ist. Der Maya-Kalender wird heute schon als eine der exaktesten prophetischen Visionen der menschlichen Zukunft angesehen. Astrophysiker beschreiben seit einiger Zeit machtvolle Energiestrahlbündel (abhängig von der Zentralsonne und dem Wassermannzeitalter) der Galaxis, von denen sie annehmen, daß sie unsere Evolution stark beeinflussen.
In seinem Forschungswerk erklärt *Jose Argüelles*, daß die Geschichte der Menschheit von dem "Großen Zyklus" geprägt wurde, der dem Maya-Kalender zufolge von 3113 vor Christus bis 2012 nach Christus dauert. Dieser Große Zyklus besitzt die Gestalt eines riesigen Strahles, der die Galaxis durchschneidet und dessen Lichtkegel unser Sonnensystem durchwandert. Wir erfahren durch den Maya-Kalender, daß sich die Perioden unserer irdischen Geschichte exakt nach diesen Durchwanderungen des Energie-Strahlenbündels, den "galaktischen Epochen", richten. Diese Perioden wurden von den Mayas sehr genau in ihrem Kalender erfaßt.
Argüelles begreift uns Menschen als mit den notwendigen Kräften begabt, um uns auf direktem Wege - geistig-energetisch - mit der hochschwingenden Energie-Information dieser kosmischen Einströmung aus der Zentralsonne und dem Wassermannzeitalter zu verbinden.

Da die Astrophysik auch von diesen "Dichte-Wellen" spricht, die durch den kosmischen Raum fluten und die Evolution beeinflussen, nehmen die Forschungen von Argüelles mit dem Maya-Kalender wahrhaft prophetische Züge an.
Je näher das Jahr 2012 heranrückt - so führt Argüelles in seinen Forschungen aus - desto mehr wird die Erde in ein nie gekanntes Summen und Vibrieren geraten.
In der abschließenden Fünfjahres-Phase, von 2007 bis 2012, wird eine letzte Riesenanstrengung unternommen, um die Erde und alles Leben auf ihr für den galaktischen Bewußtseinssprung vorzubereiten, um in den planetarischen Lichtkörper einzutreten.
Und dann wird es soweit sein, daß die letzte Sekunde vor dem Quantensprung des menschlichen und planetaren Bewußtseinssprunges vorbei ist. Der einmalige Augenblick, der Augenblick der endgültigen Synchronisation der Erde und damit von allem Leben auf der Erde, ist gekommen.

Und plötzlich, wie wenn ein Hebel herumgeworfen wird, jagt eine ungeheure "Volt-Bewußtseins-Dosis" durch dieses synchronisierte Schaltnetz namens Menschheit. Ein machtvoller kosmischer Energie-Bewußtseinsstoß, beide Pole aufladend, wird über den Himmel jagen und Nord- und Südlichter in einem einzigen blendenden Blitz verschmelzen. Wie ein schillernder Regenbogen wird diese polumspannende Energie die Antipoden der Erde verbinden. Augenblicklich wird von allen Lebenden dieses Ereignis als äußeres Anzeichen der Vereinigung des kollektiven Geistes der Menschheit begriffen werden. Das bedeutet, in dieser letzten Sekunde werden wir in einen Evolutionsbereich hinein- und hochkatapultiert werden, den wir uns im Moment nicht vorstellen können.
Wohl dem, so schreibt *Jose Argüelles* weiter, der jetzt die hohe Schwingung in seinem Bewußtsein erreicht hat, um gefahrlos in Resonanz mit dieser neuen, hohen Lichtfrequenz der Erde zu kommen. Endlich sind die Erde und der Mensch reif geworden, die Rolle in der interplanetarischen Zivilisation zu übernehmen.

**Auch ein anderer Schriftsteller, Psychologe und Wissenschaftler, Robert Anton Wilson,**

befaßt sich mit diesem Gesetz der Beschleunigung des Bewußtseins bis zum Umschlagspunkt des Jahres 2012.
Er berichtet von Wissenschaftlern wie *Korzybski, Buckminster Fuller, Alvin Toffler* und anderen, die an vielen Beispielen gezeigt haben, daß sich viele Dinge in der Technologie exponentiell - also nicht linear - weiterentwickeln. Wie *Toffler* betont, gab es schon in den siebziger Jahren mehr Wissenschaftler als in der gesamten bisherigen Geschichte.

**Die beiden Brüder McKenna,**

die beide Anthropologie, Biologie, Chemie und Botanik studiert haben, führten bewußtseinserweiternde Programme und Forschungen durch. Dabei erkannten sie das holographische Prinzip des Kosmos und allen Lebens. Ihre Schlußfolgerung dieses Modelles lautet:
Wenn unser Universum ein Hologramm ist, so enthält jeder Teil des Universums die Information des Ganzen wie bei einem normalen Hologramm.

Wie wir gesehen haben, führt auch Sarfattis Interpretation von *Bells* Theorem und *T. Learys* Theorie von den acht Bewußtseinsschaltkreisen zu dieser Schlußfolgerung, die in Wirklichkeit besagt, daß jedes Atom des Gehirns zugleich in Verbindung mit dem gesamten Universum besteht.
Dies ist zugleich auch die Grundlage der Magie, die wir ursprünglich in der Tafel der 7 kosmischen Gesetze des Hermes Trismegistos fanden. Dort heißt es : "Was oben ist, ist gleich dem, was unten ist".
Die *McKenna*-Theorie geht jedoch darüber hinaus. Sie besagt, daß sich im Hologramm unseres Universums *64 Zeitskalen* befinden, wobei jede dieser Zeitskalen zu einer der 64 Hexagramme des chinesischen I GING-Orakels in Beziehung steht. Übrigens beruht der Maya-Kalender auch auf dem 8x8 System des I GING. Letztlich - so erkennen immer mehr Forscher, die sich mit dem I GING befassen - ist es die kodierte Form einer "kosmischen" Wissenschaft, die nicht auf Atomphysik, sondern auf *holonomer* Resonanz beruht, in dem Sinn, daß alles mit allem verbunden ist. So wird das I GING als eine Weltformel höchsten Ranges gesehen, ein Spiegel der Wirklichkeit.

Die Erkenntnis der *McKennas* bedeutet, daß wir auf 64 Zeitskalen oder Evolutionswellen reisen, die alle *einem* kosmischen Erwachen zustreben, dem Quantensprung, dem Triggerpoint unseres Bewußtseins.
Die nächstliegende Frage daraus ist, wann die 64 Zeitskalen oder der Große Zyklus - wovon die 64 Zeitskalen Teile sind - den Höhepunkt in unserer linearen Zeit erreicht haben. Die *McKennas* haben einen Computer mit ihren 64 Zeitsystemen programmiert, und die Antwort lautete,
*daß der Höhepunkt-Bewußtseins-Sprung im Jahre 2012 erfolgen wird!*
Als nächstes ergab sich aus dieser Aufstellung auch das Zeitmaß des "Großen Zyklus" des Maya Kalenders - ohne daß die *McKennas* etwas von den Arbeiten Argüelles wußten. So ergab die Errechnung des Bewußtsein-Quantensprunges folgende Zeitintervalle:

Einen Zeitentwicklungszyklus von **4500 Jahren**, von der Besiedelung der Erde durch die frühen Völker bis zum Aufkommen der modernen Wissenschaft.

Einen **400 jährigen Zeitzyklus,** in dem die Wissenschaft mehr Erfindungen und Neuheiten hervorbringt als im vorangehenden Zeitzyklus von 4500 Jahren.

Einen **70 jährigen Zyklus**, (in dem wir uns jetzt gerade befinden) wo mehr Fortschritte stattfinden als in der gesamten Zeit zuvor. Wir stehen jetzt schon fast am Ende dieses Zeitzyklus, denn im Moment verdoppelt sich das Wissen der Menschen jedes Jahr. Viele Menschen beginnen jetzt unter dieser Beschleunigung des Bewußtseins zu leiden, da zugleich auch das Energie-Potential des kosmischen Energieeinstromes machtvoll ansteigt. Diese Belastungen äußern sich in einer noch nie dagewesenen Steigerung von psychischen Störungen und Krankheiten, von drastisch ansteigenden Immundefekten der Zellen, wie Allergien, AIDS usw.

Einen **384 -Tage-Zyklus** in den Jahren 2011-2012, in dem viermal soviel Entwicklungen, Neuheiten und Transformationen stattfinden, wie in allen Zyklen zuvor. Hier erreicht die geistig-seelische und körperliche Schwingung der Menschen einen Bereich, der wohl von vielen nicht immer mitgemacht werden kann, wenn sie nicht schon früh damit begonnen haben, ihre Bewußtseinsschwingung anzuheben.

Einen **6-Tage-Zyklus**, in dem *alle 6 Tage (!!)* das gesamte Wissen der Menschheit aus allen Zyklen davor sich verdoppelt und die Bewußtseins-Intelligenz und die psychische Energie des Menschen in eine enorm hohe Schwingung kommen.

In dem letzten **135 Minuten- Zyklus** vor dem Gipfelpunkt läuft eine *18-fache* Beschleunigung allen Wissens aus den Zyklen davor, also eine *Veracht-zehnfachung allen Wissens alle ca. 2 Stunden.*

Und in den letzten **Sekunden des Großen Zyklus** bis zum Quantensprung des Bewußtseins in eine Neue Zeit, läuft eine 1300-fache Beschleunigung allen Wissens ab. Die bis hierhin beschleunigte Bewußtseins-Intelligenz des Menschen springt dann beim Omega-Punkt, beim Quanten-Sprung, um in kosmisches Bewußtsein. Das ist die Fahrkarte in das große kosmische Geschehen.

***Fazit:***

*Wir stehen heute an solch einer außergewöhnlichen Wende, weil die Erde Strahlungs- und Bewußtseins-Energie aus dem Wassermann-Zeitalter und der Kraft der Zentralsonne erhält. Die Erde wird in eine neue Lebensordnung, in die des "Goldenen Zeitalters" hineingehen. Der Mensch erkennt die UR-LICHT-Quelle und nimmt über sein Hohes Selbst mehr und mehr Kontakt damit auf.*

Der HUNA-VITA-Weg des Herzens und des Friedens mit dem UR-LICHT ist ein Schritt in diese Neue Zeit. Dieser Weg wird sich nun im nächsten Kapitel vor Dir immer klarer in allen Einzelheiten entfalten und Dich in Deinem Leben durch alle Tiefs und Hochs begleiten.

# 5. KAPITEL

## Der 2. Weg

des Herzens und des Friedens
mit der Geistesmacht der "Drei Selbst-Seelenwesen":
Hohes Selbst - Mittleres Selbst - Unteres Selbst.

**In diesem Kapitel möchte ich Dich tiefer in die HUNA-VITA-Praxis einweihen. Es geht darum, die Geistesmacht Deiner "Drei-Selbst-Seelenwesen" zu erkennen und darum, zu lernen, nach welchen kosmischen Gesetzmäßigkeiten sie praktisch in Deinem Leben wirken.**
**Ein wesentlicher Teil der HUNA-VITA-Lehre, die "geistige Anatomie", konzentriert sich darauf, unter welchen Voraussetzungen und gezielten Übungen Du die machtvolle Geisteskraft Deiner "Drei-Selbst-Seelenwesen" (Hohes Selbst, Mittleres Selbst, Unteres Selbst) ansprichst und harmonisierst.**

Das Wissen um das Vorhandensein dieser UR-LICHT-Kraft (1. Weg) und um die erstaunlichen, schlummernden Fähigkeiten des Menschen ist nur der erste Schritt und führt nicht weiter, wenn der suchende Mensch nicht weiter darin eingeweiht wird, wie er praktisch diese LICHT-Kraft in sich erweckt und für seinen Alltag nutzen und verwirklichen kann. (2. Weg)
Hinter HUNA-VITA steht letztlich ein Ur-Wissen aus dem Kosmos, ein Weisheits-System, wie der Lernende die Struktur des Menschen und die in ihm ruhenden Fähigkeiten und Kräfte erweckt, wie er das große kosmisch-göttliche Geschehen erfährt und in sein Leben mit einbeziehen kann.
Die Methode von HUNA-VITA, diese Kenntnis des Weges zu vermitteln, beruht darin, den Lernenden in die einzelnen Elemente und Teile des Sy-

stems einzuweihen und in praktischen Anweisungen, Techniken und Übungen das Gelernte zu einem lebendigen Ganzen zu formen, das im Alltag anwendbar ist und funktioniert. (Der 2. Weg des Herzens und des Friedens)

## Die "geistige", feinstoffliche Anatomie.

Ein Elektriker lernt im Laufe seiner Ausbildung sehr genau die Gesetze der Elektrizität kennen. Er weiß, wie er sich gegen die negativen Auswirkungen des Stromes isolieren kann. Durch dieses Wissen und die erlernte Praxis wird er mit dem Strom und den elektrischen Geräten sinnvoll und konstruktiv umgehen können.
Der Arzt lernt während seines Studiums und seiner weiteren Ausbildung im Krankenhaus die Gesetze, die Anatomie und Physiologie des menschlichen Körpers kennen. Nach dieser umfassenden Zeit des Lernens wird er in der Lage sein, helfend in die Funktionen des Körpers einzugreifen.

Elektriker und Arzt haben etwas gemeinsam: Beide haben gelernt, mit Naturgesetzen umzugehen. Der Elektriker kennt die "Anatomie" des Stromes und der Arzt die "Anatomie" des menschlichen Körpers mit den dazugehörigen Funktionen.

**Der Esoteriker sollte die Anatomie der geistigen Gesetze kennen.**

Der Esoteriker, der Mensch, der eine eigene innere (eso-terische) Entwicklung anstrebt, sollte die meta-physischen Gesetze, das sind die geistigen Gesetze *nach* der oder *über* der grobstofflichen, materiellen Physik kennen.
Er sollte die *nicht sichtbare*, also die geistige Anatomie seines feinstofflichen Körpers kennenlernen. Das bedeutet, willst Du, der Esoteriker, mit Erfolg und Sicherheit in den geistig-feinstofflichen Bewußtseins- und Energieebenen *"operieren"*, also die schlummernden Kräfte und Fähigkeiten entfalten und für Dein Leben nutzen, so mußt Du recht genau in der

"geistigen Anatomie" Deines Körpers Bescheid wissen.
Fehlt dieses "geistige anatomische Wissen," wird der Esoteriker ein Blinder (Schlafender) unter Blinden sein, er wird ein "Elektriker" sein, der unwissend und ohne Isolierung an "geistigem Starkstrom" arbeitet, und er wird ein "Arzt" sein, der unwissend an seinem okkulten (nicht sichtbaren, feinstofflichen) Körper "geistig operiert", d.h. in Energie- und Bewußtseinsfunktionen und -abläufe eingreift und dadurch nachhaltige, geistig-seelische und energetische Schäden anrichtet. Das entwickelt sich dann besonders dramatisch, wenn er als "Blinder" diese geistigen Operationen bei anderen Menschen vornimmt.

**Innerhalb der *speziellen geistigen* Anatomie der HUNA-VITA-LEHRE gilt es also:**

**1.**Die drei nicht sichtbaren feinstofflichen Lebensenergien zu ergründen und bewußt zu steuern.

**2.**Die drei verschiedenen Formen der Geist-Wesen im menschlichen Körper kennenzulernen und praktisch zu nutzen.

**3.**Die formende Schattenkörper-Substanz zu erkennen und für verschiedene "geistige Operationen" einzusetzen.

**4.**Die dreizehn psychischen "Energie-Zentren" in ihrer geistigen und energetischen Funktion kennenzulernen und zu entfalten.

Vor der *speziellen* geistigen Anatomie kennen wir innerhalb der HUNA-VITA-LEHRE noch die *finale* geistige Anatomie.

Finalität bedeutet hier, den ganzen menschlichen Lebens- und Entwicklungsablauf vom Ende her zu betrachten. Hier steht also die Frage nach dem übergeordneten, ganzheitlichen, vom Ende her betrachteten (finalen) Lebenssinn. Woher kommst Du? Was ist der Sinn Deiner Existenz? Wohin gehst Du? Du wirst feststellen, daß der ganze Zweck der speziellen, geistigen Anatomie, damit Dein Leben selbst, erst durch diese finale Betrachtung einen Sinn ergibt.

**Innerhalb der *finalen* geistigen Anatomie der HUNA-VITA-LEHRE gilt es also:**

**1.**Das UR-LICHT-Wissen in sich zu erwecken. (1. Weg)

**2.**Die drei Entwicklungs-Schritte zu kennen und zu praktizieren.

**3.**Die 7 kosmischen Meister-Gesetze zu kennen.

**4.**Den finalen Lebenssinn-Weg - göttlicher Funke, Hohes Selbst erkennen.

**5.**Den finalen Lebenssinn-Weg auf der Erde zu erkennen.

**Die drei besonderen, geistigen Entwicklungs-Schritte zum LICHT-Arbeiter auf dem Siebenfachen Weg des Herzens und des Friedens.**

**1. Schritt**

Du erinnerst Dich. Zu Anfang sprach ich davon, wie wesentlich es ist, überhaupt davon zu wissen, daß es dieses im Menschen verborgene LICHT gibt (Hohes Selbst), sowie das ewig strömende und alles erschaffende GOTT-UR-LICHT. *(Psycho-Bild 3)*
Weiß man nichts davon, ist der Weg zum "Geheimnis" verschlossen. Der Mensch unterliegt dem ewigen, leidvollen "Rad der Wiedergeburt". Er wird nicht zum Herrn seines Lebens und Gestalter seines Schicksals.
So gesehen ist es also ein wahrhaft bedeutungsvoller Schritt für jeden Menschen, zu erkennen, daß man vorher noch *nichts vom LICHT wußte!* Jetzt kann der Mensch sich wandeln. Jetzt erst wird er ein Suchender, der *weiß* , daß es das Geheimnis gibt.

Bitte, liebster Freund/in, überprüfe Dich nun sehr genau:
Bist Du Dir jetzt wirklich ganz tief bewußt, daß Du ein wahrhaft Suchender bist? D.h. Du müßtest Dich daran erinnern, wann Du ein Nicht-Wissender warst und wann der Moment eintrat, wo Du "die Erleuchtung" hattest dar-

über, daß es so etwas wie ein UR-LICHT im Kosmos und in Dir gibt ! Auf diesen ersten Seiten, bis hierhin, habe ich darum ganz gezielt so oft über dieses UR-LICHT gesprochen, über das HUNA-Geheimnis und über die alte Tradition von HUNA, Mu und Atlantis. *Alle wußten um dieses im Menschen und außerhalb des Menschen strahlende UR-LICHT.*

**Das war das Geheimnis!**
Und ist es für die meisten Menschen auch heute noch.

Ehe Du nun den 2. Schritt tust, auf dem 2. Weg des Herzens und des Friedens, ist es so wesentlich für Dich, tief in Dir zu spüren, daß Du tatsächlich auf dem Weg der Suche bist und von der Existenz dieses UR-LICHTS überzeugt bist!

***Fazit:***
*Der **erste** Schritt ist die zutiefste Überzeugung, daß es die Wahrheit und das UR-LICHT gibt.*

## Der 2. Schritt

Nun, als Suchender, wirst Du all diese Gesetze, Prinzipien und Wahrheiten Schritt für Schritt entdecken, Dich wissend dafür öffnen und alles tief in Dein Bewußtsein aufnehmen. Der zweite Schritt besteht also darin, dieses Wissen und die Wahrheit um das UR-LICHT in sich aufzunehmen und an sich selbst so intensiv zu arbeiten, daß diese Verbindung, äußeres UR-LICHT und inneres UR-LICHT zur "Komunion", d.h. zu einer Zwiesprache, zu einer Bewußtseinsschwingung, zu einem UR-LICHT-Bewußtsein wird. In dieser Art und Weise des Lernens, des sich Erlösens von belastenden Lebens-Programmen und des Übens entsteht die Wahrheit in Dir.
Zusammengefaßt würde ich sagen, man betreibt "Nabel-Schau", d.h. man betrachtet sich, arbeitet mit seinen "Drei-Selbst-Seelenwesen", erkennt sich und liebt sich, so wie man ist.
Der Weg, der 2. Schritt, um dieses auch praktisch ausführen zu können,

die Anleitung, ist der hier beschriebene 2. HUNA-VITA-Weg des Friedens und des Herzens. Aber bitte bedenke auch, dies ist nur einer der möglichen Wege. Viele Straßen führen zum Gipfel!

**HUNA-VITA ist ein wirksames und sehr praktisches "Werkzeug". Nur, liebster Freund, verwechsle den Weg nicht mit dem Werkzeug!**

Wie oft schon wurde die Praxis des Weges, eine Religion - die ja auch nur "Werkzeug" ist, - als der einzig richtige Weg zurück, zum UR-LICHT, zu Gott bezeichnet. Sobald dies geschieht, verwickelt sich der suchende Mensch in die Äußerlichkeiten der religiösen Dogmen und Richtlinien. Er läßt sich durch die äußere Form, durch die oft so verführerische Verpackung blenden und übersieht dabei den so wesentlichen *Inhalt*.
Das Ergebnis ist, daß er auf seinem Weg zum "Gipfel", zu Gott, irgendwo zwischen den Fallstricken und Ketten der Glaubenswege, Dogmen und Zwänge hängenbleibt. Das Ergebnis ist noch machtvollere Ver-Wicklung, statt Ent-Wicklung.

***Fazit:***

*Der **zweite** Schritt (Nabel-Schau) ist die Erkenntnis der inneren Wahrheit über die "Drei-Selbst-Seelenwesen" und das damit verbundene Erlösen innerer Blockaden und die Kommunion mit dem UR-LICHT.*

**Der 3. Schritt.**

Dies ist ein recht schwieriger Schritt, weil er von sehr vielen Wahrheitssuchern nicht gesehen wird, aber gerade in der heutigen Zeit der Wende so notwendig ist, um wirklich LICHT-Arbeiter zu sein. Dieser dritte Schritt ist darum so schwierig, weil Du ihn selbst bei Deiner Arbeit und im Familienkreis, machen mußt. Es handelt sich hier also um die tägliche Anwendung des Gelernten in all Deinen Lebensbereichen.
So viele Menschen sind um die Wahrheit des Gottes-Wissens bzw. des

UR-LICHT-Wissens versammelt. Trotzdem können sie nicht richtig zu dieser Kommunion ( Zwiesprache) mit dem LICHT, mit Gott gelangen. D. h. sie haben die Worte, die Wahrheiten über innere Entwicklungen und Wiedergeburt in sich aufgenommen, sie kennen Teile aus ihren früheren Leben, haben sich dadurch sogar von alten Angst- und Krankheitsbelastungen erlöst, sie haben fleißig geübt, ja sie haben sogar diese Verbindung mit dem eigenen UR-LICHT, dem Hohen Selbst und dem göttlichen UR-LICHT gespürt, (2. Schritt) aber sie können dies alles nicht verwirklichen!!

**Was heißt das?**

Diesen Menschen fehlt eine entscheidende Kraft. Diese Kraft ermöglicht es dem Menschen, sich selbst *in der Wahrheit* zu bewegen und zu leben. D.h., der Mensch, der die Wahrheit des UR-LICHTES in sich erkannt und durch Übung in sich entfaltet hat, kann diese *innere* Wahrheit, dieses in ihm strahlende UR-LICHT nur dann lebendig machen, wenn er die Wahrheit *praktisch*, in seinem Leben, in der täglichen Arbeit, ausübt. Dann wandelt sich die innere Wahrheit, das UR-LICHT, *zum Weg des Guten,* zum Weg des Herzens und des Friedens.
Es ist also die Kraft, die Dir Ansporn und Energie gibt, die erlernte innere Wahrheit jetzt draußen im Leben praktisch anzuwenden. Der Mensch läßt also die innere Wahrheit, sein UR-LICHT, die Göttlichkeit seines Hohen Selbst, *als aktives Wollen in das gute Handeln, den Weg des Herzens, übergehen.*

Er steht in Wort und Tat zu seiner inneren Wahrheit. Er vertuscht sie nicht vor Bekannten und Arbeitskollegen. Im Gegenteil, er praktiziert ganz klar und offen sein eso-terisches Wissen, er lebt es den anderen vor als "Welten-Schau".
An erster Stelle Deines Lebens - hier der dritte Schritt - muß das göttliche Leben, das Gute, der praktische Weg des Herzens und des Friedens stehen, nachdem Du genügend lange "Nabelschau" betrieben hast.
Erst an *zweiter Stelle* steht die weitere innere Suche nach dem UR-LICHT und der Wahrheit, die in Dir ruhen.
Wird die innere Wahrheit außen im Lebensablauf lebendig angewendet, entsteht das Gute, die außen praktizierte Liebe des Herzens gegenüber der

Umwelt und den Menschen. Das ist das Erste. Das ist das, was ich "Welten-Schau" nenne.

**Zusammenfassung:**

Innere Wahrheit führt durch "Nabelschau" zur Selbsterkenntnis und Selbstentwicklung. Jede Lehre und Religion, so auch HUNA-VITA, die sich an eine höher entwickelte Stufe eines Menschen wendet bzw. ihn auch dort hinführt, muß mit den Lehren, Prinzipien und Gesetzen der Wahrheit und des UR-LICHTES beginnen, ehe der Mensch *praktisch* in seinem Leben das Gute aus sich heraus verwirklichen kann. Das Gute, den Weg des Herzens *in* der Welt verwirklichen, heißt Welten-Schau.

Nun halten sich viele Menschen, die diesen Weg gehen, an der inneren Wahrheit fest. Sie meditieren fleißig, bitten ihr Hohes Selbst um Kraft und Erkenntnis für die eigenen Belange, Probleme und Blockaden. Sie betreiben stetig Nabel-Schau. Sie beten fleißig zu Gott, aber sie kommen nicht über diese innere Wahrheit als solche, über Lehrsätze und Übungsabläufe und Theorien hinaus.
Die Umwandlung der inneren Wahrheit und des LICHTES in ein praktisch gelebtes, liebevolles, gutes Leben des Herzens und des Friedens ist für jeden diese letzte, oft recht schwierige, dritte Entwicklungsstufe, bzw. der dritte Schritt, der oft nicht wirklich verstanden und gesehen wird. Dies ist der Schritt zum *LICHT-Arbeiter.*

***Fazit:***

*Der dritte Schritt heißt "Welten-Schau". Der Weg des LICHT-Arbeiters. Es ist die praktische Anwendung der erkannten und gelernten Wahrheit, der Weg des Herzens mit allen Menschen, draußen im Alltag.*

**Der Weg des Friedens und des Herzens betrachtet aus finaler Sicht.**

Diesen Weg wach und bewußt zu beschreiten, bedeutet Erkenntnis über den Sinn des eigenen Lebens zu haben und in Harmonie mit den Kräften des Universums und unseren kosmischen Geschwistern zu leben. Durch diesen besonderen Herzens-Weg begegnet der Mensch höheren Strömungen und Schwingungen von Energien, den Planeten und den geistigen Geschwistern im All. Er erkennt seinen finalen, letztendlichen Lebenssinn-Weg.

Diese kosmisch-göttlichen Harmonien und Dein Hohes Selbst zu erkennen und zu verstehen, unterliegt göttlichen Ur-Prinzipien, deren Inhalt schon die Eingeweihten von Mu und Atlantis den Menschen verkündeten. Diese alten Wissensinhalte der Ur-Prinzipien ziehen als breiter, fast alle Kulturen befruchtender Weisheitssstrom durch die Zeiten allen Weltgeschehens.

## Der kosmische Meister.

Es war das Lebenswerk eines hohen kosmischen Meisters, der 3000 v. Chr. in Ägypten weilte, ein Eingeweihter von MU, der diese kosmische fundamentale Wahrheit aussäte.

Alle grundlegenden Wahrheiten, die in den esoterischen Lehren von HUNA, der Essener, von Christus, Buddha und von all den anderen Eingeweihten enthalten sind, können auf diesen ägyptischen hohen Eingeweihten und sein UR-Wissen von der "Quelle" zurückgeführt werden. Sogar die ältesten Lehren Indiens haben ihre Wurzeln in dieser Lehre.

Dieser Meister, von dem ich Dir hier berichte, heißt *Hermes Trismegistos*. Hermes - "hermetisch" bedeutet soviel wie eingeweiht und geheim. Trismegistos heißt der "Dreimal Große", der "Meister aller Meister", der "Schriftgelehrte der Götter". Die Ägypter haben ihn später zu einem Gott gemacht, mit dem Namen TOTH. Auch die Griechen wußten von diesem kosmischen Meister und machten ihn ebenfalls zu einem ihrer Götter. Sie nannten ihn HERMES, den Gott der Weisheit.

*Platon* sagt von ihm, er habe Zahl und Maß , die Unterscheidung von Sprachlauten und andere kulturelle Grundlagen entwickelt. Er wird als der größte Eingeweihte unter allen Meistern des frühen Menschengeschlechtes bezeichnet, der Vater der Sternkunde und Astrologie, der Alchemie und unserer gesamten Philosophie.
So erscheint seine überragende Gestalt als die Quelle der nach ihm benannten "hermetischen" Lehren, und es wird darüber hinaus behauptet, daß diese Lehren Grundlagen fast aller großen Religionen seien.

**Fazit:**
*Man kann sagen, Hermes Trismegistos hat das alte Ur-Wissen, das "Geheimnis" vom UR-LICHT, in sieben Gesetzen der Menschheit nähergebracht, die Du ebenfalls im siebenfachen Weg des Herzens und des Friedens wiederfindest.*

**Die "sieben hermetischen Prinzipien".**

Die "sieben hermetischen Prinzipien", auf denen die ganze hermetische Lehre, HUNA - VITA und fast alle anderen Weisheitslehren begründet sind, sind folgende:

**1.** *Das Gesetz der Geistigkeit*
**2.** *Das Gesetz der Entsprechung*
**3.** *Das Gesetz der Schwingung*
**4.** *Das Gesetz der Polarität*
**5.** *Das Gesetz des Rhythmus*
**6.** *Das Gesetz von Ursache und Wirkung*
**7.** *Das Gesetz des Geschlechtes*

D.h., in der gesamten HUNA-VITA-Lehre bzw. dem siebenfachen Weg des Herzens und des Friedens wirst Du diese Gesetze wiederfinden, ebenso in anderen Lehren, mit denen Du Dich vielleicht schon befaßt hast. Auch jeder Tag Deines Lebens und Deiner Arbeit unterliegt diesen Le-

bensprinzipien. Diese Gesetze weisen Dir letztlich den Weg zu Deinem Hohen Selbst.
Leid, Probleme und Krankheit entstehen dann, wenn der Mensch gegen diese sieben Gesetze verstößt. Darum ist es so wesentlich für jeden Menschen, diese Lebensprinzipien genau zu kennen und wirklich zu verstehen.
Im Weg des Herzens und des Friedens mit dem Kosmos werden uns diese Gesetze begegnen. Ich möchte Dir hier jetzt mehr über diesen Weg des Herzens mit dem Kosmos, zu Deinem Hohen Selbst, berichten. Das kann für Dich bedeuten, daß Du, nach der Lektüre dieses Kapitels, ein Stück tiefer in das Geheimnis Deines Lebenssinnes eingedrungen bist.

Vielleicht öffnet sich schon die Tür zur "fünften Etage", und LICHT der Erkenntnis beginnt Dich zu wandeln. Nun, auf jeden Fall ist für Dich jetzt wichtig, wirklich frei und unvoreingenommen die Wissensinformationen der nächsten Seiten in Dein Bewußtsein aufzunehmen.

**Erkenne Deine Göttlichkeit, Deinen göttlichen Funken, Dein Hohes Selbst.**

Ich sage Dir jetzt ein Wort: "GOTT"
Was heißt das für Dich? Oder was könnte man dafür noch sagen? Ja, vielleicht Einheit, oder Tao, oder der Punkt, oder auch Nichts. Nichts ist hier das brisanteste Wort, das schnell Widerspruch erzeugt.
Warum ist Gott "Nichts"?
Zuvor sprach ich davon, Gott auch als Einheit zu bezeichnen. Kann man sich die Einheit vorstellen?
Einheit ist die Gleichzeitigkeit beider Polaritäten. Also die Gleichzeitigkeit von Gut und Böse, Tag und Nacht, Hoch und Tief, Warm und Kalt usw. Einheit ist Totalität allen Denkens. Einheit ist die Summe aller Bestandteile dieser Welt, unseres Sonnensystems, des ganzen Universums.
Kann man sich das vorstellen? Nein das geht nicht!

Dies funktioniert auch darum nicht, weil unser Verstand eine lineare Denkfunktion hat. D.h. wir können jeweils nur immer eine Sache, einen Gedanken nach dem anderen denken. Also Einheit, die Summe aller Dinge, gleichzeitig zu denken, ist für uns unmöglich.

Sobald wir nur einen kleinsten Gedanken denken, bewegen wir uns in der polaren, der geteilten Welt. Einen Gedanken denken bedeutet, im Moment die anderen Gedanken abzutrennen, nicht zu denken. Aber Einheit ist alles Denken *gleichzeitig*. Das ist für uns nicht möglich.
Stelle Dir einen Punkt vor. Er ist definiert als etwas ohne Ausdehnung im Raum. Für uns hat ein Punkt jedoch Ausdehnung. Dann teilen wir ihn. Jetzt ist immer noch Fläche da. Wir teilen diese Punkt-Fläche wieder und wieder, bis sie unendlich klein ist.
Was ist aber "unendlich klein"? Hinter der Unendlichkeit begegnen wir dann dem Begriff Gott. All das ist für uns nicht vorstellbar. Dieses nicht Vorstellbare bezeichne ich als "das Nichts". Denn solltest Du Dir irgend etwas, ein Bild, einen Gedanken geistig von Gott erschaffen, so bedeutet dies, daß Du aus der Gesamtheit einen Teil, einen Gedanken, herausgenommen und gedacht hast. Aber Gott ist immer die Summe allen Denkens, aller je gedachten Gedanken.
Ähnliches beschrieb schon die altchristliche Lehre, indem sie ausdrückte, sich von Gott kein Bild zu machen.

***Fazit:***
*So ist Gott für unseren Verstand nicht faßbar, weil Gott die Summe, die Totalität allen Denkens ist. So ist Gott für uns das "NICHTS".*

**In der Bibel heißt es:**

"Am Anfang war das Wort und alles war durch das Wort." Wort ist hier nicht als das bereits ausgesprochene Wort zu verstehen, sondern der Gedanke, der das Wort "erdenkt".
Besser wäre hier die Übersetzung: "Am Anfang war der Gedanke.."
Denn ein Wort ist nichts ohne den dazu vorausgehenden Gedanken. Der Gedanke ist der Ausgangspunkt, aus dem alles erschaffen wird. Diese Unendlichkeit und Totalität des Denkens ist Gott.
Weiter heißt es dann: "...und alles war durch das Wort" (den Gedanken). Dieser zweite Teil des Satzes ist bereits der Schöpfungsakt.

**Der Schöpfungsakt.**

So war am Anfang einzig der allumfassende Raum des göttlichen Gedankens - wie oben beschrieben: das NICHTS. Nun laß Deine Phantasie spielen. Stell Dir einfach vor, dieser Gott-Gedanke beginne sich aus dem "Nichts" herauszubewegen, in eine *Form*, die "ALLES" enthält.
Dieses ALLES stelle Dir als das kosmische Samenkorn vor.
Dieses ALLES nennen wir auch die *Monade* (Mono=eins), aus der sich die materielle Schöpfung entfaltet.
Den Schöpfungsstrom, der sich aus der Monade, dem ALLES ergießt, bezeichnen wir auch als die monadische Essenz.

***Psycho-Bild Nr. 5 "Das kosmische Samenkorn".***
*Stelle Dir vor, Du gehst an einem jener riesenhaften Bäume vorbei. Vor Dir, auf dem Waldboden, entdeckst Du Samenkörner dieses mächtigen Baumes. Zwischen Daumen und Zeigefinger hältst Du ein aufgehobenes Samenkorn gegen den hellen Himmel.*
*Etwas verwundert betrachtest Du Dir dieses Körnchen. So klein ist es, und doch ist in diesem winzigen Korn "alles", ein ganzer Baum enthalten. Jetzt mach gedanklich einen Sprung, vom Kleinen (Mikrokosmos) zum Großen (Makrokosmos). Stelle Dir dieses "ALLES" auch als Samenkorn vor als ein kosmisches Samenkorn. Nur enthält dieses Korn nicht nur einen Baum, sondern die Gesamtheit aller Bäume, aller Dinge, aller Universen, die je erschaffen worden sind. ALLES ist GOTT, aber jetzt in einer neu erschaffenen Schöpfung. ER hat sich im ALLES, in einem "kosmischen Samenkorn" erschaffen. ER hat den* ***Schöpfungsschritt*** *aus dem NICHTS in das ALLES getan. So können wir nun sagen:*

***Fazit***
Gott ist ALLES und NICHTS. Das 1. kosmische Gesetz.

Das erste hermetische Gesetz, es wird auch als Prinzip bezeichnet, ist das der göttlichen Geistigkeit. Es heißt:

**"Das ALL ist Geist, das Universum ist geistig."**

Wir wollen darunter verstehen, daß die dem Universum zugrunde liegende Realität geistiger Natur ist. D. h. alles besteht aus dem schöpferischen Geist des ALLES, und es muß somit alles sein, was existiert. Außerhalb des ALLES kann - logischerweise - nichts existieren, sonst wäre das ALLES nicht ALLES.

So ist das ALLES unendlich, und es gibt nichts, was das ALLES genau bestimmen, beschränken und eingrenzen kann. Es ist ewig und unendlich, weder Zeit noch Raum. Es muß überall sein, denn es gibt keinen Raum außerhalb des ALLES. Da aber außerhalb von ALLES nichts existiert, von wem ist dann das Universum erschaffen?
Das ALLES erschafft geistig das Universum durch seinen Geist (das Weltall und alles, was sich darin befindet) auf eine Art, wie auch der Mensch geistige Bilder erschafft. Genau wie Du täglich Dein eigenes geistiges "Lebensuniversum" kreierst, so erschafft der ALLES Universen durch seine eigene Geistigkeit bzw. durch die "Schöpfer-Götter", die aus seinem Geist entstanden sind. (Wie im Großen so im Kleinen. 2. kosisches Gesetz.)

Dieser ALLES wird auch als der "ALTE DER TAGE" bezeichnet. Das ist der allumfassende Schöpfergeist des Anfangs der Schöpfung (der alten - ersten -Tage). Der ALTE DER TAGE oder der Gott der Götter setzte vor Äonen Schöpferprogramme in Bewegung, die jetzt erfüllt werden bzw. sich laufend in der Jetztzeit erfüllen. Und diese Schöpferprogramme, die monadische Essenz, manifestierte sich in einer gottnahen Ebene in all die anderen Götter, die Herren des Lichtes, die mit Freuden dem ALTEN DER TAGE dienen.
Sie sind die Gottheiten, die "Elohim", die mit den Ämtern des allerhöchsten Gottes verbunden sind. Es sind diese Schöpfer-Götter (Elohim, die Herren des LICHTES), die die Welt und die Universen nach dem Willen des Schöpfergeistes, des ALLES, des ALTEN DER TAGE, erschaffen haben.

**Die alten hermetischen Meister und hohen Eingeweihten**

sagen folgendes über den weiteren Prozeß der geistigen Schöpfung des Universums. Der geistige Schöpfungsprozeß des Universums und aller Materie besteht in der Herabsetzung und Verminderung der geistigen Gedankenschwingungen, (UR-LICHT oder Bewußtsein und Energie) bis ein sehr geringer Grad der Schwingungs-Energie und damit zugleich die gröbste Form, die Materie, erreicht ist. Dieser Schöpfungsvorgang, vom ALLES und all seinen Schöpfer-Göttern bis zur Materie, wird auch als "Ausgießung" der monadischen Essenz bezeichnet oder als *Involution*.
Alles, was wir als Materie und Energie bezeichnen, sind verschiedene Modifikationen von Gedanken-Schwingungen des Schöpfers und der Schöpfer-Götter.
Der zurückführende Vorgang, also von der Materie zum ALLES, wird als "Einziehen" oder als *Evolution* bezeichnet. Das ist die Idee bzw. das besondere Wissen von der "Heimkehr". (Denke hier auch an die Bibel-Geschichte vom verlorenen Sohn.)

Die schöpferische Kraft des ALL-Geistes, die also alle Dinge schafft und gestaltet, diese schöpferische Kraft (die monadische Essenz) wird hineingezogen - heruntertransformiert in alle geschaffenen Dinge und erlöst sich daraus wieder durch den Vorgang der Evolution, d.h. zurück in die Einheit, zu Gott. Hier begegnen wir dann dem Prinzip des Aufrichtens: das "Kreuz aufrichten", die sich aufrichtende "Kundalini-Schlange" (Energie) am Ende der Wirbelsäule und das Einswerden mit dem LICHT-Körper, dem Hohen Selbst.

**Fazit:**

*Wenn ALLES in Allem ist, so ist es in gleicher Weise wahr, daß alles im ALLES ist. Derjenige, der diese Wahrheit richtig versteht, hat ein großes Wissen erlangt.(Siehe das "Kybalion")*

**Wir wollen in unserer Phantasie "final" weiterspielen.**

GOTT betrachtet sich nun in diesem "ALLES", dem "kosmischen Samenkorn". ER beschließt, sich selbst allumfassend zu betrachten, auszudehnen und in all seinen Fähigkeiten auszudrücken. "Es ist einfach zu langweilig, nur in dem ALLES-Samenkorn zu existieren."
Warum nun wollte GOTT sich ausdehnen und sich zu der allumfassenden Existenz des Universums erweitern und zu allen aus IHM erschaffenen Schöpfer-Göttern?
Nun, ganz einfach, weil er sich selbst liebt. Die Liebe Gottes zu sich selbst erschuf in IHM das Verlangen, zu einem unendlichen Universum aller Gedanken und aller Möglichkeiten zu werden. Aus diesem Augenblick der "raum-vollen Liebe" für sich selbst und somit zu allem, was ist, hat GOTT sich im gesamten Universum, im Raum und somit auch **in Dir** erschaffen.
GOTT hat sich ins Unendliche erweitert, aufgespalten zu allen Formen, zu aller Materie, zu allen Planeten, zu allen Lebewesen, zu Dir. Alles, was GOTT ist, ist auch in Dir.

**Nichts ist außerhalb von GOTT!**

Wäre auch nur ein subatomares, kleinstes Teilchen außerhalb von Gott, was wäre dann mit Gott?
Natürlich, dann gäbe es hier ein Teilchen und dort Gott. Und damit gäbe es etwas außerhalb von Gott und somit gäbe es Gott nicht mehr. Also Gott, der ALLES, bedeutet, daß nichts außerhalb von Gott existiert.

*Alles ist Gott,*
*und somit bist Du*
*ein Teil Gottes, ein Gott*
*in Deinem Lebens-Universum.*

GOTT ist somit ewig strömendes und fließendes Leben in unendlichen Variationen geworden, das ebenso wie Deine Gedanken niemals ruht und sich ewig ausweitet.
So ist jeder von uns ein Teil, "ein Funken" Gottes geworden. Dieser göttli-

che Funken in Deinem Körper ist Dein Hohes Selbst. Jeder von uns erhielt von GOTT alles, was uns und das Hohe Selbst ausmacht. Gott erschuf sich in vielen "ähnlichen" Göttern, in uns. Darum können wir auch nicht schuldig und schlecht sein. D.h. Gott in uns ist nicht schuldig oder böse gegen sich selbst.

*Wir sind :*
*Göttliche Intelligenz, raumvolle Liebe*
*und haben einen eigenen, schöpferischen Willen.*

**Der finale Weg in die Materie mit dem Hohen Selbst.**

Als Gott sich am Anfang als das Samenkorn des "ALLES" selbst betrachtete, weitete Er sich zunächst durch Sein, sich selbst liebendes Bewußtsein, ins LICHT aus. Die hermetische Lehre des Hermes Trismegistos bezeichnet diese Ausdehnung Gottes als *"reines göttliches Bewußtsein"* oder die *monadische Essenz*. Da diese lichtvoll, hochschwingend ist, wird dies auch als UR-LICHT bezeichnet.
Das ALLES-Bewußtsein dehnt sich also aus in das UR-LICHT. Dabei bewegt sich das ALLES in die Schöpfung hinein und erschafft das *"Vater-Universum"*. Der "Vater-Begriff" ist der manifestierte und offenbarte Gott, der aus dem ALLES, dem ALTEN DER TAGE entstanden ist: der Vater, der unser Vater-Universum lenkt, als der Geist, durch den der Schöpfungsweg sich ausdrückt.

Der Vater besteht aus:
**1.** Dem Aspekt des *"Bewußtseins"*, als SOHN bezeichnet (männlich)
**2.** Dem Aspekt der *"Energie"*, als HEILIGER GEIST bezeichnet (weiblich)

Wir können nun erkennen, woraus der UR-LICHT-Strom, kommend vom ALLES, bzw. das "reine göttliche Bewußtsein" oder die monadische Essenz besteht:

*aus Schöpfungs-Bewußtsein und Schöpfungs-Energie. Den beiden Schöpfungsanteilen des Vaters.*

Diese Teilung können wir auch als eine geometrische Form ausdrücken, die richtig angewendet, uns mit diesem höchsten Schöpfungs-Aspekt verbindet. Es ist das Dreieck. Die Spitze des Dreiecks stellt den Vater dar. Die eine Basisecke ist der SOHN-Aspekt (Bewußtsein), die andere Basisecke ist der HEILIGE- GEIST-Aspekt. (Energie)

Studiere nun die Abbildung sehr genau. Sie wird Dir wesentliche Einblicke vermitteln.

**ALLES**

□

□

□

**VATER**

□

□ □

□ □

□ □ □ □ □ □ □

**SOHN** (Bewußtsein) **HEILIGER GEIST** (Energie)

□ □ □ □ □ □ □ □ □ □

□ □ □ □ □ □ □ □ □ □ □ □

□ □ □ □ □ □ □ □ □ □ □ □ □ □

□ □ □ □ □ □ □ □ □ □ □ □ □ □ □ □

Die "Gottes-Funken", das UR-LICHT strömt aus der "Schöpfungs-Triade" (Vater-Sohn-Heiliger-Geist) und erschafft die LICHT-Wesen und den Kosmos.

**Verbindest Du Dich gedanklich mit diesem Dreieck,**

unter Einbeziehung der drei Aspekte *"VATER - SOHN - UND HEILIGER GEIST"* (die Dreifaltigkeit der Schöpfung, die Triade), so bist Du mit der höchsten göttlichen Schöpfungs-Ebene verbunden, die uns - über unser Hohes Selbst - zugänglich ist. Wohlgemerkt, mit der reinen "NICHTS-Gedanken-Gottes-Ebene" können wir uns nicht verbinden, da sie *außerhalb* der materiellen Schöpfung liegt.
Wir als Götter in der Materie können uns nur mit dem "materiellen" Schöpfungsakt, dem ALLES, dem *Vater-Universum*, ausgedrückt in der Dreieinigkeit, der höchsten Schöpferinstanz, verbinden. (Nach dem kosmischen Gesetz der Resonanz.)

**Diese Dreifaltigkeits-Schöpfungsebene finden wir auch in anderen Kulturen:**

Bei den Hindus, in BRAHMA (Vater), VISHNU (Sohn) und SHIVA (Heil. Geist).

Bei den Ägyptern, in OSIRIS (Vater), HORUS (Sohn) und ISIS (Heil. Geist).

Bei den Chinesen, in TAO (Vater), YANG (Sohn) und YIN (Heil. Geist).

***Fazit:***

*Halten wir nochmals fest: Aus dem ALLES, dem unendlichen GOTT-Gedanken entsteht in einem weiteren Schöpfungsschritt das Vater-Universum mit dem Dreieinigkeits-Schöpfungs-Aspekt: Vater-Sohn-Heiliger Geist bzw. Vater-Bewußtsein-Energie. Die schöpferische, göttliche Wirkungskraft im Vater-Universum ist das UR-LICHT, bestehend aus Bewußtsein und Energie.*

Meta-Physikalisch (über der Physik stehend) könnte man das so verstehen, daß der göttliche Schöpfungs-Gedanke durch Verminderung seiner Schwingung in immer tiefere Ebenen bis zur niedrigsten Ebene der Materie herabsteigt. Das UR-LICHT selbst besteht also, wie zuvor beschrieben, aus den zwei Aspekten "Bewußtsein und Energie", wozu die Hermetiker (das sind jene Menschen, die das Wissen der 7 kosmischen Gesetze des Hermes Trismegistos anwenden) "reines göttliches Bewußtsein" sagen.

**Auch in unserer heute so fortschrittlichen Zeit**

ist diese Ebene des UR-LICHTES - wenn auch unter anderen Bezeichnungen- bekannt. Die großen Physiker wie *Einstein, Heisenberg* u.a. sprachen von "vereinheitlichten Energie-Feldern" = reines göttliches Bewußtseins-Feld = UR-LICHT. 1921 eröffnete Einstein der Welt sein Konzept von den "vereinigten Energien", d.h. Elektrizität, Magnetismus, Gravitation und Schwerkraft sind der Ausdruck einer größeren, übergeordneten Kraft. Diese Ur-Kraft erschafft die oben erwähnten Energien.

Die Physiker *Fermi* und *Pauli* nahmen schon 1931 an, daß es ein Ur-Teilchen geben müsse, das in verschiedenen Manifestationen in die uns bekannten Kräfte und Energien eingreift bzw. diese gestaltet. Im Jahr 1951 gelang es den Wissenschaftlern *Reines* und *Crown*, dieses Ur-Teilchen nachzuweisen. Sie bezeichneten es als "Neutrin", ein Grundbaustein unserer Energien, unseres Bewußtseins und somit auch der Materie.

In dem Maße wie der Schöpfungs-Gedanke seine Schwingung - nach dem hermetischen Gesetz der Schwingung - verringert, geht die Gedankenenergie über in die nächst niedere Frequenz, die LICHT-Energie. Die LICHT-Schwingung (UR-LICHT) ist also die nächst niedrigere Schwingungsform der Gottes-Gedanken und zugleich die mächtigste, gestaltende Kraft des Universums. (Die monadische Essenz)

**Dieses UR-LICHT,**

enthalten in der Elemental-Substanz und in allen anderen Bewußtseinsebenen darüber, reagiert natürlich auch auf Deine Gedanken, sobald Du Dich gedanklich damit in Verbindung (Resonanz) setzt. Somit ist diese LICHT-Schwingung die natürlichste Verbindung als "LICHT-Kanal" zu Deinem Hohen Selbst.

Dein Hohes Selbst wiederum hat die Fähigkeit, kosmisches UR-LICHT so zu transformieren, daß Du es für Dich aufnehmen kannst. Diese LICHT-Energie vom Hohen Selbst wurde von den Kahunas als "MANA-LOA" bezeichnet. Das bedeutet soviel wie höchste, göttliche, segnende und heilende LICHT-Schwingung. Eine andere Bezeichnung wäre hier "universelle LICHT-Energie".
Diese MANA-LOA-LICHT-Kraft ist nicht mit der körpereigenen Vital-Energie zu verwechseln, von den Kahunas als "MANA" bezeichnet.

***Fazit:***

*Dein Hohes Selbst verbindet sich mit dem UR-LICHT und transformiert es herunter, so daß Du es in Deinen Körper aufnehmen kannst. Es heißt jetzt MANA-LOA.*

Wie schon oben erwähnt, gehören Gedanken und Licht zusammen. So wird Mana-Loa (LICHT-Energie) die Kraft Deiner positiven Gedanken unterstützen, Deine psychischen Energiezentren (Chakren) aktivieren und Deine Zellen für Heilvorgänge neu beleben. Zugleich kannst Du Mana-Loa auf andere Menschen übertragen und überall in Deiner Umgebung Gutes schaffen. (Erkläre ich später bei der HUNA-VITA-ANRUFUNG / GEBET)
Unterstützt wirst Du hierbei noch von der jetzt immer stärker einströmenden kosmischen UR-LICHT-Kraft, die von Tag zu Tag zunimmt. (Wassermann-Zeit und Einfluß der Zentralsonne)

**Für Dich bedeutet das, daß Deine Gedanken, Deine Handlungen und Dein liebevolles Wirken für Deine Mitmenschen jetzt mehr Einfluß haben, als zu früheren Zeiten.**

Bitte denke immer wieder über dieses LICHT nach. Befasse Dich intensiv mit der Technik der LICHT-Verbindung zu Deinem Hohen Selbst (erkläre ich anschließend), damit Du tief in Deinem Inneren *weißt,* wie Du diese Verbindung augenblicklich herstellst, damit Du *weißt* (nicht glaubst), daß Du Träger des LICHTES bist, damit Du *weißt*, daß Du mit Deinem Hohen Selbst verbunden bist, damit Du *weißt,* daß Du göttlich bist!
Denn bedenke, nur ein Gott, also Du, enthält in sich die göttliche Resonanz zum UR-LICHT, weil diese göttlich ist. Sobald Du an den "Öffnungs-Schlüssel" (das 8. Siegel) Deines Hohen Selbst denkst, denkst Du zugleich an LICHT, und damit hast Du in Dir die Verbindung (Resonanz) zum LICHT hergestellt und schwingst mit Deinem Hohen Selbst, weil das LICHT sofort auf Deine LICHT-Gedanken reagiert. Somit verfügst Du jederzeit über die Macht, LICHT in Dein Leben einzu-bringen, um die Qualitäten Deines Lebens zu bestimmen. Je öfters Du diese LICHT-Verbindung herstellst, um so höher wird die Schwingung Deines Lichtkörpers, um so leichter wirst Du die Schwingungen in Deiner Umgebung auf ein höheres Niveau anheben, für Heilungen und die Harmonisierung Deiner Umwelt. Auch alle Materie ist von Licht umgeben, nachweisbar durch die Kirlian-Fotos. Die fortschrittlichsten Wissenschaftler beginnen zu vermuten, daß Licht, wenn seine Schwingungsfrequenz herabgesetzt wird, zu dichter Materie wird. Hier bestätigt sich die alte esoterische Aussage, daß aus Gedanken Materie erschaffen wird.
In diesem Sinn ist hier eine weitere esoterische Aussage zu verstehen, daß der Mensch als "LICHT-Funke" in die Materie geboren wurde. Denn bei der Geburt der Schöpfung wurde jeder LICHT-Funke ein Individuum, ein Hohes Selbst, ein LICHT-Wesen.

***Fazit:***

*Bis zum heutigen Tage, durch alle Inkarnationen hindurch, besitzt Du diesen ursprünglichen Gottesgeist, den LICHT-Körper, das Hohe Selbst, das aus dem göttlichen Gedanken geboren worden ist.*

*Alle Hohen Selbste wurden in einem Augenblick aus den göttlichen Gedanken ins LICHT-Dasein gerufen.*

Die LICHT-Schwingungen (GOTT) oder die monadische Substanz bewegen sich über viele Ebenen "hinab" in die tiefste Region und verdichten sich zu Materie. Hier begegnen wir dem 3. kosmischen Gesetz.

**Das 3. kosmische Gesetz der Schwingung.**

Es besagt: " Nichts ist in Ruhe, alles bewegt sich, alles ist Schwingung."
Das sind natürlich auch Tatsachen, denen die moderne Wissenschaft zustimmt. Nur erkannten das die hermetischen Meister schon vor Tausenden von Jahren. Dieses 3. kosmische Gesetz besagt also nichts anderes, als daß alle Unterschiede innerhalb der Materie, der Energien und der Gedanken von den verschiedenen Graden der Schwingungen abhängen. Und diese Schwingungen kann der göttliche *und* menschliche Geist beeinflussen und steuern!

Vom ALLES bis hinunter zur gröbsten Materie und alles, was an Millionen und Milliarden von verschiedenen Atomen, Molekülen, Materialien, Stoffen, Menschen, Tieren, Pflanzen usw. dazwischenliegt, ist alles abhängig vom Grad der Schwingung bzw. wird durch Schwingung (des Geistes vom ALLES) erschaffen.
Das tiefe Verständnis dieses 3. kosmischen Gesetzes befähigte die hermetischen Meister, ihre eigenen geistigen Schwingungen, die ihrer Mitmenschen und die Naturphänomene (Wind und Wetter, Verwandlung von Materie in andere Stoffe usw.) zu beherrschen.

## *PSYCHO-BILD NR. 6 "Die kosmische Waschküche".*

*Denke an eine Waschküche, angefüllt mit Wasserdampf. Du möchtest diesen heißen Dampf auflösen. Was ist dafür zu tun? Vielleicht erinnerst Du Dich jetzt an ein physikalisches Gesetz. Heißer Wasserdampf kondensiert, wenn er kalte Flächen berührt. Ja, hier begegnen wir wieder dem Gesetz der Schwingung. Du öffnest die Tür und läßt kalte Luft in die Waschküche strömen. Sofort beginnen die vorher noch*

*heftig "schwingenden" Wasserdampfmoleküle ihre Schwingungen zu verlangsamen. Sie werden so langsam, daß sie schließlich zu Wassertropfen kondensieren und sich an den Wänden und dem Boden absetzen. Nun wird es noch kälter. Die Schwingungen der Wassermoleküle werden noch langsamer und erstarren schließlich zu Eis-Materie.*
*Nun verlege diese häusliche Waschküche in den Kosmos.*
*GOTT hat sich als "reines göttliches Bewußtsein" - als UR-LICHT maximal ausgedehnt. Hier haben wir im übertragenen Sinn unsere "kosmische Ur-Waschküche", das UR-LICHT, mit den Anteilen von Bewußtsein und Energie. (Ähnlich den Wassermolekülen in unserer Waschküche.) Die Wissenschaftler sprechen hier auch von einer "Ur-Suppe". Durch Schwingungsverringerung des UR-LICHTES kondensiert dieses UR-LICHT über viele Zwischenebenen schließlich zu Materie.*

In diesem Bild begegnen wir ähnlichen esoterischen und religiösen Gleichnissen und Bildern. Immer handelt es sich dabei um jenes tiefe, geistige (spirituelle) Wissen vom "Sturz" und der Ausgießung GOTTES in die Materie. Man bezeichnet dies auch als das Zerstücklungs-Prinzip oder den Fall.

**Altes ägyptisches Wissen**

übersetzt dies in die Geschichte der Zerstückelung des Osiris. ( Der mächtigste Gott des alten Ägypten. Er ist identisch mit Zeus. Geboren wurde Osiris auf dem Berg Sinai und begraben im Tempel zu Abydos. Nach 40 Tagen ist Osiris auferstanden und zum Himmel gefahren. Hier finden wir schon einige tausend Jahre vorher Einzelheiten der christlichen Lehre wieder!)
Diese Osiris-Stücke werden in den Nil geschüttet, so daß sie sich weit verteilen. Im zweiten Teil der Geschichte sammelt Isis (altägyptische Göttin, die Gemahlin des Osiris) die Stücke wieder ein und fügt sie zu einem "ganzen" Osiris zusammen. Dieser zweite Teil der Geschichte weist symbolhaft auf die Rückkehr des Menschen in die Einheit hin, die Auferstehung.

**In der christlichen Tradtion**

begegnen wir hier dem Bild des Sturzes aus dem Paradies. Adam und Eva verkörpern hier die zwei Aspekte des UR-LICHTES (Bewußtsein, männlich - Energie, weiblich). Im raumvoll ausgedehnten Paradies (UR-LICHT) haben sie keine Erkenntnis. Da gibt es nicht die irdische Auseinandersetzung mit den Polaritäten. Aber genau diese Auseinandersetzung führt zur Erkenntnis. (Das 4. kosmische Gesetz der Polarität) Und genau das verspricht die Schlange ihnen, als die beiden vom Baum der Erkenntnis essen. Dadurch werden sie bewußt. Das zeigt sich daran, daß sie sich mit einem Blatt schützen. Sie haben also ihre Geschlechtlichkeit "erkannt".
Adam und Eva "stürzen" in die polare Materie und lernen sich selbst kennen. Durch Leid und Erkenntnis an den zwei Polen. Der Mensch beginnt sich in der Materie und mit der Materie zu *verwickeln*. Das ergibt das Leid-Prinzip, in der östlichen Tradition auch als *Karma* bezeichnet.

Im siebenfachen HUNA-VITA-Weg des Herzens und des Friedens geht es darum, diese Prinzipien zu erkennen, also das Leid-Prinzip der Ver-wicklung (Karma) durch Erkenntnis zu erlösen zum Erkenntnis-Prinzip der Entwicklung. Das war letztlich auch die Aufgabe aller spirituellen Schulen und Mysterienstätten.

**Der göttliche Kraftstrom, die monadische Essenz, durchwandert weiter sechs Stufen-Ebenen hin zur Materie.**

Dabei beseelt der göttliche UR-LICHT-Strom jede Ebene, die er durchwandert hat und verringert seine Schwingung. So durchwandert der göttlich-beseelende Kraftstrom die drei noch feinstofflichen Elemental-Reiche, das materielle Mineralreich, das Reich der Pflanzen und Tiere. Auf der siebten Stufe drückt sich dieser Kraftstrom im "Tiermenschen" aus. Es ist der *Form-Aspekt,* die materiell gewordene Körper-Form des Menschen, die sich aus der Tier-Form entfaltet hat.
Nach den uralten Weisheitslehren begann das menschliche Leben auf diesem Planeten vor einigen Millionen Jahren. Damals hatte der Tiermensch-Körper (der Form-Aspekt) durch die innewohnende monadische Essenz einen relativ hohen Entwicklungsstand erreicht, mit einem emp-

findsamen Gefühls- und Astralkörper (das Untere Selbst). In diese so vorbereitete Körperform des Tier-Menschen trat das "höhere Denkprinzip", das Mittlere Selbst + Hohe Selbst ein, wobei das Mittlere und Hohe Selbst den göttlichen Menschen auf der Seelenebene darstellen, den "Adam-Kadmon".
Diese göttlichen Menschen werden oft auch als Engel, als die "Licht-Herren", die "Paradies-Söhne" oder als "Adam Kadmon" bezeichnet. Man versteht darunter den individualisierten göttlichen LICHT-Funken, gewissermaßen den himmlischen Menschen, einen "Vorversuch" des Schöpfers vor Erschaffung des Menschen. So ist dieser Adam Kadmon noch ganzheitlich, androgyn (beidgeschlechtlich) und enthält in sich alle 12 Aspekte der Tierkreise und die Charaktereigenschaften der 7 kosmischen Strahlen.

Hier spielt auch wieder die Geschichte vom Paradies mit hinein. Der Adam Kadmon war der noch nicht von Eva getrennte Mensch, der androgyne (Mann-Frau) Mensch. Nach der Trennung entstanden die beiden "adamischen Menschen", Adam und Eva, die dann durch den nächsten Schritt, den "Sündenfall", in die Materie, also in den Tier-Mensch-Körper stürzten, was zum Verlust der spirituellen Gaben (bewußte Verbindung mit dem eigenen Hohen Selbst) führte.

Auf einer tieferen Ebene (wie im Großen, so im Kleinen) wiederholt sich dieser "Sturz" und der Trennungsverlust mit dem Hohen Selbst bei der Geburt der Seele. Sie tritt dann bei der Geburt vollständig in den materiellen *Form-Aspekt* des Embryos ein, so wie auf einer höheren Ebene der LICHT-Funke in den Form-Aspekt des Adam-Kadmon eintritt und sich als Hohes Selbst individualisiert.

**Wichtig ist hier zu unterscheiden:**

**1**. Es gibt den Form-Aspekt der Schöpfung. Das bedeutet, aus der monadischen Essenz, dem göttlichen UR-LICHT-Kraftstrom, bilden sich die materiellen *Formen* der Schöpfung, also angefangen vom Mineral bis zur Mensch-Körperform. Der UR-LICHT-Kraftstrom oder die monadische Essenz erschafft sich durch diesen Form-Aspekt eine materielle Hülle, durch die sie wirken kann. Nur bezeichnen wir die geistige Wirkung durch die materielle Form-Hülle nicht als Wirkung vom UR-LICHT, sondern als "Seelen-Wirkung". Also, das, was sich durch Mineral-Pflanze-Tier-Mensch ausdrückt, das, was Wissen speichert, das, was Erlebtes speichert, das, was die "niederen" Körperfunktionen, die Instinkte, das animalische Leben steuert, ist das Untere Selbst-Seelen-Wesen. Diese Seele wird in der Kaballah (die Wissenschaft von den vielen Universen und höheren Intelligenzen, die der Gottheit dienen. ) als *Nephesh* bezeichnet. Diese Seele, das Untere Selbst, ist das natürliche genetische Bewußtsein des Lebens, *ohne* die hohe göttliche Weisheit, das Hohe Selbst + Mittlere Selbst. Wenn das Hohe Selbst + Mittlere Selbst sich mit der "Lebens-Seele", dem Unteren Selbst vereinen, wird daraus die *LICHT-Seele oder der LICHT-Körper* gebildet, der entfaltete, sich erkennende, göttliche Mensch.

**2.** Parallel dazu bildet sich aus der Schöpfer-Bewußtseins-Kraft auch ein Bestandteil des UR-LICHTES, die LICHT-Funken, die LICHT-Wesen, die Engel, der Adam-Kadmon, der geistige "Mittleres Selbst und Hohes Selbst" - Mensch.
Dieser "Geistes-Mensch" inkarniert in den Form-Aspekt des physischen Menschen-Körpers. Der Fall oder der Sturz aus dem Paradies symbolisiert den Entschluß des Geist-Menschen, sich zu inkarnieren. Das erstemal vor einigen Millionen Jahren, um die Erfahrung zu machen ( das ist die "Frucht vom Baum der Erkenntnis") , in der Polarität der Materie zu lernen und diese Materie zugleich durch den göttlichen LICHT-Funken, das Hohe Selbst, mehr und mehr zu transformieren.

Aus den oben angeführten Punkten gibt es immer wieder die Kontroverse zwischen den fundamentalistischen christlichen und anderen religiösen Gruppen und Darwins Theorie von der "Evolution der Arten".
Aus der christlich-religiösen Anschauung erhebt sich hier die Frage: Wie kann der Mensch sich aus einem Tier entwickeln, wenn er doch das Ebenbild Gottes ist?
Nun, dies läßt sich sehr klar so erklären, daß es durchaus diesen körperlich-materiellen Entwicklungsprozeß über Millionen von Jahren gegeben hat, wie Darwin ihn beschreibt. Das ist die ***eine*** körperlich-genetische Entwicklungs-Richtung, wie ich sie zuvor beschrieben habe, also von der

feinstofflichen Elemental-Ebene über das Mineral, die Pflanze, zum Tier und zum Menschen-Körper mit dem Seelenaspekt Unteres Selbst.
Parallel dazu verläuft ein ***zweiter*** Entwicklungs-Strom, der sich in der geistigen Ebene vollzieht. Hier begegnen wir den geistigen Gottes-Formen, den Schöpfer-Göttern, den Elohim, den Herren des LICHTES, den Thronen, den Seraphim, den Erzengeln, den Engeln, dem "Adam-Kadmon", dem göttlichen Aspekt des Menschen, dem Hohen Selbst, das sich entscheidet, *in den* vorbereiteten Tier-Mensch-Körper zu inkarnieren, um die göttliche Natur *in der* physischen Ebene zu verkörpern, wobei die Materie und der Körper schrittweise durch Erkenntnis spiritualisiert, also vergeistigt werden.

Nach dem hermetischen Gesetz "wie oben, so unten" vollzieht sich diese Verkörperung (Inkarnation) des Geist-Seele-Wesens Mensch auch auf einer tieferen Ebene. Bei jedem Tod verläßt dieser Geist-Seelen-Komplex, bestehend aus Mittlerem Selbst, Unterem Selbst, Hohem Selbst, Schattenkörper-Substanz und Energie, (ich nenne das den *"spirituellen Körper"*) den physischen Körper. Nach einer gewissen Zeit beschließt dieser spirituelle Körper, wieder in einen genetisch vorbereiteten, materiellen Körper zu inkarnieren. (Embryo) Hier wiederholt sich das große kosmische Geschehen auf einer tieferen Bewußtseins-Ebene. Und jedesmal geht es wieder darum, die Verbindung zur "eingeborenen" Göttlichkeit, zum Hohen Selbst, umfassender herzustellen.
Im Lebens-Amt des Menschen geht es also darum, diesen Trennungs-Verlust vom Hohen Selbst wieder herzustellen und die tiefschwingende Materie wieder zu beseelen.
Auf einer entsprechenden ganzheitlicheren Ebene begegnen wir auch dem "Amt der Wiederherstellung", nämlich dem "Amt Christi". Das Amt Christi ist das Erlösungsamt des LICHTES. Darunter versteht man die Erlösungsaktivität der 144.000 aufgestiegenen Meister (einschließlich Buddha und Christus und die 7 Meister von den Strahlen), die an der Läuterung der gefallenen Menschheit arbeiten, um sie "heimzuführen", zu ihrem LICHT-Körper.
D.h. Du erhältst bei Deinem Heimweg zu Deinem Hohen Selbst, zu Deiner Göttlichkeit, eine ganze "Unterstützungs-Breitseite" von diesem Amt Christi bzw. den 144.000 göttlichen Meistern. Übrigens gehört die "Weiße

Bruderschaft" auch zu diesen Meistern und das Wissen von den 7 kosmischen Entwicklungs-Strahlen.

**Die 7 kosmischen Entwicklungs-Strahlen.**

So sind wir alle die göttlichen LICHT-Funken, die Hohen Selbste, die sich zuerst in einer Vorstufe zum physischen Körper-Mensch, als Licht-Söhne, als Engel, als der Adam Kadmon manifestiert haben. So gesehen ist der Mensch ein in den physischen Körper gestürzter Engel.
Der Adam-Kadmon beinhaltet also die Licht-Manifestation des LICHT-Funkens, der in dieser - schon tiefen Vor-Mensch-Ebene - eine ausdifferenzierte Energiequalität hat. Diese Energie-Bewußtseinsqualität wird als der "siebenfache Strahl" dargestellt, der im Menschen ein siebenfaches Bewußtsein erzeugt, welches er innerhalb seiner Inkarnationen zu lernen hat. Nachfolgend habe ich Dir die Bewußtseinsqualitäten der 7 Strahlen aufgeschrieben.

**1.** Strahl - Wille und Macht
**2.** Strahl - Liebe und Weisheit
**3.** Strahl - Aktivität und Anpassung
**4.** Strahl - Harmonie und Schönheit
**5.** Strahl - Wissen und Intellekt
**6.** Strahl - Idealismus und Hingabe
**7.** Strahl - Gesetze

Diesen Strahlen sind noch bestimmte Wirkungsweisen zugeordnet und jeweils ein aufgestiegener Meister, der über die Strahlen wacht.

**Die Elemental-Ebene.**

Wie oben schon beschrieben, "verlangsamt" sich die monadische Essenz entsprechend dem kosmischen Gesetz der Schwingung, je tiefer sie in die Materie herabsinkt. Nun wollen wir annehmen, daß die monadische Essenz oder der UR-LICHT-Kraftstrom diesen Vorgang der Schwingungs-Verlangsamung, oder der "Einhüllung" bis in den halbmateriellen Energie-

bereich der Astralebene durchgeführt hat. Die Astralebene ist die Vorstufe zu unserer materiellen Welt, in der sich verstorbene Seelen, Naturwesen, Elementalwesen usw. aufhalten.
Die monadische Essenz zieht nun diesen Schleier der Astral-Materie um sich, hüllt sich darin ein und beseelt diese Umhüllung aus astraler Substanz. Ein solches Gebilde bezeichnen wir als *"Elemental"* der astralen Ebene. Es gehört zu der dritten Stufe des Elemental-Reiches, das *vor* dem Mineral-Reich liegt.

**Dieses Elemental-Reich**

ist in unterschiedliche Schwingungen gegliedert und enthält eine unermeßliche Menge an Elemental-Essenz. Diese ist höchst empfänglich für den leisesten Gedanken der Menschen und verbindet sich damit sehr schnell. Aber in dem Augenblick, wo sich diese Elemental-Essenz mit den menschlichen Energien und Gedanken - oder nach HUNA mit den Gedanken-Beeren und Trauben - sehr fest verbindet, entsteht ein "Gedanken-Kraftwesen" das wir als *ein Elemental* bezeichnen. Dieses menschliche Gedanken-Elemental gehört dann allerdings nicht mehr in das Reich der Elementale, von dem ich gleich berichte. Wir reihen es ein in die Gruppe der vom Menschen "künstlich" erzeugten Energie-Wesen.

Später berichte ich Dir noch genauer darüber, wie der Mensch solche künstlichen Elementale mit seinem Unteren Selbst erzeugt und davon sehr oft negativ beeinflußt wird.

**Die Einteilung der Elemental-Essenz**

in die verschiedenen Gruppen geschieht nach der Gattung der Materie, die sie bewohnt, nämlich die feste, die flüssige, die gasförmige und die feurige Materie. Das ist eine sehr grobe Einteilung. Heute kennen wir eine Vielzahl von "Elementen". Aber die alte Lehre besagt, daß alle Elemente aus diesen vier Element-Zuständen hervorgegangen sind. Und man wußte weiter, daß diese vier Elemente aus dem einen Element, dem "Äther" oder der monadischen Essenz stammen.
Die früheren eingeweihten Hermetiker und die Alchemisten kannten die-

sen alles erschaffenden Äther, konnten ihn beobachten und damit umgehen, während unsere heutige Wissenschaft ihn nur als notwendige Hypothese betrachtet bzw. sehr fortschrittliche Physiker diesen Äther als "vereinheitlichtes Feld" bezeichnen.

Was wir uns also klarmachen müssen ist, daß in jedem Pärtikel fester Materie sich "Erd-Elementale" aufhalten, während ebenso in jedem Teilchen flüssiger, gasförmiger und feuriger Materie ein Wasser-, Luft- oder Feuer-Elemental wohnt. Durch weiteres Herabsteigen, also Schwingungsverminderung, bewegen sich alle Elementale in senkrechter, absteigender Linie in die vollkommene Einwicklung in die Materie. Fortschritt heißt hier also Abstieg in die Materie. Das bezeichnet man auch als "In-volution". (E-volution ist Aufstieg aus der Materie)

Diese Elementale, von denen ich hier spreche, sind nicht zu verwechseln mit den Naturwesen, die auch - je nach ihrem Aufenthaltsort - den Elementen Erde, Wasser, Luft und Feuer zugeteilt werden. Es gibt also Naturwesen des Erdelementes, das sind die "Gnome" (Zwerge, Berggeister), des Wasserelementes , das sind die "Undinen" (Nixen, Wassermänner), des Luftelementes, das sind die "Sylphen" (Feen, Elfen usw.) und des Feuerelements, die "Salamander" (Vulkani). Bei diesen Naturwesen handelt es sich wiederum um einen selbständigen Evolutions-Strom, getrennt vom menschlichen Entwicklungs-Strom.

Bei den aus Gedanken erschaffenen Elementalen handelt es sich nicht um langlebige, machtvolle Wesenheiten, sondern um leichte, wechselnde, stömende, halbbewußte Energien und damit verbundene Gedankenenergien der Menschen. Man könnte sagen, daß diese Elemental-Reiche eine Art Stimmung oder Absicht durchdringt, die bewirkt, daß diese Elementale sich gegen die Menschen oder zu den Menschen wenden.
Jeder (Esoteriker), der sich z.B. in seiner Meditation oder spirituellen Praxis dieser astralen Ebene nähert, wird schnell seine ersten Erfahrungen mit dieser Elemental-Schar machen können, weil er gerade zu Anfang, meist nicht wissend, mit seinen Gedanken bestimmte Formen aus dieser Elemental-Substanz bildet. Davon kann er sich berührt fühlen, sie als kalt oder warm wahrnehmen, Elemental-Gebilde sehen, die für ihn sogar recht

bedrohliche Formen annehmen können. Alle diese Formen sind aus Elemental-Gedankensubstanz auf gebaut und lassen sich durch gezielten Einsatz von Gedankenkraft wieder auflösen.

Bei der hohen Empfänglichkeit und Reaktionsfähigkeit der Elemental-Essenz für alle Gedanken, Wünsche, Begierden usw. ist klar, daß dieses Elementalreich als Ganzes das ist, was das *kollektive Denken* der Menschen aus ihm macht. Wenn Du jetzt einmal darüber nachdenkst, welche Gedankenkräfte und Ströme die Menschen heute aus ihren Köpfen in diese Elemental-Reiche absenden, so wirst Du Dich nicht mehr darüber wundern, was wir alle heute ernten bzw. was diese Elemental-Substanz wieder auf die Menschheit zurückstrahlt. Trotz der Belehrungen vieler Weisheitslehren ist die Masse der Menschen noch äußerst nachlässig in betreff ihrer Verantwortlichkeit für diese Denk-Sphäre.

Im Moment wird die Schwingung der Elemental-Reiche dadurch angehoben, daß die Erde in das Wassermann-Zeitalter eintritt und sehr nahe der Zentralsonne kommt. Das bedeutet, diese Elemental-Reiche in der astralen, erdnahen Ebene werden gereinigt und in ihrer Schwingung angehoben. Hieraus entsteht ganz zwangsläufig eine machtvolle Kollosion von niederen Gedanken-Elemental-Energien und den hohen Reinigungs-Kräften. Diese Turbulenzen werden den Menschen besonders intensiv treffen, wenn er nicht bereit ist, sich mit seinem Bewußtsein den erhöhten Schwingungen und Energie-Vibrationen der Elemental-Ebene und dem kosmischen Energie-Einstrom anzupassen.
Wie schon weiter oben erwähnt, bewegt sich die monadische Essenz durch dieses Elemental-Reich, beseelt es, um dann, bei weiterer Schwingungsverminderung, in das Mineralreich einzutreten. Auch dieses Reich wird von ihr beseelt. Denke hier einmal an die vielfältigen Kräfte und Energien der Kristalle.

**Den nächsten Schritt**

bezeichnen wir nun als Evolution oder Entfaltung dieses UR-LICHT-Stromes. D.h. durch Schwingungs*erhöhung* erschafft der LICHT-Strom eine für seinen göttlichen Geist lockere, höherschwingende Schale. Damit ent-

steht das Reich der Pflanzen. Und wenn Du einen Stein mit einer Pflanze vergleichst, so erspürst Du, wie sich durch die Pflanze vermehrt diese Göttlichkeit ausdrücken kann. Zugleich entsteht in der Pflanze, wie im Mineral und im Tier, das Untere Selbst - Seelenwesen, durch das sich die monadische Essenz ausdrückt.
Die nächsten Schritte der göttlichen Evolution, der Entfaltung des Schöpfergeistes, führen über das Tier zum Menschen. Wie im Tier, so lebt Gott auch im Mineral, in der Pflanze und im Menschen. Kannst Du Dir denken, was es heißt, die Erde, die Pflanzen, die Tiere und Menschen zu mißachten, zu schädigen und zu quälen? "Was Du einem meiner geringsten Brüder antust, das tust Du mir an!" sagte Jesus, und das bezieht sich ganz sicher nicht nur auf die Menschen.

**Der Heimweg des Menschen.**

Ist der Mensch in seiner geistigen Reife so weit fortgeschritten, daß er bereit ist, zu erkennen und sich zu ent-wickeln, beginnt sein "Rück-Weg" in die Ebene des UR-LICHTES bzw. zu seinem Hohen Selbst, letztlich zurück in die Einheit. Rück-Weg heißt im lateinischen "re-ligio". Religion ist also nichts anderes als der "Heim-Weg" des Menschen in sich selbst, zu seinem LICHT-Körper, zu seinem Hohen Selbst, zu GOTT. Dieser Heim-Weg des Menschen wird wieder in einem schönen "Bild" in der christlichen Tradition dargestellt. Es ist die Geschichte vom verlorenen Sohn.
Der Sohn (der Mensch) erkennt, daß er sich draußen in der Welt lange genug mit den beiden Lebenspolen verwickelt hat. Jetzt kehrt er durch Erkenntnis heim zum Vater. Natürlich macht der Vater für ihn ein Fest, aus Freude darüber, daß der Sohn *endlich erkannt hat*. Der andere Sohn, der immer zu Hause beim Vater geblieben ist, versteht dies nicht. Er versteht es darum nicht, weil er nicht hinaus, in die Welt der Auseinandersetzung - der Erkenntnis - gegangen ist.

***Fazit:***

*Der siebenfache Weg des Herzens und des Friedens ist also letztlich eine Anleitung für Deinen Heim-Weg.*

**Auf seinem Weg durch die irdische Welt wird der Mensch übergeordnet von seinem Hohen Selbst heimgeführt.**

Das Hohe Selbst verkörpert den "Vater-Aspekt". Es erwartet voller Liebe die "Heimkehr" des Mittleren und Unteren Selbst.
HUNA drückt das dadurch aus, daß der Mensch lernen soll, seine beiden Selbste, also Mittleres und Unteres Selbst so untereinander zu harmonisieren, daß sie sich öffnen für die Heimkehr. Das bedeutet, in diesem Moment der Offenheit und der Harmonie kann das LICHT-Bewußtsein des Hohen Selbst *durch* den Menschen strömen und ihn voll Weisheit und Liebe (heim-)führen.
So begegnen wir auch hier auf der Menschen-Ebene diesem Dreifaltigkeits-Prinzip, nach dem hermetischen Gesetz "Wie oben, so unten." Diese Dreifaltigkeit (Triade) auf der Ebene Mensch ist:

**Das Hohe Selbst** (Vater-Aspekt)

□

□ □

□ □ □ □ □ □

**das Mittlere Selbst** (Sohn-Aspekt) **das Untere Selbst**(Weibl. Asp)

Dabei ist das Hohe Selbst der dem Mensch zugeordnete, am höchsten schwingende göttliche Bewußtseins-Körper, auch als LICHT-Körper bezeichnet, der *nicht* in die materielle, physische Körperebene inkarniert, sondern den Menschen in der feinstofflichen Ebene stetig von Inkarnation zu Inkarnation begleitet und durch das "Achte Siegel" mit dem Menschen verbunden ist.
In vielen Bildern wird dieser LICHT-Körper des Hohen Selbst als Heiligenschein dargestellt. Das soll aussagen, daß dieser Mensch bereits mit seinem LICHT-Körper, mit seinem Hohen Selbst *bewußt* verbunden ist und die *LICHT-Seele* ausgebildet hat.

Wir erreichen das, indem wir in der HUNA-VITA-ANRUFUNG das "8. Siegel" entfalten, die Verbindung zum Hohen Selbst. Mit anderen Worten, der höchste göttliche Aspekt (das ALLES) drückt sich auf der Mensch-

Ebene im LICHT-Körper des Hohen Selbstes aus, oder die Schöpfungs-Triade - Vater/Sohn/Heiliger Geist - drückt sich in der irdischen Ebene als Hohes Selbst, Unteres Selbst und Mittleres Selbst aus. So ist das Hohe Selbst eine Spiegelung, eine Entsprechung des ALLES auf der Menschen-Ebene. Jesus drückte das in den Worten aus: "Der VATER und ich sind EINS", und Hermes Trismegistos lehrt: "Wie oben, so unten".

**Das 2. kosmische Gesetz der Entsprechung.**

Es besagt: "Wie oben, so unten; wie unten, so oben."
Abgewandelt können wir auch sagen: "Wie innen, so außen, oder wie im Großen, so im Kleinen." *Paracelsus*, (1493-1541) der große Arzt, Chemiker, Theosoph und Mystiker des Mittelalters, drückte das so aus: "Der Mensch ist der Mikrokosmos, und er entspricht dem Makrokosmos."
Die hermetischen Eingeweihten haben das Universum in drei Bereiche eingeteilt.

**1.** Den Bereich der materiellen, physikalischen Ebene.
**2.** Den Bereich der großen geistigen Ebene.
**3.** Den Bereich der hohen, reinen geistigen Ebene.

Das 2. kosmische Gesetz besagt nun, daß es zwischen allen Erscheinungsformen dieser drei Ebenen Entsprechungen gibt. D.h. nichts ist voneinander getrennt, alles hängt untereinander zusammen. (Heute würde man das als ganzheitliches, holistisches Prinzip bezeichnen.)
Die alten Hermetiker erkannten dieses 2. kosmische Gesetz als eines der wichtigsten Werkzeuge, mit denen der Mensch in Ebenen vordringen kann, die ihm sonst verborgen blieben. D. h: Erkannte er die Gesetzmäßigkeiten hier auf der materiellen Ebene, so konnte er auf ähnliche Gesetzmäßigkeiten in der energetischen, der geistigen und der hohen geistigen Ebene schließen.

***Fazit:***

*GOTT drückt sich auf der Menschen-Ebene in der Form (LICHT-Körper) des Hohen Selbst aus nach dem Gesetz der Entsprechung: Das was oben ist (GOTT) ist gleich dem, was unten ist. (Hohes Selbst).*

Genauso, wie sich das ALLES im LICHT-Körper (die Gußform) des Hohen Selbst ausdrückt, drückt sich das Hohe Selbst in einer nächst niederen Ebene, im Unteren Selbst (der Seele) und dem Mittleren Selbst (dem Geist) aus. Und je harmonischer diese beiden Selbste miteinander arbeiten, desto ungehinderter kann das Hohe Selbst durch den Menschen bzw. die Selbste auf der Erde wirken.

Auf einer noch tieferen Ebene, der des materiellen Körpers, drücken sich das Untere und Mittlere Selbst durch den Körper aus. Der Körper ist hier die "Gußform" des Mittleren und Unteren Selbst.

**GOTT**

□

□

□

drückt sich aus im

**ALLES**

□

□

□

drückt sich aus im

**Hohen Selbst** (auf der Menschen-Ebene)

□

□

□

Das Hohe Selbst

drückt sich aus im

**Mittleren Selbst u. Unteren Selbst**

□

□

□

diese drücken sich aus im

**Körper**

Wie das Hohe Selbst der Vermittler zu der höchsten göttlichen Schöpfungs-Ebene ist, so ist das Untere Selbst der Vermittler vom Mittleren Selbst zur Ebene des Hohen Selbst. (Beachte, wie hier immer wieder das 2. kosmische Gesetz der Entsprechung unser Verstehen unterstützt.)
In dieser Tatsache liegt auch das verborgene HUNA-Wissen begründet, das besagt, nur durch die richtige Ansprache des Unteren Selbst werde eine Verbindung über das 8. Siegel zum Hohen Selbst hergestellt.
Das ist wieder eines der alten HUNA-Tempelgeheimnisse und zugleich hermetisches Wissen. (Die Prinzipien der Resonanz und der Polarität. 4. kosmisches Gesetz.) Das Hohe Selbst ist somit das Bindeglied zwischen der höchsten GOTT-Schöpfung, zugleich aber auch der GOTT-Anteil in uns. Der Grad der spirituellen Entwicklung eines Menschen zeichnet sich somit dadurch aus, in welchem Maße das Hohe Selbst-Bewußtsein seinen Einfluß *durch den Menschen* geltend machen kann.
Das entwickelt sich schließlich so weit, bis das Mittlere und Untere Selbst und der Körper sich *bewußt* vollkommen der Führung des Hohen Selbst geöffnet haben. In dieser Phase der menschlichen Entwicklung können die höheren geistigen Einflüsse des ALLES, des UR-LICHTES, durch den wissenden Menschen strömen und in der materiellen Welt wirken.
So kannst Du lernen, über Dein Hohes Selbst mit dem ALL-GEIST des Kosmos in Verbindung zu treten und dadurch letztlich unbegrenzte Gesundheit und Fülle, neue Ideen, umfassendes Wissen aufzunehmen und alles andere für Dich zu erschaffen. Aber: Voraussetzung dafür ist die Harmonie zwischen dem Unteren und Mittleren Selbst. Diese Harmonie entsteht nicht durch immer neues Wissen, nicht durch immer mehr Kontrolle, nicht durch immer mehr Verändernwollen, sondern durch Ganzheitlichkeit, durch Integration, durch Akzeptieren und Ja-sagen zu allem, was ist, nämlich im Unteren Selbst und im Mittleren Selbst.
Ich nenne das "in den Beobachter" eintreten.

***Fazit:***

*Je vollkommener Unteres Selbst, Mittleres Selbst und Hohes Selbst miteinander in Harmonie sind, desto freier und ungehinderter kann das göttliche UR-LICHT-Bewußtsein durch den Menschen strömen und sein Leben in der Fülle gestalten.*

**Einfluß und Wirkung des Hohen Selbst im Leben und Alltag des Menschen, aus finaler Sicht.**

Wie schon zuvor beschrieben, sind wir alle ehemalige LICHT-Funken, die aus dem göttlichen Gedanken-Feld des ALLES in dem LICHT-Körper des Hohen Selbst zum Ausdruck kommen und durch die materielle Hülle des Körpers wirken. Sobald wir jedoch von der Körperhülle Besitz ergriffen haben, hat sich unsere Bewußtseinsschwingung so verlangsamt, sie ist so "eng", so materiell geworden, daß wir zu unserem hochschwingenden Bewußtseinsfeld des Hohen Selbst kaum noch Zugang haben.
Wodurch sind wir nun in diesen "engen" Zustand gekommen?

**Die geistige Trennung vom Hohen Selbst während der Geburt.**

Es gab eine Zeit, als Dein spiritueller Körper sich in den embryonalen Körper Deiner jetzigen Existenz inkarnierte. Diesen über neun Monate währenden Inkarnationsprozeß können wir auf einer größeren Ebene mit dem Sturz des Ur-Pärchens Adam und Eva aus dem Paradies vergleichen. "Wie im Großen, so im Kleinen." (2. kosmisches Gesetz)

So wie Adam und Eva, das männliche und weibliche Prinzip, im Paradies noch in einer Schwingung vereint waren und noch keine Trennung vom UR-LICHT (vom Hohen Selbst) erfahren hatten, so erlebt sich auch der inkarnierende spirituelle Körper <u>vor</u> der Geburt noch vereint im Mittleren Selbst, Unteren Selbst und Hohen Selbst,.

**Dann setzt ein Erkenntnisprozeß ein.**

Genauso wie Adam und Eva von dem Prinzip der Erkenntnis - der Schlange - verführt wurden, wird auch die Seele vom Erkenntnis-Sog in die polare Materie des Mutterleibes gezogen.
Damit beginnt eine Abspaltung, ein Absondern vom "Vater", vom Hohen Selbst. Die Seele wird gottfern und begibt sich auf ihren irdischen, polaren Individuations-Weg der Ich-Werdung. ( Verstand-Mittleres Selbst)
Das Seele-Geist-Wesen (Unteres Selbst + Mittleres Selbst) wird gegenüber seinem Hohen Selbst, seiner Göttlichkeit unbewußt und wächst so in die

Leiblichkeit des Embryos und des Kindes hinein. Das ist das wesentliche Merkmal dessen, was wir mit dem Wort "Inkarnation" (Leib-Werdung) bezeichnen. Damit verbunden ist zugleich ein Unbewußtwerden zum eigenen Hohen Selbst.

Während dieser Leib-Werdung geschieht also ein Abbruch der Beziehung zu Gott, zum Hohen Selbst. Der Mensch fällt in die Polarität seines Mittleren Selbst und Unteren Selbst. Er verliert den Zugang zum Über-Personalen (Transpersonalen Hohen Selbst).

**Das Kind verliert seine "Kraft".**

In dieser Urfrühe des beginnenden Kinderlebens kommt es zu einem "Ur-Verlust", der darin besteht, daß das Kind die Verbindung zu seinem Hohen Selbst verloren hat und sich nun an der Mutter als "Hohem Selbst-Ersatz" orientiert. Wir können sagen : Das Kind hat seine "Kraft" verloren, und das Untere Selbst wählt die Mutter als Ersatz-Kraft, mit allen nun folgenden zu erwartenden polaren Schwierigkeiten. Diese fehlende Kraft des Hohen Selbst wird lange Zeit, ja oft ein Leben lang, nicht bemerkt, weil der heranwachsende Mensch sich dessen nicht bewußt ist, daß es diese UR-LICHT-Kraft des Hohen Selbst gibt! (Denke an das Kapitel über das UR-LICHT.) Im Gegenteil, oft wehrt sich der Mensch noch heftig, wenn man ihm sagt, daß er nicht heil, nicht ganz in seinem Seele-Geist-Wesen ist, weil er sich an Menschen - Mutter und Vater - orientiert, denen ebenfalls diese Hohe Selbst-Kraft fehlt. Daraus ergibt sich, daß der so "geburtlich geschädigte" Mensch kaum eine Chance hat, aus sich selbst heraus diesen Mangel, diese Gottferne zu er-kennen, geschweige denn zu beseitigen und selbst die Verbindung zu seinem Hohen Selbst, zu seiner Kraft wieder *bewußt* herzustellen.

**Durch diesen Ur-Verlust**

wird der Mensch natürlich anfällig für alle weiteren Verstümmelungen seines Unteren und Mittleren Selbst, was sich in dem HUNA-VITA Befreiungsprozeß "Remothering" (Befreiung von diesem Ur-Verlust) sehr deutlich zeigt.

Der Mensch leidet - unbewußt - an der Gottferne. Unbewußt erleidet er den Weg durch die Polarität der Materie, um schließlich zu erkennen, daß er gerade durch diesen Weg - der Erkenntnis - Gott in sich, in der Materie und im Kosmos wiederfindet. Auf diesem Erkenntnisweg durch die Materie erhält er seine Kraft, seine Verbindung mit dem Hohen Selbst wieder. Er *"gibt seinem Leben wieder die Kraft"* und beseelt dadurch weiter, nun bewußt, die Materie und andere Menschen.

Aus dem zuvor Beschriebenen wirst Du erkennen, wie wesentlich es ist, den Weg zurück, zu Vater und Mutter zu gehen (Remothering), um die geistig-seelischen Verletzungen des Unteren und Mittleren Selbst aus der Kindheit zu erlösen, um jedoch gerade dadurch wieder Gottesnähe und die Hohe Selbst-Verbindung zu erreichen. Dieses äußerst wichtige Geschehen bespreche ich später noch ausführlicher im 4. HUNA-VITA-Weg des Herzens und des Friedens, der Befreiung. (Remothering)

**Der tiefe, finale Sinn unserer materiellen Verkörperung.**

Durch unsere so tiefschwingende Verkörperung haben wir gelernt, uns auf der materiellen, irdischen Ebene unserer jetzigen Existenz auszudrücken, vor allem aber bestimmte Prinzipien zu lernen, die man nur in dieser irdischen Sphäre lernen kann, z. B. die Auswirkungen der sieben kosmischen Gesetze in der polaren Materie und den polaren Gedanken auf der Erde. Weiter lernt der Mensch, die in ihm schlummernden sieben Bewußtseinsqualitäten der sieben kosmischen Strahlen in sich zu entfalten.
Dadurch sind wir mitten in einem erkenntnisreichen, aufregenden Abenteuer, auf dem Weg zu tiefem Verständnis der *Gesamtheit* des Lebens und unseres Seins. Ohne diesen Weg durch die Materie und die Körperlichkeit zu gehen, könnten wir auch nicht die Ganzheit der göttlichen Schöpfung verstehen. Denn das Reich GOTTES ist unendlich ausgedehnt und folglich ist GOTT die hohe geistige kosmische Ebene und auch *Materie und die niedrigste Schwingung des Denkens.* (Nichts ist außerhalb von Gott.)

**Das 4. kosmische Meister-Gesetz der Polarität innerhalb unserer materiellen Verkörperung auf dieser Erde.**

Dieses so wesentliche 4. kosmische Gesetz der Polarität, des Hermes Trismegistos, besagt die tiefe Wahrheit, daß alle Dinge, Situationen, Menschen, kurz alle Erscheinungen, immer zwei Seiten haben, die als die *zwei Pole* ausgedrückt werden und durch die Kraft des Geistes umgewandelt werden können. Hierdurch erlangt man Erkenntnis.
Was besagt das für unser Leben? Die Hermetische Wissenschaft lehrt, daß die scheinbar gegensätzlichen Pole - Gut+Böse - hoch+tief - heiß+kalt - usw. nur auf unserer menschlichen, irdischen Bewußtseinsebene getrennt sind, sich also als Pole darstellen. Tatsächlich jedoch sind sie vom Ursprung her - aus der Quelle des UR-LICHTES - vereint und somit identisch. So zeigt uns dieses Gesetz, daß die zwei Pole letztlich immer aus der "Einen" Sache entstehen. So sind Geist und Materie auch nur scheinbar zwei Pole, denn auch diese beiden Pole sind aus derselben Quelle entstanden.
Hier siehst Du schon, wie oft wir - besonders die herkömmliche Wissenschaft - gegen dieses 4. Gesetz verstoßen. Wird doch noch immer der Ansatz aufrechterhalten, daß Geist und Materie verschieden, also getrennt sind. Besonders in der Medizin und der Physik macht sich das bemerkbar. Nach diesem 4. kosmischen Gesetz sind Geist und Materie *nicht* trennbar. Sie kommen aus der selben Quelle. Geist und Materie - und das gilt nun auch für alle anderen polaren Beispiele - haben Zwischenbereiche, wo lediglich die Grad-Unterschiede in der Schwingung und der Vibration auftreten.

**Um das zu demonstrieren, nehmen wir mal die beiden Pole Hitze + Kälte.**

Zwischen diesen beiden Temperatur-Polen können wir von heiß oder kalt sprechen. Der höhere von zwei Temperatur-Graden ist immer wärmer, der niedere von zwei Graden ist immer kälter. Es gibt sogesehen keinen *absoluten* Standpunkt, sondern immer einen abhängigen Standpunkt der Betrachtungsweise. Obgleich "Gegensätze", sind Hitze und Kälte nur graduelle Unterschiede derselben Sache, hier also der Temperatur. - Was ich

Dir hier von dem Beispiel "Temperatur" berichte, gilt auch für alle anderen Dinge, Standpunkte und Überzeugungssysteme Deines Lebens.
Sieh Dein Thermometer an. Kannst Du mir sagen, wo die "Hitze" aufhört und die "Kälte" beginnt? Natürlich, Du wirst mir sagen, es gibt keine Festlegung von "der Hitze" und "der Kälte". Alles ist nur graduell und subjektiv. So sind Hitze und Kälte nur *die beiden Pole* von *einer* Sache, der Temperatur. Und die polaren Erscheinungen, die sich aus der Temperatur ergeben, sind Ausdrücke, Manifestationen des Polaritätsgesetzes, hier Hitze und Kälte.

Genauso verhält es sich mit Dunkelheit und Helligkeit. Wo hört Dunkelheit auf, wo beginnt Helligkeit? Beides sind wieder nur die Pole *einer* Sache, nämlich des Lichtes, und somit keine Widersprüche.
Praktisch heißt das, um das ganze Geheimnis des Lichtes zu erfahren, mußt Du *beide* Pole erleben bzw. ansehen. Dann *weißt* Du, was Licht ist. Also ohne Dunkelheit gibt es auch kein Licht. (Licht ist hier im Sinn von hell gemeint und nicht das göttliche LICHT.)
So ist der Erzengel LUZIFER derjenige, der in die Dunkelheit gegangen ist und uns diese Dunkelheit immer wieder zeigt, damit wir das Licht erkennen. Er ist also der "Licht-Träger" oder Licht-Bringer bzw. der, der Dich Licht-Helligkeit-Gut-Liebe usw. erkennen und erleben läßt. So heißt auch der Name LUZIFER der LICHT-TRÄGER. Ohne Luzifer, ohne Dunkelheit, gibt es keine Erkenntnis des Guten, des Lichtes usw.

Übrigens litten Adam und Eva schon damals an dieser Erkenntnislosigkeit. Darum ließen sie sich auch so schnell von der Schlange des Wissens um diese Polarität verführen. Und als sie in den Apfel der Erkenntnis, in diese Materie bissen, offenbarte sich die Polarität; sie "stürzten" in die Polarität der Materie und setzten sich kräftig damit auseinander. Allerdings hinkt die Erkenntnis, die sich aus dieser Wanderung durch die irdische Materie entwickelt, immer ein bißchen hinterher.....

**Die "Erbsünde" der Polarität.**

Nun ist der Mensch (Adam und Eva) nicht in *beide* Pole gleichzeitig gestürzt, sondern vorerst jeweils nur in einen Pol. Dadurch muß er sich mit dem anderen Pol, den er nicht mag, den er aus seinem Leben ausschließt und absondert, stetig auseinandersetzen, bis er diesen Pol wieder in sich integrieren kann.

Dieser Sturz in den *einen* Pol wird auch als die "Erbsünde" bezeichnet. Der Sündenbegriff hier hat jedoch nichts mit dem kirchlichen Sündenbegriff von Böse und Schlecht zu tun. Erbsünde bezeichnet hier, daß der Mensch in dieser irdischen Materie *immer an einem nichtgelebten Pol* "sündig" wird. Sündig kommt hier auch von dem Wort "Sonder-sein". Und so wird natürlich jeder Mensch immer wieder in dieses "Sonder-sein" oder "Sündig-sein" an den nicht gelebten Polen des Lebens auf diesen Planeten inkarniert, solange, bis er es fertigbringt, abwechselnd in *beiden* Lebenspolen zu leben. Dann hat der Mensch umfassende Erkenntnis erlangt. Dann hat er sich von seinem Karma erlöst.

Karma bedeutet hier nichts anderes als nicht gelebte, nicht gewollte Lebens-Pole. An diesen nicht gewollten - oder *zu stark* gewollten - Lebens-Polen *ver-wickelt* sich der Mensch. Erst wenn er beide Lebens-Pole in sein Dasein integrieren und hineinnehmen kann, beginnt er sich davon zu *ent-wickeln*.

Wir Menschen - hier besonders die Amtskirche - haben also aus Luzifer gleich die Bewertung des Bösen, des Dunklen, den Teufel gemacht. Du wirst jetzt aber erkannt haben, daß Luzifer nichts anderes als ein Pol auf der großen, unendlichen, göttlichen Polaritätsskala ist. Und alles auf der göttlichen Polaritätsskala zusammengenommen, ist der Ausdruck, die Erscheinung des Schöpfers. Somit ist Luzifer nichts anderes als ein Teil-Aspekt des Schöpfers. Denn nichts ist außerhalb von Gott!

**Um Temperatur zu kennen,**

mußt Du beide Pole *erleben,* also Hitze und Kälte, dann weißt Du was Temperatur ist.
Um die Höhe eines Berges zu *erfahren,* mußt Du in die Tiefe des Tals gehen. Denn nur durch die Tiefe des Tales erlebst und erkennst Du die Höhe. Das heißt weiter, nimmst Du einen Pol weg oder willst Du einen Pol in Deinem Leben *nicht leben*, gibt es für Dich keine Erkenntnis. Dann fehlt Dir der eine Pol. Oder anders ausgedrückt, Du bist "un-heil", nicht ganz, weil Dir ein Pol in Deinem Leben fehlt.
Gibt es also in Deinem Leben keine Tiefe, wirst Du die Höhe nicht erkennen. Bist Du nicht bereit, die Dunkelheiten in den Programm-Speichern Deines Unteren Selbst wirklich anzusehen, wirst Du in Deinem Leben "unheil" bleiben, weil Du bestimmte Wirklichkeits-Ebenen (die dunklen) Deines Lebens ausschließt und nicht lebst. Doch Leben an sich ist immer ganz und heil und besteht immer, gemäß dem Polaritätsgesetz, aus zwei Polen.

**Wie steht es mit Gut und Böse?**

Auch hier wirkt das Polaritätsgesetz. Das eine Ende der Grad-Skala nennen wir Böse, das andere Ende Gut. Beide Pole gehören jedoch der einen Quelle an, dem Leben. Leben ist also nur dann ganzheitlich wenn es aus diesen beiden Polen und allen anderen Zwischen-Graden bestehen kann. Das heißt jedoch nicht, daß man ungehindert böse sein soll! Das heißt aber auch, daß man nicht *nur* gut sein kann.

**Was heißt das also für Dein Leben?**

**1.** Wenn man das Gesetz der Polarität tief verstanden hat, hört man immer mehr damit auf, nur einen Pol zu bewerten. Man weiß ja, mit dieser Bewertung schließt man den anderen Pol dieser Sache aus. Man erschafft Karma. Die Gedanken von "entweder-oder" verwandeln sich zu dem Bewußtsein "sowohl-als auch!" Man hört auf, für sich immer neue "Stand-Punkte" zu erschaffen (nur einen Pol). Man hört auf, nach Bestätigung des einen Pols (Meinung) durch andere zu suchen. Man gibt seine polare

Überzeugung auf und erschafft nicht neue polare Überzeugungssysteme, Glaubenssätze und Dogmen.

**2.** Man erkennt, daß Leben und damit alle Bewußtseinszustände ein Auf und Ab auf der Polaritätsskala des Lebens sind. Kein Bewußtseinszustand an sich ist absolut, sondern nur abhängig und vergänglich und damit nicht bewertbar.

**3.** Der, der dieses Gesetz gezielt anwenden kann, erkennt, daß er die Macht hat, jeden Pol auf der Polaritätsskala des Lebens mit Hilfe seines Mittleren Selbst, Unteren Selbst und Hohen Selbst zu leben, zu erleben und dadurch zu verwandeln. Denn diese Wandlungsmöglichkeiten sind Teil des Gesetzes. Genau diese Gesetzmäßigkeiten der Umwandlungen wenden wir auch in den HUNA-VITA-Kursen an. Allerdings geschieht hier diese Wandlung weniger an den gespeicherten Lebensprogrammen, sondern im Mittleren Selbst-Bewußtsein, vom 5%-Mittleren Selbst zu 10%-20%-30% Mittleres Selbst-Bewußtsein.

**4.** Diese "Kunst der Polarisation" ist ein Teil der geistigen Anatomie und zugleich auch "geistige Alchemie", also geistige Umwandlung in andere Bewußtseins-Ebenen. Das Verständnis dieses Polaritätsgesetzes befähigt Dich somit, Deine eigene Polarität zu wandeln sowie die von anderen Menschen. Dadurch hast Du jederzeit die Macht, die Qualitäten Deines Lebens eigenver-antwortlich, wach und wissend zu wandeln.

**So ist es unsere Aufgabe, einen wesentlichen Teil vom Reich GOTTES, Seine Schöpfung, hier auf der Erde zu erfahren -**

hier besonders durch die Anwendung des 4. kosmischen Gesetzes der Polarität. Und eben darum befindest Du Dich zur Zeit auf diesem Schulplaneten Erde und liest auch dieses Buch.
Auch was wir hier machen und erleben ist Schöpfung. Unsere eigene Schöpfung, zugleich auch unsere Illusionen. Wir lernen hier in der Polarität der Welt, mit unseren schöpferischen Gedanken umzugehen und sie in der materiellen Form entstehen zu lassen. Natürlich ebenfalls in Problemen, in Ängsten, in Krankheiten und Kriegen. Aus all dem lernen wir uns

zu verstehen, und dadurch zugleich das große Mysterium der göttlichen Schöpfung.
Erst wenn wir diese Erfahrung der Inkarnation in der irdischen Existenz gemacht, gelebt und ausgedrückt haben, wenn wir uns dadurch genügend *ver-wickelt* und *ent-wickelt* haben, werden wir GOTT in der Materie, also in uns, und GOTT im Kosmos als EINS erfahren.

***Fazit:***
*Das ist unsere wahre Aufgabe, der Sinn unserer Existenz, GOTTES-Erfahrung auf dieser Erde zu machen. Die alten esoterischen Traditionen sagen hier: "Erkenne Dich selbst, so erkennst Du GOTT (Dein Hohes Selbst ) in Dir."*

**Was ist dabei die "Alltags-Aufgabe" des Hohen Selbst?**

Uns so zu führen, daß wir auch tatsächlich GOTTES-Erfahrung machen können! Würden wir nur auf unseren Verstand, also das Mittlere Selbst und die Seelenerfahrung des Unteren Selbst angewiesen sein, würden wir keine GOTTES-Erfahrung bzw. Ent-Wicklung durchmachen.
Erst der übergeordnete, weise, führende, in uns wirkende Führungsimpuls unseres Hohen Selbst bewirkt, daß wir die Kraft und die Fähigkeit erhalten, Lebenserfahrungen in **beiden** Polaritätsrealitäten (Gut-Böse usw.) zu machen, um dadurch GOTT in der materiellen Schöpfung und in uns zu erfahren, allerdings erst, wenn wir zu diesem Erkenntnis-Weg bereit und offen sind.
GOTTES-Erfahrung heißt also, *beide* Polaritäten bzw. *alle* Teile der Schöpfung auf dieser Erde und alle Aspekte in uns selbst zu erkennen. (Das 4. kosmische Gesetz der Polarität) Und genau davor sträubt sich unser Mittleres Selbst mit "Händen und Füßen" und zieht es vor, in der Gottferne zu bleiben.
Warum, so sagt sich der Verstand (5%-Mittleres Selbst), soll ich diese unangenehme Erfahrung machen, wo es doch viel einfacher ist, dieses Problem zu ignorieren, oder zu bekämpfen, oder zu verurteilen, oder einfach

in ein neues Überzeugungssystem umzuwandeln?
Hier übersieht der enge 5%-Verstand (5% des Mittleren Selbst) die wirkliche, große, ganzheitliche Lernbotschaft, die hinter diesem Problem liegt. Er hat es nie gelernt, umfassender hinter die Probleme zu schauen. Er hat es nicht gelernt mit seinem Unteren Selbst zu kommunizieren, um über diese Bewußtseinsebene Lösungen zu finden. Und dem Mittleren Selbst wurde seit dem geburtlichen "Ur-Verlust" des Hohen Selbst-Kontaktes nie beigebracht, mit der LICHT-Weisheit des Hohen Selbst zu kooperieren, um übergeordnete Botschaften und Entwicklungs-Wege übermittelt zu bekommen.
So - nicht wissend - wird der Mensch von seinem Hohen Selbst immer wieder zu solchen Problemen geführt, bis er endlich bereit ist - weil er genug gelitten hat - dieses Problem zu lösen, daraus zu lernen, um einen Entwicklungsschritt nach vorn zu gehen, um endlich seine Kraft, seine Göttlichkeit wiederzufinden, und um sich letztlich vom Ur-Verlust zu erlösen.
Dein Hohes Selbst weiß es schon lange, wie wesentlich für Dich die Probleme auf dieser materiellen Ebene sind. Sie sind die wichtigsten Lern-Chancen Deines Lebens! - Gefällt Dir, Deinem wertenden 5%-Verstand, so etwas?

**Dein Hohes Selbst wird für Dich all das vorbereiten.**

Genau zur richtigen Zeit wirst Du erkennen, daß bei allem was Du unternimmst und bedenkst, Dein Hohes Selbst es ist, das Dich durch alle Probleme, Irrtümer, Krankheiten und natürlich auch Lieben, Glück und Reichtümer führt.
Warum? Du sollst hinter diesen äußeren Situationen die *Lernbotschaften* erkennen und sehen, daß dieses Äußere nur Lern-Lebens-Lektionen für Dich sind und nicht die Realität und Wichtigkeit hat, wie Du sie gern sehen möchtest.
Durch diese weise und liebevolle Führung Deines Hohen Selbst wirst Du schließlich die Unwirklichkeit der äußeren Welt und ihren Lerngehalt für Dich erkennen. Dann wirst Du Dich Deinem Hohen Selbst immer mehr zuwenden mit der Bitte, Dir die Kraft und Weisheit zu geben, Dich den Lern-Botschaften dieser Welt bewußt öffnen zu können, um Dich zu ent-

wickeln und im LICHT der Liebe auf dieser Erde zu wirken, um den Weg des Herzens und des Friedens zu beschreiten, wach, mit Erkenntnisfähigkeit!

**Ja, Dein weises, liebevolles Hohes Selbst wacht über Dich**

und wartet, bis Du mit Deinen "Ego-Spielchen", mit Deiner "Persönlichkeits-Verwicklung", mit Deinen "Sehn-Süchten", mit Deinem "Habenwollen", mit Deinem "Recht-haben", mit Deinem "Entweder-Oder" und besonders Deinem "Gut-sein wollen" fertig bist.
Wenn Du das alles erlebt und durchlebt hast, wirst Du davon loslassen können, Du wirst tiefer in die Schöpfung schauen, das "Sowohl-als-auch" der Polarität begreifen, Du wirst GOTT (Hohes Selbst) in Dir und GOTT draußen in der Schöpfung sehen. Dann wirst Du Dich endlich umfassend Deinem Hohen Selbst zuwenden und Dich ganz seiner göttlichen Führung hingeben.
Darum sage ich Dir, liebster Freund/in, habe tiefes Vertrauen zu Deinem weisen und liebevollen Hohen Selbst. Es ist für Dich da und wartet schon immer auf Dich. Es führt Dich durch all Deine Hochs und Tiefs, es inspiriert all Deine Handlungen und Gedanken, es begleitet Dich in Deinen Fehlern und Erfolgen, in Deinem "bösen" Tun und den "guten" Taten. Immer ist es Dein Hohes Selbst, das Dich in der Lebensdunkelheit trägt und vorwärtsdrängt zum LICHT und zur Erkenntnis.
Dazu möchte ich Dir und Deinem Unteren Selbst ein Bild geben.

***Psycho-Bild Nr. 7 "Getragen werden".***

*Dort wandert ein Mensch durch sein Leben. Er hat viel erlebt. Mal gab es Zeiten, da verlief alles glatt. Da begleitete ihn der Erfolg und die Zuneigung der Menschen.*
*Mal gab es jene Augenblicke, die das Leben verwandelten, hin zu großen Schwierigkeiten und Problemen.*
*Im Laufe der Zeit lernte dieser Mensch aus seinen Hochs und Tiefs. Und er erfuhr von spirituellen Lehrern, daß sein Hohes Selbst ihn - wenn auch übergeordnet - im Leben führt. Natürlich wollte dieser Mensch nun mehr über sein Hohes Selbst erfahren. Auch dieses alte Wissen von der Verbindung mit seinem Hohen Selbst wurde ihm bei-*

*gebracht, und er lernte den Kontakt mit seinem Hohen Selbst, mit Gott in sich, herzustellen. Besonders in sehr schwierigen Situationen betete er sehr inbrünstig um Führung und Hilfe.*
*Es kam nun die Zeit, wo dieser Mensch seinen Lebenszyklus abschließen mußte, und als er seinen irdischen Körper verlassen hatte, schaute er nochmals zurück auf sein Leben. Dort sah er seine Wege, jetzt waren sie ihm wie Spuren im Sand genau sichtbar.*
*Neben seiner Lebensspur bemerkte er eine zweite Spur, und er wußte, hier wurde er begleitet, gestützt und geführt von seinem Hohen Selbst. Doch dann sah er nur noch eine Spur, und er erinnerte sich daran, daß dies eine Zeit schwerster Trübsal für ihn gewesen war. Es waren Momente seines Lebens gewesen, wo er unter der Last der Schicksalsschläge fast zusammengebrochen wäre. Ja, und jetzt nahm er wahr, daß gerade in dieser schlimmsten Zeit seines Lebens nur eine Spur da war, seine, ohne die Begleitung seines Hohen Selbst.*
*Natürlich betrübte ihn diese Erkenntnis zutiefst, und er haderte sehr mit seinem Hohen Selbst. Er beklagte sich bitter: "Da wo es mir wirklich am schlechtesten ging, da hast Du mich nicht begleitet. Ich mußte alleine gehen und alles alleine ertragen!"*
*Da antwortete ihm sein liebendes Hohes Selbst: " Ja, mein Lieber, tatsächlich siehst Du dort unten nur eine Spur während Deines so schwierigen Lebenabschnittes. Aber weißt Du, es ist meine Spur. In dieser Zeit habe ich Dich vollständig getragen und so durch Dein Leid geführt!"*

Du magst die Wünsche und das innere Drängen Deines Hohen Selbst falsch deuten oder gar versuchen, diese für Deinen eigensüchtigen Zweck zu gebrauchen. Dein Hohes Selbst wird es in tiefer Weisheit zulassen, erfüllt sich doch gerade dadurch die Absicht Deines Hohen Selbst. Denn nur dadurch, daß Du die Gaben und Kräfte des Hohen Selbst für oberflächliche und eigensüchtige Zwecke benutzt und durch das Leid, das solcher Mißbrauch erschafft, kannst Du zu einem offenen, erkennenden Menschen werden. Leid erschafft Erkenntnis! Dann kann das Hohe Selbst in seinem vollkommenen Ausdruck durch Dich wirken.
So ist das Hohe Selbst der "Brennpunkt", die "Sonne" Deines Bewußtseins. Es wirkt durch Dein Mittleres Selbst und durch Dein Unteres Selbst.

Also das, was Du so allgemein Dein Bewußtsein nennst, ist in Wirklichkeit das - vom Mittleren Selbst und Unteren Selbst - "gefilterte" Bewußtsein Deines Hohen Selbst, das sich in dieser Art der Aufnahmefähigkeit Deines Verstandes und Gehirns anpaßt.
Wenn Du im Laufe Deiner Entwicklung immer mehr die alten, belastenden, gespeicherten Lebensprogramme Deines Unteren Selbst erlöst und das Denkvermögen Deines Mittleren Selbst erweiterst, wird sich das "Sonnen-LICHT-Bewußtsein" Deines Hohen Selbst durch Dich umfassender ausdrücken können und sich durch Dich in diese Welt des Alltags ergießen können. Wohin Du dann kommst, wird die Welt heller werden, und Du wirst die Materie um Dich beseelen.

**Und noch etwas sehr wesentliches geschieht:**

Das Geburtstrauma, der Verlust, die Trennung vom Hohen Selbst wird aufgelöst und erlöst. Der Mensch, sein Unteres Selbst und Mittleres Selbst finden heim zum Hohen Selbst. Das bedeutet, die ursprüngliche, vorgeburtliche Verbindung mit dem Hohen Selbst, mit der großen Kraft, ist wiederhergestellt. Der Mensch.....

*gibt seinem Leben wieder Kraft.*

## Das HOHE SELBST aus der irdischen Sicht.

Die Kahunas bezeichnen das Hohe Selbst als AUMAKUA.
Das bedeutet soviel wie: "Älterer, absolut vertrauenswürdiger, elterlicher Geist". In unseren Kindheitstagen haben wir zu unserem Hohen Selbst auch oft "Schutzengel" gesagt. (Obwohl es nicht *der* Schutzengel ist.)

"Das Hohe Selbst ist absolut vertrauenswürdig.....," dies deutet darauf hin, daß sich das Hohe Selbst nie in die Angelegenheiten und Handlungen der beiden anderen Selbste einmischen wird. Es wird sie nie ihres freien Willens berauben. Denn nur durch unseren Willen, etwas falsch oder richtig zu machen, haben wir die Möglichkeit zu lernen und uns zu entwickeln.
Das Hohe Selbst steht in seiner Bewußtheit weit über dem Mittleren und

Unteren Selbst und umgibt den Menschen als ein hohes, geistiges Schwingungs-Feld. Am besten ist hier wohl die Vorstellung, daß Du von der Kraft-Energie- und Geistespotenz der "Hohen-Selbst-Seifenblase" umgeben bist, aus der heraus alles in Deinem Leben erschaffen wird.
In der Existenz und dem Bewußtsein Deines Hohen Selbst gibt es *keine* Trennung mehr zwischen Subjekt und Objekt. Das bedeutet, das Hohe Selbst schaut nicht mehr mit einem "Ego-Bewußtsein" (trennendes Bewußtsein) auf andere Personen, Gegenstände usw., so wie wir es tun. Wir sagen, hier bin ich und dort getrennt von mir, ist die andere Person oder der Gegenstand.
Für das Hohe Selbst ist dies aufgehoben. Es ist einfach gleichzeitig die andere Person, das Tier oder der Gegenstand, und es kennt all das so, wie es seine eigenen Gedanken kennt. Es ist für uns nicht leicht, solch ein erweitertes Bewußtsein zu erfassen, geschweige denn zu verstehen.
Nicht nur, daß das Hohe Selbst alles andere versteht, es fühlt sich auch durch andere Menschen handelnd, und es schätzt und versteht ihre Beweggründe - auch wenn das Hohe Selbst vollkommen begreift, daß es in seiner Weisheit eine viel umfassendere Anschauung hat als diese Menschen und anders handeln würde. Darum können wir auch über die Verbindung des Hohen Selbst mit anderen Hohen Selbsten von Menschen Verbindung aufnehmen und z.B. Heilungen im anderen Menschen bewirken, weil eben Dein Hohes Selbst mit dem anderen Hohen Selbst und zugleich auch mit dem anderen Menschen verbunden ist.

Das Hohe Selbst kennt nicht mehr dieses Gefühl eines persönlichen Besitzes oder den Stolz auf gewisse individuelle Eigenschaften, z. B. besonders gut sein wollen, besonders liebevoll sein wollen oder schlecht sein wollen usw. Es gibt in dieser Ebene keine polaren Bewertungen mehr, sondern nur noch allumfassende, nichtbewertende LIEBE. Darum wirst Du von Deinem Hohen Selbst - und erst recht von Deinem Schöpfer - *nicht bewertet.* Sie achten das 4. kosmische Gesetz der Polarität!
Es gibt immer nur eine allumfassende Beziehung zu allem, zum Ganzen. So erlebt das Hohe Selbst *gleichzeitig* seine Göttlichkeit und die Göttlichkeit in allen anderen Menschen, Tieren, Pflanzen und sonstigen Sachen. So *ist* das Hohe Selbst das Göttliche Bewußtsein, da gibt es kein trennendes "Ich" oder "Du" mehr. Denn wir sind so letztlich alle eins. Beide sind

wir - Du und ich - die gleichen Seiten des einen göttlichen Bewußtseins, das uns überragt und einschließt.
So sind alle Hohen Selbste Teil dieses einen göttlichen Bewußtseins, wobei dieses göttliche Bewußtsein wieder alle nur denkbaren hohen und niederen Formen von Bewußtseins-Schwingungen enthält.
Mit anderen Worten heißt das: Das Bewußtsein Deines Hohen Selbst ist auch im Bewußtsein aller anderen Hohen Selbste und zugleich - da es ja keine Trennung gibt - im Bewußtsein vom Unteren- und Mittleren Selbst aller Menschen, aller Tiere, Pflanzen und sonstigen Dinge. Wir sind hier bei der Erfüllung der alten Weisheit angelangt: "TAT TVAM ASI" Das bist auch Du.

In dieser Welt hat jeder von uns einen eigenen Körper, und doch ist unser Hohes-Selbst-Bewußtsein *zugleich* in unzähligen anderen Körpern gegenwärtig. Das Gewebe des Lebens (Energien-Gedanken-Bewußtseinsfelder) ist so ausgedehnt, daß es alles einschließt. Wir haben also nicht viele Gewebe von menschlichen Gedanken, Energien usw., sondern nur ein einziges, umfassendes, alles einschließendes Gewebe (morphogenetische Felder). Man darf jedoch nicht vergessen, daß wir uns auf der irdischen, physischen Verstandes-Ebene einer solchen ganzheitlichen Verbindung meist nicht bewußt sind.

Ich weiß, liebster Freund/in, schwer ist das in Worte zu fassen, und unmöglich, dies auf unserer "beschränkten" Verstandes-Ebene vollständig zu begreifen. Und doch ist dies eine Wahrheit, die wirklicher ist als das, was wir hier auf Erden Wahrheit nennen.

In diesem Sinn sagen die Kahunas auch, daß Du dieses hochschwingende Bewußtseinsfeld Deines Hohen Selbst oder der Hohen Selbste nur indirekt über Dein Unteres Selbst, eine "Energie-Kanal-Verbindung" (AKA-Schnur) und das "8. Siegel" erreichen kannst. Diese geheime Andeutung der Kahunas möchte ich Dir jetzt etwas näher erklären, weil es für das Verständnis Deines Hohen Selbstes sehr wesentlich ist.

**Das achte Siegel, Tor zu Deinem Hohen Selbst.**

Das 8. Siegel gehört zur Gruppe der Chakren. Die Chakren sind Psycho-Energie-Zentren, die überall im Körper zu lokalisieren sind. Dabei unterscheidet man sehr kleine Chakren, oft kleiner als ein Stecknadelkopf, größere Chakren und schließlich die großen 7 Hauptchakren.
Wie schon beschrieben, sind Chakren psycho-energetische Zentren, die mit dem grobstofflichen Körper, hier besonders mit den Drüsen und Nervenplexen, in Verbindung stehen. Der Austausch zwischen Körper und Chakra besteht aus der feinstofflichen MANA-Energie und bestimmten psychischen Informationsinhalten. Diese Chakren bewirken weiter einen Energie- und Informationsaustausch zwischen dem Bio-Computer Körper + Unteren Selbst, mit äußeren Energie- und Bewußtseinsfeldern. Dadurch entsteht eine gegenseitige Eingangs- und Ausgangsebene zwischen vielseitigen spirituellen, mentalen und biologischen Netzwerken.
Neben den körperverbundenen Chakren existieren noch andere Chakra-Arten. Das sind die sog. **"trans-personalen-Chakren".** Trans-personal bedeutet hier, außerhalb der Person befindlich. Zur Unterscheidung der personalen Chakren bezeichne ich sie als *trans*-personale Chakren oder **Siegel.** Der Begriff "Siegel" bezieht sich auf die Funktion, etwas zu verschließen bzw. auf etwas, das fest verschlossen, versiegelt ist.
Und in der Tat, bei diesem 8. Chakra, dem trans-personalen Chakra handelt es sich um ein Chakra, das gegenüber allen anderen Chakren dem menschlich-irdischen Alltagsbewußtsein noch fest "versiegelt" ist. Das soll sagen, die meisten Mensch wissen nichts von diesem besonderen Chakra und kennen auch nicht den speziellen "Öffnungs-Code", um dieses Chakra vermehrt zu aktivieren, oder es zu öffnen. Darum also der Begriff "das 8. Siegel öffnen". (Von diesem speziellen "Öffnungs-Code" werde ich Dir noch berichten.)
Dieses 8. Siegel hat nun eine ganz spezielle Funktion, so wie die anderen 7 Hauptchakren auch. Da es in der psycho-energetischen Vibration höher schwingt als alle anderen Körper-Chakren, besitzt dieses 8. Siegel eine Öffnungs- und Verbindungsfunktion zu einem außerhalb unseres Körpers befindlichen, hochschwingenden Bewußtseinsfeld. Es ist die Bewußtseins-Energie-Ebene unseres Hohen Selbst. Dieses - mittels einer bestimmten Methode - aktivierte und geöffnete 8. Siegel vereinigt den Körper mit dem

"Bio-Computersystem" des Unteren Selbst und dem Mittleren Selbst. Kontrolliert wird alles von den 7 Chakren der Körperebene. Dieses achte trans-personale Chakra, das 8. Siegel, ermöglicht also die Vereinigung zwischen dem LICHT-Körper des Hohen Selbst und dem menschlichen biologischen System.
Damit beginnt die *bewußte*, durch das Mittlere Selbst wissende und gezielte Vereinigung des physischen Körpers mit höheren Intelligenzen. Es entsteht ein tiefes Verständnis für das Leben als multidimensionales Hologramm: *Mensch - Kosmos - Gott.*

*Fazit:*
*Zu diesem Entfaltungsweg muß der physische Körper, das Mittlere und Untere Selbst in das LICHT und das LICHT-Wissen eingeweiht werden, indem diese Verbindung über das 8. Siegel immer mehr aktiviert wird. (Z.B. durch die tägliche HUNA-VITA-LICHT-MEDITATION /ANRUFUNG mit dem Hohen Selbst und seinen LICHT-Energien.)*

**Die Gedanken-Wunschbilder.**

Ein Gedanken-Wunschbild muß in der Sprache des Unteren Selbst, also als bildhafte Vorstellung, zunächst an das Untere Selbst übergeben werden. Mit einer entsprechenden Mana-Hochaufladung wird dieses Wunschbild dann vom Unteren Selbst über die AKA-Schnur zur Verwirklichung an das Hohe Selbst weitergegeben.
Das Hohe Selbst ist jederzeit bereit uns zu helfen, wenn wir es *darum bitten.* Tun wir das nicht, d.h. haben wir kein Wissen über das Hohe Selbst, so wird Es uns nur in übergeordneter Weise, wie oben beschrieben, in unserem Leben führen.

Du mußt also Dein Hohes Selbst um Realisierung Deiner Wünsche bitten. Hier erinnere ich Dich daran, was Jesus sagt: "Klopfe an, so wird Dir aufgetan...." Das bedeutet aber nichts anderes, als daß Du *von Dir aus*, aktiv den Schritt zum Hohen Selbst tun mußt, damit Dir geantwortet wird.

So wie die beiden "niederen" Selbste, hat auch das Hohe Selbst einen freien Willen und kann nicht durch Suggestionen beeinflußt werden. Da das Hohe Selbst aber über so viel mehr umfassende Weisheit verfügt, ist es wichtig, die letztendliche Entscheidung immer dem Hohen Selbst zu überlassen, da es die Möglichkeit hat, weit in die "Zukunft" zu schauen.
Die Hohen Selbste existieren nicht als Einzelgänger, sondern sie bilden ein gemeinsames Bewußtseins-Feld oder ein LICHT-Netzwerk, das als "Poe Aumakua", die große leuchtende Gesellschaft der Hohen Selbste bezeichnet wurde. Über dieses hohe Bewußtseinsfeld der Hohen Selbste läßt sich auch sehr gut die HUNA-Geistesheilung und Fernheilung verstehen und praktizieren, und in diesem LICHT-Netzwerk hast Du die Möglichkeit, "LICHT-Säulen" zu errichten und Dich damit zu verbinden.
(Erkläre ich später, wie LICHT-Säulen mit Hilfe des Hohen Selbst erschaffen und verankert werden. So kannst Du auch einen "Ort der Kraft" in Deinem Haus/Wohnug/Grundstück erschaffen.)

**Die erste, praktische Hinwendung zu Deinem Hohen Selbst.**

Wie schon zuvor beschrieben, hast Du Dich (hat zugleich GOTT sich) aus dem ALLES, der Einheit gelöst, um Dich selbst bewußt zu erfahren, zu suchen und zu erkennen. Du warst der göttliche Gedanke, dann auf der nächst niederen Ebene der LICHT-Funke, der sich schließlich im LICHT-Körper als Hohes Selbst verkörpert und in Deinem materiellen Körper den individuellen Geist (Mittleres Selbst) und die Gefühls-Seele (Unteres Selbst) erlebt. Sobald Du Dich (Dein Hohes Selbst) in der Materie und damit zugleich Gott in der Materie erkannt hast, gehst Du über viele weitere Entwicklungsebenen zurück in die Einheit. Dann bist Du wieder der LICHT-Funke, aber diesmal weißt Du, wer Du bist, Du hast eine göttliche, erkennende Identität.

**_Fazit:_**

*Was Du also werden willst, ist ein vollbewußter lichter, göttlicher Mensch, ein göttlicher Teil des großen Ganzen.*

**Die Quelle Deines Entwicklungsantriebes ist der große Evolutionsschub zurück in die Einheit. Diese "Kraft" des Evolutionsschubes, die Energie des Wassermann-Zeitalters, wird jetzt immer machtvoller.**

D.h. Du bist immer auf dem Weg, im kosmischen Fluß, zu einer Weiter- und Höherentwicklung. "Alles fließt", sagte schon der große griechische Eingeweihte *Heraklit* (500 v. Chr.).
Interessant ist für Dich also nur das, was Du werden kannst und nicht das, was Du warst! Bedenke, wie oft hängt der Mensch in der Vergangenheit fest!
Bevor Du jedoch als wissender LICHT-Funke heimkehrst, ist es für Dich wichtig, immer wacher und bewußter durch Deine jetzige "Lern-Inkarnation" auf diesem Schulplaneten Erde zu gehen.
Mit der Zeit wirst Du mehr und mehr erkennen, daß in Dir sich ein immer größer werdendes Potential von Weisheit und Kraft entfaltet.
Die Idee, daß Dein Leben nur eine Ansammlung von *äußeren* Dingen, Werten, Berufen, Besitz und Macht ist, weicht der immer machtvoller werdenden, ganzheitlicheren Erkenntnis, daß es in Deinem Leben völlig neue, großartige Qualitäten gibt, die Dein wirkliches Menschsein darstellen. Das hat nichts mit immer besser sein, mit mehr Kontrolle über das Leben, mit mehr Veränderung innerhalb Deiner Bewußtseins-Programmierungen und Codierungen zu tun.
Auf der Suche nach dieser so verborgenen, neuen, großartigen Le-bensqualität tust Du einen gezielten, bewußt gewählten Schritt auf Dein Menschsein mit Deinem Hohen Selbst zu. *Das* ist Deine neue, zweite Wahlmöglichkeit.

*Magst Du diesen Schritt jetzt*
*ganz wach und erkennend tun?*

Es ist der Weg des Herzens und des Friedens mit Deinem Hohen Selbst, ein Weg des aufgewachten, spirituellen Menschseins.
Auf diesem Weg des Herzens wirst Du erkennen, daß es wesentlicher ist, sich selbst zu lieben und umfassend anzunehmen, als sich darum zu sorgen, wie gut und richtig Du angezogen bist oder die entscheidenden, tonangebenden und richtigen Leute zu kennen. Oder sich noch klüger zu

verhalten, mehr recht zu haben, mehr zu bewerten, mehr Standpunkte zu haben usw. Das wirst Du ersetzen durch die Bereitschaft, Deine inneren Helfer-Kräfte, Dein Unteres Selbst und Hohes Selbst immer genauer kennenzulernen und zu harmonisieren.
Anstatt Dich von Ideologien, Politikern, Gurus, Partnern und Vorgesetzten einschüchtern und leiten zu lassen, anstatt noch mehr Kontrolle über Dein Leben und damit über Dein Unteres Selbst auszuüben und in noch mehr Überzeugungssystemen gefangen zu sein, hast Du gelernt, mit den neuen "meta-physischen" Techniken (Schulung des Beobachters, Verbindung mit dem Unteren und Hohen Selbst, Vitalisierung des Körpers mittels der MANA-Energie, Erlösung von niederer Masse-Energie usw.) und Erkenntnissen die Qualität Deines Lebens selbst eigenverantwortlich zu bestimmen.

**_Fazit:_**

*Du hast die "Kraft" zurückerhalten. Du hast Dich vom "Geburts-Trauma" der Trennung erlöst. Du hast Deine göttliche Qualität erkannt und voll akzeptiert.*

**Der Teil von Dir, Dein Hohes Selbst führt Dich zurück zu der Quelle der Kraft.**

Dieser göttliche Teil in Dir führt Dich also heim, aber Du (Mittleres Selbst und Unteres Selbst) mußt wach und bewußt wählen, diese Heimreise anzutreten. Würde Deine Heimreise zur Quelle der Kraft (zum UR-LICHT, zum LICHT-Körper des Hohen Selbst) automatisch erfolgen, also unwissend, so wäre sie sinnlos. Die "Heimkehr" muß völlig bewußt und gewollt erfolgen. Darum ist es für diese Heimreise so wesentlich, daß Du die ersten Kapitel über das UR-LICHT tief verstanden hast und auch bejahen kannst! Und die Fähigkeit erwirbst, mehr und mehr in Deinem Beobachter zu sein. (Erkläre ich später)
Dies ist ein Schritt ins LICHT. Es ist eine erste wesentliche Stufe der Erleuchtung, d.h. LICHT in Dich einzubringen. Dieser Schritt der Erleuch-

tung bedeutet, die Einbildung und Illusion aufzugeben, daß Du von der göttlichen Quelle, Deinem Hohen Selbst, der raumvollen LIEBE, getrennt bist.
Liebster Freund/in, frage Dich also:

*"Habe ich wirklich die Illusion aufgegeben, von der göttlichen Quelle, von meinem Hohen Selbst, getrennt zu sein?"*

**Beginne jetzt Dein göttliches Potential zu erschließen.**

In einem ersten Schritt bedeutet das, eine machtvolle Gedanken-Verbindung (Resonanz) zu Deinem Hohen Selbst herzustellen. Mit dieser Zuwendung beginnt alles. Diese Zuwendung zu DIR bedeutet:

*ICH LIEBE MICH SO WIE ICH BIN!*
*Das bedeutet, ich nehme mich und all meine Lebens-Programmierungen an. Die dunklen und die lichten! Denn alles in mir ist göttlich, durch alles wirkt mein Hohes Selbst.*

Das ist die Voraussetzung, andere Menschen lieben zu können. Ich glaube allerdings, daß Du Dich und die anderen "Brüder und Schwestern" noch nicht so umfassend liebst, wie es notwendig wäre. Deshalb ist dieser spirituelle Weg des Herzens und des Friedens angefüllt mit speziellen Übungen und Techniken, um die Kraft dieser LIEBE, des Raum-seins für Dich und die Umwelt, zu erfahren und zu entfalten.

Sobald Du die LICHT-Verbindung mit Deinem Hohen Selbst vollkommen gefunden hast - ich weiß, ein idealer Zustand - wirst Du auf all die HUNA-VITA-Techniken verzichten können. Dann erschaffst Du Dir durch Dein LICHT-Bewußtsein eine ganz andersartige Realität der Fülle und LIEBE. Du wirst immer umfassender die großen zwei "Wunsch-Gesetze" der Menschheit praktizieren:

**1.** Du liebst die Menschen in Deiner raumvollen Liebe.
**2.** Du läßt Dich von Menschen lieben.

**Deine heilige Reise beginnt mit der LIEBE zu Deinem Hohen Selbst.**

Du willst Dich nun ganz dem Energie- und Bewußtseinsfeld, Deinem Hohen Selbst, zuwenden. Bisher warst Du von der Aufgabe ausgefüllt, Dein Mittleres Selbst und Unteres Selbst mit allen möglichen Arten von "Ego-Befriedigungen" zu versorgen. So hattest Du nie oder wenig Zeit, das wirkliche, göttliche Selbst in Dir zu begrüßen und erweitert kennenzulernen.

In diesem ersten, so wichtigen Schritt geht es jetzt darum, Dein göttliches Hohes Selbst zu *begrüßen*. Ich werde Dich jetzt gleich in ein "MANTRA", das sind Worte der Energie und Kraft, einweihen, das diese "Begrüßung" umfassend bewirken wird. In Deinem Leben wirst Du schon öfters festgestellt haben, daß bestimmte Worte in Dir ganz unterschiedliche Resonanzen und Energien erzeugt haben. Warum?
Nun, Worte beinhalten ganz bestimmte Ton-Schwingungen, die an Gedanken gebunden sind, die diese Worte erzeugt haben. Wie schon zuvor erklärt, sind Gedanken, damit verbunden Töne, Energien bzw. LICHT-Energien.
Praktisch bedeutet das: Wenn Du in Deinem Bewußtsein bestimmte energiestarke Worte denkend erzeugst, steigert sich zugleich Dein inneres Energie-Feld. (MANA) Richtest Du diese innere Energie nun gezielt auf einen Gegenstand, eine Situation, ein Lebewesen oder zum 8. Siegel (Tor zu Deinem Hohen Selbst), so werden diese Gegenstände, Situationen, das 8. Siegel usw. ebenfalls - durch die Resonanzübertragung Deiner Gedanken-Wort-Energie - in eine spezifische Mit-Schwingung geraten. So überträgt sich Deine Gedanken-Energie und erschafft in den anderen Dingen und Seelenwesen eine neutrale, schädigende, heilende oder öffnende Wirkung.
Die Worte, die ich Dir hier mitteile, bewirken eine öffnende und verbindende Wirkung zu Deinem Hohen Selbst. Sie heißen:

**"ICH BIN GOTT".**

Das große "ICH" hat die Bedeutung des göttlichen Funkens, des Hohen

Selbstes in Dir. "Bin GOTT" ist die gedankliche und *wissende* Verbindung zu Gott. Das Wissen, daß das Hohe Selbst (ICH) ein Teil Gottes in Dir ist. "ICH Bin" ist eine Botschaft aus der höchsten geistigen Ebene. Dort heißt es: "ICH Bin das A und O (beachte auch hier die beiden Energie-Vokale A und O) der Anfang und das Ende." (Off. 1.8)
Auch in der östlichen Mystik heißt es: "Aham brahma smi". ICH Bin Brahma. Der Hauptgedanke der indischen Lehre (Veden) lautet: "Tat tvam asi". Es heißt: "DAS (Hohes Selbst /Gott) bist auch Du"(der Mensch).
In der östlichen Tradition wird das große "ICH" dem ATMA, dem universalen Geist-Funken, dem Hohen Selbst, im Menschen gleichgesetzt. Nach Steiner wäre das der "Geist-Mensch".
Wichtig ist für Dich zu erkennen und innerlich zu erleben, wenn Du dieses Wort denkst, daß dieses "ICH" kein menschliches Attribut oder Prinzip ist, sondern das universale, göttliche Prinzip, dessen Träger und Gefäß *Deine* Seele (Unteres Selbst) und *Dein* Geist (Mittleres Selbst) sind. Die in Dir wirkende Kraft Deines Hohen Selbst (ICH) ist eins mit dem Urgrund allen Seins (GOTT).

Wenn Du diese Worte sprichst, erfasse, daß GOTT *in Dir* zu Deinem Unteren und Mittleren Selbst, sowie zu jeder Zelle Deines sterblichen Körpers spricht. Erfahre die verborgene Macht in diesen Worten und den göttlichen, energetischen Widerhall (Resonanz) in Deinem Körper. Dann wirst Du Dir der Herrlichkeit Deines Hohen Selbst in Dir bewußt und keine niedere Energie wird Dich schwächen können. Denn Du *weißt* jetzt: "GOTT ist in mir!" ("...und es ward LICHT.")
Wendest Du Dich in dieser Weise an Dein Hohes Selbst, wirst Du Es als wunderbare Hilfe in allen Zeiten der Not erfahren.
Denke, während Du diese Worte der Kraft sprichst, auf keinen Fall darüber nach oder baue eine überprüfende Erwartung auf, ob jetzt in Deinem Körper etwas geschieht. Überlaß' alles voll Vertrauen Deinem Hohen Selbst. Denn wisse, und das ist ein kosmisches Gesetz:

*"Sobald Du in Deine Ruhe hinein diese Worte der Kraft leise oder laut sprichst, entsteht sofort eine Gedanken-Resonanz zu dieser hohen göttlichen Ebene in Dir."*

Aber immer wenn Du Erwartungen hast und denkst, werden sofort diese Erwartungs- und Denkenergien den göttlichen Resonanzaufbau in Dir stören. Bedenke, daß Dein Mittleres Selbst nur die Aufgabe des Sprechens hat. Sonst kann Dein Mittleres Selbst / Verstand *nichts* bewirken.

Der 2. Teil des MANTRA heißt:

**Sei still und wisse,....**

"Sei still"... spricht Dein Unteres Selbst an, damit aufzuhören, Bilder und Gefühle an Dein Mittleres Selbst zu übermitteln. Es soll mit der Zeit stiller und leerer werden. In diesen leeren Raum Deines Bewußtseins kann sich dann das LICHT- Bewußtsein Deines Hohen Selbst ergießen.
"...und wisse" spricht Dein Mittleres Selbst an. Es soll *wissen*, nicht glauben, daß der göttliche Funke, das UR-LICHT, das Hohe Selbst, schon immer in Dir und bei Dir war, seit aller Zeit.

Das vollständige MANTRA, die Worte der Kraft, heißen:

**"Sei still und wisse, ICH BIN GOTT!"**

Dieser Satz, in der Sprache ausgedrückt, ist Kraft. Reine in Dir erzeugte Kraft-Schwingung. Deine Sprache ist jetzt Kraft, entstanden durch die Wort-Schwingungen.
Vater, Geist und Wort ist die ewige, für uns schwer faßliche Dreifaltigkeit Gottes. Es steht geschrieben: "Denn drei sind, die da zeugen, im Himmel: Der Vater, das Wort(Sohn-Aspekt) und der Heilige Geist, und diese drei sind eins". (1. Joh. 5,7) Dieses "EINS" erschaffst Du in Dir mit den Worten der Kraft.
Der Vater ist das ALLES, der im Kosmos und den Universen überall allgegenwärtig ist. Das Wort ist die Kraft des Vaters/Alles, und diese Wort-Kraft besteht aus Buchstaben, deren Verschmelzung und Veränderung den Reichtum der Schöpfung erzeugen.
So hat sich Gott im Menschen offenbart, denn das Hohe Selbst ist ein Teil Gottes, und es drückt sich im Mittleren Selbst und Unteren Selbst und im Körper des Menschen aus. Aber noch mehr, Gott hat durch die Buch-sta-

bensprache (Worte) dem Menschen die Fähigkeit verliehen, diese göttliche Kraft des Hohen Selbst kennenzulernen und somit das ICH mit dieser Stärke (GOTT) zu identifizieren.
Diese so machtvollen Worte der Kraft - MANTREN - sind jedem zugänglich. Kein Beruf, keine Religion und keine Bildungsstufe sind davon ausgeschlossen. Der hart arbeitende Bergmann in der Tiefe der Erde kann diese Worte der Kraft stetig sprechen. Sogar der Strafgefangene in seiner Zelle kann nichts Besseres tun, als sich diesen Worten der Kraft und Transformation zu widmen. In diesem Sinn sagte Jesus: "Und ob eure Sünden blutrot wären, so will ICH (das Hohe Selbst) sie doch schneeweiß waschen!"

**Fazit:**

*Was der Atem für den materiellen Körper ist, sind diese Worte der Kraft für Deinen Seele-Geist-Körper. Nämlich spirituelle, also geistige Nahrung. Es ist die wache, wissende, wiedererkennende Begrüßung Deines Hohen Selbst.*

Diese nachhaltige und tiefgehende Übung Nr. 1: "Die Heimkehr" wird Dich also zu der damals bei Deiner Geburt verlorenen Kraft-Quelle des UR-LICHTES, zu Deinem Hohen Selbst, zurückführen.
In dem nachfolgenden Psycho-Bild ist der tiefe Sinn dieser "Heimkehr" besonders für Dein Unteres Selbst noch einmal dargestellt, damit es wirklich bereit ist, mit Dir zusammenzuarbeiten, um "heimzukehren"!

### Psycho-Bild Nr. 8: "Die Heimkehr".

*Der kleine Junge liebte seine Eltern und fühlte sich in dem kleinen, aber so voll Lebendigkeit pulsierenden Dorf geborgen und geliebt.*
*Die Wahrheit der göttlichen Schöpfung erlebte er im Wechsel der Jahreszeiten und in dem so lebendigen Rhythmus seiner Umwelt. In dieser Zeit verlief sein Leben stark und hinterließ in seinem Bewußtsein eine tiefe, machtvolle Prägung von Ur-Vertrauen und Glücklichkeit.*
*Dann, an einem dieser sonnendurchfluteten Sommertage, wo die Zeit scheinbar stillestand, geschah es. Eine andere, dunkle Seite des Le-*

*bens bemächtigte sich von nun an der Existenz des Jungens.*
*In der stickigen Dunkelheit eines rappelnden und wackelnden Pferdewagens kam der kleine Junge wieder zu sich. Nur schwach konnte er sich noch daran erinnern, wie plötzlich Menschen auf ihn zugestürzt kamen und ihn trotz heftiger Gegenwehr in diese Dunkelheit verschleppten. Durch all seine Angst, Not und Trauer vernahm er, immer leiser werdend, die Stimme seiner heimatlichen Kirchenglocke. Es kam ihm so vor, als ob sie ihm noch einmal, wie zum Abschied, aus seiner lichtvollen Kindheit, sein so vertrautes Lebenslied von Liebe und Geborgenheit zuläutete.*
*In der nun kommenden Zeit lernte er bei diesen herumziehenden, heimtlosen Menschen die* **andere** *Welt kennen. Da gab es Augenblicke tiefster Verzweiflung und Hoffnungslosigkeit. Aber gerade hier, wo die Dunkelheit und Trostlosigkeit für den inzwischen jungen Mann am heftigsten war, ertönte in seinem tiefsten Innersten die helle, wundervolle Stimme "seiner" Glocke. Und jedesmal wurde der Drang in ihm machtvoller, diese Menschen zu verlassen und heimzukehren.*
*Diese drängende Unruhe nach seiner Heimat wurde immer stärker. So verließ er, als die Zeit für ihn reif war, dieses Leben des Kampfes, der Auseinandersetzung, des Mangels und des Lernens zu überleben.*
*Obwohl er froh war, diese Menschen endlich verlassen zu können, erlebte er nun in sich eine ganz andere Lebensstimmung, von der er in seiner heimatlichen Geborgenheit noch nichts geahnt hatte. Er bemerkte etwas Neues in sich, das sich wie Stärke, Erkenntnis und Lebensreichtum anfühlte.*
*So wanderte und fuhr er von Land zu Land von Stadt zu Stadt, in der Hoffnung, den Klang "seiner" Glocke zu hören. Er vernahm den Ton vieler Glocken, aber er entdeckte immer wieder, daß sie einen falschen Klang hatten. So widerstand er der Versuchung, sich auf seiner Heimreise von diesen anderen Klängen und Verlockungen ablenken zu lassen.*
*Schließlich, bei einer Rast am Straßengraben, vernahm er zuerst ganz schwach den Ton einer Glocke, der in ihm eine so machtvolle Resonanz von Glück und Liebe erzeugte, daß er alles stehen- und liegenließ. Je näher er diesem Glockenklang kam, um so schneller wurden seine Schritte. Irgend etwas in ihm* **wußte** *, daß er endlich die Glocke*

*seines Dorfes hörte. Er folgte mit Freude und dem tiefen Herzensgefühl des Glückes diesem Ton, bis er heimgefunden hatte.*

Ähnlich ist es mit dem Läuten der Wahrheit vom UR-LICHT Deines Hohen Selbst in Deinem Inneren. Das ist weder etwas Mystisches noch etwas Unglaubliches.

Es ist eine erwiesene Tatsache, diese Wahrheit vom UR-LICHT. Es war auch mein Erlebnis und die Information und Erfahrungen vieler Menschen, die vor Dir diesen Weg zurück in die Heimat gegangen sind. Sie brauchten nicht mehr zu glauben, *sie wußten es.*

**Fazit:**

*Dieser Klang der Wahrheit, der raumvollen Liebe und des LICHTES aus der Ebene Deines Hohen Selbst, wird immer von dem Menschen erkannt werden, der zuhört, der in sich hört und bereit ist dem LICHT zu folgen. Dann geschieht das, was Jesus meinte, als er davon sprach, daß Du das wirkliche Königreich in Dir findest.*

# HUNA-VITA-RITUS NR: 1

## "Die Heimkehr"

Die praktische Ausführung der "Worte der Kraft".

**Schritt 1**

Beginne nun auf folgende Weise damit, diese Worte der Kraft in Dir Wirklichkeit werden zu lassen. Damit begrüßt Du *wissend* Dein Hohes Selbst und stellst eine erste so wesentliche Verbindung her. Diese Übung wird Dir in vielen Situationen erstaunlichen Halt und Kraft geben, und damit beginnt sich Dein Leben zu wandeln.

**1.** Lege oder setze Dich hin und beginne im 4 er - Takt zu atmen. Also 4 Sekunden einatmen, 4 Sek. Atem anhalten, 4 Sek. ausatmen, 4 Sek. Atem anhalten. In diesem Zyklus ca. 5 Minuten atmen.

**2.** Langsam und gleichmäßig *ohne* obigen Takt weiteratmen. Laß dabei alle Gedanken vorbeiziehen, ohne über die Gedanken nachzudenken. Gehe mit Deinem Bewußtsein zu einem Ort, der Dir gefällt. Fühle Dich dort wohl.

**3.** Rufe jetzt LICHT herbei. Stelle Dir dafür vor, daß um Dich herum eine mächtige, farbige LICHT-Kraft-Wolke wirkt. Stell Dir aber keine dunklen Farben vor. Kannst Du Dir keine Farben vorstellen, empfinde Energie und Kraft um Dich.

**4.** Atme nun mehrere tiefe Atemzüge ein und bitte die LICHT-Kraft-Wolke mit Deinen Worten, den ganzen Raum Deines Körpers anzufüllen. Atme das LICHT in dieser Weise ca. 5 Minuten in Deinen Körper ein.

**5.** Laß das LICHT nun aus Deinem Körper austreten und Dich in eine LICHT-Kugel einhüllen. Verweile ein paar Minuten in dieser LICHT-Kugel.

**6.** Empfinde diese LICHT-Kugel als die geistige Kraft und Potenz Deines Hohen Selbst um Dich. Konzentriere nun diese LICHT-Kugel in Ballgröße und projiziere sie mit Deinem Bewußtsein *über* Deinen Kopf. Konzentriere Dich einige Minuten nur auf die Licht-Kugel über Deinem Kopf.
Diese Licht-Kugel-Form beinhaltet in sich genügend hochschwingende Energie, Dein 8. Siegel zu berühren und zu aktivieren.
Fühle nun eine LICHT-Kanal-Verbindung von dem 8. Siegel zum Scheitel-Chakra Deines Kopfes. Atme jetzt LICHT von dem Hohen Selbst-Symbol der Licht-Kugel über Dein Scheitel-Chakra in Deinen Kopf und weiter, in Deinen ganzen Körper ein. Mach das einige Minuten.
Gehe wieder zu der LICHT-Kugel über Deinem Kopf und sage nun das Mantra:

**"Sei still und wisse, ICH BIN GOTT."**

Wiederhole dieses Mantra stetig in einem Rhythmus, der für Dich gut ist, ca. 15 Minuten. Damit stellst Du eine erste Verbindung mit dem hohen Geistwesen, Deinem Hohen Selbst her. Sei Dir ganz gewiß, Du wirst gehört, angenommen und geliebt!!!! Mach Dir *auf keinen Fall* Gedanken darüber, ob Du von Deinem Hohen Selbst gehört wirst oder die Verbindung hergestellt ist. Lerne gerade an dieser Technik Vertrauen zu haben, daß Du verbunden und angenommen bist.

**7.** Danach schweige und spüre nur noch die Anwesenheit Deines Hohen Selbst. Wenn Du magst, kannst Du mit Deinem Hohen Selbst Kontakt aufnehmen, indem Du zu IHM sprichst oder Fragen stellst. Nach jeder Frage bleibe wieder still. Erwarte die Antwort als Worte oder Bilder, Gefühle oder Zeichen.

**8.** Löse Dich von allem. Atme nun bewußt mehrmals kräftig tief ein und aus. Recke und strecke Dich dabei. Öffne Deine Augen und sage zu Dir: "Ich bin völlig wach!" Mehrmals.

**Schritt 2**

Schritt 1 übe mindestens einmal am Tag, über einen Monat. Am bestens morgens. Während des Tages, wann immer Du Zeit hast, wenn Du z.B. an der Haltestelle stehst, warten mußt, oder Dich für 10 Minuten erholen möchtest, sprich still für Dich stetig diese Worte der Kraft und stelle Dir dabei gleichzeitig die Licht-Kugel über Deinem Kopf vor.

**Schritt 3**

Nach dem Monat sprich so oft Du kannst *nur noch* diese Worte der Kraft. Die Vorübung, wie in Schritt 1 beschrieben, brauchst Du *nicht* mehr zu machen.
Als Schritt 1 solltest Du dann das später beschriebene, umfassende HUNA-VITA-Gebet (HUNA-VITA-Anrufung) machen. Oder Dir auf der Kassette (Weg zum Hohen Selbst) diese Anrufung anhören. Während des Tages ist es wichtig, daß Du weiter das Mantra still in Dich hineinsprichst. (Die Kassette "Weg zum Hohen Selbst" und "Weg zum Unteren Selbst" kannst Du beim HUNA-VITA-BUND in D-8904 Friedberg, Anton-Heinle-Str.21 erhalten)

Nach einer weiteren Zeit kannst Du obiges Mantra verkürzen und nur noch sagen:

ICH BIN - ICH BIN - ICH BIN

Während Du das sagst, brauchst Du die Kugel nicht mehr willentlich über Deinem Kopf zu sehen. Dein Unteres Selbst stellt diese Verbindung zu der Kugel "automatisch" her, sobald Du sagst : ICH BIN.......

Dieses Mantra ICH BIN ist zugleich für Dich ein stetiger Hinweis, in Deiner göttlichen Kraft zu bleiben. Es bewirkt, daß Du achtsam wirst und Dich mehr und mehr *beobachten* kannst, um in diesem Bewußtsein zu bleiben.
Diese ICH BIN Technik hat auch die Wirkung, Deinen "Beobachter" einzuschalten, von dem ich Dir ausführlicher im 6. Kapitel und in der Übung "HUNA-VITA-RITUS NR. 4" berichte.
Diese sehr intensive und tief wirkende HUNA-VITA-Übung Nr.1 wird

Dich wandeln, Deine Energien und Dein Bewußtsein. Das LICHT, oder die Kraft Deines Hohen Selbst wird bei Dir sein. Du wirst Dir Deiner wundervollen, göttlichen Potenz immer mehr bewußt. Dein LICHT-Körper wird stärker und dadurch auch Deine geistige Ausstrahlungskraft auf Deine Umwelt. Immer mehr wirst Du begreifen, der Träger des göttlichen LICHTES zu sein, ein liebevoller Mitarbeiter des Universums, bereit und offen für die hohen Schwingungen des Wassermann-Zeitalters.

Du wirst *wissen*, Du und GOTT/Hohes Selbst bist eins. Das entfernt immer mehr aus Deinem Denken die Einstellung der Getrenntheit und des Mangels und verwandelt Deine Existenz in ein Dasein der Fülle und Geborgenheit. Du begibst Dich heim:

*Auf den Weg des Herzens und des Friedens.*

Dieser Weg führt Dich zu einem Seelenwesen, das bei den meisten Menschen eine eher untergeordnete Rolle spielt. Vom Verstand, dem Mittleren Selbst, wird es ignoriert und unterdrückt in all seiner farbigen Lebenskraft und Lebendigkeit. Entsprechend disharmonisch spielt sich dann auch der Alltag zwischen diesen zwei Selbst-Wesen ab. Im nächsten Kapitel möchte ich Dir viele interessante und "lebenswichtige" Einzelheiten von Deinem Unteren Selbst berichten. Wie Du mit diesem weisen Wesen liebevollen Kontakt aufnehmen kannst und seine Weisheit und Kraft für Dein Leben umfassend nutzen kannst.

# 6. KAPITEL

## Der 2. Weg

### des Friedens und des Herzens mit Deinem Unteren Selbst.

**In diesem Kapitel werde ich Dich mit Deiner 1. Kraft-Quelle, Deiner inneren Helferkraft, dem Unteren Selbst, bekannt machen. Dabei wirst Du erfahren, wie wichtig es für jeden Menschen ist, sein Seelen-Wesen Unteres Selbst (US) sehr genau kennenzulernen. Du wirst erfahren, wie beglükkend es ist, Dein US mit einer andersartigen, liebevollen Art anzunehmen und es mit viel Verständnis, Geduld und Liebe zu behandeln. Dieses verständnis- und liebevolle Annehmen führt oft zur Lösung jahrelanger Lebensprobleme. Zum anderen lehrt Dich das praktische Wissen vom US, wie Du seine großartigen Fähigkeiten für Dein Leben besser nutzen kannst. Hier beginnen wir jetzt mit der speziellen, geistigen Anatomie.**

Damit Du Dir nun ein vollständigeres Bild von Deinem US machen kannst, möchte ich Dir wieder ein Psycho-Bild geben.

***Psycho-Bild Nr. 9 "Das Untere Selbst".***

*An diesem sonnigen und warmen Vormittag hast Du viel Zeit und entscheidest Dich, einen kleinen Spaziergang in den nahegelegenen Wald zu machen. Der kleine schmale Fußweg führt Dich vorbei an dem wogenden, goldgelben Kornfeld, den Wiesen, zu einem Bach mit fri-*

*schem, glasklarem Wasser.*
*Du folgst jetzt dem Bachlauf, der dort vorn in dem undurchdringlichen Dickicht des Waldrandes verschwindet. Ein paar Schritte weiter links gibt es einen Eingang in den Wald und Du fühlst jetzt die angenehme, beruhigende Atmosphäre dieses Waldstückes.*
*Da Du nun schon längere Zeit hier nicht mehr warst, entdeckst Du dort auf der kleinen Waldlichtung einen großen Hügel. Beim Näherkommen entpuppt sich der Hügel als ein großer Ameisenhaufen. Ganz erstaunt und fasziniert bleibst Du stehen, um diesem scheinbar verwirrenden Krabbeln der kleinen braunen Ameisen zuzusehen. Aber je länger Du zuschaust, desto mehr bemerkst Du, wie sich das Durcheinander in ein sehr gezieltes, fast harmonisches und geordnetes Miteinander verwandelt. Hier gibt es Ameisen die am Bau arbeiten, ausbessern und weiterbauen. Dort wird vielfältige Nahrung herangeschleppt, andere Ameisen füttern die kleinen weißen Larven. Es scheint so, daß jede Ameise ganz genau weiß, was sie zu tun hat. Da gibt es kein Herumstehen, Nachfragen und Ungewißheit. Alles spielt sich in diesem großen Haufen mit den Tausenden von Ameisen in einer erstaunlichen "durchorganisierten" Weise ab.*
*Vielleicht mögen Dir jetzt Gedanken kommen, ob das bei Tausenden von Menschen auch so funktionieren würde? Oder ob Du selbst überhaupt fähig wärst, solch eine Organisation - wie sie die Ameisen Dir hier gerade vormachen - durchzuführen? Enorm, was müssen diese kleinen Tierchen für ein phantastisches Bewußtsein haben, mag Dir jetzt in den Sinn kommen.*
*Doch gleichzeitig erinnerst Du Dich zurück an Deine Schulzeit, als ihr über die Anatomie solcher Tierchen gesprochen habt. Und Du weißt noch, daß es da kein Gehirn gibt, sondern lediglich einen ganz einfachen Nervenstrang mit ein paar Nervenknoten.*
*Aber auf der anderen Seite ist dort der hochorganisierte und vollendet funktionierende Ameisenhaufen, dem tatsächlich ein erstaunlich gut ausdifferenziertes Bewußtsein zugrunde liegt. Wenn sich dieses großartige, steuernde Bewußtsein nicht innerhalb der Ameise finden läßt, wo ist es dann angesiedelt?*
*Du setzt Dich vor diesen Ameisenhaufen und beginnst über dieses seltsame Phänomen nachzugrübeln. Dabei gleitest Du mit Deinem*

*Bewußtsein unversehens in einen tieferen Zustand der Ruhe und Entspannung. Jetzt hast Du eine Ebene erreicht, wo Dein Unteres Selbst zu Hause ist. Deine Bewußtseinsschwingungen und Gehirnströme haben Deine Sinne in eine höhere Vibration versetzt, so daß Du auf einmal in Resonanz zu einer ganz eigenartigen Energieschwingung kommst, die sich um den Ameisenhaufen aufgebaut hat.*
*Fast kommt es Dir gefühlsmäßig so vor, als ob von Deinem Unteren Selbst aus ein Energie-Faden von Deinem Solarplexus zu dieser vibrierenden Energiewolke des Ameisenbaus reicht. Ganz ohne Dein Dazutun nimmst Du tief in Dir eine leise, doch sehr klare und eindeutige Stimme wahr. Und schlagartig wird Dir bewußt, daß Du Kontakt mit einer Wesenheit bekommen hast, die zugleich Bestandteil dieses Ameisenhaufens ist.*
*In den nächsten Minuten erfährst Du von diesem Wesen, daß es tatsächlich aus der Energie, den Schwingungen und dem Bewußtsein aller Millionen von Ameisenzellen besteht. "Ihr Menschen nennt mich DEVA der Ameisen, und es ist mein steuerndes Bewußtsein, dem die Ameisen folgen, sich vermehren, Nahrung suchen, im Bau arbeiten usw." So hörst Du dieses Wesen zu Dir sprechen.*
*Das ganze hat Dich in solches Erstaunen versetzt, daß Du schlagartig, mit Herzklopfen und leichtem Schwindelgefühl im Kopf, wach bist. Obwohl Deinem Verstand, dem Mittleren Selbst, alles so fremdartig und völlig unwirklich vorkommt, erinnerst Du Dich gerade jetzt an ganz ähnliche Berichte von FINDHORN, dem großartigen Garten "Eden" hoch oben im kalten Norden von Schottland, jenseits des 60. Breitengrades, wo eigentlich außer dürren Gräsern und widerstandsfähigen Büschen und Bäumchen kaum noch etwas wächst.*
*Ja, auch dort reden die Menschen, die diesen wunderbaren Garten bewirtschaften, mit den verschiedenen Naturwesen und Devas. Und von ihnen und mit ihrer Hilfe ist dieser Garten in einer fast unglaublichen, reichhaltigen und prächtigen Vegetation entstanden, so daß Neugierige, Wissenschaftler und Wissende aus aller Welt dorthin gereist sind und voll Staunen vor diesem "Garten-Wunder" dastehen.*

Jetzt mach' einen gedanklichen Sprung zu einem Menschen. Dort vor Dir auf einem Bett liegt er. Wiederum gehst Du mit Deiner "Energie-Verbin-

dung" (nach HUNA mit dem "AKA-Finger" des US) in das Energie-Feld, das Du auch um diesen Menschen wahrnehmen kannst. Und das gleiche wie beim Ameisenhaufen geschieht. Du erhältst tatsächlich Kontakt mit einer Wesenheit.
Auch von diesem "Seelen-Wesen" erhältst Du ähnliche Informationen wie von dem Deva des Ameisenhaufens. Wiederum erfährst Du, daß dieses Seelen-Wesen - um den und zugleich im Menschen - ein hoch ausdifferenziertes Bewußtsein hat, das aus der Summe *aller 70-Billionen Zellen* des menschlichen Körpers besteht. Wir bezeichnen es als das "UNTERE SELBST" (US).

## Das Untere Selbst Seelen-Wesen "Unihipili".

### Seine Programm-Speicherungen.

Nun sagen wir zu diesem Seelen-Wesen nicht Deva - was man jedoch durchaus könnte - sondern *Unteres Selbst* des Menschen, das *selbständige* Seelenwesen, das dem Menschen treu dient.
Hier in der alten HUNA-Weisheitslehre stoßen wir, bzw. damals Max Freedom Long, auf einen Bewußtseinsanteil des Menschen, der ganz andersartig ist, als wir es hier im europäischen Raum kennen. Hier in dieser uralten Weisheitslehre öffnet sich uns ein so erstaunliches Wissen von diesem selbständigen Geistwesen im Menschen, daß es mich damals, als ich dies begriff, tief berührte. Hier begegnen wir der alten Weisheit der Ur-Quelle von Atlantis und MU, letztlich kosmischem Wissen unserer "älteren" Brüder und Schwestern. Wie im letzten Kapitel beschrieben, begegnen wir hier der uralten "Lebens-Seele" Nephesh oder dem Unihipili, wie die Kahunas es nennen. Ja, das ist das wissende Seelen-Wesen, mit dem genetischen Wissen der Kristalle, der Pflanzen, der Tiere und des langsamen Menschwerdens. Dein US hat alles Wissen der irdischen Entwicklung, Deiner evolutionären Vergangenheit gespeichert, angefangen von den Kristallen, den Pflanzen, Tieren und Tier-Menschen. Alles ist in Dir, und Deine Aufgabe ist es, diese irdischen Speicherungen zu "beseelen", d.h. zu transformieren, woraus Gotteserkenntnis entsteht.

***Fazit***
*Denn Du, Gott in Deinem Universum, bist die Summe all Deiner genetischen Codierungen und seelischen Speicherungen der Vergangenheit + der kosmischen LICHT-Speicherungen Deines Hohen Selbst.*

Darum mußt Du Deine irdischen Speicherungen erfahren, erleben und erkennen (Dein Unteres Selbst) und Dich gleichzeitig mit den "kosmischen Speicherungen" Deines Hohen Selbst vereinen.
Das Problem und die vielen Schwierigkeiten unserer Entwicklung bestehen darin, daß das 5%-Mittlere Selbst Wesen, der Verstand, davon nichts weiß. Er hat eben nicht die Absicht, das Untere Selbst Seelen-Wesen und all seine - oft belastenden - Programmierungen anzusehen, zu erleben und zu erlösen. Ganz im Gegenteil, der 5%-Verstand will immer wieder neue Verhaltensweisen programmieren, um die alten unangenehmen Programme nicht anzusehen. Er ersetzt stetig die alten schon gespeicherten Standpunkt-Programme durch neue Standpunkt-Programme. Mit anderen Worten, statt die alten Lebens-Programme zu en-twickeln, belastende Masse-Energien abzubauen, also all die alten, mitgebrachten irdischen Codierungen erkennend zu erlösen, beginnt der Mensch in jeder Inkarnation (schlafend) wieder neue Programme anzulegen und sich damit wieder zu ver-wickeln = Karma anzuhäufen. Und so entsteht letztlich das "ewige Rad" der Wiedergeburt. Die östliche Lehre sagt auch noch dazu, der Mensch häuft "Karma-Früchte" an, und seine Erlösung kann nur darin bestehen, daß er alle Karma-Früchte selbst aufessen muß.
Diese angehäuften Karma-Früchte bzw. all die angelegten Speicherungen aus der evolutionären Vergangenheit werden nur durch das Leben selbst in der materiellen Welt erlöst und transformiert. Dabei wirkt die materielle Welt für den Menschen wie ein Spiegel. Sie spiegelt ihm das wieder, was er gerade zu erlösen hat. Hier wirkt das Gesetz der Resonanz, oder das Gesetz der Homöopathie.
Es besagt: "Ähnliches wird durch Ähnliches geheilt und erlöst". Oder anders ausgedrückt, ein bestimmtes negatives Programm in einem Menschen - das gleiche gilt natürlich für alle Programme - wird erlöst, wenn er mit einem ähnlichen Erlebnis, einer ähnlichen Situation oder Sache in Verbin-

dung, also in Resonanz kommt. Das ähnliche Ereignis, das der Mensch außen erlebt, bewirkt, daß seine gespeicherten ähnlichen inneren Programme von seinem Unteren Selbst in sein bewußtes Erleben hochgeholt werden. Ist der Mensch nun wach und bewußt, läßt er seine jetzt innerlich aktiv gewordenen negativen Programme ablaufen. Wir sagen dazu, dieser Mensch läßt sein Unteres Selbst mit seinen belastenden Programmen leben und dadurch sich erlösen. Dafür gibt es Techniken, wie man diese inneren negativen Programme, hier besonders die niedrigschwingende "Masse-Energie" in Zusammenarbeit mit dem eigenen Unteren Selbst erlöst. Das beschreibe ich später. Wichtig ist hier jedoch die Erkenntnis, daß wir uns nur durch das *Ähnliche,* dem wir nur draußen, innerhalb der materiellen Welt begegnen, erlösen können. Also 5 Jahre aussteigen und irgendwo abgeschieden in der Einsamkeit leben oder aus dem eigenen unbefriedigten Alltag fliehen, ist Tiefstschlaf. Denn dort in der Einsamkeit oder an der scheinbar heilen Zufluchtsstätte begegnen wir kaum unseren äußeren ähnlichen Erlösungs-Programmen bzw. unseren "Erlösungs-Therapeuten" und "Erlösungs-Situationen", und solange der Mensch diesem kosmischen Gesetz der Resonanz oder der Homöopathie ausweicht, verletzt er dieses Gesetz und behindert sich damit selbst in seiner Entwicklung. Im Gegenteil, er verwickelt sich mit seinen Ausflüchten und neuen, scheinbar besseren Überzeugungssystemen und läßt sein Unteres Selbst Seelen-Wesen nicht leben.

Denn genau darauf kommt es an. Es geht in Deinem Leben *nicht* darum, stetig neue Programme anzulegen, neue Überzeugungssysteme zu erschaffen, neue Therapien mitzumachen, sondern darum, die schon vorhandenen, alten evolutionären Programme der Vergangenheit und Deine Verwicklungs-Programme aus Deinem jetzigen Leben durch ein erweitertes Bewußtsein in Dir zu akzeptieren, lebenzulassen, wodurch sie sich erlösen. Dabei wirst Du die so wesentliche Lernbotschaft, die hinter diesen - scheinbar - negativen Programmen lag, erkennen. So einfach sich das hier anhört und so einfach es im Grunde auch ist, so schwierig ist das für den 5%-Verstand des MS.

**Das Unihipili (US) von Sachen und Gegenständen.**

Das Unihipili eines Gegenstandes besteht aus den am Gegenstand anhaftenden Gedankenformen (Trauben). Manche Menschen können, wenn sie einen alten, lange getragenen Ring o.ä. Dinge in die Hand nehmen, mit den "Informations-Trauben" an diesem Gegenstand Kontakt aufnehmen. Der Amerikaner *J. Rh. Buchanan* bezeichnete 1849 diese Fähigkeit als "Psychometrie".
Wörtlich heißt das "psychische Messung" von seelisch-gedanklichen Engrammen (Programme, die an etwas oder in etwas eingeprägt sind), die an Gegenständen haften.
So wirst Du, wenn Du einen guten Kontakt zu Deinem US hast, mitbekommen, welche hoch- oder niedrigschwingenden Gedanken-Energien in einem Raum oder an einem Ort herrschen.
In einem meiner Kurse berichtete mir eine Teilnehmerin, daß sie sich während ihres Skiurlaubes ziemlich unwohl gefühlt hat. Schließlich bemerkte sie, woher dieses Unwohlsein kam. Sie trug einen älteren, geschenkten Skianzug. Immer wenn sie diesen Anzug überzog, begannen diese negativen Gefühle. Es stellte sich heraus, daß die Vorbesitzerin in diesem Anzug einen Skiunfall gehabt hatte. Alle Schmerz-Angst und Unwohlsein-Energien hafteten noch am Anzug - trotz Reinigung. Die Summe all dieser Informationen erschaffen eine Art Bewußtsein, das das US des Anzuges ist.

Auch *Morna*, die hawaiische Kahuna-Frau, berichtete mir von einem ähnlichen psychometrischen Ereignis.
Zur ihr kam eines Tages ein Mann, dem es gesundheitlich und wirtschaftlich immer schlechter ging. Alles begann, so berichtete jener Mann, mit diesem Kästchen und dem darin befindlichen Füllfederhalter. Das war ein Geschenk. Die Feder war aus altem Silber angefertigt. Morna nahm nun über ihr US Kontakt mit dem US der Feder bzw. des Silbers auf. Sie bemerkte schnell, daß an dieses Silber ein machtvolles, sehr niedriges Unihipili (Elemental) gebunden war. Dieses Unihipili war entstanden, als ein altes spanisches Schiff, mit Silberbarren an Bord, gesunken war. Alle Angst, Schmerz und Pein der ertrinkenden Seeleute hatte sich u.a. auch an das Silber gebunden. In der heutigen Zeit wurde das Silber gehoben

und ein Teil davon für diesen Geschenkfederhalter benutzt. Das US das Mannes hatte sich über eine AKA-Verbindung (Energiesubstanz) mit der Feder verbunden und auf diese Weise die negativen Informationen von der Silberfeder aufgenommen.

Mittels eines besonderen Rituals (Ho'oponopono - 5. Weg) trennte Morna diese AKA-Fadenverbindung. Kurze Zeit später ging es dem Mann wieder besser. Wichtig ist hier auch zu verstehen, daß die so niedrigen Feuer-Energien des Silber-Schmelzvorganges das Unihipili mit seinen Informationen nicht transformieren konnte. Nur bedeutend höhere Energien (z.B. die vom Hohen Selbst) können solche astralen Unihipili-Energien auflösen.
Du wirst Dir jetzt sicher berechtigte Gedanken machen, wie sinnvoll oder nicht sinnvoll es ist, alte Gegenstände in Wohnräumen aufzubewahren oder alten Schmuck oder Kleidung zu tragen. Du wirst weiter erkennen, wie wichtig es ist, das Unihipili von fremden Wohnungen und Häusern, in die man einzieht, aufzulösen. Mehr darüber im 5. Weg (Clearing) und im 3. RITUS "Pflege und Schutz des Unteren Selbst".

**Fazit:**

*Jeder Gegenstand, jede Sache, jeder Ort ist behaftet mit Informationen und Energie, dem Unihipili, das wiederum mit allen anderen Gegenständen und Menschen, mit denen es in Berührung kommt über Aka-Fäden verbunden ist.*

**Die Kahunas bezeichneten das Untere Selbst als UNIHIPILI.**

Das ist ein polynesisches Wort, das aus verschiedenen kleinen Wurzelwörtchen zusammengesetzt ist und in sich die alte, geheime, "heilige Sprache" und Bedeutung vom Unteren Selbst enthält, so wie es damals die Leute von MU erschaffen haben.
So beschreiben die Wurzelwörtchen der "heiligen Sprache" das Untere

Selbst als einen *Geist,* der selbständig Dinge tut, von denen der bewußte Verstand, das Mittlere Selbst, nichts weiß. Das ist eine ganz erstaunliche Aussage, die erst heute so ganz langsam in das Bewußtsein der Menschen einfließt. Bedenke, daß es noch nicht lange her ist, als *Freud* seine "sensationelle" Entdeckung vom menschlichen Unterbewußtsein gemacht hat, wovon die heutige Psychologie noch immer reichlich zehrt, allerdings - wie wir bald sehen werden - auf eine sehr eingeengte und kurzsichtige Art.
Sehen wir uns nun weiter die spezielle, geistige Anatomie des Unteren Selbst an und betrachten auch, was Long über das Untere Selbst, das Unihipili herausgefunden hat. Hier sind nun die aus dem Stammwort abgeleiteten Beschreibungen, des als U-ni-hi-pi-li bezeichneten *selbständigen Geistwesens*. Die Wurzelwörter beschreiben das Untere Selbst als einen Geist im Menschen.

**Wurzelwort U:**

Dieses Wurzelwort bedeutet, es ist ein eigenständiges, unabhängiges und selbständiges Selbst oder Geistwesen. Ebenso selbständig wie das bewußte Geistwesen Mittleres Selbst (Uhane) und das Hohe Selbst (Aumakua). Es kann Schmerz empfinden und betrübt sein , aber nicht sprechen. Er, der Geist, hat die Tendenz, sich mit einem anderen völlig zu vermischen und es (mit seinem Gefühl) zu imprägnieren. Dies ist der Hinweis dafür, daß es sich sehr stark mit dem Mittleren Selbst verbindet. Hierdurch entstehen die "Gefühls-Identifikationen" des Mittleren Selbst.

Dieser Geist steht in Zusammenhang mit langsam tropfendem Wasser (Wasser hat hier die Bedeutung von Vital-Energie) und auch mit der Erzeugung und Ausscheidung von nährendem Wasser. (Die Arbeit mit der körpereigenen Vital-Energie =MANA) Das langsam tropfende Wasser bezeichnet hier auch die Fähigkeit dieses Geistes, zu weinen.

**Wurzelwort NIHI:**

Das bedeutet, es ist leise und geheimnisvoll. Es arbeitet still und sorgfältig. Es kommt vor, daß es sich weigert zu tun, was es tun sollte. Furcht vor

Strafe kann es an seiner Tätigkeit hindern.

**Wurzelwort PILI:**

Das bezeichnet einen Geist, der einen anderen begleitet und mit ihm verbunden ist, der "klebrig" ist, anhaftet und als Diener handelt.

***Fazit:***
*Das Untere Selbst (Unihipili) ist ein **selbständiges Geist-Wesen** im Menschen, das in aller Stille dient.*

## Die Tätigkeiten und Funktionen des Unteren Selbst.

Hier möchte ich Dir eine Übersicht über die Funktionen Deines Unteren Selbst geben, die es stetig, während Deines ganzen Lebens ausführt. Von einigen Funktionen weißt Du etwas und spürst sie, andere Tätigkeiten bleiben meist unbewußt - und gerade diese Unbewußtheit macht unser Leben oft recht kompliziert und schwierig.

**1. Das Untere Selbst ist selbständig.**

Mit die wichtigste Erkenntnis, die wir aus der HUNA-Lehre über das US erhalten, ist die Tatsache, daß es neben dem Mittleren Selbst und dem Hohen Selbst *ein völlig eigenständiges Wesen ist*. In dieser Funktion dient es den beiden anderen Selbsten und ist ganz besonders eng mit dem Mittleren Selbst verbunden. Es "klebt" an ihm. Umso betrüblicher ist es oft für dieses Geistwesen Unteres Selbst, daß es von seinem "Bruder" Mittleres Selbst oft so wenig beachtet und schlecht behandelt wird.
Da ist es dann nicht sehr verwunderlich, wenn das Untere Selbst in so manchen Dingen des Lebens widerspenstig ist und dem Mittleren Selbst

(MS) wenig "dienen" will. Schauen wir uns jetzt einmal an, wie Du die Selbständigkeit Deines Unteren Selbst feststellen kannst.

***Psycho-Bild Nr.10 " Die Selbständigkeit des Unteren Selbst".***

*Stell Dir vor, Du begleitest jemanden, den Du gut kanntest, zu seiner letzten Ruhestätte.*

*In der Erde ist das Loch für den Sarg ausgehoben und der Priester spricht die Abschiedsworte. Die Stimmung ist gedrückt. Hier und dort ein tiefes Schluchzen. Der Sarg wird jetzt heruntergelassen. Man macht sich jetzt bereit, noch einmal - jeder alleine für sich - an das offene Grab zu treten, eine Schaufel Erde hinunterzuwerfen und innerliche Abschiedsworte zu sprechen.*

*Drei Leute stehen vor Dir. Ganz plötzlich, ohne daß Du an irgend etwas gedacht hast, springen Dir ganz ulkige Bilder in das Bewußtsein Deines Mittleren Selbstes. "Etwas" ganz tief in Deinem Bauch regt sich, in Gefühlen von Glucksen, Kichern und schneller Atmen. Dein Verstand (MS) ist sofort dagegen. Ganz kühl und logisch denkt er, Du kannst doch hier auf dem Friedhof, wo alle so traurig sind, nicht lachen! Unmöglich!*

*Wieder das Kichern im Bauch. Jetzt schon etwas höher und kräftiger. Genau diese lustigen Spielchen machen Deinem US äußerst Spaß. Nun wird es für Dich dramatischer. Nur noch eine Person vor Dir. Dein ach so logischer Verstand rotiert. Schrecklich, bloß nicht lachen! Gleich stehe ich am Grab, bloß nicht lachen. Nein, nein, Ich will nicht lachen!!!*

*Oh ja, das ist einer der aufregenden, energiereichen Augenblicke, die Dein US so mag. Da fühlt es was, da kann es zeigen, wie stark es ist, endlich mal ausbrechen aus der so nüchternen, wenig liebevollen Dominanz des MS.*

*Ganz genau spürst Du es, wie Dich viele, leicht befremdete, zuschauende Augen begleiten, als Du nun, mit vor dem Mund gepreßtem Taschentuch - Dir fällt jetzt nichts weiter ein, als wehmütiges Schluchzen zu demonstrieren - an das Grab trittst.*

*Kichernd und glucksend vor Spaß tobt Dein Unteres Selbst in Dir, schüttelt Deinen Körper in schon offensichtlichen Lachschauern. In*

*Deinem Kopf gähnt völlige Leere, wo ist der Verstand? Was vollzieht sich da in Dir, ohne daß Du mit all Deiner klugen Logik, mit Deiner Dominanz und Strenge auch nur noch einen Funken an Kraft hast, dieses vor Übermut strotzende Wesen in Dir zu bändigen..........*

Erinnerst Du Dich an solche Situationen?
Es gibt noch andere Beispiele, wo Dein US das macht, was es will. Wo Du ganz genau fühlen kannst, daß da eine zweite Macht, ein Wesen in Dir ist, das selbständig agiert. Denke an Situationen des "Rot-werdens", oder Dein US will weinen, und Du willst nicht. Oder Du möchtest eine wichtige, vielleicht schwierige Sache machen, und da ist die "innere Stimme" der Angst.

So offensichtlich wie in oben geschilderten Situationen, wirst Du die Tätigkeit Deines US natürlich nicht immer wahrnehmen. Aber geh davon aus, daß dieses so "in der Stille" arbeitende Seelen-Wesen so manche "Programme" in Dir ablaufen läßt, von denen Du kaum etwas ahnst und die Dich in vielen Deiner Verhaltensweisen steuern, gleich einem Roboter.

***Fazit:***

*Dein Unteres Selbst dient Dir einerseits und entzieht sich auch andererseits der bewußten Kontrolle Deines Mittleren Selbst. Besonders dann, wenn Dein US unter der hohen, unterdrückenden Dominanz des MS nicht in seinen Gefühlen lebendig sein darf.*

## 2. Das Bewußtsein Deines US steuert alle Körperfunktionen.

Das Bewußtsein Deines Unteren Selbst steuert all Deine Körperfunktionen in vollendeter "Weisheit". Es durchdringt mit dieser körpereigenen Weisheit jede Zelle, jedes Gewebe und jedes Organ. Teile dieses US-Bewußtseins verdichten sich in den Organen zu der "Unterabteilung" des Organbewußtseins. Das bedeutet, daß Dein US in einer Ganzheit übergeordnet

steuert, aber zugleich auch mit bestimmten Anteilen seines Bewußtseins in jeder Zelle und in jedem Organ zu Hause ist. Hier begegnen wir wieder dem 1. kosmischen Gesetz - daß alles in allem ist, dem Hologramm.
Zugleich wirkt Dein US auch, entsprechend dem 2. kosmischen Gesetz der Entsprechung, mit seinem ganzheitlichen Bewußtsein in bestimmten Teilen Deines Körpers.
So wiederholt sich z.B. Deine Körperstruktur in Deinen beiden Fußsohlen. Das bedeutet, im Bereich der Zehen ist auch das Kopfbewußtsein Deines US angeordnet. In den anderen Fußzonen findest Du das US-Bewußtsein des Herzens, der Lungen, des Darmes und schließlich Deines ganzen Körpers.
So erkennen wir auch die Energien und das US-Bewußtsein der Chakren an den Fußsohlen. Übrigens finden wir das ganzheitliche Körper-Bewußtsein des US auch noch in den Handflächen, den Ohren, den Augen und noch einigen anderen Körperstellen.
*"Wie im Großen, so im Kleinen."* Das drückt dieses Gesetz der Entsprechung aus, und es vollzieht sich nicht nur im großen kosmischen oder irdischen Geschehen, es spielt sich auch im Kleinen in Dir ab, und Dein US handelt in seiner Körperweisheit danach.
Liegt es dann nicht sehr nahe, wenn man einmal dieses Prinzip verstanden hat, diese US-Körper-Weisheit so gezielt - mit einer besonderen US-Sprache - anzusprechen und um Heilung und Mitgestaltung des Lebens und des Alltags zu bitten? Vor allem solltest Du Dein US nicht beschimpfen, wenn es Dir negative Lebens-Programme und Gefühle präsentiert. Denn es liegt nichts anderes dahinter, als Dir eine wichtige Lebens-Botschaft zu zeigen, die Du bis jetzt scheinbar noch immer nicht gelernt hast. Auch in der Krankheit zeigt sich die Weisheit Deines US. Ist die Krankheit doch nichts anderes als der körperliche, materielle Ausdruck eines *nicht gelebten* negativen Lebens-Programmes und der dahinterliegenden Botschaft. In seiner Körperweisheit hat Dein US genau den Körperort ausgesucht, der wiederum in Resonanz mit diesem negativen, nicht erkannten Programm steht.
Wie der Volksmund schon sagt: "Die Wut steckt im Bauch".

***Fazit:***
*Ich kann Dir versichern, je bewußter Du dieses so liebebedürftige Geistwesen in Dir ansprichst, es wirklich in seiner ganzen Fülle annehmen und verstehen kannst - auch seine scheinbar so dunklen Seiten - desto bereiter wird es sein, mit Dir und Deinem Hohen Selbst ein Leben in der Fülle, in Gesundheit und Erfolg zu leben.*

**3. Dein US ist der Sitz der Gefühle.**

Versuch doch einmal - jetzt sofort - nur mit Deinem Verstand (MS) zu weinen. Geht das? Wahrscheinlich nur, wenn Du Deinem US genügend traurige Informationen übermittelst, bis die ersten Tränen kommen. Tränen können erst fließen, wenn die Gefühle von Traurigkeit in Deinem US erwachen.
Genauso hat das US alle Gefühle der Angst, der Wut, des Hasses, der Freude, der Liebe usw. gespeichert. Werden diese Gefühle des US lange genug unterdrückt, d.h. das US durfte sie als Kind und auch jetzt als Erwachsener nicht ausleben, wird es diese negativen Programme entweder dem physischen Körper als Krankheit, zur Erlösung, übergeben, oder sie werden in einem unkontrollierten Ausbruch entladen. - Wobei das Mittlere Selbst dann kaum eine Chance hat einzugreifen.

Dann mag man so Geschichten in der Zeitung lesen wie:
"Familienvater erschlug plötzlich völlig unkontrolliert, aus heiterem Himmel, seine Familie. Nachher konnte er sich kaum noch an etwas erinnern." Der sonst nach außenhin so "liebenswürdige" Mann hat sein US mit soviel Wut und Aggressionsprogrammen gefüttert, soviel Mittlere Selbst-Überzeugungssysteme gehabt, immer lieb und freundlich zu sein, soviel Kontrollen aufgebaut, soviel "vernünftiges" Verhalten einprogrammiert, ohne jemals nach den wirklichen Bedürfnissen des US zu fragen, bis das US schließlich diese Wutexplosion als Ausweg gewählt hat.

Wir erkennen hier noch eine sehr wesentliche Eigenart des US. *Es bewertet Gefühle nicht.* Es hat die Gefühle einfach. Es hat Angstgefühle, fühlt diese, aber bewertet sie nicht. Es hat Liebesgefühle, fühlt diese, bewertet diese aber nicht. Das macht ausschließlich der Verstand, und genau darin liegt das Problem, daß das US so wenig in seinen Gefühlen leben darf. Das MS verbietet es und denkt sich immer neue Verhaltensweisen, Therapien und Kontrollen aus, die "unmöglichen", negativen und unangenehmen Gefühle des US zu unterdrücken. Erlösung im HUNA-VITA-Sinn heißt also *nicht*, noch mehr Kontrolle des MS, noch mehr neue Verhaltensweisen einprogrammieren, noch mehr neue Standpunkte und Überzeugungssysteme lernen, sondern all dieses *nicht zu tun,* (Nichts-Tun) viel mehr das US mittels der "Technik des Beobachters" leben zu lassen, so daß es sich von seinen niedrigen, schmerzenden Masse-Energien erlösen kann. Es ist tatsächlich so einfach, daß das Mittlere Selbst es einfach nicht wahrhaben will. Erst das, was durch umfangreiches, meist kompliziertes Erdenken entstanden ist - die typische MS Art - ist für Therapien und Veränderungen gut! Nein im Gegenteil, *nichts mit dem Verstand-MS tun*, erlöst erst das Untere Selbst!

Welche Gefühle und damit verbundenen Programme Dein US auch gespeichert hat, in seiner "Nicht-Logik" gibt es also keine Bewertung von Gut und Böse, schlechten Gefühlen oder lustvollen Gefühlen. Darum kannst Du Dein US auch nur durch "Nicht-Logik = Nichts-tun mit dem Verstand" erlösen.

Alles ist so wie es ist. In seiner körpereigenen Weisheit wird das US immer dafür sorgen, daß alle Körperfunktionen und die Körperenergien durch keinerlei negative oder positive Programmierungen beeinträchtigt werden. Denn Dein US hat soviel Weisheit und nimmt nicht nur aus purem Zufall negative Programme auf, wie das allgemein gern angenommen wird.

Auch diese negativen Programme haben für Dein US (und MS) einen wesentlichen Sinn (wovon der "kluge" Verstand meistens nichts weiß). Dein US vollzieht in Deinem Körper und in Deinem Bewußtsein *keine sinnlosen* Dinge. Mit anderen Worten, beginne Dich schon jetzt davon zu lösen - auch wenn das Dein Verstand gar nicht mag und dagegen spricht - daß Dein US sinnlose, negative Programme aufnimmt und diese prinzipiell schlecht sind. Der einzige, der Sinnlosigkeit in solche Programme hineininterpretiert und bewertet, ist das Mittlere Selbst. Erst hiermit beginnen die wirklichen Schwierigkeiten.

**Fazit:**
*Dein Unteres Selbst ist der Ort, wo alle Deine negativen und positiven Gefühle nicht zufällig, sondern sinnvoll gespeichert werden. Dadurch erhältst Du die Möglichkeit zu ERKENNEN.*

### 4. Das US ist Sitz des Programmspeichers.

Wie in einem Computer registriert Dein US alle Eindrücke, Gedanken, Erlebnisse und Lebenssituationen. Ich nenne dies, das US legt "**Bänder**" an. Das bedeutet, Dein US fertigt mittels der AKA-Substanz (erkläre ich weiter unten noch genauer) Formen/Bänder an, in die alle Gedanken, Lerninhalte und Erlebnisse eingeprägt sind. (Bänder - in Anlehnung an die Computerbänder, auf denen alle Programme verzeichnet sind.) Diese Programmierung beginnt schon im Bauch der Mutter ohne die unmittelbare Beteiligung des Mittleren Selbst.

Die Kahunas bezeichneten diese Formen als Beeren, die meistens als miteinander verbundene Gruppen bestehen. Diese Beeren-Gruppen wurden als "Gedanken-*Trauben*" bezeichnet. Diese Gedankentrauben werden überall im Körper - also nicht nur im Gehirn - in der Schattenkörpersubstanz gelagert.

So sagt z.B. der Volksmund nicht umsonst, daß die Wut (Band-Programmierungen) im Bauch sitzt. Oder: "Er trägt eine schwere Last auf seinen Schultern". Und meist gehen Menschen mit solchen "geistigen Lasten" gebückt durchs Leben.

Für dieses komplexe Netz von Bandverbindungen, von Beziehungen untereinander und von Verknüpfungen mit dem Geschehen in der eigenen Außenwelt, hatten die Kahunas ein treffendes Symbol gewählt. Sie bezeichneten diese Gedanken-Beeren- und Traubenverbindungen (Bänder) als ein Spinnennetz, in dem sich Fliegen verfangen haben. Wobei die Fliegen stellvertretend für die Bänder der Erinnerungsprogramme, Erlebnisse, Ereignisse und Lerninhalte stehen und die Fäden die Aka-Fäden symbolisieren, die mit allen Bändern und den Dingen der Außenwelt verbunden sind.

Alle Fliegen (Bänder) sind mit allen anderen Fliegen (Bändern) durch die

Fäden des Spinnennetzes verbunden. Und bedenke dabei, daß die Aka-Fäden, die Energieverbindungen von Dir und Deinem Unteren Selbst auch weiter hinaus in Deine Umwelt reichen. Mit ihr bist Du also ebenfalls über das "Spinnennetz" verbunden. Genau dies sagt ja auch das 1. kosmische Gesetz. "Alles ist mit ALLEM verbunden."
Das Untere Selbst wird als die in der Mitte des Netzes sitzende Spinne dargestellt, die zu allen Fliegen (Bändern) im Netz über die Fäden Kontakt hat.

***Fazit:***
*Das Untere Selbst legt Bänder an, auf denen alle Lern- und Erlebnisinhalte gespeichert sind.*

**Das alte Wissen um die Kraft der Gedanken.**

Innerhalb der meisten esoterischen Schulungen ist es bekannt, daß man sich mit positiven Gedankenbildern programmieren kann. (Natürlich auch mit negativen Gedankenbildern.)
Allerdings werden wir im weiteren Text dieses Buches erkennen, daß das Wissen um die Positivprogrammierung nur ein kleiner Teil der alten Lehre ist, die davon handelt, wie und mit welchen Techniken alte negative Verhaltens-Programmierungen umgewandelt werden können. Darum möchte ich Dich jetzt in einen weiteren Teil dieses Wissens einweihen.
Wie schon zuvor beschrieben, stellt das US von allen Erlebnissen, Eindrücken, Gedanken und Lerninhalten eine Form her, die die Kahunas "Gedanken-Trauben" nannten. Wir wollen, wie schon zuvor erwähnt, zum besseren Verständnis und zur besseren Anwendbarkeit, dazu "BÄNDER" sagen.

In der alten HUNA-Weisheit heißt es weiter, daß diese Gedanken-Beeren in einer Energiesubstanz eingehüllt sind, die klebrig ist und die Beeren zu Trauben "verklebt". Hier enthüllt sich nun der oben erwähnte weitere Wissensteil. Auch M.F. Long hat diesen Vorgang in der alten polynesischen Sprache in den Wurzelworten wiedergefunden.

Es ist nämlich nicht so, daß einfach nur Gedanken gedacht werden müssen, um wirkungsvoll zu sein. Ich denke hier an die Suggestionen oder Affirmationen, die sehr oft wiederholt, dem US übergeben werden.
Hier in der HUNA-Lehre erfahren wir von einer Kraft und Substanz, die mit den Gedanken-Beeren verbunden ist. Das bedeutet, daß die Kahunas eine weitaus machtvollere und wirkungsvollere Technik besaßen, einem Menschen Gedanken zu übertragen bzw. sich selbst zu programmieren.

***Fazit:***

*Hier geht es also darum, den einmal gedachten Gedanken mittels einer besonderen Technik zusätzlich Kraft und Substanz aufzumodulieren, damit diese Gedankenbeeren eine höhere Wirkungskraft erhalten.*

Dieser Vorgang ist in unserer Psychologie bzw. in all den Richtungen wie Positivdenken, neurolinguistisches Programmieren (NLP) , Affirmations- und Suggestionstechniken usw. völlig unbekannt. Hier verstärkt man Gedanken lediglich dadurch, daß man sie einfach öfters wiederholt oder den Programmierungsvorgang des US exakter nachvollzieht (z.B. NLP).
Dagegen beruht der Programmierungsvorgang des US innerhalb der HUNA-VITA-Lehre darin, eindeutige, klare Gedankenbilder aufzubauen, mit den entsprechenden Sinneseindrücken zu verbinden *und zusätzlich mit einer hohen farbigen Ladung Vital-Energie (MANA) zu versehen.*
Es hat sich immer wieder gezeigt, daß gerade dieser Energiefaktor in Verbindung mit Gedanken - hier mit den Bändern - von ausschlaggebender Bedeutung ist.

***Fazit:***

*Bänder-Programme erhalten erst dann ihre wirkliche Kraft und Wirkung, wenn sie* ***gleichzeitig*** *mit einer hohen Energieladung (MANA) versehen werden.*

**Aufbau eines "Bandes".**

Betrachten wir uns die geistige Anatomie solch eines Bandes genauer, so werden wir feststellen, daß dieses Band aus drei Anteilen besteht. Das findet heute übrigens eine Bestätigung durch die neueste Gehirnforschung.

**1.** Ein Bandsektor enthält logische Daten und Fakten.
**2.** Der zweite Bandsektor enthält die dazugehörigen Gefühle.
**3.** Der dritte Bandsektor enthält die Energie.

**Merke:**
☞ *Daten und Gefühle werden durch die Energie verstärkt oder geschwächt.*
☞ *Daten- und Gefühlsinformationen lassen sich nicht löschen.*
☞ *Das, was verändert werden kann, ist der Energieanteil.*

**Der Energieanteil gliedert sich in:**

**a.** belastende "Masse-Energie"
**b.** schwache Energien
**c.** hochschwingende "Raum-Energien."

Man kann also sagen, unsere Lebensprogramme - und damit unser Verhalten - bewegt sich zwischen Bändern mit belastenden Masse-Energien und Bändern mit hochschwingenden Raum-Energien. Damit vollzieht sich unser Leben

zwischen Masse ( = Enge = Angst = Mangel = Probleme = Krankheit) und
zwischen Raum ( = Weite = Fülle = Erfolg = Gesundheit = Liebe)

**Nehmen wir hierfür ein Beispiel:**

Ein Kind hat eine allergische Phobie (Angst) vor Katzen. Das bedeutet, wenn es mit einer Katze in Berührung kommt, aktiviert das US im Kinderkörper bestimmte Bandprogramme, auf denen diese allergische Phobie gespeichert ist. Diese Bänder werden mit großer energetischer Kraft vom US, aus dem Speicher in den physischen Körper gelenkt. Der physische Körper reagiert als erstes über sein Energiesystem, als Folgewirkung über sein Drüsen- und Hormonsystem, bis zur allergischen Reaktion, die auch noch mit Angst verbunden ist.

Nun beginnt man, das Kind mittels der Desensibilisierungs-Technik Schritt um Schritt an die Katze zu gewöhnen und unterstützt den Körper mit bestimmten Medikamenten, um die allergischen Reaktionen selbst abzuwehren. Solch eine Behandlung dauert natürlich meist sehr lange.
Dann, nach einigen Jahren ist es soweit. Es gibt bei der Berührung mit der Katze keine Angstreaktion mehr. Was ist mit dem Band/Bändern der Katzen-Phobie geschehen?

Auf dem Band finden wir allerdings immer noch die gleichen Daten und Gefühle. Das läßt sich leicht überprüfen. Das Kind erhält nach wie vor von diesem Phobie-Band die Information: "Achtung, Katze nicht anfassen! Ist gefährlich!" Wir brauchen das Kind zur Überprüfung nur zu fragen, ob es diese Information noch kennt. Natürlich wird sich das Kind noch an alles genau erinnern. Wir können also nicht davon ausgehen, daß die Katzen-Angst-Information vom Band völlig gelöscht ist. Wäre sie tatsächlich gelöscht, könnte sich das Kind auch an wirklich nichts mehr erinnern.

**Trotzdem ist aber auf diesem Band etwas verändert.**

Denn jetzt zeigt das Kind nicht mehr diese starke Angstreaktion, es faßt die Katze an, und der Körper zeigt keine allergischen Reaktionen. Nun, was sich verändert hat, ist der Energieanteil. Die Energie ist auf diesem Band sehr schwach geworden. Das bedeutet, die *schwache* Energie verbindet sich mit den, nach wie vor vorhandenen, Angst-Daten und Angst-Gefühlen. Nur jetzt ist die Reaktion so schwach, daß es das Kind kaum noch wahrnimmt.
Zusätzlich wurde ein neues Bandprogramm angelegt, das mit Daten und Gefühlen programmiert ist, die Katze unbedenklich anzufassen. Je stärker der Energieanteil auf diesem Band ist, desto machtvoller, wirkungsvoller

und länger wird dieses Band wirken. Solche neuen Bandprogramme anlegen, mit entsprechend wirkungsvoller Energie, nennen wir *"eine höhere Weisheit"* dem US übergeben. Eine höhere Weisheit übergeben bedeutet also, auf eine frühere Bandinformation mit niedrig schwingender Informations/Energieebene, eine höhere energetische, differenziertere Bandinformation aufzumodulieren. Aus dem vorher Gesagten ergeben sich folgende Aussagen über die geistige Anatomie von Bändern:

☞ Es ist durchaus nicht immer nötig, dem US ein neues Programm zu übergeben. Im Gegenteil, es hat sich sehr oft gezeigt, daß es ausreicht, lediglich die Energien von Bändern abzubauen. Ich nenne dies *"die allgemeine Ankertechnik"*, mit der das ausgeführt werden kann.

☞ Es ist dagegen wichtig, an erster Stelle, noch ehe mit anderen psychischen Techniken gearbeitet wird, die Energien von den betreffenden Bändern abzubauen. (Hier liegt auch eine wichtige Funktion des "Beobachters" und der HUNA-VITA-Übung Nr. 4 "ICH BIN". Das erkläre ich im Kapitel Mittleres Selbst.)

☞ Es ist aber andererseits von eminenter Bedeutung, Neuprogrammierungs-Bänder mit *hohen* Energien aufzuladen, damit diese Bänder lange Zeit wirken und zum zweiten eine höhere Dominanz über alte Bänder - mit geschwächten Energien - aufweisen. Ich nenne das *"die Technik der neuen Wahlmöglichkeit"*.

Entsprechend diesen Darlegungen über die spezielle geistige Anatomie werden die HUNA-VITA Befreiungsprozesse innerhalb der HUNA-VITA-Kurse mit diesem Wissen über Band-Programmierungen aufgebaut und mit den Teilnehmern ausgeführt.

Wobei in der ersten Phase die belastenden niederen *Masse-Energien* auf den Bändern abgebaut werden und in der zweiten Phase eine höhere Weisheit für das Untere und Mittlere Selbst als "neue Wahlmöglichkeit" (Band) übergeben wird, was aber, wie schon gesagt, zweitrangig ist und bei längerer Anwendung der HUNA-VITA-Praxis und den fortgeschrittenen HUNA-VITA-Kursen weniger notwendig ist.

Weiter wird auf die, von Masse-Energie befreiten Bänder, hochschwingende Raumenergie geleitet (mittels der Anrufung des Hohen Selbst), was zu einem tiefen Gefühl des Eins-seins mit der Umwelt und den Menschen führt. Der Mensch erfährt seine Wirklichkeitsfülle.

**Der Erlösungs-Prozeß innerhalb der HUNA-VITA-Praxis besteht somit erstrangig aus drei Komponenten:**

**1.** Abbau von niedriger, schmerzender Masse-Energie von den Bändern.
**2.** "Auffüllen" der von Masse-Energie erlösten Bänder mit hochschwingender, raumvoller "Liebes-Energie" des Hohen Selbst.
**3.** Wenn nötig, die Übergabe der höheren Weisheit.

Genau durch diesen Ablauf erlebt der Mensch seine Wirklichkeitsfülle und die immer tiefer werdende Verbindung mit seinem Hohen Selbst. Je mehr LICHT-Raum-Energie auf die Bänder fließt, desto lichter, raumvoller, liebevoller und erlöster wird der Mensch. So entwickelt er sich hin zum LICHT-Körper oder der LICHT-Seele. Und erst in einem 3. Schritt, falls dieser nötig ist, d.h. wenn das US lebensschädliche Programme gespeichert hat, (die aber wichtig waren, weil sie zur Erkenntnis der tatsächlichen Lernprogramme geführt haben) wird ein neues Band programmiert, mit einer "neuen höheren Weisheit" + MANA-Energie, damit das US in Zukunft freier leben darf. Wichtig ist also bei der Neuprogrammierung von Bändern, daß es wirklich eine höhere Weisheit in der Art ist, die das US in Zukunft befreit und lebendig leben läßt, so daß sich nicht erneut Masse-Energie auf das Band lädt. Sinnlos wäre eine Neuprogrammierung, wenn diese nur eine alte Verhaltensweise gegen eine neue - die der Verstand (MS) als sinnvoll erdenkt - ausgewechselt wird. Gerade das geschieht sehr oft bei sog. positiven Lernsätzen (Affirmationen) und verschiedenen Therapieformen.

**In diesem Sinn formulieren wir Liebe:**

Liebe ist die Fähigkeit, sich mit seinen Informationen, Gefühlen und Energien (Bänder) in den Raum auszudehnen. In diesem Raum meines Bewußtseins haben viele Menschen Platz, so wie sie sind. Ich nehme sie an, so wie sie sind. Ich nehme mich an, mit all meinen Bändern, so wie sie sind. Ich akzeptiere mich.

**Liebevoll sein, heißt raumvoll sein.**

Mittels dieser Darstellung von Liebe hat jeder die Möglichkeit, *praktisch und mit tieferem Verständnis* an seiner Liebesfähigkeit und an seinem Liebesverhalten zu sich, zur Umwelt und zu anderen Menschen zu arbeiten. Nämlich mittels der praktischen Anwendung der speziellen, geistigen Anatomie die belastende, einengende Masse-Energie auf seinen Bändern abzubauen und mit Raum-Energie anzufüllen.
Dies führt den Lernenden über seine Begrenzungen hinaus, zu seinem Beobachter, in die Lebensfülle seiner Wirklichkeit. (Siehe auch im Kapitel "Mittleres Selbst, der Beobachter".)

**Das alte HUNA-Wissen vom blockierten Pfad.**

Bei der HUNA-Heilung und der Verbindung mit dem Hohen Selbst geht es immer wieder darum achtsam zu sein, ob der Pfad zum Hohen Selbst nicht blockiert ist. Die Blockierungen werden als Knoten, die von innenher Zehrenden, der Stein des Anstoßes, Disteln, Dornen, Schlangen und geheimen Sünden dargestellt.
Auf dieses Thema werde ich weiter im 13. Kapitel eingehen, wo es um die Heilung und damit zugleich um die Befreiung des Pfades zum Hohen Selbst geht.

## 5. Das Untere Selbst erzeugt Elementale.

Die spezielle, geistige Anatomie der Bänder führt uns nun noch einen wesentlichen Schritt weiter zu einem tieferen Verständnis der sog. Elementale.
Du erinnerst Dich, wir haben zuvor schon über dieses Elemental-Reich gesprochen. Hier handelt es sich jetzt um die, mittels Gedanken+Energie erzeugten, kraftvollen "künstlichen" Elementale. Natürlich wird dazu auch die Elemental-Substanz benutzt.
Dieses Wissen ist wichtig für alle HUNA-VITA-CLEARING-Prozesse.
Darum möchte ich hier kurz vorab - ehe ich diesen, für unsere Ent-Wicklung so unentbehrlichen Weg ( 5. Weg der Reinigung/Clearing) beschreibe - Dir etwas über Elementale berichten.

**Psycho-Bild Nr. 11 "Elemental".**

*Du lernst einen Mann (oder eine Frau) kennen. Er begegnet Dir auf einer Urlaubsreise in Spanien. In dieser Zeit kommt ihr euch in Gesprächen und gemeinsamen Spaziergängen näher. Bald kennst Du die Verhältnisse an seiner Arbeitsstelle und zu Hause innerhalb seiner Familie.*

*Während eures Zusammenseins beobachtest Du immer öfters, wie eigenartig der Mann auf das weibliche Geschlecht reagiert. Da ist etwas, das auch Dich mal eigenartig anregend, mal eher abstoßend berührt. Mal erzählt Dir Dein Begleiter voll Hingabe und Liebe über seine Familie und seine Frau. Dann, Tage später erlebst Du ein ganz verwandeltes Wesen. Aggressiv über seine Familie sprechend und zugleich auf der anderen Seite mit starker sexueller Erregung und Worten voll phantasievoller Lust auf andere Frauen reagierend.*

*Am nächsten Tag dann wieder die erniedrigenden Selbstbeschuldigungen, die eigene Frau mit einer Urlauberin betrogen zu haben. Wie undankbar und schlecht das sei usw.*

*In einer stillen Stunde der Entspannung und Ruhe erlebst Du eine gewisse Bewußtseinserweiterung. Ganz plastisch erkennst Du jenen Mann neben Dir stehend. Und dann ist da noch etwas so Seltsames, daß Dir ein kühler Schauer von Unwohlsein über den Körper läuft. Eine fast undurchsichtige, dunkelrote, mit eigenartigen bizarren, hellorangenen Zackenlinien durchzogene Form mit unbestimmten Konturen bewegt sich da zwischen dem Mann und Dir. Der Mann ist damit fest an seinem Solar-Plexus verbunden. Und Du fühlst jetzt, wie diese eigenartige Wesenheit immer wieder eine Art Finger aus dieser roten Substanz zu Deinem Solar-Plexus ausstreckt.*

*Immer wenn Du diese Berührung spürst, beginnen spontane Bilder erotischen Inhalts, verbunden mit durchaus angenehmen Gefühlen von pulsierender, warmer Lust Deinen Körper zu durchfluten.*

*Doch eine Stimme oder warnende und zugleich machtvolle Kraft in Deinem Inneren macht diesem Spuk ganz abrupt ein Ende. Plötzlich bist Du in das Tagesbewußtsein Deines Mittleren Selbst zurückgerutscht. Alles erscheint Dir jetzt seltsam fern, wie ein unwirklicher*

*Traum. Doch der gefühlsmäßige, unangenehm vibrierende Nachhall in Deinem Körper vermittelt Dir, daß in Deinem Inneren gerade etwas ganz Konkretes geschehen ist...........*

**Was ist geschehen?**

Du bist einem, schon machtvoll ausgebildetem, Elemental begegnet. Verfolgen wir den Werdegang dieses Mannes einmal weiter zurück, so fällt auf, daß er schon seit seiner Kindheit starke, aber nicht erlöste Bindungen mit seiner Mutter hat. Zugleich aber, durch die hohe Dominanz und Unterdrückung der Mutter, hat sich ein machtvolles Wut-Energiepotential innerhalb seines Unteren Selbst aufgebaut. Wut-Energie entsteht immer dann im US, wenn es in seiner Lebendigkeit (Bewegung-Schreien-Lachen-Weinen-usw.) unterdrückt wird. Meistens geschieht das schon in der frühesten Kindheit. Unterdrückung erzeugt Wut-Energie.

Dann zur Zeit der Pubertät, als die biologischen Schaltkreise von Sexualität und Paarungstrieb in Funktion traten, erhielt jener Mann von seinen Eltern und der Kirche Programme, daß Sexualität etwas Schlechtes und Verbotenes ist. Jedoch rebelliert das US jetzt immer machtvoller gegen diese weiteren Unterdrückungen. Und so - um ein Ventil zu schaffen - kehrte sich die Wut der Unterdrückung um in Trotz. Jetzt gerade. Und so begann sich im Leben des Mannes schon recht früh vieles um erlaubten und unerlaubten Sex zu drehen.
Viele Bänder, mit verschiedenartigem erotischem und sexuellem Inhalt, wurden mit der machtvollen Sexualenergie programmiert und gespeichert. Es bildeten sich - nach der alten HUNA-Lehre - "Beeren-Trauben", die alle etwas mit diesen bestimmten sexuellen Programmen zu tun hatten.
Nun ist es wichtig zu wissen, daß jedes Band - oder jede Beere/Traube - aus Bewußtsein (Daten+Gefühle), Energie und der Schattenkörpersubstanz besteht. Dies bedeutet aber nichts anderes, als daß hier die erste "Grund-Form" einer Wesenheit erschaffen worden ist. Denn jede kraftvoll ausgebildete Wesenheit besteht aus Bewußtseinsanteilen, aus Energie und einer Substanz, die alles einhüllt und beinhaltet. Zum andren wird diese Substanz ganz wesentlich, aus der uns umgebenden Elemental-Substanz, erweitert.

Erinnere Dich an meine Ausführungen über den "Deva der Ameisen" oder über die FINDHORN-Berichte der Devas von Bäumen, Pflanzen usw. Auch solch ein Deva besteht aus dem Bewußtsein der Zellen, aus Energie (Vital-Kraft) und einer umhüllenden Schattenkörpersubstanz, verbunden mit der Elemental-Substanz der astralen Ebene.

Nun bedenke, was geschieht, wenn jener Mann solchen Gedanken-Band-Trauben - durch stetiges Denken und Handeln - mehr Bewußtsein und Energien (Orgasmus-Energie ist besonders machtvoll) zuführt. Ja, sie blähen sich auf und werden bald keinen Platz mehr im Körper haben, sondern diesen außen, im Bereich der Aura umgeben. Diese Bewußtseins-Bänder-Energie-Gebilde, angereichert mit der Elemental-Substanz, werden künstlich erzeugte **Elementale** genannt.

***Fazit:***

*Elementale sind "Bänder-Trauben" mit einem bestimmten Inhalt, der durch hohe Energien + Elemental-Substanz machtvoll verstärkt wurde.*

So hat sich im Laufe der Zeit im/um den Mann ein zweites Wesen gebildet, mit einer recht hohen eigenständigen Form von Bewußtsein und Energie. Dieses Elemental-Wesen fühlt auf seiner niederen, sexuellen Bewußtseins-Ebene sehr deutlich, daß es eine Sache ganz dringend benötigt, um weiter zu bestehen.
Es braucht stetig Energie. Energie erhält seine Form und läßt sie wachsen und an Einfluß gewinnen. So wird dieses "Sexual-Elemental" dem Mann gegenüber immer mehr an Einfluß gewinnen. Dieser Mensch wird sich auf unbewußte Weise getrieben und gedrängt fühlen, sich immer mehr mit Sexualität und Frauen, bzw. Männern zu befassen. Er wird ständig angetrieben sein, sein Elemental mittels sexueller Energien zu erhalten.
Dieses Elemental-Wesen wird nun auch von sich aus zu anderen Menschen Kontakt aufnehmen. Zum einen wird es dazu von dem unwissenden Mann inspiriert und angehalten, zum anderen hat dieses Elemental genügend Bewußtsein zu spüren, wo es mit seinem "AKA-Finger" - so wird in

der HUNA-Lehre der ausgestreckte Energie-Substanz-Finger bezeichnet - bei anderen Menschen Energien absaugen kann. Dies tritt besonders dann ein, wenn die Aura (Schattenkörper-Substanz) und die Energiezentren anderer Menschen nicht dicht sind, also "löchrig" und geschwächt z.B. durch Drogen, Alkohol, Rauchen, schlechte, energieschwache Ernährung, schwächende Krankheiten, psychischen Streß usw.
Hier in dieser Ebene der astralen Bewußtseins-Energien - denn um diese Energieformen handelt es sich hier - gibt es nicht unsere dreidimensionalen Vorstellungen von Raum und Zeit. D.h. der "AKA-Finger" haftet an und ist unabhängig von Raumentfernung und Zeit. Darum ist es auch sehr schwer möglich, solche Verbindungen mit den gleichen astralen Energien oder gar mit unseren physisch-materiellen Energien abzulösen.
Nun sollte man nicht davon ausgehen, daß Elementale immer so groß und machtvoll sind wie bei unserem Beispiel. Es bilden sich auch schon Elementale, kleiner und weniger stark durch bestimmte, stetig wiederholte und aktivierte Lebens- und Handlungsweisen, die aber nicht minder belastend sind. Die Psychologie spricht hier von "Automatismen".
Denke hier z.B. an Menschen, die völlig versessen hinter ihrer Arbeit her sind und Tag und Nacht nichts weiter im Kopf haben, als Geschäft und Geld zu verdienen. Oder Menschen, die von einer fixen "Elemental-Idee" gepackt sind.
Es gibt Elementale aus Haß, aus Wut und aus Angst, aus Süchten, aus Vorlieben, aus besonders Gut, Heilig und Lieb sein usw. Bedenke auch, wieviel Haß-Wut-Aggressions-Elementale durch soziale Mißstände und Kriege bereits in dieser Welt angehäuft sind. Wie diese immer wieder die Menschen packen und beeinflussen, um sich zu erhalten. Das ist fast eine Schraube ohne Ende!
Wie Elementale bzw. AKA-Finger-Fäden-Verbindungen gelöst werden, habe ich schon ganz zu Anfang erklärt. Ich sprach da über die Möglichkeiten, wie bzw. wodurch sich ein Mensch selbst von seinen "karmischen Verwicklungen" erlösen kann. Hier handelte es sich um das alte Tempelgeheimnis. Und dieses Geheimnis hieß:

*Hohe Energien transformieren (erlösen) niedere Energien.*

Jetzt wirst Du Dir auch schon vorstellen können, wodurch diese Erlösung

und Abtrennung eintreten kann.
Verbinde Dich mit Deinem Hohen Selbst, kanalisiere die hochschwingende MANA-LOA-Kraft aus der Ebene Deines Hohen Selbst über das geöffnete 8. Siegel in Deine Schattenkörper-Substanz und bitte Dein Hohes Selbst und Unteres Selbst um Abtrennung dieser AKA-Finger oder Fäden.
Das ist wieder die schon oben beschriebene 1.+2. Phase der Energieablösung und Raum-LICHT-Energieaufladung mit der Kraft des Hohen Selbst. Die 3. Phase besteht darin, bei sich selbst nachzuforschen, wieso und wozu man mit solch einem Elemental bzw. AKA-Finger verbunden war.
Bedenke immer, es gibt keine Zufälle. Dein Unteres und Hohes Selbst haben diese Verbindung zugelassen. Das hat einen ganz wesentlichen Sinn. Was solltest Du lernen? Was hattest Du bis jetzt übersehen oder nicht mitbekommen, das Dein US oder HS Dir schon seit längerer Zeit nahebringen wollte? Hast Du Erkenntnis darüber, kannst Du ein neues "Lernprogramm" (höhere Weisheit), eine neue Wahlmöglichkeit dem Speicher Deines US übergeben. Schwieriger und vor allem umfangreicher ist der Befreiungsvorgang von einem Elemental. Aber da kommen wir schon in den Bereich des HUNA-VITA-Clearing und das werde ich Dir später erklären, wenn wir uns mit dem 5. Weg der Reinigung befassen.

**Fazit:**

*Ein Elemental hat immer das Bestreben, sich durch Energien zu erhalten. Entweder vom eigenen Wirt oder von anderen Menschen. Man erlöst sich von Elementalen bzw. von deren AKA-Finger-Verbindungen durch die hohen Energien des Hohen Selbst.*

## 6. Weitere Fähigkeiten Deines Unteren Selbst.

Zwei weitere, ganz wesentliche Fähigkeiten hat das Untere Selbst, die dem Mittleren Selbst fehlen. Diese besonderen Fähigkeiten hat das Untere Selbst nicht extra gelernt, es sind Teile eines Erbgutes, die das US mitbringt.

Manche Menschen haben ein US, das - vielleicht aus Vorleben - schon so entwickelt und empfindsam ist und diese Dinge schon fast automatisch, aber unbewußt im Leben ausführt. Andere Menschen wiederum können mit ihrem US diese Fähigkeiten - besonders wenn sie einen guten Kontakt mit ihrem US aufgebaut haben - gezielt weiter entfalten. Eine bestimmte Wichtigkeit haben diese zwei Fähigkeiten in der Verbindung mit dem Hohen Selbst.

### a. Die Strahlenfühligkeit (Radiästhesie)

Unsere normalen Sinne haben noch nicht diese Möglichkeit, die Strahlung aus der Umwelt aufzunehmen. Nun ist es schon aus der Physik bekannt, daß alles letztlich Energie ist und strahlt. Viele der Ausstrahlungen liegen jedoch in einem solch schwachen Bereich, daß unser physisches Nervensystem diese nicht mehr registrieren kann.
Nun gibt es in unserem Körper noch ein viel feineres "Energie-Nervensystem", von dem die Wissenschaftler, wenn überhaupt, nur sehr zögernd Notiz nehmen. Dieses feinstoffliche Energie-System kannten die Chinesen schon vor gut 5000 Jahren. Die Energie nannten sie CHI, und die Energiebahnen nannten sie Meridiane. Ja, ich spreche hier von dem Akupunktur-System. Ein ganz wesentliches Gesetz wurde dabei erkannt. Es heißt:

**Dort, wo Dein Bewußtsein ist, ist auch die CHI-Energie.**

Das bedeutet, diese feine Kraft - von den Kahunas MANA genannt - hat gegenüber der viel grobstofflicheren, physischen, meßbaren Nerven-Energie die Eigenart, auf Bewußtsein und Gedankenimpulse zu reagieren.
Vereinfacht können wir sagen, MANA (CHI) -Energie ist zugleich die Trägerenergie von Gedanken/Bewußtsein. Oder MANA-Energie läßt sich von Bändern imprägnieren. Durch noch ein besonderes Merkmal wird diese Energie ausgezeichnet:

**MANA ist sehr empfindsam auf andere Energieschwingungen.**

Kommt MANA-Energie mit anderen Energien gezielt in Kontakt, so wird sie durch das *"Resonanzgesetz"* in ähnliche Schwingungen versetzt. Anders ausgedrückt, MANA-Energie hat ein großes Spektrum von Schwingungen, wobei bestimmte Teile dieser Schwingungen auf Resonanz kommen, wenn sie sich mit ähnlichen Schwingungen berühren (z.B. Erdstrahlen).

**Ein Beispiel:**

Du übergibst Deinem US ein Gedankenbild von fließendem Wasser und hältst dieses Bild gezielt aufrecht. Du nimmst in den Mund einen Schluck Wasser, ohne es runterzuschlucken, um dadurch die Wasserinformation zu verstärken. Du sendest dann aus Deinem Solar-Plexus einen AKA-Finger in die Erde aus, mit der Bitte /Vorstellung, daß dieser "Energiefinger" in "Resonanz" kommen soll, wenn er in der Erde auf fließendes Wasser trifft. Berührt der ausgestreckte Energiefinger ( gleich dem Prinzip einer Antenne) die Wasser-Energie-Abstrahlung, so kann er nach dem Gesetz der Resonanz reagieren und eine Information auf das US im Körper übertragen. Hier im Körper werden bestimmte Meridiane angesprochen und damit wiederum bestimmte Bewußtseins-Bänder, die mit Wasser zu tun haben. Durch die Reaktion der Bänder - sie übermitteln ihre Information dem Gehirn - entsteht das Wissen und das Gefühl, daß dort in der Erde eine Wasserader ist.
In ähnlicher Weise - meist jedoch unbewußt - reagiert Dein MANA-Energiesystem und dadurch auch Dein US auf die verschiedenartige Strahlung der Umwelt und der Erde. Du kannst nun mit Deinem US relativ schnell und einfach lernen, nicht mehr unbewußt, sondern bewußt in Resonanz mit bestimmten Energien/Strahlungen zu kommen, z.B. mit der Abstrahlung von bestimmten Lebensmitteln, von Räumen, von Menschen und sonstigen Gegenständen. Mit der Frage (ja-nein Reaktion), ob diese Strahlungen für Dein Mana-Energie-System gut sind oder nicht. Da es gerade zu Anfang schwerer ist, die feinen Informationen und Reaktionen im Körper wahrzunehmen, bedient man sich eines einfachen, aber wirkungsvollen Tricks. Wir benutzen ein "Übersetzungsmittel", einen Indikator, der, über feinste Muskelbewegungen angeregt, uns - dem Mittleren Selbst - anzeigt, wenn im Körper eine Energiereaktion auf eine Umweltstrahlung auftritt. Dieser Indikator ist entweder eine Wünschelrute oder ein Pendel oder der sogenannte Muskeltest.

Aus dem zuvor Gesagten kannst Du Dir nun auch vorstellen, wie unser MANA-Energiesystem leidet, wenn dieses ununterbrochen von bestimmten Erdenergien, störenden Umweltstrahlungen, Lebensmittel- und Medikamentenstrahlungen oder auch Menschen in Resonanz versetzt wird.
Das US hat dann "alle Hände voll zu tun", für einen Energieausgleich zu sorgen. Natürlich kann auch das nur eine bestimmte Zeit aufrechterhalten werden. Dann streikt das US. Die Folge sind Schäden an Zellen und Drüsen, denn das feinstoffliche Energiesystem hat direkte Verbindung mit dem gröberen, physischen Nervensystem und dadurch mit allen Zellen und Drüsen.
Mehr darüber, wie Du Dein Mana-Energiesystem schützen, stabilisieren und stärken kannst, im Kapitel "der 3. HUNA-VITA-Weg des Herzens und des Friedens mit der Ernährung und Deinem Körper."

***Fazit:***

*Du hast die Möglichkeit, Dein Mana-Energiesystem mittels Deines Bewußtseins gezielt mit anderen Energien außen in Resonanz zu bringen. Über einen Indikator kann dem Mittleren Selbst die Energieresonanz im Körper übersetzt werden.*

**b. Die Fähigkeit einer "Energie-Bewußtseins-Verbindung".**

Das US bewirkt über die Schattenkörpersubstanz eine Energie-Substanz-Verbindung mit anderen Menschen oder sonstigen Dingen. Diese Verbindung bezeichnet die HUNA-Lehre als AKA-Faden.
Das Wurzelwort ist hier **"pili"** und bedeutet so viel wie "klebrig". Dieser AKA-Fadenkontakt entsteht, wenn wir Personen /Sachen berühren, ansehen oder auch hören. Es reicht auch schon, das Foto von einer Person zu berühren. Immer wird durch feinste Energieschwingungen der AKA-Faden übertragen. Besonders intensiv haften diese Fäden im Bereich der psychischen Energiezentren (Chakren), am stärksten im Bereich des Bauch-Chakras, dem Solar-Plexus. Über diesen AKA-Faden kann Dein US seinen AKA-Finger ausstrecken und mit anderen Personen Kontakt

aufnehmen. Das macht Dein US auch recht oft - ohne daß Du etwas davon mitbekommst - wenn es sich um spontane Zuneigungen oder Abneigungen gegenüber Menschen, Tieren oder Sachen handelt. Immer vollzieht sich hier eine, durch ein stark aufgeladenes Band aktivierte, AKA-Finger/Fadenverbindung mit einem *ähnlich* schwingenden anderen Energiesystem Mensch, Tier usw. Du magst dann nur erstaunt sein, warum Dich dieser Mensch so anzieht oder abstößt. - Dein US war's!

Wir bezeichnen dies als *"die Technik des AKA-Fingers".* Man kann diese Technik zum Heilen benutzen, für Fernheilungen, zur Übermittlung der Energien des Unteren und Hohen Selbst und bestimmter Gedanken. Hier würden wir dann von Telepathie sprechen.
Innerhalb der HUNA-VITA-Heil-und Erlösungs-Praxis setzen wir dieses Wissen ein, um andere, nach Hilfe suchende Menschen zu unterstützen. Ich habe es die Hilfe der *"GEBETS-FÜRBITTE"* genannt. Mittels einer besonderen Technik wird ein "Aka-Finger" zum Hilfesuchenden übermittelt. Über diese Energiebrücke erhält er die erlösende und helfende Kraft von anderen Hohen Selbsten aus unserem Zentrum.
Falls Dich das interessiert oder Du Unterstützung oder Hilfe aus der hohen Geistigen Ebene benötigst - oder andere Menschen, die Du kennst - so melde Dich und bitte *um Information über die GEBETS-FÜRBITTE.*

**Solch ein AKA-Faden bleibt auch bestehen,**

wenn ein Mensch eine "Astralwanderung" macht. In der Parapsychologie auch als OOB (out of body) Phänomen bekannt und sehr genau dokumentiert. Über diesen AKA-Faden wandert der spirituelle, feinstoffliche Körper in die Asralwelt und ist gleichzeitig noch mit dem Körper verbunden. Reißt dieser AKA-Faden (auch hier als Silberschnur bezeichnet), tritt augenblicklich der Tod des *materiellen* Körpers, also der Körperhülle ein.
Nach HUNA-VITA ist Tod der Austritt des spirituellen Körpers. Der besteht aus dem Mittleren, Unteren und Hohen Selbst mit fast allen Bandspeicherungen - auch aus Vorleben - dem feinstofflichen Mana-Energie-System und der Schattenkörpersubstanz. Nach Aussagen von schwedischen Parapsychologen soll dieser spirituelle Körper ca. 20 Gramm wiegen.

Beim Tod löst sich gleichzeitig der AKA-Faden auf und der spirituelle Körper verläßt die materielle Körperhülle. So gesehen ist das natürlich gar kein Tod, wie wir ihn uns immer vorstellen, oder anders ausgedrückt, Tod an sich gibt es nicht.

**Fazit:**

*Das US hat die Fähigkeit, an Personen oder Sachen, mit denen es durch Berührung, Hören oder Sehen Kontakt aufgenommen hat, einen AKA-Faden anzuheften. Über diesen AKA-Faden können verschiedene Informationen übertragen werden. Der AKA-Faden bildet sich auch bei Astralwanderungen und löst sich beim "Tod" auf.*

Neben den zuvor beschriebenen Eigenschaften hat das US noch die Fähigkeit zu *träumen*. Hier präsentiert es uns Bänder/Filme, um Energien abzulösen und erweiterte Erkenntnisse zu erlangen. Gerade Träumen kann man gut mit seinem US trainieren.

Eine andere Fähigkeit des US ist die der *Hellsichtigkeit*, allerdings recht eingeschränkt. Eine Abwandlung der Hellsichtigkeit ist die Fähigkeit des US, mit seinem AKA-Finger in die "Software", d.h. in den Programm-Band-Speicher anderer Menschen zu gehen. Wer das mit seinem US beherrscht, liest im anderen Menschen wie in einem Buch.

***Fazit:***

***Die wichtigsten Funktionen des Unteren Selbst:***

*1. Das US ist neben dem Mittleren und Hohen Selbst ein selbständiges Geist-Wesen (die Seele) in unserem Körper.*

*2. Das US steuert alle Körperfunktionen, auch die Herstellung und Leitung von Mana-Energie auf den Meridianen und Chakren.*

*3. Das US ist der Sitz der Gefühle.*

*4. Das US ist der Verwalter aller Lebensprogramme (Bänder) und ist auch für die Speicherung und das Hochholen der Bänder verantwortlich.*

*5. Das US ist mit daran beteiligt, aus Gedanken-Energien Elementale zu erschaffen.*

*6. Das US hat die Fähigkeit, feinste Strahlungen/Energien aus der Umwelt und der Erde zu registrieren (Radiästhesie).*

*7. Das US haftet AKA-Fäden an Personen und Sachen an, und es kann über den ausgestreckten AKA-Finger Informationen absenden und empfangen (Telepathie und Hellsichtigkeit).*

*8. Das US bewirkt Träumen.*

# Der Kontakt mit Deinem Unteren Selbst.

Nachdem Du all die Informationen über Dein Unteres Selbst erhalten hast und Du Dir noch einmal vergegenwärtigst, welch gewaltiges Potential von Fähigkeiten und Möglichkeiten Dein US beinhaltet, wird Dir klar sein, von welch ausschlaggebender Bedeutung es ist, einen guten Kontakt mit Deinem US herzustellen.
Hinzu kommt das Wissen darüber, daß Dein US ein *selbständiges* Wesen ist, mit all seinen so umfangreichen Gefühlen. Kannst Du Dir vorstellen, wie Dein US leiden und zugleich sich auch freuen kann?
Morna, die Kahuna-Frau aus Hawaii sagte mir einmal treffend, daß das US so liebevoll und so achtsam behandelt werden sollte, wie eine liebende Mutter ihr Kind hütet. Und nun stell Dir mal vor, wie wenig Menschen tatsächlich etwas von diesem Geist-Wesen in ihrem Körper wissen. Verlassen, wie ein einsames Kind, durchlebt das US alle Höhen und Tiefen des Lebens, von niemandem beachtet und geliebt. Ist es da ein Wunder, wenn das US wenig geneigt ist, eine liebevolle Verbindung zum Hohen Selbst herzustellen, oder gar zu einer engen, liebevollen Zusammenarbeit bereit zu sein? Diese Tatsachen wirklich umfassend zu begreifen und in das eigene Leben zu integrieren, ist ein erster, gewaltiger Schritt zu einem harmonischen, erfüllten Leben. Vielleicht wirst Du diesen Schritt der liebevollen Zuwendung zu Deinem Geist-Wesen in Dir jetzt das erste Mal in Deinem Leben vollziehen.

**Fazit:**

*Dieser erste, wissende Schritt der Zuwendung ist ein machtvoller Vorteil, den Du aus der HUNA-VITA-Lehre ziehen wirst, der sich zugleich auf Dein ganzes weiteres Leben in erstaunlicher Weise auswirken wird.*

Beginne Dich nun also sehr achtsam, voll Verständnis und Liebe, Deinem US zu nähern. Sei geduldig mit diesem Geist-Wesen in Dir, wenn Du es ansprichst und Du auf Reaktionen etwas warten mußt. Behandle es wirklich so voll tiefer innerer Zuneigung, wie Du auch Dein Kind behandelst oder selbst als Kind hättest geliebt werden wollen.

**Der Name des Unteren Selbst.**

Namen sind auf keinen Fall Schall und Rauch, sondern für die Entwicklung eines jeden Menschen von *ganz wesentlicher* Bedeutung. Leider ist auch dieses Wissen um die so machtvolle "Namens-Energie" fast verlorengegangen.
Was, glaubst Du, mag dahinter liegen, wenn Eltern sich oft lange Gedanken um den Namen ihres Kindes machen? Was mag es bedeuten, wenn Mönche und Nonnen sich andere Namen geben? Was liegt für eine tiefere Absicht dahinter, wenn ein wirklicher Meister, nach einer gewissen Zeit der Lehre, seinem Schüler einen zweiten Namen gibt? Was hat es mit den "heiligen Lauten" der Mystiker auf sich?

**Töne-Buchstaben-Worte-Namen, altes Wissen von den Kräften des Lebens.**

Der Mund ist das Zeugungsorgan der Namens-Energie, die sich durch das ganze Bewußtsein und alle Teile des Körpers fortpflanzt. Du kannst das im Mund erzeugte Wort ganz bewußt als eine Art leibliche Speise betrachten, und wenn Du sehr achtsam bist, wirst Du immer wieder spüren, welch "besondere Nahrung" Du da zu Dir genommen hast. Diese "Wort-Nahrung" kann Dich betrübt oder glücklich machen!
Ein Mystiker äußerte sich über Worte folgendermaßen:
"Die höchste Eigenschaft des Menschen, die wir als die Quelle aller seiner herrlichen Gaben von Verstand, Vernunft, Gefühl und Selbständigkeit seines Wesens betrachten müssen, ist nach allem, was wir gesagt und gehört haben, in *Worten* enthalten."

Im Wort sind nicht nur alle Formen der Töne enthalten, sondern sie vermehren sich durch den unterschiedlichen Klang der Vokale und Konsonanten. So ist jeder Buchstabe zugleich Ton und schwingende Energie. Im Ton und im Wort ist schaffende, belebende, aber auch zerstörende Kraft enthalten. Das Wort ist das Höchste in der Schöpfung. Gott ist *erschaffendes* Wort und darum liegt der Plan der Schöpfung - auch die Schöpfung innerhalb Deines Lebensuniversums - im Gedanken und im darauf folgenden Wort.

Jede Tonschwingung innerhalb des Wortes hat nur ihre, ihr zukommende Kraft und Energie. Jede dieser Tonschwingungen ist im Universum enthalten, ja das Universum ist Schwingung, ist Tonschwingung!

**Und wenn das Wesen des Kosmos das Wort ist, so ist dieses auch das Wesen des Menschen.**

Das bedeutet, Worte beinhalten machtvolle, gestaltende, lebensformende Energien. Darum legen die östlichen Lehren und Meister so viel Wert auf Mantren. Das sind bestimmte Worte, die besondere Kraftschwingungen beinhalten. Es wird hier von einem Meister berichtet, der einen angreifenden Skorpion mit einem einzigen Mantra, das er ihm laut entgegensprach, getötet hat. Von vielen Rosenkreuzern wird berichtet, daß sie die Sprache der Tiere aufgrund ihrer Laute und Töne verstanden. *Jakob Böhme*, einer der bedeutenden deutschen Mystiker (1575-1624) kannte die "adamitischen", das sind die paradiesischen Namen aller Tiere und Pflanzen in ihrer "Energie-Wortschwingung" und verstand es damit, die Tiere des Waldes herbeizurufen. In der Kabbala wird davon gesprochen, daß derjenige, der den "unaussprechlichen" Namen Gottes richtig aussprechen kann, das Geheimnis gefunden hat, "die Welt aus den Angeln zu heben". Aus diesem Text wirst Du nun gut verstehen, was Namen tatsächlich bedeuten. Du wirst etwas erahnen von dem inneliegenden Geheimnis der speziellen Ton-Energie-Schwingungen, die durch das Aussprechen und auch das Denken, tief in das Bewußtsein und das empfangsfähige Mana-Energiesystem einwirken. Und welches Wort ist für einen Menschen wichtiger und machtvoller als sein *Name!* Ja, Dein machtvollstes, persönliches Mantra, ist Dein *Name!* Dein Name ist natürlich nicht zufällig entstanden. Im Gegenteil, er ist ein Produkt der Zeitqualität Deines beginnenden Lebens und zugleich ein Energieprodukt der damaligen Bewußtseinsschwingung Deiner namengebenden Eltern.

**_Fazit:_**

*Das bedeutet, Dein Name ist nichts anderes als eine ganz wichtige, spezifische* ***"Start-Energie"*** *Deines Lebens, die darauf wartet, gelebt und angewendet zu werden.*

Genauso wie Dein Horoskop der sichtbare Abdruck der momentanen Zeit-Matrix Deiner Geburt ist, in dem alle Potenzen, LICHT-Kodierungen und Chancen und Möglichkeiten Deines zukünftigen Lebens liegen, so ist Dein *ganzer* Name nichts anderes als eine besondere Schöpfungs-Energie für Dein Leben.
Du kannst Deiner Lebensqualität und Deiner Daseins-Energieschwingung nichts Belastenderes antun, als Deinen Namen zu verstümmeln, oder nur *eine* Namens-Energie zu leben, obwohl Du tatsächlich zwei Namen hast, oder zu früh Deinen Namen ablegen.
Heute ist es ja so "modern", sich schnell einen östlichen Namen geben zu lassen. Bedenke, daß dies nur ein wirklich eingeweihter Meister kann, der *Dich persönlich über längere Zeit* geistig begleitet hat! Alle anderen Namen können für Dich genau das Gegenteil bewirken von dem, was Du Dir eigentlich erhoffst. Die Begründung findest Du in obigem Text.
Solltest Du Deinen Namen gar ablehnen, überlege mal, inwieweit Du Mangelbewußtsein - in welcher Art auch immer - in Dein Dasein gezogen hast.

**_Fazit:_**

*Auf jeden Fall möchte ich Dir meinen Rat ans Herz legen, Deinen* ***ganzen*** *Namen bewußt und energetisch in Dein Leben einzuschließen.*

So, das war ein kleiner, aber sehr wichtiger Ausflug zu Deinem Namen.
Du kannst Dir jetzt sicher vorstellen, was es für Dein Unteres Selbst bedeutet, einen Namen zu bekommen. Dieser Name ist der geistige Kontakt-Schlüssel zu Deinem US, ein Energiecode, eine Öffnungsmöglichkeit für Dein US Dir gegenüber.
Diese Namensgebung für Dein US ist das erste, wichtigste Kontaktritual, das Du durchführen kannst. Solltest Du schon einen Namen für Dein US haben, führe dieses so wesentliche Namens-Ritual auf jeden Fall noch einmal durch. Betrachte es als Achtsamkeit und liebevolle Zuwendung Deinem US gegenüber. Der Name Deines US hat die gleiche aufbauende Energieschwingung für Dein /Euer Leben wie Dein Name. Laß Dir und Deinem US also Zeit für diese Namensfindung. Sei so voll Liebe und

Freude dabei, als wenn Du einen Namen für Dein Kind suchst!
Du solltest noch etwas bedenken. Es besteht auch die Möglichkeit - wenngleich sie auch sehr selten vorkommt - von Deinem US statt eines Namens ein *Symbol* zu bekommen. Dann gilt dieses Symbol als Kontakt-und Energie-Code-Schlüssel für Dein US.

**Das Ritual ist gerade für das US so bedeutsam.**

Das Mittlere Selbst, der Verstand, ist meistens so nüchtern und gefühlsarm, daß es Rituale als überflüssig empfindet, zumal es auch wenig über die Energie-Geheimnisse von Namen kennt.
Damit das US tatsächlich wirksam angesprochen wird, müssen wir in seiner "Programmsprache" sprechen. Und diese ist gegenüber dem nüchternen Mittleren Selbst *gefühlvoll + bildhaft + verbunden mit Hör, - Riech- und Geschmacksempfindungen.*
Werden diese *sinnhaften* Empfindungen in einer richtig abgestimmten Weise dem US dargeboten, so sprechen wir von einem Ritual. Bedenke einmal, wie vortrefflich die Kirche es versteht, für das US das Messe-"Ritual" zu veranstalten.

Ja, Du liest richtig, der tiefe Sinn der Messe ist die "Faszination" des Unteren Selbst, wodurch es sich zu seinem Hohen Selbst öffnen kann. Ich denke, hier kann ein wirklich "wissender" Priester den Unteren Selbsten der anwesenden Menschen sehr viele hochschwingende und liebevolle Lebens-Gefühlsinhalte vermitteln.

*So betrachte nun auch das folgende Ritual als eine ganz liebevolle, wissende Hinwendung zu Deinem US.*

**Fazit:**

*Dein eigener Name und der Name Deines US ist ein geistiger "Kontakt-Schlüssel" , der Energiecode zu Dir, zu Deinem US, eine Energie-Verbindung und eine Öffnungsmöglichkeit.*

# HUNA-VITA-RITUS NR. 2

## Das Namens-Ritual.

Nochmals, nimm Dir für dieses besondere Ritual genügend Zeit, wird doch das Ergebnis, der Name oder das Symbol, eine ganze Zeitlang auf Dein/Euer Leben einwirken.

### 1. Ritual-Vorbereitung.

**Die besondere Zeit-Qualität.**
Die Zeit für dieses Ritual ist nachts.
Die Energiequalität ist die Woche *vor* dem Vollmond bzw. die Nacht des Vollmondes. Dein US ist die Seelenkraft, und die wird durch die Mond-Energie (zunehmend) und die Nacht am gezieltesten beeinflußt.

**Die besondere Energiequalität.**
Weiter ist es wichtig, die 4 Kräfte/Elemente in Deinem US zu aktivieren, aus denen unser Leben und alles, was erschaffen wurde, gemacht ist. Es sind dies die Kräfte/Elemente:

ERDE - FEUER - WASSER - LUFT

Dafür besorge Dir 4 mittlere Glasschüsseln. Fülle eine Schüssel mit Erde, in die nächste Schüssel stelle eine brennende Kerze, in die dritte Schüssel fülle Wasser, die vierte Schüssel laß leer.

Die Luft-Schüssel stell vor Dich hin (ca.1m entfernt) in den Osten. Du schaust mit Deinem Gesicht dabei zum Osten. Die Schüssel mit der Kerze stelle rechts neben Dich in den Süden. Die Wasser-Schüssel stelle hinter Dich in den Westen. Die Erd-Schüssel stelle an Deine linke Seite in den Norden. Die Himmelsrichtungen haben die gleichen Energiequalitäten wie die 4 Elemente.
Jede Schüssel ist von Dir ca.1m entfernt.

In den Tagen vor diesem Ritual ist es wichtig, daß Du Dich einmal mit den Qualitäten der 4 Elemente befaßt. Lies etwas darüber oder mach Dir Gedanken über diese Energiequalitäten. Während des Rituals solltest Du Dir gedanklich und gefühlsmäßig gut diese Elemente vorstellen können, so daß Dein US dies für sich energetisch-gefühlsmäßig umsetzen kann.

**Weitere Vorbereitungen.**

Zwischen den Schüsseln breite ein weißes, möglichst quadratisches Tuch auf dem Boden aus, so daß die Ecken des Tuches auf die Schüsseln bzw. in die entsprechenden Himmelsrichtungen weisen.
Du selbst nimmst in der Mitte des Tuches Platz. Das Tuch sollte also so groß sein, daß es noch sichtbar ist. Entweder kannst Du so - mit einem Kissen - auf dem Boden sitzen oder auf einem Hocker ,
Für Dein Unteres Selbst laß leise, beruhigende Musik während dieses Rituales laufen. Du wirst es in Dir spüren, wie neugierig und aufgeregt Dein Unteres Selbst alles mitverfolgt! Bevor Du beginnst, entzünde ein *gutes* Räucherstäbchen. (z.B. von Auroshika - rose) Oder räuchere mit Weihrauch oder getrocknetem Salbei. Außer der einen Kerze in der Schüssel darf keine Kerze mehr brennen.
Sorge dafür, daß Du nicht gestört wirst. Klingel+Telefon abstellen.

**2. Ritual-Ablauf.**

**1.** Setze Dich nun, nachdem Du alles vorbereitet und hingestellt hast, auf Deinen Platz. Beginne, Dich über ca. 5 Minuten mit immer ruhiger und langsamer werdenden Atemzügen zu entspannen.

**2.** Reinige den Raum noch einmal geistig.
Laß dazu in Deiner Vorstellung eine tiefblaue Wolke durch den Raum schweben. Danach eine smaragdgrüne Wolke, danach eine eisblaue Wolke, danach eine zitronengelbe Wolke und zum Schluß eine weiße Wolke. Zu diesem Reinigungsvorgang sag:
*"Ich reinige diesen Raum mit tiefblauem Licht, (dabei siehst Du die tiefblaue Wolke durch das Zimmer schweben), mit smaragdgrünem Licht......usw. bis zum weißen Licht."*

**3.** Öffne nun in Deiner Vorstellung über Deinem Kopf die Decke, so daß durch die runde Öffnung Licht - wie ein Scheinwerfer - auf Dich fällt. Stelle Dir vor, wie Du in diesem Scheinwerferkegel sitzt. Und sieh, wie der Lichtkegel sich um Dich herum als heller Lichtkreis - wie ein weißer, runder Teppich - abzeichnet.
Fühle Dich ein paar Minuten wohl in dieser Vorstellung, im Lichtkegel und auf dem weißen, runden "Licht-Teppich" zu sitzen.
Dann atme ganz bewußt dieses helle Licht durch jede Pore in Deinen Körper ein. Fülle Dich mit dieser göttlichen LICHT-Kraft ganz an. Sie reinigt, beruhigt und belebt zugleich das Energiesystem Deines US.

**4.** Lege nun Deine beiden Hände auf Deinen Bauch. Dabei liegt die linke Hand auf dem Solar-Plexus (oberhalb des Bauchnabels), Deine rechte Hand darunter.
Der Solar-Plexus (3. Bauch-Chakra) ist die "Eingangstür" zu Deinem US. Also stell Dir vor, während Du Dich auf Deine linke Hand und den Solar-Plexus konzentrierst, wie Du eine geistige Tür öffnest und in einen Raum hineingehst.
Nun fühle Deine rechte Hand und den darunterliegenden Bauchraum. Hier ist das "Gehirn" von Deinem US. Hier ist sein Sitz.
Sprich nun Dein US mit Deinen Worten an, als ob Du sehr vertrauenswürdig, sanft und liebevoll ein Kind oder einen sehr intimen, liebevollen Freund ansprichst. Sieh Dein US zu Anfang einfach als das geliebte Kind an, oder wenn Du es schon als größer empfindest, als größeren Sohn, Tochter oder Bruder bzw. Schwester. Natürlich kann Dein US sich Dir jetzt auch als eine erwachsene oder alte Person zeigen. Du brauchst sie nicht immer sehen, sondern kannst sie sehr genau *empfinden*. Oder Du nimmst Dein US als Energie oder evtl. sogar als ein Tier wahr. Aber immer zeigt sich Dir Dein US als eine *symbolische Form*. Denke später darüber nach, welche Botschaft Dein US Dir mit seiner Symbolform vermitteln will.

**5.** Streichle Dein US im Geist sanft vom Scheitel bis zu den Füßen mit Liebe, Fürsorge und Anteilnahme. Sprich immer wieder dabei liebevolle Worte, die Dir intuitiv in den Sinn kommen.
Dann ergreife sanft und langsam seine Hand - Du stellst es Dir einfach vor

- und streichelst sie zärtlich. Umarme Dein US sanft und gib ihm Deine unbegrenzte Zuneigung und Liebe. Stelle dabei sicher, daß Du *echte* Gefühle hast. Andernfalls wird es Dein US merken.
Widme Deinem US nun mehrere tiefe Atemzüge und leite dadurch das helle Licht zu ihm.

**6.** Bitte Dein US, mit der Schale vor Dir (Osten-Luft) Kontakt aufzunehmen. Sieh in Deinem Geist, wie aus Deinem Bauch sich die Hände des US ausstrecken. Zugleich magst Du empfinden, daß es auch Deine Hände sind. (Deine physischen Hände ruhen nach wie vor auf Deinem Bauch.)
Bitte Dein US, nun die Kraft und Weisheit der Luft aufzunehmen. Vermittle Deinem US die Gedanken von weiten Lufträumen und von Wind. Fühle Dich mit Deinem US ganz in dieses Luftelement hinein. Zum Schluß atme dieses Luftelement in Deinen Bauch, indem Du Dir vorstellst, wie die Hände des US mit dem Luftelement zurück in Deinen/Euren Bauch gehen.
In gleicher Weise verfahre mit dem Feuerelement rechts neben Dir, mit dem Wasserelement hinter Dir und mit dem Erdelement links neben Dir. Alle diese Elemente-Energien ziehe mit Deinem US - wie oben beschrieben - in Deinen Bauch. Drehe Dich dabei körperlich auf Deinem Hocker, oder Sitz, in die 4 Himmelsrichtungen.
Zum Schluß bist Du wieder dem Osten zugewandt.
Fühle und stelle Dir vor, wie sich diese vier gestaltenden Schöpferkräfte der 4 Elemente in Deinem Bauch zu *einer* Energiekugel mischen.

**7.** Stelle Dir diese Energiekugel der Schöpfer-Kraft in Deinem Bauch vor. Bitte Dein US, aus diesen 4 Kräften *seinen* "Namen der Kraft" entstehen zu lassen. *Noch kümmerst Du Dich nicht darum, wie der Name heißt.*
Nun nimm in Deiner Vorstellung diese Energiekugel mit Deinen beiden Händen aus Deinem Bauch. Du hast jetzt diese Energiekugel zwischen Deinen Handflächen. Lege Deine Hände und die Energiekugel an Dein Herz-Chakra. (Es liegt: Mitte Brustbein in Herzhöhe) Bitte Dein US, jetzt aus Deinem Herz-Chakra unbegrenzte Liebe in diese Energiekugel strömen zu lassen. Atme dabei ganz bewußt aus Deinem Herz-Chakra hellrosa Liebes-Energie in diese Kugel zwischen Deinen Händen. Mach das einige Minuten lang.

**8.** Hebe Deine Hände mit der Energiekugel nun hoch zu Deinem 3. Auge. Das ist das Stirn-Chakra. (Es liegt in der Stirnmitte, etwas über den Augenbrauen.) Bitte nun Dein US, Dir diesen Namen zu zeigen. Dafür öffnest Du ganz bewußt Deine Hände. Damit auch die Kugel. Die Handflächen liegen jetzt geöffnet *auf Deinen Augen*. Sieh oder hör oder fühle jetzt diesen Namen (evtl. das Symbol). Sollte Dein US Dir nichts zeigen, schließe die Kugel noch einmal.
Lege Kugel und Hände noch einmal vor Dein Herz-Chakra. Laß wieder rosa Licht der Liebe in die Kugel strömen. Bitte Dein US nochmals um diesen Namen. Dann führe Deine Hände mit der Kugel wieder zur Stirn und öffne sie wieder. Falls nötig, wiederhole es ein drittes Mal.
Sollte immer noch kein Name und Symbol kommen, möchte Dein US im Moment *ohne Namen sein*. Sprich es dann vorerst als "lieber Freund o. Freundin" an. Nach einer gewissen Zeit, wenn Du mit Deinem US näher in Kontakt gekommen bist, wiederhole dies Ritual.

**9.** Beende das Ritual.
Bedanke Dich bei Deinem US für die Mitarbeit und den Namen.
Widme Deinem US wieder ein paar extra tiefe "Dankes-Atemzüge". Und bitte es zum Schluß, die Verbindung zu Eurem Hohen Selbst, dem Aumakua, immer intensiver herzustellen. Zeige Deinem US dazu ein Gedanken-Bild wie ein heller, goldener Mana-Energiestrom durch Dich nach oben zu Deinem Scheitel-Chakra strömt und von dort weiter, als Licht-Kanal zu Deinem 8. Siegel. Von nun an wirst Du die Verbindung mit Deinem US herstellen können, indem Du eine Hand auf Deinen Bauch legst und an den Namen Deines US oder an das Symbol denkst.

**Fazit:**

*Die Mitarbeit Deines Unihipilis kannst Du nur erlangen, wenn Du ihm die entsprechende Hochachtung und liebende Fürsorge entgegenbringst. Wenn Du diese Haltung beibehältst, wird es sich Dir gegenüber immer mehr öffnen, sich regenerieren und immer "eingeschaltet" bleiben.*

Das erreichst Du, indem Du sooft wie möglich mit Deinem US Kontakt aufnimmst (Hand auf den Bauch legen) und mit ihm redest. Hat sich Dein US erst einmal an diese Kontaktaufnahme gewöhnt, reicht es aus, wenn Du nur noch an den Namen denkst. Frage es z.B.:
*" Lieber/liebe ......(seinen Namen nennen).....Sag mir, was ist für mich in dieser Situation wichtig zu wissen? Was kann ich hier jetzt am besten machen? Ist dieses Essen für uns gut?"*
Werde innerlich still und vertraue dann dem Gefühl oder Bildern, die aufsteigen. Wenn diese Informationen wirklich von Deinem US sind - mit der Zeit wirst Du dies immer genauer spüren - wirst Du merken, daß sie Deine Lebenskraft und Deine Handlungen verstärken. Zugleich wird Dein US an dieser Angelegenheit mitarbeiten, so daß sich Dir viele neue Möglichkeiten eröffnen.

Wie bei allen Sachen, die man beherrschen möchte, so braucht man auch für diesen Kontakt und die Antworten des US Übung. Je öfter Du diesen Kontakt zu Deinem US herstellst, um so leichter wird es für Dich, Antworten zu erhalten. Du wirst schon bald tief in Dir fühlen und *wissen*, daß Dein Unihipili eine in Dir machtvolle Kraft-Quelle ist, die Dir jederzeit zur Verfügung steht. Sie wird Dich beraten, Dir helfen und Dich heilen.
In einem späteren RITUS werde ich Dich darin einweihen, wie Du mit Deinem Unihipili arbeiten kannst, um bestimmte Dinge im Alltag zu bewirken.

**Die liebevolle "Pflege" und der Schutz Deines Unteren Selbst.**

Während Dein US noch mehr oder weniger unbeachtet in Dir lebte, wurde es oft von äußeren Gedanken-Energien, Umwelt-Energien-Strahlungen, fremden Seelenenergien und schädlichen Nahrungsenergien stark beeinträchtigt und "verletzt". Diese Schäden können durch kollektive Gedankenformen noch verstärkt werden. Diese "Verletzungen" (Energie-Blockaden) können sich von gelegentlichen geistig-seelischen Disharmonien, Lebensproblemen, Ängsten, bis zu schweren Krankheiten äußern.
Diesem so wichtigen Thema "Pflege, Schutz und Reinigung" ist der ganze 5. Weg (Clearing) gewidmet. Hierhin gehört auch das große, wirkungsvolle, alte HUNA-HO'OPONOPONO-Ritual.

Als erstes gilt es nun, Dein Unihipili vor weiteren Schäden und Verletzungen zu bewahren und eine erste einfache "Pflege" vorzunehmen. Dies geschieht auf vielerlei Art. Hier möchte ich Dich in einen Ritus einweihen, der eine Pflege und zugleich ein Schutz vor diesen Außeneinwirkungen bewirkt.

# HUNA-VITA-RITUS NR. 3

## Schutz und Pflege Deines Unihipilis.

**1.** Hier beginnen wir damit, die Schmerzen, die "Kratzer", die sich von überall her angesammelt haben, von Mal zu Mal mehr zu beseitigen.

**2.** Das Untere Selbst soll vor weiteren "Verletzungen" bewahrt werden. Bedenke, all dies tust Du letztlich darum, damit Dein US immer freier und erlöster von "Masse-Energie" wird, um diese so wesentliche Verbindung mit Deinem Hohen Selbst herzustellen.

## Ablauf des Ritus.

### 1. Du gehst zu Deinem Platz der Meditation.

Hier solltest Du Dir schon frühzeitig einen Platz in Deiner Wohnung suchen, wo Du ungestört meditieren und Übungen machen kannst. Nenne ihn: *"Der Platz meines LICHTKÖRPERS"*
Hier ist der Ort wo Du Dich schneller entwickeln wirst als draußen in der Alltagswelt. Denn hier arbeitest Du wirklich gezielt mit Deinen Selbsten und hohen Energien an der Entfaltung Deines göttlichen Potentials in Dir. Reserviere Dir möglichst *täglich eine Stunde* für diese - eigentlich wichtigste - Ent-Wicklungs-Arbeit in Deinem Leben. An diesem "Platz Deines LICHT-Körpers" wirst Du später noch die LICHT-Säule errichten. Diese LICHT-Säule ist ein hochschwingender Energie-Kanal, der Dich und Deinen Meditationsplatz immer mehr transformieren wird. Dein Meditationsplatz wandelt sich zu "einem Ort der Kraft".

### 2. Entspanne Dich.

Entspanne Dich wieder mit der ruhigen, langsamen Atmung, wie schon zuvor beschrieben, oder mit der HUNA-VITA-ALPHA-ENTSPANNUNG, die ich etwas später beschreibe. Du schaust wieder zum Osten.

**3. Reinigung und Pflege von "Verletzungen".**

Nimm, wie in Ritus 2 beschrieben, Kontakt mit Deinem US auf. Also leg Deine Hände auf Deinen Bauch und sprich Dein US mit seinem Namen an. Sprich es liebevoll an. Bitte es dann, aus Deinem Körper herauszutreten. Dafür atme langsam aus, öffne Deine, auf dem Bauch liegenden Hände so, als ob Du mit dieser Bewegung Dein US aus Deinem Bauch herausziehst. Gib Deinem US eine geistige Form vor Dir. Stelle Dir einfach vor, wie das US vor Dir als eine Person (Tier usw.) dasteht.
Laß in Deiner Vorstellung wieder Licht von oben - aus der Öffnung der Decke - über Dich und über Dein US vor Dir fließen.
Nun hebe Deine Arme hoch und bitte die göttlichen LICHT-Wesen der Reinigung und Transformation, die *violette Flamme der göttlichen Reinigungskraft* über dem US auszugießen.

Stelle Dir vor, wie jetzt violettes Licht über Dein US strömt. Während des Herabströmens bewege Deine Arme langsam nach unten und ziehe so das reinigende Licht mit den Händen über Dein US.

Verweile ein paar Minuten und imaginiere, wie Dein US ganz in diesem reinigenden und heilenden Licht eingehüllt ist. Sage weiter:

*"Liebes/er...Name.... jetzt übergeben wir alle Schmerzen, alle Verletzungen und Belastungen dieser reinigenden göttlichen, violetten Flamme."*

Wenn Du Belastungen kennst, so sprich sie aus und übergib sie der Flamme.

**4. Der liebevolle Schutz.**

Dieser Teil des Ritus erfüllt einen dreifachen Zweck. Erstens soll sichergestellt werden, daß das US sich *SICHER* fühlt. Zweitens, daß es *ZUFRIEDEN* ist und drittens, daß es die *GEWISSHEIT* hat, daß der Schutz wirkungsvoll ist.
Um dies zu erreichen, müssen besonders plastische und eindrucksvolle

Gedankenbilder mit Farben erschaffen werden. Nachdem Dein US gereinigt ist, laß es weiter vor Dir stehen.

SICHERHEIT

Kleide Dein US jetzt langsam von Kopf bis Fuß in einen einteiligen Anzug - ähnlich wie ein Skianzug - der ein schönes *helles Blau* hat. Sprich dabei zu Deinem US, daß dies ein wundervoll *schützender* und *sicherer*, wärmender Anzug ist. Keine negativen Energien, Strahlungen und Gedanken von Menschen werden diesen Anzug durchdringen können.
Ziehe Deinem US nun auch Stiefel und Handschuhe an, mit der Farbe *Dunkelblau*. Diese Blaufarben sind *machtvolle Schutzfarben*.

ZUFRIEDENHEIT

Umgib Dein US nun mit einem ca. 20 cm breiten, dehnbaren "Gummigürtel". Lege den Gürtel um seine Taille. Sieh nun weiter, wie der Verschluß des Gürtels aus *drei Haken* und *drei Ösen* besteht. Hake jetzt die Haken langsam in die Ösen und sage Deinem US, daß es ganz zufrieden sein kann und von Dir geliebt und geachtet wird. Der Gürtel ist ein wichtiges Symbol für Zufriedenheit. Die "drei Haken" symbolisieren wieder - Sicherheit - Zufriedenheit - Gewißheit.

GEWISSHEIT

Umgib Dein US nun noch mit einem strahlenden, eisblauen Umhang, in den es sich ganz einhüllen kann. Der Umhang enthält einige weichverlaufende rosa Punkte, um Deinem US immer wieder Zärtlichkeit und Liebe zu geben. Dieser Umhang gibt Deinem US die *Gewißheit*, von Dir, von Deinem liebenden Bewußtsein des Mittleren Selbst, eingehüllt und beach-tet zu sein. Bedenke noch einmal, es ist hier für Dein US wichtig, *eindrucksvolle, lebensnahe und praktische Bilder* übermittelt zu bekommen. Es hätte also wenig Sinn, Sicherheit, Zufriedenheit und Gewißheit nur mit Worten des Mittleren Selbst zu sagen. Für das US ist dies meistens zu abstrakt und wirkungslos.

**5. Du beendest den Ritus von Pflege und Schutz.**

Diesen 3. Ritus solltest Du mindestens einmal wöchentlich durchführen. Laß es Dir aber eine Freude und ein wunderschönes Spiel mit Deinem US sein. Es darf nicht in Zwang und "Arbeit" ausarten. Du kannst diesen Ritus auch mit der Anrufung des Hohen Selbst verbinden. Vielleicht übermittelt Dir Dein US aber auch eine Botschaft, wann und wobei Du diesen 3. Ritus *für* Dein US ausführen sollst!

***Fazit:***

*Dieser 3. Ritus der Pflege und des Schutzes wird Dein US kräftigen und von belastenden "Alltags-Energien" befreien. Bedenke auch noch einmal, was ich in den ersten Kapiteln über erfolgreiches Üben geschrieben habe. Erhalte in Dir die Freude für all diese Übungen. Mach diese Riten zu einem wunderschönen Spiel, das Dich/Euch verwandeln wird.*

# Das Mittlere Selbst

**Eine wesentliche Voraussetzung für die harmonische Zusammenarbeit Deiner Drei Selbst-Wesen und somit für Deine Ent-Wicklungs-Arbeit ist die *wache*, realistische Betrachtung Deines Mittleren Selbst (MS) bzw. Deines Verstandes. Lerne Deinen Verstand/MS so zu erkennen wie er ist und nicht so, wie Du Deinen Verstand gerne sehen möchtest, oder wie Du (Verstand/MS) sein willst.**

Das bedeutet, an die Vorstellungen und "Möchtegerns" von - "gut-sein + hilf-reich-sein + glücklich-sein usw." ist viel Schlaf und Mißverständnis gebunden. Wenn Du Dich auf jene Wünsche einlassen möchtest, mußt Du zuerst ganz "selbst sein". Das bedeutet, Du solltest erkennen, wie Dein Verstand / MS in Verbindung mit dem Unteren Selbst und Hohen Selbst *tatsächlich* funktioniert und nicht, wie Du es Dir vorstellst oder gern haben möchtest!

**In Carlos Castanedas Werken drückt der geistige Lehrer Don Juan diese Gedanken so aus:**

"Die Zauberer behaupten, daß wir in einer Blase stecken. In einer Blase, in die wir im Augenblick unserer Geburt gesteckt werden. Zuerst ist die Blase offen, aber dann beginnt sie sich zu schließen, bis sie uns ganz eingeschlossen hat. Diese Blase ist unsere Wahrnehmung. Unser Leben lang leben wir in dieser Blase. Was wir an ihren gewölbten Wänden sehen, ist nur unser eigenes Spiegelbild und unsere Gedanken.
Das, was da reflektiert wird, ist *unsere* Ansicht der Welt. Diese Ansicht ist zuerst eine Beschreibung, die uns von unseren Erziehern vom Augenblick unserer Geburt an gegeben wird, bis unsere ganze Aufmerksamkeit von diesen Beschreibungen gefangengenommen wird und diese Beschreibungen *unsere* Ansicht wird." Die Grundidee dieser Aussage von Don Juan und die von HUNA-VITA ist, daß der Mensch als ein "schlafendes" Wesen, durch die Geburt getrennt von seinem Hohen Selbst, in den Werde-Prozeß seines Lebens eintritt.

Sein "Erwachen", seine Ent-Wicklung , oder die Ent-Faltung all seiner Fähigkeiten, die Rück-Verbindung = re-ligio zu seinem Hohen Selbst, zu seiner Göttlichkeit, muß durch *eigene* Bemühungen und Initiative erreicht werden.
Die Evolution oder die menschliche Entwicklung besteht in der Entfaltung gewisser Qualitäten, Fähigkeiten und Eigenschaften, die im Menschen schlummern. Aus meinen Erfahrungen und Beobachtungen zeigt sich, daß diese menschliche Entfaltung nur bewußt unter ganz bestimmten Voraussetzungen möglich ist. Diese bestehen aus einer tiefen inneren Bereitschaft, diese Entwicklungs-Anstrengungen zu unternehmen und einer gezielten *äußeren* Anleitung von jenen, die bereits ein Stück selbst diesen Weg gegangen sind und Erfahrungen auf diesem Entwicklungsweg gewonnen haben. Das sind jene Menschen, die *wissen*, daß sie in ihrer "Blase" sitzen und durch ihre eigenen Anschauungen ihre Lebens-Wahrnehmungen erzeugen. Durch dieses Wissen und dem wachen Handeln, öffnet sich die Blase immer weiter.
Alle Versprechungen jedoch von der Art, "wie man schnell Erleuchtung erlangen kann", zeugen von jenem Tiefschlaf, den ich zuvor beschrieben habe. Der Entfaltungsweg ist ein Weg *ohne* Ziel. Man kann nicht jetzt etwas tun, dann ist die Erleuchtung da. Die Aufgabe heißt, stetig an seiner Entfaltung zu arbeiten, Erkenntnisse gewinnen, Erlebnisse haben und sich weiter entfalten.

**Vielleicht mag für Dich die Erkenntnis aus dem zuvor Gesagten und folgende Aussage befremdend klingen:**

Nur die wenigsten Menschen werden bereit sein, diesen Entfaltungsweg zu beschreiten. Denn persönliche Entwicklung und die stetige Kraft, die eigene geistige Evolution zu betreiben, muß ein *stetiges, intensives, zugleich spielerisches* Bemühen sein und ist für die große Masse einfach zu unbequem und unlustbetont. Hinzu kommt noch, daß es nur Wenige sind, die etwas von diesem WEG (zum UR-LICHT) *wissen*. Und die anderen haben somit kein Verlangen, sich zu entfalten. Man verfolgt halt nichts, wovon man nichts weiß.
Auch wenn man vom UR-LICHT und der eigenen Entfaltung berichtet, werden die Menschen es erst wirklich begreifen, wenn sie von außen dazu

über eine gewisse Zeit vorbereitet werden und Anleitungen erhalten.

*Zugleich muß der Mensch den stetigen Wunsch aufrechterhalten, seine innere Evolution zielstrebig weiterzuverfolgen.*

Die menschliche Evolution hängt von der Bereitschaft und dem Verständnis über sich selbst ab, wieweit man sich entfalten kann und was man dafür an Bereitschaft und Hingabe einsetzen muß. Frage Dich also ab und zu: "Was habe ich in diesem Monat in mich investiert, um gezielt auf meinem Entwicklungsweg voranzukommen?" Hinzu kommt, daß der Mensch bestimmte Eigenschaften - die in seinem Mittleren Selbst schlummern - erwecken muß.
Die Schwierigkeit hier besteht darin, daß er *glaubt*, diese bestimmten Eigenschaften schon zu besitzen, obwohl sie noch ungenutzt in ihm ruhen und er von seiner "Blase" noch fest eingeschlossen und "hypnotisiert" ist.

Wir kommen hier zu der Erkenntnis, daß der Mensch sich sehr wenig kennt. Er ahnt vielleicht dumpf etwas, aber tatsächlich kennt er seine "geistige Anatomie" nicht. So schließt sich hier der Kreis. Erst wenn Du Dich, Dein Unteres Selbst, Dein Hohes Selbst und Dein Mittleres Selbst kennst, die Funktion Deiner MANA-Energie und Deiner Schattenkörper-Substanz, beginnt für Dich der Entfaltungsweg.

**Fazit:**

*Du entfaltest Deine bereits in Dir liegende Göttlichkeit, mit allen Fähigkeiten und Merkmalen, wenn Du bereit bist, Dich wirklich zu entdecken. Das ist der Weg, seine einengende "Blase" der Illusionen zu öffnen, seinen Verstand/MS zu erkennen und die Rückverbindung zu seinem Hohen Selbst - mit Hilfe des US - wieder herzustellen.*

**Die Fähigkeiten und Funktionen des Mittleren Selbst (Uhane)**

Oben schrieb ich, *vor* der Erwerbung bzw. Entfaltung der im Menschen schlummernden Fähigkeiten und Eigenschaften, muß der Mensch in sich ganz bestimmte Qualitäten entwickeln, die er zu besitzen *glaubt*, über die er sich jedoch Vorstellungen und Illusionen macht, die nicht mit seinem wirklichen Ich übereinstimmen. So macht er sich über folgende seiner Eigenschaften Illusionen: (Überprüfe, ob es auch Deine Illusionen sind!!)

- *Er meint, sein "Ich" wäre ein einheitliches, ganzes Ich.*
- *Er meint, er könne sein Tun und Handeln selbst frei bestimmen.*
- *Er meint, daß er seine wahre Individualität kenne.*
- *Er meint, daß er wach und aufmerksam sei, um hinter die Geschehnisse seines Alltags zu schauen.*
- *Er meint, daß es außerhalb von ihm eine Wirklichkeit gebe, die er objektiv erkennen und beurteilen könne.*

Solange der Mensch nun meint, diese Eigenschaften, Erkenntnisse und Fähigkeit zu besitzen (Punkt 1 bis 5), wird er kaum Anstrengungen unternehmen, sie tatsächlich erst zu erwerben. Aus diesem Grunde unternehmen die wenigsten Menschen etwas, um sich tatsächlich zu entwickeln, weil sie glauben, diese bestimmten Eigenschaften und Erkenntnisse schon zu besitzen. Und genau das ist die Falle.

**Die wesentlichste Eigenschaft,**

die unbedingt notwendig ist, diesen Entfaltungsweg begehen zu können, ist die Schulung des Bewußtseins über sich selbst. Meistens wird *Bewußtsein* mit einer Form von Denktätigkeit oder Intelligenz gleichgesetzt. Meistens wird Schulung so verstanden, das eigene Verhalten *zu verändern,* also Bandprogramme des US zu verändern. Hast Du das auch gedacht, etwas in Dir zu verändern? Bandprogramme verändern ist nichts anderes, als den alten Standpunkten und Überzeugungssystemen noch einige weitere hinzuzufügen! Tiefstschlaf ist das, liebster Freund/in!
Tatsächlich bezieht sich Bewußtsein - wie wir es innerhalb der HUNA-VITA-Praxis verstehen - auf die Fähigkeit, *sich seiner selbst bewußt zu*

*sein.* Das bedeutet, der Mensch hat gelernt auf sich selbst achtzugeben. Nämlich darauf, wie eigenständig sein Unteres Selbst Geistwesen in ihm reagiert, wie das Hohe Selbst für ihn wirkt und wie sein Mittleres Selbst-Geistwesen/ Verstand eigenständig arbeitet und wie durch diese gemeinsamen "Tätigkeiten" das eigene Bewußtsein von dieser Welt entsteht. D.h. Du entwickelst die beobachtende Fähigkeit mitzubekommen, wie in Dir Bewußtsein entsteht und sich wieder wandelt. Und all das hat nichts mit Band-Programm-Veränderung zu tun, sondern nur mit einer erweiterten MS-Qualität des Beobachtens, des Zulassens, des Wissens und des Liebens.

*So bist nur Du dazu in der Lage zu wissen und zu beobachten, ob Du zu gewissen Zeiten, in bestimmten Situationen und bei Erlebnissen ein waches, beobachtendes Bewußtsein von Dir selbst besitzt oder nicht. Dies ist der tatsächliche, wache Bewußtseinszustand der Achtsamkeit, ohne Bewertung. Es ist das nichtwertende Gewahrsein.*

**Hier liegen nun die Schwierigkeit**

und die vielen Mißverständnisse zu der herkömmlichen Psychologie und sonstigen esoterischen Richtungen. Denn Bewußtsein wird hier allgemein lediglich als eine Form der Wahrnehmung und des damit verbundenen Denkens beschrieben. Tatsächlich ist der Mensch *trotz Denktätigkeit und Wahrnehmung* meistens unbewußt und somit schlafend. Was er meint, bewußt wahrzunehmen, sind nichts anderes,
*als gerade wieder einmal ablaufende Bandprogramme der Vergangenheit, die auf die Leinwand seiner "Blase" vom US projiziert werden.*
Von diesem momentan ablaufenden "Filmband" wird der Mensch - genauso wie in einem Kinofilm - bezaubert, fasziniert oder abgeschreckt. Gerade durch seine bewertende Denktätigkeit und die damit verbundene Wahrnehmung der inneren Bilder, Gedanken und Gefühle ist der Mensch **nicht** wach und bewußt, sondern von diesem inneren Film "hypnotisiert". Er bekommt in seinem Schlaf nicht mit, daß er gerade den inneren Film mit allen zugehörigen Gefühlen und Erlebnissen wahrnimmt.
*Sein MS denkt, all dies geschieht außerhalb von ihm und ist von ihm getrennt. Solange der Mensch diese Annahme hegt, daß außen, um*

*ihn herum sich die Welt abspielt, schläft der Mensch und ist sich seiner* ***nicht*** *bewußt, obwohl er denkt und wahrnimmt!*
Liebster/e Freund/in, kriegst Du das mit?

**Der Wissenschaftler Keith Floyd**

schlägt vor, daß ein "holographisches Bewußtseinsmodell" Gehirnprozesse, Wahrnehmungen und Vorstellungskraft erklären kann.
D.h. jede Erinnerung und jede Einzelinformation (Bandprogramme), die in unserem Körper gespeichert ist, ist zugleich mit jedem anderen Informationsteil in unserem Körper verbunden, z.B. mit jeder Zellinformation. *Floyd* vertritt weiter die Ansicht, daß die *"Leinwand"* des Bewußtseins daher als eine organische Form einer holographischen (ganzheitlich, alles mit allem verbunden) Platte betrachtet werden kann, die dreidimensionale Wahrnehmungen verarbeitet und Bilder (Bänder) mit Lichtgeschwindigkeit rekonstruiert.
Die Verbundenheit aller Bereiche des Gehirns mit allen Körperzellen, der Körperenergie und allen gespeicherten Bandinformationen, auf der Leinwand unseres Bewußtseins, enthüllt verblüffende Feldqualitäten (das ist eine ganzheitliche Verbindung verschiedener Energien und Bewußtsein). Diese Feldenergien zeigen sowohl eine Beziehung zwischen Gehirnzellen und Körperzellen als auch zwischen den verschiedenen atomaren Partikeln. Hier erkennt man die nahe Beziehung zwischen Geist und Materie. Wie *Dr. Burr* von der Yale-Universität sagt: "In der letzten Analyse ist das Universum eine Einheit, deren Teile mit dem Ganzen des Universums verbunden sind, und notwendigerweise besteht zwischen dem Ganzen des Universums und den Aktivitäten seiner individuellen Bestandteile (u.a. der Mensch) eine Beziehung." In der esoterischen Tradition kennen wir hier die Bezeichnung: "Der Mensch als Mikrokosmos entspricht dem Universum, dem Makrokosmos." So kann man das Universum - wie der Physiker *F. Capra* sagt - nicht mehr als eine Ansammlung von einzelnen Teilen betrachten. Im Gegenteil, es ist ein Hologramm, also ein dynamisches Netz von wechselseitig verbundenen Ereignissen und Energien, wobei jeder Teil des Netzes die Struktur des Ganzen bestimmt. So ist eine holographische Vorstellung vom Bewußtsein und gleichzeitig vom Universum eine Geistessicht, bei der sich die Physik der Esoterik am meisten nähert.

**Wodurch kannst Du nun den *wachen* Bewußtseinszustand hervorrufen und ihn in Dir auf Dauer entfalten? Wie funktioniert Dein Mittleres Selbst?**

Diesen wachen Bewußtseinszustand der Achtsamkeit erzeugst Du durch eine besondere, neue Qualität Deines Mittleren Selbst. Es ist die neu entfaltete Fähigkeit des BEOBACHTERS innerhalb Deines MS. Hier erkennst Du schon, daß wir nur einen sehr kleinen Teil unseres MS nutzen. Es sind höchstens 5%, der Rest, 95%, liegen brach. Beginnst Du, mit der später erläuterten Technik, diese erweiterte Bewußtseinskapazität Deines MS zu entfalten, so wirst Du mit der Zeit einen erweiterten, ganzheitlicheren Bewußtseinsraum erschließen. Gleichzeitig steigert sich dadurch auch der Kontakt und die Erlebniswelt mit Deinem US und HS.
Um diesen Beobachter *zu erwecken,* ist folgendes vorher notwendig zu wissen. Stelle Dir fogende fünf Fragen:

**1.** *Was beinhaltet überhaupt das Geistwesen Mittleres Selbst?*
**2.** *Was innerhalb des Verstandes /MS ist der Beobachter?*
**3.** *Wen und was soll der Beobachter beobachten?*
**4.** *Wie fühlt sich das wache Beobachter-Erlebnis an gegenüber dem schlafenden 5%-MS-Bewußtsein?*
**5.** *Wann, unter welchen Voraussetzungen, ist der Beobachter wach, und wann "schläft" er?*

Damit Du nun Deinen Beobachter erwecken kannst, möchte ich Dich in die Funktionen und Fähigkeiten Deines zweiten Geistwesens, das Mittlere Selbst, einweihen und obige fünf Fragen beantworten.

**Wer oder was ist das "kleine Ich" oder das Ego des Mittleren Selbst?**

Werde Dir jetzt einmal der Tatsache bewußt, daß gerade jetzt jemand aus Deinen Augen herausschaut und dieses Buch liest. Wer ist das, der aus Deinen Augen schaut? Natürlich, ganz einfach, magst Du sagen. Das bin ich! Dann würde ich Dich fragen: "Wer ist *ich* ? Wie steht dieses Ich im Verhältnis zu Deinem US oder zu Deinem Hohen Selbst (HS)?" Du siehst,

schon durch diese gezielten Fragen, ist es nicht möglich, einfach nur zu sagen, das bin ich.
Erinnere Dich noch einmal an das *Psycho-Bild Nr. 10* .
Dort sprach ich von diesem Seelen-Wesen in Dir, das den "unerhörten" Wunsch besessen hatte, während des Begräbnisses zu lachen. "Es" wollte und wollte und wollte einfach lachen.
Dann spürtest Du dieses *zweite* Verstandeswesen in Dir, das sagte: "Nein, nein, nein, das ist verboten. Lachen am Grab ist unerhört!" Das war Uhane, Dein Mittleres Selbst-Wesen. In dieser Situation konntest Du dieses zweite Geist-Wesen in Deinem Körper - das scheinbar wenig Einfluß auf das US hatte - genau mitbekommen.

**Ja, Uhane - das heißt so viel wie "der Geist der spricht" -**

lebt als zweites, verstandesbewußtes Geist-Wesen ebenfalls in Deinem physischen Körper. Die besondere Fähigkeit gegenüber dem US ist seine *Urteilskraft*. "Weinen am Grab ist verboten!" Uhane, das MS, kann abstrakte und konkrete Sachverhalte und Dinge *beurteilen*, zwischen verschiedenen Alternativen *auswählen* und sich für eine Sache *entscheiden*. Es kann *Standpunkte* einnehmen, *hoffen*, daß etwas geschieht und *glauben*, daß es einen Gott gibt. Das MS baut sich *Überzeugungssysteme* auf, sucht nach *Übereinstimmung* dafür und will dann sein *Recht haben*.

## *Psycho-Bild Nr.12 "Der Computer".*

*Stell Dir einen Computer vor. Dort steht er in seinem grauen Metall- und Kunststoffgehäuse. Dieses Computergehäuse wollen wir im Vergleich zum Menschen den "Körper" nennen.*
*Nichts geschieht, der Bildschirm ist dunkel, er schläft. Dann aber, nachdem ein gewisser Schalter betätigt wurde, hörst Du Geräusche, und nach einigem Flackern ist der Bildschirm hell. Der Computer "lebt".*
*Diese Energie, den Strom, der den Computer zum Leben erweckt hat, wollen wir in diesem Bild MANA nennen. Es ist die vitale Lebensenergie des Computers und im Vergleich zu Deinem Körper die Lebenskraft, von den Kahunas MANA genannt. Nun setzt Du Dich an die Schreibtastatur. Du nimmst mittels bestimmter energetischer Befehle*

*Kontakt mit dem Speicherinhalt des Computers auf. Diese "Befehlseingabe" beruht auf nüchternen, logischen und abstrakten Denkvorgängen. Ohne Gefühle. Dieses Eintippen der Befehlseingaben an den Computer können wir mit dem Mittleren Selbst vergleichen. So wärest auch Du - der die Befehle erdenkt und auf die Tasten drückt - ein Anteil des MS.*

*Das bereits gespeicherte Wissen im Computer, all seine Programme auf den "Bändern" (oder Festplatte/Disketten) in ihrer Gesamtheit, ist das Untere Selbst. Hier erkennst Du, daß das Computer-US nur arbeiten kann, wenn es entsprechende Befehle vom Mittleren Selbst bekommt, das die Tastatur bedient. In ähnlicher Art bedient auch das Geistwesen Mittleres Selbst in Deinem Körper eine "Tastatur", um Datenimpulse an das US zu übermitteln. Diese "Körpertastatur" besteht aus dem Gehirn und den zugehörigen Sinnen. Natürlich geschieht dies immer in enger Zusammenarbeit mit dem Unteren Selbst.*
*Nun gibt es einen bzw. mehrere Konstrukteure des Computers, wobei diese Konstrukteure sehr eng mit dem MS-Befehlseingeber zusammenhängen. Den übergeordneten Konstrukteur können wir in diesem Bild das Hohe Selbst nennen.*
*Wenn nun der Konstrukteur (HS) mit dem, der die Daten in den Computer eintippt (MS) und mit allen Programmen im Computer (US) gut zusammenarbeitet, funktioniert das "Computerleben". Ist das Computergehäuse mit den elektronischen Bauteilen (Körper) jedoch defekt bzw. arbeitet der Befehlseingeber (MS) nicht in gutem, korrektem "Kontakt" mit den Programmen im Computer (US), so gibt es ebenfalls erhebliche Schwierigkeiten im "Computerleben."*
*Ähnlich kannst Du diese Verhältnisse der Zusammenarbeit auf Deinen Körper, mit Deinem HS, US, MS und der MANA-Energie übertragen.*

Soweit dieses Psycho-Bild, das natürlich nur annähernd mit dem Menschen und seinen Funktionen verglichen werden kann.
Aus diesem Bild wirst Du jedoch ableiten können, wie <u>ein</u> Ich entsteht. Verbindet sich der Verstand/MS mit einem bestimmten Programm (Band) des US, so entsteht als *Reaktion* aus dieser Verbindung in Dir bzw. in Deinem Gehirn (auf Deiner inneren "Blasenleinwand") eine Wahrneh-

mung, ein ablaufender "Film", eine bestimmte Ansicht von einer Sache. Mit anderen Worten, in Deinem Gehirn wird das wahrnehmende Ich-Bewußtsein erzeugt. Dieses wahrnehmende "Ichbewußtsein" nennen wir auch "Ego" oder "kleines Ich". Ego entsteht also aus der Verbindung von:

EGO = MS 5% (VERSTAND) + BAND/BÄNDER

So kann sich nun das Geist-Wesen Mittleres Selbst, unter Mitarbeit des US, mit jedem (fast jedem) Bandprogramm verbinden. Es entsteht aus dieser Verbindung, einschließlich aller zugehörigen Gefühle - die Gefühle sind ein Bestandteil des Bandes - ein weiteres Ich.

## Der "Schlaf" des Verstandes.

Da der "schlafende" Verstand (MS 5%) diese Verbindung mit dem Band bzw. den Bändern als solcher nicht mitbekommt, weil der Beobachter schläft, identifiziert er sich mit dieser inneren Wahrnehmung als "Ich". "Ich bin hier, und dort draußen um mich herum geschieht alles". Das, was also auf der inneren Leinwand abläuft, wird nach außen projiziert und somit auch außen gesehen. Auf diesen "Illusions-Bewußtseins-Trick" fällt fast jedes 5%-Mittlere Selbst herein. Vergleichen können wir das mit dem Filmablauf auf der Kinoleinwand. Auch hier kommt es bei besonders spannenden Filmen vor, daß man sich auf einmal mit der Illusion des Filmes so identifiziert, daß man die Zeit vergißt, mit- leidet, weint und lacht. Oft fühlt man sich nach dem Film so, als ob man aus einer anderen Wirklichkeit, einem Traum kommt.

Genau das gleiche erlebst Du täglich mit der Illusion Deiner Umwelt, die sich dieses Mal nicht auf einer äußeren Leinwand abspielt, sondern auf Deiner inneren Leinwand. Und weil das so wenige wissen, geschweige denn *beobachten* können, ist die Illusion perfekt! Glaube nicht, es wäre ja keine Illusion, weil Du doch um Dich herum alles anfassen kannst und als Materie erlebst.

Bedenke, auch im Traum kannst Du alles anfassen und erlebst Materie!

Und bedenke, Du kannst alles nur um Dich herum erkennen, weil Du es seit Deiner Babyzeit gespeichert, etikettiert und erlebt hast. Das bedeutet, jede materielle Form ist *in Dir* gespeichert. Und somit erlebst Du *gleich-*

*zeitig* beim Anfassen einer Form die zugehörige, gespeicherte Bandform auf Deiner inneren Leinwand. Darum nur kannst Du die äußere Form als solche wahrnehmen und bezeichnen.
Man weiß z.B. von Menschen, die von Geburt an blind sind und später doch sehen konnten, daß sie zuerst keine Bilder sehen konnten. Es zeigte sich nichts auf ihrer inneren Leinwand. Warum? Nun, sie hatten nie die Möglichkeit, die Außenformen und Situationen zu bezeichnen und zu programmieren. Diesen "Etikettierungs-Vorgang" müssen sie jetzt nachholen. Erst dann erleben sie die Illusion der Außenwelt.
Das gleiche spielt sich ab bei Menschen, die keine Form erspüren können. Das kommt bei den Menschen vor, bei denen man die Verbindung zwischen den Gehirnhälften, die "Brücke", durchgetrennt hat. Früher machte man das bei Epileptikern, um die Anfälle zu reduzieren. Nun, ein Mensch, bei dem solch ein Eingriff gemacht wurde, kann, wenn er einen runden Gegenstand in seiner rechten Hand hält und nicht hinschaut, auch nicht diesen runden Gegenstand wahrnehmen. Es ist für ihn irgend etwas, was nicht definiert werden kann. D.h. auf seiner inneren Leinwand erscheint nicht dieser runde Gegenstand, und er kann nichts darüber aussagen, da er dazu die rechte Gehirnhälfte benötigt, in der Raumvorstellungen erfahrbar und gespeichert sind. Da aber seine rechte Hand nur mit seiner linken Gehirnhälfte zusammenarbeitet - und die linke Hand mit der rechten Gehirnhälfte - und die Gehirnhälften getrennt sind, hat er (sein US) nicht mehr die Möglichkeit, in dieser Art auf seine Raumvorstellung (runder Gegenstand) zurückzugreifen.
Man hat Eingeborenen, die noch nie mit unserer Gesellschaft zu tun gehabt haben, Filme von Großstädten vorgespielt. Als man sie fragte, was sie gesehen haben, war die Antwort: Nichts. Nur Lichtflimmern. Auch hier wieder das gleiche Spiel. Diese Eingeborenen hatten keine Speicherung über Großstädte, da sie diese noch nie gesehen haben. Also konnte ihr US auch nichts Ähnliches auf ihre innere Leinwand projizieren.

**_Fazit_**

*Also zusammengefaßt heißt das, wir nehmen von der Außenwelt nur unsere davon gespeicherten, auf der inneren Leinwand ablaufenden Bänder, von allen programmierten Sinneseindrücken wahr.*

## Viele Ichs identifizieren sich.

Schaut man nun in einem nächsten, erwachenden Schritt genauer auf dieses Ich, stellt man fest, daß es nicht nur ein Ich, sondern auf einmal sehr viele Ichs gibt. Sie scheinen untereinander nicht verbunden zu sein, und jedes Ich hängt vom Wechsel der Bänder und den äußeren Umstände ab.
Jedes dieser Ichs repräsentiert im gegebenen Augenblick nur einen ganz kleinen Teil unseres ganzen Selbst. Jedes kleine Ich ist nichts weiter als die Verbindung mit einem oder mehreren Bändern. Du bist aber nicht - in Deiner Gesamtheit - das Band bzw. nur ein Ich.
Genau an diesem Punkt finden wir den Tiefschlaf. Denn der Mensch, der solch eine Verbindung mit einem Band eingeht, *identifiziert sich mit diesem einen Bandprogramm und schließt damit auf seine ganze Persönlichkeit, die er als das Ich bezeichnet.*

Z.B. hat sich ein MS mit einem in der frühen Kindheit entstandenen Schuld-Band-Programm verbunden. Der Mensch identifiziert sich nun in seinem Schlaf mit diesem einen Schuldband und hält sich für diesen Moment ganzheitlich für schuldig und eventuell für schlecht. Er erlebt in sich: "Ich bin schuldig und schlecht". Seine ganze innere "Blasenleinwand" ist angefüllt mit diesem Schuldband, allen zugehörigen Bildern, Gefühlen und Energien. Es ist jetzt ein schuldig entstanden.
Tatsächlich jedoch würde dieser Mensch - wäre er in seinem wachen Beobachter - feststellen, daß gerade in diesem Moment ein Band von seinem US auf seine "innere Blasenleinwand" projiziert wird. D.h. es läuft gerade das Schuld-Film-Band ab, mit allen zugehörigen, niedrig schwingenden Gefühlen. Nicht mehr, nicht weniger.
Der wache, beobachtende Mensch bekommt diesen Umstand genau mit und identifiziert sich darum nicht mit diesem Schuldband, sondern beobachtet weiter den inneren Film-Band-Ablauf und die in seinem Körper auftretenden Gefühle. Schließlich bemerkt er, wie das Band mit seinen niedrigen Masse-Energien abgelaufen ist. Seine innere Leinwand wird wieder leer. Alles beruhigt sich in ihm. Er hat sich gerade ein Stück von belastenden Schuldenergien erlöst.

**Ganz anders hat sich der schlafende Mensch verhalten.**

Er bekommt folgende Sachverhalte <u>*nicht mit:*</u>

☹ der aktiver Beobachter zu sein,
☹ die US-Reaktion mit dem Schuldband,
☹ die Projektion des Schuld-Band-Filmes auf die innere Leinwand.

Das einzige, was er tut bzw. wozu er durch seinen Schlaf *gezwungen* wird, ist, sich mit dem gerade ablaufenden Schuldband und den äußeren Reizen, die dieses Band ausgelöst haben, völlig zu identifizieren. Das gipfelt in der Erkenntnis : "Ich bin schuldig und schlecht!" Damit ist das Schuld-Ich erschaffen. Nun beginnt er sich zu ärgern, fühlt sich körperlich schlecht, beginnt einen inneren Dialog seiner Verteidigung, beschuldigt andere Menschen und fühlt sich danach nur noch schuldiger und schlechter.
Warum? Nun, während er sich ärgerte und an seine Verteidigung dachte, hat er dieses Schuldband mit neuen Programmen - aus seinem Denken und evtl. ärgerlichem Handeln - noch mehr aufgeladen. Da er sich mit diesem Band identifiziert, also schuldhaft *verkettet*, bleibt dieses Schuld-Film-Band noch eine lange Zeit auf seiner inneren Leinwand erhalten. Die Leinwand wird nicht leer für neue Bänder. Das Schuld-Ich bleibt erhalten, und der Mensch leidet. Er ist zu einem isolierten, eigenständigen "Schuld-Ich" geworden und hat sich dadurch von seinem ganzen Sein (alle Bänder + US + HS + MANA) abgetrennt.
Dieses "Schuld-Ich" empfindet nun, der ganze Mensch zu sein. Und tatsächlich <u>*glaubt*</u> (MS 5%) dieser Mensch auch fest daran, wenn er sagt : "Ja, ich (der ganze Mensch) bin schuldig und schlecht!"
Tage später, wenn alles abgeklungen ist, die innere Leinwand wieder leer geworden ist und sich mit einem anderen Filmband gefüllt hat, beginnt dieses Schlafspiel von neuem.

**Ein neues Schlafspiel beginnt.**

Wieder identifiziert sich der Mensch mit diesem neuen Band, das diesmal den Titel trägt: "Ich bin ein äußerst gewissenhafter Mitarbeiter!" Ein neues Ich ist von diesem Schlafenden kreiert worden. Es heißt: "Ich - der gewis-

senhafte Mitarbeiter."
Das schuldhaft schlechte Ich ist vergessen. Jetzt lebt das neue Ich und wird mit derselben schlafenden Überzeugung und Inbrunst verteidigt und aufrechterhalten wie das letzte Ich.
Die Tragödie dabei ist, daß dieser Mensch sich all dessen nicht bewußt wird. Und so bleibt er Jahr um Jahr in seinen vielen Ichs gefangen im Tiefschlaf. Es gibt kaum eine Chance der gezielten Entwicklung, auch wenn er fleißig meditiert - mit seinem schlafenden "Meditier-Ich" - oder Kurse besucht, um ein noch besseres "Koch-Ich", oder "Heil-Ich", oder "Management-Ich" zu bekommen. Mit jeder weiteren, festen, verkettenden Identifizierung - Mittleres Selbst + Lernband - vertieft sich der Schlaf, wird die innere Leinwand noch voller.

***Fazit:***

*Die Illusion, sich seiner selbst bewußt zu sein, wird also vom schlafenden MS in Verbindung mit einem Bandprogramm erschaffen. Der wache Mensch hat gelernt, sich* ***nicht*** *mehr mit den ablaufenden Bändern auf seiner inneren Leinwand zu identifizieren. Er beobachtet lediglich das unangenehme Filmband und die damit verbundenen Gefühle in seinem Körper. Er erkennt, daß gerade eines der vielen Ichs entstanden ist (z.B. das Schuld-Ich) und sich wieder aufgelöst hat. Und er kämpft gegen die entstandenen Ichs nicht an. Er weiß, daß es nicht das eine Ich gibt.*

Wir können aufgrund der letzten Ausführungen feststellen, daß das Mittlere Selbst Geist-Wesen aus drei Elementen besteht:

***1.*** Dem 5% MS (Verstand) + 95% schlafendem MS besteht.
***2.*** Dem kleinen Ich, dem Ego = 5%MS (Verstand) + Bänder besteht.
***3.*** Dem Beobachter besteht (Anteil des MS).

Setzen wir die Gesamtheit des Mittleren Selbst gleich 100% an, so hätte das kleine Ich mit dem Verstand einen Anteil von höchstens 5%. Das

deckt sich in etwa auch mit dem, was die medizinischen Untersuchungen über das Gehirn ergeben haben. Hier ist man zu der Erkenntnis gelangt, daß der Mensch bis jetzt höchstens 10% seiner Gehirnkapazität nutzt. Man sagt, Einstein hätte ca. 10% genutzt. Nun, seien wir großzügig und gestatten uns, mit 5% "halbe Einsteins" zu sein.
Erweitern wir unser Mittleres Selbst Bewußtsein über 5% hinaus, entwikkelt sich die Fähigkeit, immer mehr ganzheitliche Strukturen zu erkennen. Hier liegt auch die Fähigkeit von z.B. Einstein, unsere Welt und die Welt der Physik aus einem ganz anderen, nämlich ganzheitlicheren *"Blickwinkel"* zu betrachten, mit den zugehörigen Erkenntnissen und Entdeckungen. Die Erweiterung des MS über 5% hinaus bedeutet nicht eine gesteigerte Klugheit im Sinn von mehr Wissen, sondern von einer umfassenderen Ganzheitlichkeit. Wird das Gehirn gar zu 10%, 20% oder 30% genutzt und damit auch das MS, so kann dieser Mensch immer mehr in seinem Beobachter leben. Er ist der Illusion der Wirklichkeit immer weniger verfallen. Er lebt vollkommen im Hier und Jetzt.
Dieser Mensch wird sich bewußt, daß er durch sein inneres Raumsein (Liebe) für sich, seine Bänder und alles um sich herum, sein Karma, also seine irdischen Programme der Vergangenheit entwickelt und erlöst. Sein US darf leben und die niedere Masse-Energie auf den Bändern befreien.
Dieses "Meta-Bewußtsein" (10%-20%-30% MS) des Menschen - Meta bedeutet hier, über das schlafende 5%-Bewußtsein hinaus - führt eher zu einem unauffälligen Menschen, mit einer bestimmten Aura des Verstehens, der Erkenntnis, des stillen Beobachtens und Akzeptierens und somit der Liebe.
Durch dieses umfassende Beobachten, Bändererlösen und Erkennen, wird dieser Mensch nicht mehr so abhängig, getrieben und gefangen von seinen irdischen Bandprogrammen. Er wird nicht mehr zwangsweise von seinem MS manipuliert.

*Dr. Timothy Leary* sagt zu dieser Bewußtseinsform: "Wenn Menschen einmal der Atmosphäre ihrer zwanghaften, irdischen Verhaftungen entstiegen sind, wird die beschleunigte Bewußtseins-Intelligenz dieses Meta-Bewußtseins eine Kommunikation auf höheren Ebenen mit höheren Intelligenzen ermöglichen."

## Das "Höhere Denkvermögen" - MS 30% bis 70%

Dieses höhere Denkvermögen tritt dann ein, wenn der Mensch seine irdischen, karmischen Verwicklungen und Programme der Vergangenheit erlöst hat. Somit ist er auch einer Wiedergeburt auf diesen Schulplaneten Erde enthoben. Es sei denn er entschließt sich, wieder zu inkarnieren, um hier auf der Erde bestimmte Aufgaben zu übernehmen.
In diesem höheren Denkvermögen erleben Menschen jederzeit bewußt die Visionen von Vergangenheit und Zukunft. Dieser Mensch hat seine "Persönlichkeit" (Verbindung mit seinen Bändern) verloren, er wird "transpersonal" und beginnt die Fähigkeit zu entwickeln, sich mit der Einheit des Kosmos zu verbinden. Er hat Zugang zum ganzheitlichen Gehirn unseres Planeten gefunden und damit Zugang zum Bewußtsein aller Menschen. Er sieht und erlebt - wenn er auf der Erde in einem Körper inkarniert ist - seinen Körper bewußt und willentlich in stetiger Wiedergeburt. D.h. er entscheidet, wann er inkarniert und wann er diese irdische Ebene und seinen Körper verläßt. Dieser Mensch hat einen umfassenden Kontakt mit seinem Hohen Selbst.

## Das "Kosmische Denkvermögen" MS 70% bis 100%

Wenn ein Bewußtsein - hier können wir kaum noch von dem körperhaften Menschen sprechen - sich in diesem kosmischen Denkvermögen oder Bewußtsein aufhält, ist es mit seinen Selbsten vereinigt und verschmolzen. Es ist der "auferstandene" Adam Kadmon, der LICHT-Körper geworden, er ist vollkommen erleuchtet. In diesem Sinn ist er ein aufgestiegener Meister geworden, ein Jesus, ein Buddha, ein Krishna.
Hier wirst Du den Ausspruch der Eingeweihten verstehen, die sagten:

## "Der Mensch ist ein schlafender Gott!"

Nimm dies mit in Dein Leben und erinnere Dich stetig daran, die 100% - Gott-Kapazität ist in Dir. Du mußt sie nicht irgendwo suchen. Du bist der Meister, der Gott, der sich jeden Tag auf diesem Planeten Erde weiterentfaltet. Der einzige Weg, Gott (Dein Hohes Selbst) in Dir zu erleben ist, *Dein eigenes Wesen*, Deine geistige Anatomie, zu verstehen und gefühlsmäßig zu begreifen. Dann kannst Du sagen und Du ***weißt*** es: " Ich weiß, wer Gott ist, denn der "Vater" und ich sind eins und darum weiß ich, wer ich bin - GOTT, auf der Ebene des Hohen Selbst. Gott - das Hohe Selbst - in sich zu entfalten, heißt zu sagen: "ICH BIN".

Aber kehren wir nun zurück zu unserem 5%-MS-Verstand. Um das 5%-Bewußtsein weiterzuentfalten, wollen wir noch genauer diese Funktionen und Schlafspiele des 5%-MS betrachten. Denn aufwachen heißt auch erkennen.

**Wir mit unserem Verstand = 5% Mittleres Selbst,**

führen nun auch ein entsprechendes "5%-Dasein". Das bedeutet, unser Denken und Handeln ist momentan noch äußerst beschränkt. Uns Menschen fehlt die Fähigkeit, ganzheitlicher zu leben, zu denken und zu handeln.
Die Menschen betrachten ihr Dasein aus der 5%-Teil-Perspektive. Sie teilen ein, sie teilen auf, sie unter-teilen und sie ver-urteilen. Sie erleben sich als "Teil-Ichs". Der Mensch fühlt sich ab-geteilt vom Ganzen, von Gott, von seinem Hohen Selbst.
So haben sich die Menschen in Nationalitäten ein-geteilt und durch Grenzen ab-geteilt. Sie müssen sich bekämpfen, um die Teile - mit denen sie sich durch ihr 5%-Teil-Bewußtsein identifizieren - zu erhalten. Denn was geschieht mit ihren vielen Teil-Ichs, wenn bestimmte Lebens-Gebiets-Ideologie-Teile nicht mehr erhalten bleiben?
Natürlich, jedes 5%-Teil-Ich muß aufpassen, daß es erhalten bleibt, weil es doch schon so klein ist! Sonst besteht die Gefahr, einfach unterzugehen. Also ein ganz wesentlicher Zweck des 5%-MS-Verstandes besteht darin, dafür zu sorgen, daß er erhalten bleibt und überlebt. Und Du wirst noch erstaunt sein, was "Klein-Ego" alles anstellt, um sich und seine Dominanz zu erhalten. Der 5%-MS-Verstand wird so "vernünftig" sein, so in "Übereinstimmung" mit anderen "klugen" Meinungen, so logisch sein und solche klaren "Überzeugungssyteme" programmiert haben, daß er Dir immer wieder "beweisen" wird, daß *seine* Betrachtungsweise vom Leben die richtige ist. Und das ist die Falle.

Ein 5%-Teil-Ego hat natürlich auch ein Anrecht auf eine gewisse Abgrenzung von den 4%- 3%-2%-1%-Teil-Egos. Gar nicht zu reden von den 1/2% oder 1/4% - Teil-Egos. Die Persönlichkeit ist angewiesen auf diese Abgrenzung, um sich in ihren besonderen Teil-Fähigkeiten von den anderen Teil-Egos zu unterscheiden. Wie sollte man sie sonst auch erkennen?

**Die "Dogmen-Überzeugungssysteme" der Teil-Egos.**

5%-Teil-Egos entwickeln mit der Zeit ganz erstaunliche Verhaltensweisen. Besonders "lustvolle" und sich selbst erhaltende Verhaltensweisen bestehen darin, bestimmte Denk-und Verhaltensmuster für eine gut funktionierende 5%-Schlafgesellschaft aufzustellen und mittels bestimmter Institutionen darüber zu wachen, daß sie eingehalten werden. D. h. hier suchen die Teil-Ichs nach gemeinsamer *Übereinkunft,* um solche gemeinsamen Überzeugungssysteme aufrechtzuerhalten. Solche wichtigen, überwachten Verhaltens- und Denkweisen heißen *Dogmen* oder *Überzeugungssysteme.*

**Dogmen** (Überzeugungssysteme) **garantieren Dir Sicherheit, den Ego-Schlaf aufrechtzuerhalten.**

Dogmen geben einen gewissen Schutz vor den so unverständlichen Teil-Egos, die aus ihrem 5%-Dasein ausbrechen wollen.
Dogmen geben das Recht zu Streit, sich zu behaupten, zu töten und Kriege zu führen.
Dogmen bestimmen, wie Frauen und Kinder richtig zu behandeln sind.
Dogmen sagen Dir, wie Du denken und glauben sollst und am besten Sex machst...........
Dogmen machen süchtig, sie aufrechtzuerhalten.
Dogmen sind Drogen und Du wirst davon ganz nebenbei drogensüchtig.
Dogmen-Drogen hat man Dir seit Deiner Geburt verfüttert und dafür gesorgt, daß Du sie Dir auch wirklich machtvoll einprogrammierst und so Dein Leben lang erhältst und danach süchtig bleibst. Und das Witzigste daran ist, Du merkst es noch nicht einmal! Der kleine, aber bedeutende Unterschied zwischen Dir und einem Heroinsüchtigen ist der, daß Deine

Dogmen-Überzeugungs-Drogensucht so umfassend und allgemein verbreitet ist und somit von kaum jemandem bemerkt wird. Und im Gegensatz zum Rauschgift kosten Dogmen-Drogen nichts. Aber sie erzeugen wie Rauschgift Halluzinationen und Illusionen!

Solltest Du durch dieses Buch auf einen "Überzeugungs-Drogenentzug" gehen und diesen sogar noch durch einen "Kurs-Drogen-Entzug" unterstützen, wirst Du wahrscheinlich schneller, als Dir lieb ist, von anderen therapiert. Vielleicht zuerst durch mitleidvolle Sympathie und wenn das nicht wirkt, durch Freundschaftsentzug, bis zur massiven Verurteilung Deiner geistigen Qualitäten.
Denn Dogmen-Überzeugungssysteme sind für Schlafende unbedingt notwendig, freundschaftliche, familiäre, kirchliche und politische Machtstrukturen zu beschützen und zu erhalten.

***Fazit:***
*Ein Teil Deines Mittleren Selbst ist der 5%-Ego-Teil, der Verstand. Er ist süchtig nach allem, was ihm in seinem Teil-Bewußtsein Sicherheit gibt: nach Dogmen-Überzeugungssystemen. Durch Dogmen wird die 5%-Macht- und Schlafstruktur des Verstandes erhalten. Weitere Eigenschaften des 5%-Ego/Verstandes sind: Bewerten - urteilen - logisch sein - ohne Gefühl sein.*

**Wie erkennst Du Deine Wirklichkeit? Die Wirklichkeit des Mittleren Selbst.**

## *Psycho-Bild Nr. 13 "Der Unfall".*

*Jäh wurde sie durch das Gequietsche und Gepolter aus ihren Gedanken gerissen. Irgend etwas Dunkles war an ihr vorbeigesaust und hinter dem nahen Straßenabhang verschwunden.*
*Während sie erschrocken und angstvoll, mit aufgeregt klopfendem*

*Herzen hinüberlief, wurde sie von den Gefühlen der Angst und des Schreckens übermannt. Sie wagt kaum, hinunter zum Fuß der Böschung zu schauen, um nicht von dem Bedrohlichen, das sich ihr gleich zeigen wird, geschockt zu werden. Und dann sah, fühlte und erlebte sie das sich ihr darbietende Bild der Zerstörung.*
*Später, als ein Polizist ihre Beobachtung des Unfalls notierte, war ihre Aussage voll des Schreckens und der Fürchterlichkeit dieses Unfalls.................*
*Mit erstaunlich ruhiger Stimme und präzisen Angaben über dieses Unfalldrama berichtete eine ältere, grauhaarige Geschäftsfrau, die von ihrem Laden, auf der anderen Straßenseite, alles beobachtete hatte.*
*In ihren klaren, hellen Augen schien ein tiefes Verstehen zu liegen von dem, was hier geschehen war. Ihre Worte, ja ihre ganze Person, das empfand auch der protokollierende Polizist, drückten Mitgefühl, zugleich jedoch ein erdgebundenes, realistisches Empfinden für diese Situation aus. Ihre Aussagen waren eher nüchtern und voll genauer Beobachtungen.*

Versetze Dich nun einmal, so gut es geht, in die oben beschriebene Unfallrealität. Könntest Du Dir vorstellen, Daß Dein Unfallprotokoll eine noch andere Aussage und gefühlsmäßige Färbung bekommen hätte?

Irgendwann würde sich ein ganz neutraler Leser dieser Berichte fragen: Wie spielte sich dieser Unfall nun *wirklich* ab? Ja, was glaubst Du, geschah tatsächlich in *der Wirklichkeit*? Oder was geschah, wenn kein Beobachter diesen Unfall sah? Kann denn jemand überhaupt berichten, wie es nun wirklich geschah?

Nun, an diesem Beispiel wirst Du erkennen, daß wir die Wirklichkeit überhaupt nicht wahrnehmen können. Erinnere Dich auch daran, was ich auf den Seiten davor über die Wirklichkeit der Bänder auf unserer inneren Leinwand geschrieben habe.
Was Du und ich und all die anderen Menschen tatsächlich wahrnehmen, sind Bilder, Gedanken und Gefühle von diesem Unfall, die in uns, auf unserer inneren Leinwand von unseren Bändern gefärbt werden. Mit anderen Worten, Dein 5%-Mittleres Selbst, Dein Ich, erlebt diesen Unfall -

oder die Wirklichkeit - nur immer "aus zweiter Hand". Das tatsächliche Unfallgeschehen, die Wirklichkeit, wird über all Deine Sinne zuerst aufgenommen, sodann von Deinem Unteren Selbst in unglaublicher Geschwindigkeit (das US ist etwa 60000 mal schneller als der Verstand-MS) mit *ähnlichen* Band-Programmierungen von Unfällen verglichen, verbunden und "gefärbt". Diese mit Angst, Schrecken, Mitgefühl eingefärbten Programme werden vom US an Dein Mittleres Selbst, auf die innere Leinwand und in den Körper zurückgegeben.
Was Du jetzt von diesem Unfall erlebst, fühlst, siehst und denkst, ist schon von Deinem US und von ähnlichen Progamm-Unfällen vorverarbeitet. So erlebt jeder von uns *seinen Unfall*, einen Unfall aus zweiter Hand. Dieses Erleben ist *unsere/Deine* Wirklichkeit und nicht die Wirklichkeit. Für dieses Erleben - das Deine Wirklichkeit ist - bist nur Du alleine verantwortlich.

**Die Maya-Falle.**

Dieses Wahrnehmen von Situationen, Menschen und Gegenständen ergibt sich aus der - fast möchte ich sagen "eigenartigen" - Konstruktion unseres Unteren und Mittleren Selbst.
Über diese besondere "geistige Anatomie" vom US und MS macht man sich im Alltag kaum Gedanken, bzw. viele wissen überhaupt nicht, was sich da Erstaunliches in der Psyche abspielt. Mit anderen Worten, der (schlafende) Mensch geht einfach davon aus, daß dort außerhalb von ihm die tatsächliche Realität geschieht. Und wir haben nun festgestellt, daß dieses Denken eine Illusion ist. Die östliche esoterische Tradition nennt diese Illusion Maya.
Maya ist die Falle, in die der Mensch immer wieder geht. Maya, die Illusion, (vom Unfall) erzeugen wir, eingefärbt durch all unsere Bänder, auf unserer inneren Leinwand. Meistens identifizieren wir uns so machtvoll mit diesen Leinwandfilmen der Illusion, daß sehr wirkungsvolle Überzeugungssysteme erschaffen werden, die wiederum unser Leben bestimmen.

**Diese "Maya-Illusions-Falle" hat für unser Leben ganz gewaltige Konsequenzen.**

Erkennt man dieses Maya-Spiel und kann es mit seinem Beobachter beobachten, beginnt sich das eigene Leben ganz drastisch zu verwandeln. Der Mensch beginnt immer mehr aufzuwachen und kann oft stundenlang über seine früheren Schlafspiele, seine Bemühungen um Veränderung, über seine im Schlaf konstruierten Überzeugungssysteme und sein "Rechthaben" auf diese Illusionen, lachen. Er weiß, daß es für ihn nur eine Wirklichkeit gibt, und die ereignet sich ständig in ihm selbst. Er ist somit der Schöpfer seines Universums und gleichzeitig Erbauer seiner Zukunft und seines Schicksals. Für alles muß er die totale Verantwortung übernehmen. Das Leben bewegt sich hin zur Fülle, zum Sein, zu Gott. Er weiß, daß er Gott in seinem Universum ist. Er erlebt zunehmend Gott in sich, seine Göttlichkeit.

Erkennt man dieses Maya-Spiel nicht, was bei den meisten Menschen der Fall ist, beginnt sich der Mensch mit diesen Illusionen zu identifizieren. Nur erkennt er nicht, daß er der Schöpfer seines Erlebens von der Illusion (z.B. der Unfall) ist. Der Mensch meint, draußen, außerhalb von ihm, sei die Realität. - Genau das aber ist ja seine Illusion. Dadurch erlebt er sich von den (scheinbaren) Außendingen völlig getrennt. Er erlebt sich als Subjekt und draußen, getrennt von ihm sind die Objekte. Er erlebt seinen Innen-Standpunkt, der getrennt von einem anderen Außen-Standpunkt existiert. Und wenn er nicht Übereinstimmung mit dem anderen, fremden, oft bedrohlichen Außen-Standpunkt erhält, muß gestritten und gekämpft werden, bis der unangenehme Standpunkt verschwunden ist oder der äußere Standpunkt gleich dem inneren ( angenehmen) Standpunkt ist.

Von diesem Ich-Standpunkt aus betrachtet und auf ihn bezogen, wird alles außerhalb Wahrgenommene zum Gegen-Stand. Wie das Wort es sagt, der Mensch steht der Sache gegenüber und erlebt sich somit getrennt von ihr, von den anderen Menschen, von der Umwelt, der Natur und von allem was in der Welt geschieht. Darum entwickeln die Menschen so wenig verbindende Gefühle mit ihrer Umwelt, den Menschen und der Natur. Und darum sind sie auch so schnell in der Lage dieses Äußere, Getrennte zu vernichten.
Dieses Getrenntsein erzeugt im Menschen die nächste Illusion, ein immer stärker werdendes Gefühl und den Eindruck von Verlassenheit und Einsamkeit.

Darum sucht der Mensch auch ständig nach äußeren Menschen und Sachen, um sich damit zu verbinden, damit endlich das so lange vermißte Gefühl der Geborgenheit, der Zuneigung und der Liebe zustande kommt. Was jedoch nur entstanden ist, ist eine weitere Illusion, die schnell zerplatzt und wieder, wie schon so oft, ist der (schlafende) Mensch auf der Suche nach der nächsten Illusion der Geborgenheit.

***Fazit:***
*Solange der Mensch jedoch außen sucht und im Schlaf bleibt, wird sein 5%-Mittleres Selbst immer wieder diesen "Illusions-Trick" der Trennung von Außenwelt und Innenwelt vollziehen, ohne daß es der Mensch mitbekommt.*

**Die Welt des Ichs, des Egos, des 5%-Verstand-MS ist also eine gegen-sätzliche, eine Standpunkte erschaffende, eine Subjekt-Objekt erschaffende, eine trennende, verstandorientierte, also "vernünftige" Welt.**

Dabei werden vernünftige Standpunkte miteinander, durch Übereinstimmung mit anderen vernünftigen Mittleren Selbsten, verbunden. Für den Menschen, der dieses so erlebt, ist die Wirklichkeit nur dann Wirklichkeit, wenn sie im Gefüge dieser gegenständlichen Welt ihren festen Platz und Standpunkt hat. Festgehalten und bewertet wird diese gegenständliche Wirklichkeit und Umwelt in Begriffen. Diese lassen sich begreifen, festhalten, vernünftig bewerten, einordnen und katalogisieren.

Wirklichkeit ist demnach für jene Menschen nur das, was sich in die Ordnung des begrifflich Festgestellten einordnen läßt, was gegenständlich ist, womit man Standpunkte erschaffen kann und mit anderen Übereinstimmung erlebt.

Wirklichkeit ist also für viele Menschen eine bestimmte Ordnung von Begriffen, Gegenständen, Menschen und Situationen, die aus der Sicht: "Hier bin ich das Subjekt und dort, getrennt von mir, sind die anderen Objekte" wahrgenommen wird.

Wirklichkeit ist demnach physisch, körperlich, gegenständlich, gegensätzlich und begrifflich. So sieht es die herkömmliche Physik, die Medizin, die Technik und der Mensch.

Wirklichkeit ist in ihrer Substanz der Körperlichkeit meßbar und läßt sich in Form von Raum-Zeit-Distanz ausdrücken.

Wirklichkeit entsteht, wenn viele Menschen darin übereinstimmen, daß eine gemeinsame Ordung, ein gemeinsamer Nenner von Überzeugungssystemen, von Begriffen und Standpunkten zugrundeliegt.
Wirklichkeit ist also abhängig von Übereinkunft.

Wirklichkeit ist Vernünftigkeit. Ordnung, Begriffe, Gegenständlichkeit und Meßbarkeit beruhen auf Übereinstimmung und Übereinkunft. Das ist für viele Menschen überzeugend und vernünftig, ein Kriterium des 5%-Verstandes.

Unwirklichkeit ist demnach für viele Menschen das, was sich dieser Ordnung, der Begrifflichkeit, der Gegenständlichkeit, der Übereinkunft, der Meßbarkeit und der Vernünftigkeit entzieht.

**Diese so fixierte Wirklichkeit bestimmt vollkommen unser Leben und unsere Welt.**

Das 5% Mittlere Selbst-Ich entwickelt mit dieser Wirklichkeitssicht für sich ganz bestimmte, festgelegte Theorien, Dogmen, Überzeugungs- und Glaubenssysteme. Diese werden von Menschen, von Institutionen, Regierungen und Kirchen, die diese Wirklichkeit unterstützen, durch Rechthaben verteidigt - wenn es sein muß mit Gewalt und Krieg.
Aus dieser fixierten Wirklichkeit entwickelt das 5%-Mittlere Selbst Bewertungen von Gut und Böse, von Richtig und Falsch, um andere Menschen, die mit dieser Wirklichkeit nicht übereinstimmen, ins Unrecht zu setzen.

Die 5%-Mittleren Selbste jener Menschen entwickeln eine bestimmte Welt-Dogmen- und Glaubensauffassung, die in Übereinstimmung mit anderen Dogmengläubigen sagt, was für die Menschen, die Nachbarn, den Partner, die Arbeitskollegen und die Kinder von Bedeutung ist und was nicht.

**Was aber ist für jene Menschen in ihrer Wirklichkeit die Unwirklichkeit?**

Nun, wenn für das 5%-MS die Wirklichkeit materiell-physisch ist, dann muß die Unwirklichkeit nicht physisch und nicht materiell sein.

Wenn Wirklichkeit meßbar ist, dann ist die Unwirklichkeit nicht meßbar.

Wenn Wirklichkeit von Übereinkunft und Bestätigung durch andere Menschen abhängt, dann darf Unwirklichkeit nicht von Übereinkunft und Bestätigung durch andere abhängig sein.

Wenn Wirklichkeit von Vernünftigkeit und Ordnung bestimmt ist, dann muß Unwirklichkeit nicht abhängig sein von Vernünftigkeit, Ordnung und Logik.

Wenn Wirklichkeit von Gegenständlichkeit und Gegensätzlichkeit bestimmt wird, dann ist Unwirklichkeit nicht Gegensätzlichkeit und Gegenständlichkeit.

**Liebster Freund/in, die Frage ist nun:**

Was ist in Deinem Leben:<br>
> nicht physisch<br>
> nicht meßbar<br>
> nicht abhängig von Vernünftigkeit, Ordnung und Logik<br>
> nicht durch Übereinkunft und Bestätigung bestimmt<br>
> nicht bestimmt von Gegenständlichkeit und Gegensätzlichkeit?<br>
Kennst Du etwas, was auf diese Beschreibung paßt? Natürlich, es muß geistiger Natur sein, etwas, was Du tief in Dir wahrnimmst.<br>
JA, ES IST DIE EIGENE ERLEBETE ERFAHRUNG!

**Erfahrung ist der Ursprung unseres Erlebens.**

Erfahrung ist nicht physisch, materiell, ist nicht mit einem Maßstab meßbar, ist nicht abhängig von Vernünftigkeit, Ordnung und Logik, hängt nicht von Übereinkunft und Bestätigung ab und ist nicht durch Gegenständlichkeit und Gegensätzlichkeit bestimmt.
Ist nicht Erfahrung das Wirklichste, was wir selbst erleben können? Ist nicht aus unserer erlebten Erfahrung unsere größte Gewißheit von etwas entstanden? Ist nicht Deine erlebte Erfahrung der Ursprung Deiner Welt und Deiner Erkenntnisse?
Ja, Erfahrung ist die Wirklichkeit, Deine wahrhaftigste, allumfassende Wirklichkeit, die wirklichste Sache der Welt!

***Fazit***

*Erfahrung ist der Ursprung all Deines Erlebens, Deiner Welt. Erfahrung ist der "wahre Ursprung", die Quelle, woraus alles in Deiner Welt entsteht. Erfahrung ist Wirklichkeit, ist nicht physich, nicht meßbar, hängt nicht von Vernünftigkeit, Ordnung und Logik ab, ist nicht abhängig von Übereinkunft und Bestätigung.*

Ja, unsere meßbare, physische Welt ist unwirklich, ist die Illusion, ist Maya, ist scheinbar außerhalb von uns, ist gegensätzlich und gegenständlich, ist meßbar, ist abhängig von Übereinkunft und Überzeugungssystemen.

**Was jeder die Wirklichkeit nennt, ist tatsächlich eine Illusion.**

Und was jeder die Unwirklichkeit nennt, ist das Wirklichste, was Du erleben kannst. Dein Erleben ist für Dich das Wirklichste, die Wahrheit! Dein Gotteserleben gibt Dir die Gewißheit, Deine Wahrheit von Gott. Das ist das Wirklichste, was Du erleben kannst.
Dein Liebeserleben gibt Dir die Gewißheit der Liebe, das Wirklichste, was Du erleben kannst.
Deine psychisch-geistig, mit dem Unteren Selbst und Mittleren Selbst er-

lebte Erfahrung, ist Deine Wirklichkeit. Zugleich können wir für diese geistig-seelische Wirklichkeit auch noch einen Begriff setzen, nämlich den Traum. Denn befindest Du Dich in einem Traum, erlebst Du ihn genauso wie ein Erlebnis in Deinem Wachsein.
Bedenke, was ich Dir sagte: Deine Wachwelt entsteht auch nur, indem auf bestimmte Reize hin entsprechende Filmbänder auf Deiner inneren Leinwand erscheinen und Du dadurch Deine Wirklichkeit von der Umwelt erlebst. So könnten wir hier auch sagen, Deine erlebte Wirklichkeit ist nichts anderes, als ein Aspekt Deiner durch Deine Bänder erzeugten Lebens-Traumwelt. Du erlebst letztlich nichts weiter als eine andere, bewußtere Traumwelt innerhalb des großen, göttlichen Traum-Universums.
So mag es nun eine Definition sein, ob wir sagen "göttliches Traum-Univer-sum" oder "die göttliche Wirklichkeit". Wir wollen hier bei dem Begriff "göttliche Wirklichkeit" bleiben und dabei festhalten, daß wir sie mit unserem Verstandes-Bewußtsein nie als Ganzes erleben können und selbst für uns erzeugen.

Liebster Freund/in, ich möchte Dich hier gleich warnen, behalte diese Geschichte mit Wirklichkeit und Unwirklichkeit und "göttliches Traum-Universum" für Dich! Wenn Du das dem Rest der schlafenden Menschheit erzählst, werden sie Dich sehr mitleidig ansehen und für bekloppt halten. Versuche also nicht den Leuten, die in ihrem 5%-Verstand gefangen sind, beizubringen, daß die einzige Wirklichkeit, die es für sie gibt, ihre eigene erlebte Erfahrung ist und das, was sie in der Außenwelt wahrnehmen, die Unwirklichkeit, die Illusion, Maya ist.

## Die Gesetze der Illusion.

Aber auch wenn es Illusion und Unwirklichkeit ist, bedeutet es nicht, sich darüber einfach hinwegzusetzen. Jedenfalls bis jetzt noch nicht. Denn die Illusion (der große Welten-Traum) hat in Bezug auf diese Erde und in Bezug zu all den 5%-Mittleren Selbsten auch ihre Gesetzmäßigkeiten.
Es kommt auch nicht darauf an, die Illusion von dieser Welt zu verändern oder die Illusion Deiner Überzeugungssysteme und Dogmen, Übereinkünfte usw. zu verändern. Das geht nicht, weil eine Veränderung innerhalb der Illusion sofort eine neue Illusion erschafft. Schau, wie oft wolltest

Du Dich, Deine Illusion, verändern? Hat es geklappt?
Genauso wie Du die Illusion eines Traumes nicht verändern kannst, kannst Du Deine Lebens-Traumwelt, die sich nur auf Deiner inneren Blasen-Leinwand abspielt, nicht verändern. Tust Du es dennoch - und Du hast es Dein Leben lang versucht - erschaffst Du lediglich einen neuen Film (Überzeugung) in Deiner Lebens-Traumwelt.

Wesentlich ist für Dich zu erkennen - das nenne ich aufwachen - wie Du der erwachte, wissende Mitspieler, der Schöpfer innerhalb Deiner Lebens-Traumwelt, in Deiner erlebten Wirklichkeit, werden kannst.

**Deine Erfahrung ist Deine Wirklichkeit!**

*Dein Erdenken, mit Deinem 5%-MS, Deine Überzeugungssysteme, Dein Rechthaben, Dein Bewerten, Dein Übereinstimmen, Deine Dogmen sind die Unwirklichkeit, die Illusion Deines Lebens! Der hypnotische Tiefschlaf. Aus dieser Hypnose gilt es zu erwachen, um Dein "traumhaftes" Leben oder Deine Wirklichkeit zu erkennen und darin bewußt, frei, energievoll und göttlich zu leben.*
*Dein im 5%-Verstand Sein ist Deine Unwirklichkeit! So schwer es auch sein mag, dies zu akzeptieren.*

**Die Wirklichkeit, die Wahrheit, die Göttlichkeit hinter allem**

erzwingt und bewirkt die äußere materielle Form, die Wirkung. Die Wirklichkeit liegt vor der Wirkung, die Wirklichkeit ist die Ursache oder der wahre Ursprung, die Urquelle allen Seins. Wirklichkeit ist ganzheitlich, nicht geteilt und ist darum mit unserem 5%-Teil-Verstand nicht erdenkbar, sondern nur mit unserem ganzen Sein (Unteres Selbst, Mittleres Selbst und Hohes Selbst) zu erleben.

**Wirklichkeit ist also nichts anderes als:**

erlebte Erfahrung, gesuchte Erfahrung, gemachte Erfahrung, gespürte Erfahrung, bejahte Erfahrung, akzeptierte Erfahrung, beobachtete Erfahrung, teilgenommene Erfahrung, natürlich auch furchtbare Erfahrungen,

Todeserfahrung, Liebeserfahrung, Gotteserfahrung.
Wenn Du also bereit bist, aus der engen Begrenzung Deines hypnotisierten Verstandes (5%MS) herauszukommen bzw. aufzuwachen und Deine verstandesorientierten Bewertungen, Dogmen, Überzeugungssysteme, Übereinkünfte, Vernünftigkeiten und Veränderungsabsichten losläßt, wirst Du Deine eigene Abgrenzung verlassen können und an Dein wahrhaftiges Erleben, die Quelle des wahren Ursprungs, des UR-LICHTES, des Seins aller Dinge, gelangen.

**Ja, dann........................**

☺ Dann wirst Du Deinen in Dir schlummernden göttlichen Funken, Dein Hohes Selbst tief und beglückend erleben.

☺ Dann wirst Du Dir Deiner Göttlichkeit bewußt.

☺ Dann weißt Du, daß alles, alle Erfahrung nur in Dir liegt und nur durch Dich selbst erfahrbrar ist und daß das Deine tatsächliche Wirklichkeit ist.

☺ Dann weißt Du, daß DU der Ursprung all Deines Erlebens bist, der Erschaffer Deines Universums und Deines Schicksals.

☺ Dann weißt Du, daß Du als Erschaffer Deiner Welt für alles, was mit Dir geschieht, die volle Verantwortung übernehmen mußt. Und daraus erkennst Du, daß genau hierin das ganze Potential Deiner Lern-und Entwicklungschancen liegen.

☺ Dann weißt Du, daß die Weisheit des Schöpfers genau darin besteht, sich nicht in Dein Schicksal = Deine Lebenslernlektionen einzumischen. Wie solltest Du sonst lernen und Dich ent-wickeln?

☺ Dann beginnst Du immer mehr aufzuwachen und in Deiner, der einzig wahren, erlebbaren Wirklichkeit zu leben, eigenverantwortlich, im Mittelpunkt des Universums. In Deinem Zentrum, in der Mitte.

☺ Dann erfährst Du Göttlichkeit.

☺ Dann weißt Du.

☺ Dann brauchst Du nicht mehr hoffend zu glauben.

☺ Dann weißt Du, daß Du ein Gott bist, mit allen göttlichen Eigenschaften in Deinem (Traum-) Universum, Deiner Wirklichkeit.

## Wie entfaltest Du den "Mittleren Selbst-Beobachter" in Dir?

**Oder: Wie gelangt man von der "Nicht-Erfahrung" zur wachen, erlebten Erfahrung?**

Voraussetzung dazu ist das Wissen von der "geistigen Anatomie", daß es ein Unteres Selbst mit allen Bändern gibt und ein Mittleres Selbst 5%, das sich mit diesen einzelnen Bändern ständig verkettet und so ein schlafendes, hypnotisiertes Ego erschafft. Zur Entfaltung des Beobachters ist dieses Wissen Voraussetzung. Du mußt es wissen. Glauben oder hoffen, dieses verstanden zu haben, nutzt nichts. Der Beobachter wird nicht erweckt. Du bleibst in Deinem hypnotischen Tiefschlaf. Gibt es Schwierigkeiten mit der Aktivierung Deines Beobachters, lies die letzten Seiten über das US und MS noch einmal sorgfältig durch und denke darüber nach!

**Mit Deinem Beobachter durchschaust Du Deine vielfältigen, traumhaften Lebenslügen.**

Natürlich kannst Du gleich damit beginnen, gegen das, was ich Dir jetzt aufzeige, Widerstand und Ablehnung aufzubauen und mit Deinen Begründungen zu verharmlosen. In dieses Tun wirst Du viel Energie (MANA) stecken, nur um Dir - Deinem Ego - zu beweisen, wie richtig Deine von Kindheit an einprogrammierten Drogen/Überzeugungssysteme sind und das, was ich Dir sage, nicht funktionieren kann. - Obwohl mit Überzeugungssystemen das Leben auch nicht besser funktioniert. - Krieg es mit, Dein "Widerstandsspiel"! So machst Du es auch im Alltag. Warum also nicht auch hier oder in den Kursen?

Das mag genau das "Schlafspiel" sein, mit dem Du bis jetzt umgegangen bist und das Dein Leben nicht hat funktionieren lassen. Vielleicht wird Dein 5%MS weiter all die Vermeidungstaktiken ausspielen, nur um seine verschiedenen lustvollen Schlafrollen, seine Dogmen und Überzeugungssysteme aufrechtzuerhalten. Das alles ist genau das, was Dich davon abhält, Dein Leben in seiner ganzen, umfassenden Fülle zu erleben und funktionieren zu lassen.
Diese klugen, vernünftigen Überzeugungssysteme (Dogmen-Drogen) Deines Lebens haben direkt damit zu tun, daß das Leben nicht funktioniert.
Auch wenn Dein Ego-MS bzw. Dein 5%MS-Verstand vor sich hinzischt und bruzzelt, dieses Buch an die Wand schmeißen will und ihm all das, was ich ihm sage, nicht passen mag:

- *Deine klugen und intelligenten Lebensvorstellungen, Deine Standpunkte und Deine Überzeugungen zerstören Dein Erleben von Deinem Leben.*

- *All Deine Versuche und Vorstellungen und Hoffnungen, Dein Leben und Deine Probleme verändern zu wollen, haben es nur noch fester im Leid zementiert.*

- *Du glaubst an Deine Überzeugungssysteme, darum spielen sie mit Dir und Deinem Leben, und Du gehst leer aus und erlebst Mangel.*

- *Du glaubst an Gott und tötest damit Dein Gotteserleben.*

Glaubst Du an die Existenz von Schafen?
Welch eine blöde Frage, wirst Du mir sagen! Natürlich, liebster Freund/in,

an Schafe zu glauben ist Unsinn. Du brauchst nicht zu glauben, denn Du hast sie mit allen Sinnen erlebt und erfahren. Also weißt Du, daß sie existieren.
Glaubst Du an die Existenz von Gott? Oder *weißt* Du, daß Er existiert?
Jeder Glaube und jede Vorstellung von Gott läßt Ihn in Dir verblassen. Man kann Gott mit seinen Glaubenssystemen und Vorstellungen nicht festlegen. Man kann sich nicht vorstellen und damit festlegen, wie man Gott erfahren will oder soll.
Gott geht in seiner unendlichen, göttlichen Vielfalt "auf leisen Sohlen" durch diese Welt und wird sich Dir gerade so zeigen, wie Du es Dir in Deiner Erwartung und Vorstellung gerade nicht festgelegt hast.
Legst Du in Deinen Meditationen - und auch in der später aufgezeigten HUNA-VITA-Anrufung - Gotteserlebnisse, LICHT-Erfahrungen und sonstige Erlebnisse fest, gibt es keine Gotteserfahrung mehr in Dir. Diese läßt sich nicht mit dem 5% MS-Verstand festlegen.
Genauso lassen sich die Lebensfülle, Glück und Liebe nicht mit Überzeugungssystemen/Dogmen und bestimmten Glaubensvorstellungen festlegen. Aber genau das tust Du ständig in Deinem Leben mit Deinem 5% MS-Verstand! Er *verkettet* und *identifiziert* sich ständig mit Deinen - von Kindheit an - einprogrammierten Überzeugungssystemen und bestimmten Vorstellungen von Liebe, Lebensglück und Gott!

**Gib es auf! Es gibt keine Veränderung!**

Ja, ich weiß, das scheint beim ersten Lesen paradox und verrückt zu sein. Haben wir doch alle seit unserer Kindheit eingebleut bekommen, daß wir uns zu besseren, klügeren und liebevolleren Menschen verändern sollen. Und was ist aus diesen Krämpfen und Kämpfen und Glaubenssystemen um Veränderung geworden? Schau Dir Dein Leben und die Welt an! Irgend etwas scheint da nicht zu funktionieren!
Hast Du vielleicht nur die Dogmen-Drogen und Überzeugungssysteme Deiner Erzieher, der Schule, der Institutionen, der Therapien, der Gurus und der Kirche übernommen und tatsächlich gehofft und daran geglaubt, das Leben, die Liebe und Gott durch diese Dogmen-Programme "in den Griff" zu bekommen?
Ist Dir, Deinem Verstand, da nicht doch ein so absurder Lebensirrtum

unterlaufen, daß Du das überhaupt nicht sehen, geschweige denn annehmen magst?
Denn dann, liebster/e Freund/in, wenn Du es tatsächlich wagen würdest, diesen (Deinen) Lebensirrtum zu akzeptieren, daß Du in Deiner Wirklichkeit, in Deinem Lebenstraum keine Chance hast, durch Veränderungen = neue Dogmen/Überzeugungssysteme, in Deinem Leben (Traum) etwas zu bewirken, wären 20 oder 30 oder mehr Lebensjahre Therapie, Abplackerei um Veränderungen und Bessersein und neue Überzeugungssysteme und Denkmodelle, für die Katz gewesen.
Welches schlafende Klein-Ego gibt das schon zu und kann es "überleben", daß dann all die anderen Überzeugungssysteme, Standpunkte, Übereinstimmungen und Dogmen auch noch nach und nach wie ein Kartenhaus mit einstürzen!
Menschen, die das in ihrem Leben aufdecken und tief in sich diese Erkenntnis erleben, daß es für sie nie in ihrem Traumleben, in ihrer Wirklichkeit, eine Chance gegeben hat, (übrigens gilt das auch für Dich) ihr Leben durch immer neue Drogen/Überzeugungssysteme, bessere Therapien und Glaubensmodelle zu verändern bzw. besser funktionieren zu lassen, lachen oft stundenlang über diesen wahrhaft göttlichen (kosmischen) Lebens-Irrtum-Schlaf-Witz !!

Übrigens kann man diesen "großartigen Witz" nur mit dem US erleben. Der Verstand-5%MS kriegt es auf seiner Ebene als Trostpreis mit. Aber der Hauptgewinn ist ein tiefes, bauchwackelndes, augentränendes, lachendes, umfassendes, völlig befreiendes US + HS ERLEBEN, das das Leben von einer höheren "Hauptgewinn-Ebene" , der "5. Etage" her, wandelt. (Und darum nicht verändert.) In diesem Sinn ist das Buch hier auch nur ein Trostpreis für Dein 5% MS. Aber immerhin, ein Trostpreis ist auch ein Preis.

Aber vielleicht, wenn Du mal Lust hast einen Hauptgewinn zu erleben, oder Dich mal vor Lachen über Dein bisheriges Leben, über all Deine Abplackerei und Veränderungsversuche mittels immer neuer Dogmen/Drogen-Therapie-Überzeugungssyteme, kugeln möchtest, erwarte ich Dich...........

Aber vielleicht ist Dein 5%-Verstand jetzt so verschreckt, daß er Dir schnell klarmacht, lieber zu Hause zu bleiben - um süchtig "Dogmen-Drogen" zu genießen.....

**Dein Beobachter kriegt es mit, er weiß es schon immer.**

Dein Verstand muß lernen, wie der Beobachter "angeschaltet" wird. Befindest Du Dich mit dem Bewußtsein Deines Verstandes in der Ebene des Beobachters (ca. zwischen 10% und 30% Kapazität Deines Mittleren Selbst), erlebst Du den Fluß des Lebens. Du selbst wirst zum Lebensfluß. Du bist das Leben, so wie es in Deiner Wirklichkeit ist. Du erlebst Leben mit all seinen großartigen Hauptgewinnen.

Fällst Du wieder zurück in die 5%-Ebene des Verstandes, erdenkst Du Dein Leben mittels neuer Dogmen/Drogen, Therapien und Überzeugungen vom Leben. Dann bist Du in der Zukunft oder in der Vergangenheit. Das produziert nur Trostpreise und drückt sich in Deinem Alltag dadurch aus, daß Dir vieles lasch, schal, energielos, krank, freudlos und so banal alltäglich vorkommt, weil alles so fest zementiert bleibt.

Aber Du erinnerst Dich immer wieder an die Augenblicke tiefen, kraftvollen Erlebens, an die Hauptgewinne in der Gegenwart. Doch der schlafende Mensch hat keine Macht über diese Augenblicke des Erwachens, zu dieser farbigen, kraftvollen Lebensfülle. Denn er versucht sogleich, krampfhaft diese großartige Fülle mit dem 5% Verstand (MS) zu wiederholen. Und da entstehen nichts anderes als Trostpreise, weil Vergangenheit nicht wiederholbar ist.

**Der Verstand kann das Leben nicht erleben.**

Genauso, wie der 5%-Verstand die Liebe nicht erleben kann, weil er sie nur erdenken kann, kann er auch einen Orgasmus nicht erdenken. Denn dann sind die Liebe und der Orgasmus und die Lebensfülle nicht da, sondern nur der Orgasmus im Kopf!
Doch genau das tun die Menschen immer wieder. Darum haben viele auch so lange schon keine Lebensfülle, keine Liebe und keinen Orgasmus mehr

erlebt. Darum müssen sie - als Trost für ihren Liebes- und Orgasmustrostpreis - anderen soviel darüber aus der Vergangenheit erzählen. Wer Hauptgewinne erlebt, schweigt und genießt in der Gegenwart!
Der schlafende Mensch bekommt lediglich mit, wie Augenblicke des tiefen Erlebens kurzfristig in der Gegenwart auftauchen und von selbst wieder verschwinden.
So stellt sich hier natürlich die Frage:
Ist es möglich, dieses wirkliche Erleben, diese eigene Wirklichkeit mit seinen Hauptgewinnen bewußt, über längere Zeit aufrechtzuerhalten? Mit anderen Worten, ist es möglich, im Beobachter bewußt seine eigene Wirklichkeitsfülle zu erleben und darin zu bleiben?
Bekomme es nun genau mit. Dieses ist der ganz entscheidende Punkt:

**Wie kann ich in meinem Beobachter wach werden und bewußt bleiben und Hauptgewinne erhalten?**

Wenn Du diese Frage wirklich verstanden hast, bekommst Du mit, daß Du die meiste Zeit Deines Lebens eben nicht bewußt, sondern unbewußt und schlafend verbracht hast, begleitet und hypnotisiert von vielen Dogmen und Trostpreisen. Ja, ich weiß, sich so etwas einzugestehen, ist zu Anfang recht schwer. Lachen hilft da sehr gut.
Liebster/e Freund/in, es ist durchaus möglich, die Kontrolle über Dein Beobachter-Bewußtsein zu erlangen. Du kannst Dir Deiner selbst bewußt werden mit allem, was dies einschließt und was Du Dir in Deinem jetzigen Zustand noch gar nicht vorstellen kannst.
Das größte Hindernis, diesen besonderen Bewußtseinszustand Deiner Wirklichkeitsfülle zu erlangen, liegt in der Unwissenheit über Dich selbst und darin, zu glauben, daß Du schon wach in der Gegenwart seist.
Um diesen Bewußtseinszustand zu erreichen, mußt Du also über Dich selbst Bescheid wissen. Ich nenne es: über Deine "geistige Anatomie" informiert sein.
Nun habe ich Dich auf den Seiten zuvor schon in die wichtigsten Funktionen Deines Unteren Selbst und Mittleren Selbst eingeweiht.
Jetzt sollst Du lernen, wie Du Deinen Beobachter immer wieder "einschalten" kannst, um durch dieses Training immer mehr in diesen erweiterten Bewußtseinszustand der Gegenwart zu kommen.

**Unter welchen Voraussetzungen ist Dein Beobachter eingeschaltet und wann nicht?**

Solange Du ausschließlich in Deinem 5%-Verstand (MS) bleibst, entsteht eine Welt und ein Leben um Dich herum, das aus Denken - Vernünftigkeit - Überzeugung - Dogmen - Bewertung - Rechthaben und Übereinstimmung besteht. Es ist Deine Welt der Trostpreise, die Welt eines Schlafenden, meist in der Vergangenheit oder Zukunft.
Sobald Du in die Ebene Deines Beobachters gehst, entsteht Deine Welt der Wirklichkeitsfülle, des Erlebens, der Farbigkeit, der Schwingungen, der Gefühle, des Akzeptierens. Du erlebst Lebenswirklichkeit und die Welt der Hauptgewinne und das geschieht nur jetzt, in diesem Augenblick der Jetzt-Zeit, der Gegenwart. Wie gelangt man aber nun in diese Welt des Beobachters, des Lebens und der Hauptgewinne?

## *Psycho-Bild Nr. 13 "Die Ebene des Er-Lebens".*

*Stell Dir jetzt einmal eine riesenhafte, unendlich große Ebene vor. So weit Du schauen kannst, nichts als Weite vor Dir, ohne jede Begrenzung. Diese unbegrenzte Ebene wollen wir das Bewußtsein nennen, in dem alles enthalten ist. Alles Erleben, alle Erfahrungen, alles Leben, allumfassend und ohne Begrenzung, eben die göttliche Wirklichkeit.*
*Du stehst auf dieser unbegrenzten Bewußtseinsebene und kommst Dir in Deinem jetzigen Zustand recht verloren und wenig geborgen vor. Also beginnst Du, um Dich von dieser so unpersönlichen Unendlichkeit abzugrenzen und hervorzuheben, einen Zaun um Dich zu ziehen. 100m x100m.*
*In dieser "Begrenzung" kannst Du Dich nun schon viel besser wahrnehmen. Du siehst, was Dir gehört, wo Deine Ansprüche enden und begrenzt sind. Jetzt beginnst Du Dich sehr häuslich einzurichten.*
*Du weißt, daß es vernünftig ist, im Leben klare und eindeutige Standpunkte zu erschaffen. Also zimmerst Du Dir Dein Haus, mit vielen Zimmern. Die Bausteine zu diesem Haus Deines Lebens heißen: Überzeugungssysteme, Übereinstimmungen, Rechtfertigung und Rechthaben.*
*In der Zwischenzeit bist Du nicht alleine geblieben. Neben Dir hat sich jemand sein Grundstück mit 200m x 200m abgesteckt. Auch er be-*

*ginnt sein Grundstück anzulegen und sein Haus zu bauen, aus ähnlichen Bausteinen und mit vielen besonderen Standpunkten. So geht es weiter. Immer mehr Nachbarn siedeln um Dein Grundstück.*

*Die ersten nachbarschaftlichen Kontakte werden schnell geschlossen. So erzählst Du eines Tages Deinem rechten Nachbarn von Deinem Hobby, fast schwarze Rosen zu züchten. Deinem Standpunkt und Deiner Überzeugung, daß diese schwarzen Rosen besonders wertvoll sind, hast Du mit einem großen, runden Rosenbeet Ausdruck verliehen.*
*Etwas erstaunt bemerkst Du, wie der Nachbar auf Deine Erzählungen ungläubig reagiert. Das gipfelt schließlich in der Feststellung, daß das mit den schwarzen Rosen eine Lüge sei. Auch er, der Nachbar habe alle Rosen in seinem Garten, aber schwarze Rosen seien doch vollkommen unmöglich, so etwas könne er in seinem Garten, in seinem "abgegrenzten Bewußtseins-Grundstück" nirgends entdecken. Also gibt es nicht schwarze Rosen in seiner "Traum-Wirklichkeit".*
*Im Gegenzug berichtet Dir nun jener Nachbar von seinen Billardkugel großen Radieschen. Doch das scheint Dir nun wirklich reichlich übertrieben zu sein. Nach Deiner Überzeugung kann es so große Radieschen in Deiner "Traum-Wirklichkeit" nie geben. Außerdem stimmst Du da mit anderen Radieschenkennern überein, daß große Radieschen nicht sehr gut schmecken und recht fad sind. So, das ist Dein Standpunkt, und den heißt es nun zu erhalten und zu verteidigen.*

*Mit der Zeit merkst Du, wie unbehaglich das Leben mit diesem und einigen anderen Nachbarn wird. Überall gibt es Standpunkte, auf denen jeder fest stehenbleiben will, weil er davon überzeugt ist, daß ein Mensch seine Standpunkte haben muß. Jeder hat seine Überzeugungssysteme, die, wenn es sein muß, auch mit Streit, Ärger oder sogar Gewalt aufrechterhalten werden müssen.*
*Die meiste Zeit Deines Lebens auf diesem Grundstück hast Du damit zugebracht, Dir immer wieder selbst zu bestätigen und von anderen Gleichgesinnten bestätigen zu lassen, daß es sehr vernünftig ist, so zu handeln, wie Du handelst. So ist Vernünftigkeit etwas, wo viele Freunde mit Dir und Deiner Überzeugung von etwas übereinstimmen.*
*Trotz aller Vernünftigkeit, trotz all Deiner klugen Standpunkte, trotz*

*der eindeutigen und oft wissenschaftlichen Überzeugungen und trotz der Übereinstimmung mit all Deinen vielen Freunden in Deinen Vorstellungen, verläuft Dein Leben schwach, unbefriedigend und freudlos. Das Leben funktioniert nicht in den nachbarschaftlichen Beziehungen, es gibt Schwierigkeiten mit Kollegen und Deinem Partner, die ähnliche Vorstellungen und Überzeugungen wie gewisse Nachbarn haben. Obwohl doch all Deine Absichten darauf ausgerichtet sind, alles vernünftig zu überdenken, logisch Deine Standpunkte anderen darzulegen, die Geschehnisse des Alltags objektiv zu bewerten, funktioniert das Leben nicht. Es gibt schon lange keine großartigen Erlebnisse und Hauptgewinne mehr.*

*Aber Du magst Dich trösten, immerhin kannst Du vor Dir bestehen. Bis heute bist Du standhaft bei Deinen Standpunkten geblieben, nicht wankelmütig in Deiner Überzeugungen geworden, und Du hast Dein Recht verteidigt. Auch wenn es nur Trostpreise sind, die das Leben Dir bis jetzt spendete, sind es doch immerhin auch Preise, und davon bist Du überzeugt.*

*Und nun hoffst Du, daß es irgendwelche Möglichkeiten und Menschen gibt, die Dir helfen, aus diesem "Trostpreis-Schlamassel" von Ersatzbefriedigungen und neuen Frustrationen herauszukommen.*

*In der Tat tauchen auch hier und dort Helfer auf, die Dir neue Hoffnung machen. Sie erklären helfend Deinem 5%-Verstand die neuesten Weisheiten von sehr hilfreichen Erkenntnissen und Überzeugungssystemen. Viele hätten es schon ausprobiert und man kann damit nur übereinstimmen. Und wieder, wie schon so oft, bist Du - Dein 5%-Verstand - in neuen Glaubens-Hoffnungen.*

*Aber - das Leben funktioniert noch immer nicht. Trotz hoffen, glauben und helfen. Es gibt kein wunderschönes Er-Leben, kein kraftvolles Leben, wenig Freude und Glück. Nichts davon kann der Verstand erleben. Dafür erdenkt er sich seine Trostpreise. Und weil diese so fad sind, erdenkt sich der 5%-Verstand neue Trostpreise-Veränderungen-Überzeugungen aus.*

*Aber dann geschieht mit Dir etwas. Wieder war es eine der dunklen, schlaflosen, deprimierenden Nächte. Dieses Mal lagst Du allerdings ganz ruhig da. Tief in Dir gab es da auf einmal ein so merkwürdiges Gefühl von geistiger Kündigung. Kündigung an das ganze so ver-*

*dammt sinnlose, nicht funktionierende Leben. Kündigung der Überzeugung mit diesen blödsinnigen großen und kleinen Radieschen. Kündigung an die schwarzen Rosen. Kündigung - Kündigung - Kündigung. Dann kam der sanfte, alles zudeckende und umhüllende Schlaf. Er brachte Dir einen Traum, der Dich tief im Innersten bewegt hat.*

***In diesem Traum***

*standest Du an der Grenze Deines Grundstückes. Es war alles so einfach. Es gab nichts zu tun. Vor allem nichts im Kopf zu tun. Kein geistiges Handeln mit Rechtfertigungen, kein Aufrechterhalten von bestimmten Überzeugungen, kein geistiges Handeln mit Bewertungen und Rechthaben. Kein geistiges* ***Tun****, um auf einem Standpunkt stehenzubleiben. Es gab nur eines:*

*Einfach* **AKZEPTIEREN**.

*Einfach ja-sagen und innerlich Raum werden für das, was Dein Nachbar Dir gesagt hat. Akzeptieren, endlich akzeptieren und frei werden. Ja so ist sein Leben, gut so. Sein Denken, gut so. Seine Radieschen, gut so. Seine Standpunkte, gut so. Seine Überzeugungen, gut so. Gut so, gut so!!!!*

*Einfach innerlich für all das Raum werden und akzeptieren. Und dann erlebtest Du in diesem wundervollen Traum, wie nicht nur ein Nachbar in dem weiten, liebevollen, akzeptierenden Raum Deines Bewußtseins Platz hatte. Alle Nachbarn fanden dort ihren Platz und durften so bleiben wie sie waren und durften das weiterdenken was sie wollten. Und Du durftest für Dich das denken was Du wolltest. Auch das hatte in Deinem liebevollen Bewußtseinsraum seinen Platz. Gleichzeitig erlebtest Du, wie die Zaunabgrenzungen sich auflösten. Dein Lebensgrundstück erweiterte sich auf der großen Bewußtseinsebene um das Grundstück Deines rechten und linken Nachbarn. Deine Bewußtseinsgrenzen bewegten sich immer weiter auseinander und schlossen alle Nachbarn um Dich herum ein, gleichgültig ob sie sich noch eingegrenzt hatten oder nicht. Dein Mittleres Selbst erweiterte sich zu einem transpersonalen Bewußtsein.*

*Ja, jetzt konntest Du Dich selbst beobachten, wie Deine Bänder mit all ihren positiven und negativen Programmen die innere Leinwand Deiner "Bewußtseinsblase" anfüllten. Dein 5%-Verstand blieb gelassen. Er schaute sich alles an, dachte über dieses und jenes nach und das erstemal - so konntest Du es genau beobachten - verkettete und identifizerte sich das Ego nicht mit den Filmbändern, die gerade auf der inneren Leinwand abliefen. Es akzeptierte. Dein Ego hatte gelernt, Deinen Bändern und Filmen ebenfalls Raum zu geben. Sie durften auf der inneren Leinwand sein. Sie brauchten nicht gleich bewertet, abgegrenzt und in bestimmte Überzeugungssysteme eingeordnet oder mittels spezieller Therapien beseitigt zu werden. Ja, sie brauchten einfach nur akzeptiert zu werden. Es gab kein inneres Handeln von dafür und dagegen sein. Es gab nur das "Nicht-Handeln", das Akzeptieren. Das Raum-Sein. Sein in der Gegenwart.*

*In diesem so wesentlichen Moment des Akzeptierens begann eine erstaunliche Wandlung. Die geistige, enge Grenze Deines Grundstückes löste sich einfach in Licht auf. Jetzt wurde Dir schlagartig klar, was Dir die ganze Zeit eine solch schmerzhafte Enge in der Brust bereitet hatte. Eine Enge, die Dir Angst, oft nicht definierbare Angst bereitete. Natürlich, das war die 5%-Verstandes-Enge, die auf ihrem Recht, ihren Überzeugungen, ihrer Vernünftigkeit und ihren Übereinkünften mit anderen über richtig und falsch, gut und schlecht, bestand. Dieser 5%-Verstand ist so klein, so eng in seinem Raum, daß nur er in diesem Ego-Raum einen Platz hat. Da paßt kein anderer Mensch mit anderen Überzeugungssystemen hinein.*
*Darum muß mit jedem anderen Menschen, der irgendwie anders ist, anders denkt und anders handelt, so lange gestritten, bewertet und "gekämpft" werden, bis er die eigenen Überzeugungssysteme, Bewertungen und Ansichten übernommen hat. Wenn das nicht geht, muß dieser Mensch aus dem eigenen Bewußtsein beseitigt werden. Manchmal muß es dann auch schon mal Krieg geben. Aus "berechtigter Überzeugung". Klein Ego muß dies alles tun, um recht zu haben, um selbst in seinen Denkmodellen und Überzeugungen zu bestehen.*
*Doch nun, durch das erweiterte Bewußtsein des Akzeptierens, löst sich Ego 5% auf, zugunsten eines MS-Bewußtseins von 10% oder mehr. Da gibt es Raum. Da geschieht raumvolle Liebe. Da kann der*

*Nachbar weiter existieren, so wie er ist, mit all seinen Radieschen. Da löst sich die Brustenge auf.*

*Aber das ist noch nicht alles. Diese Bewußtseinserweiterung bewirkt, daß das durch das dominante Ego unterdrückte Untere Selbst Seelenwesen jetzt befreit wird und seine Gefühle zeigen kann. Das US beginnt zu leben. Es darf lebendig werden. Du beginnst, die so lange geblockten Gefühls-Energien machtvoll zu spüren. Lebendigkeit beginnt in Deinen Körper einzuziehen. Du erlebst und kannst jetzt mit Deiner Lebendigkeit und der Bereitschaft zum Erleben an den Geschehnissen des Lebens (Deines Nachbarn) teilhaben.*

*Du erlebst im Traum die Auflösung von Begrenzungen zwischen Dir und Deinem Nachbarn (der Welt, Deinem Partner, Deinen Kollegen und Kindern). Jetzt nimmst Du teil am Leben, am Fühlen, an der Lebendigkeit, am Erleben.*

*Du erkennst, dieses Erleben, Beobachten, Akzeptieren, Fühlen und Teilnehmen ist die höchste Form der Erfahrung in Deinem Leben, es ist* **Lebenserfahrung der Gegenwart. Das ist der Hauptgewinn, das ist Leben, das ist die Wirklichkeitsfülle.**

*Und sie war einfach da, durch "Nichts-Tun", durch das Akzeptieren, Erleben, Fühlen, Beobachten. Es war einfach unglaublich paradox und verrückt. Trotz all der Abplackerei, der Therapien, der vielen raffinierten Techniken und Übungen, all der wunderbaren Überzeugungen hat sich so selten ein Hauptgewinn und die Wirklichkeitsfülle sehen lassen.*

*Du erkennst wie in einem schlagartig alles erhellenden Blitz: Letztlich hat es nie eine Kontrolle über das Abspielen der Bänder gegeben. Völlig automatisch, nach dem Prinzip "Außenreiz und Bandreaktion" laufen die inneren Filmbänder ab und bestimmen dadurch Dein Leben.*

*Und je öfters sie abgelaufen sind, haben sich Automatismen, unbewußte, automatische Verhaltensweisen gebildet.*

*Du hast Dein ganzes Leben damit zugebracht, einen Ausweg zu finden, damit Dein Unteres Selbst nicht immer wieder automatisch die gleichen, unlustbetonten Bänder hochbringt. Das ganze Leben war ein Fluchtversuch, sich diesem Automatismus der inneren Filme und Bänder zu entziehen, die einfach nicht kontrolliert werden können.*

*Jeder Gedanke (Band), der Dir jetzt in diesem Augenblick durch Dei-*

*nen Kopf flitzt, sich auf der inneren Leinwand zeigt, zeigt sich dort einfach. Du kontrollierst ihn nicht. Und der aus seinem Schlaf geschreckte 5%-Verstand klappert und quatscht weiter vor sich hin. Bewertung hier, versuchte Kontrolle da, Ablehnen von diesem, Bejahen von jenem. Hier sich identifizieren, dort ablehnen. Aber die Bänder lassen sich nicht bewerten oder ablehnen. Sie laufen nur um so hartnäckiger auf der inneren Leinwand. Sie laufen und laufen und laufen und laufen............*

*Erleuchtung heißt einfach zu wissen, daß die Bänder laufen und laufen und laufen und jede Kontrolle mit noch so raffinierten Überzeugungssystemen und Therapien sinnlos ist.*

*Erleuchtung heißt zu akzeptieren von dem, was in Dir und auf all Deinen Bändern ist. Die Menschheit hat seit Tausenden von Jahren versucht zu kontrollieren, zu verändern und zu vermeiden, was in ihnen ist. Kein Wunder, daß da nichts herausgekommen ist.*

*Über diese so völlig verschlafenen und verbissen abgerackerten Lebensjahre, mit der ewigen Hoffnung auf Veränderung, mit dieser dauernden Absicht nach Kontrolle, nach Bessersein und dem jetzt plötzlich aufbrechenden Licht der Erkenntnis um die Sinnlosigkeit dieses Tuns, über diesen unglaublichen Witz, nichts anderes als ein ewig ratternder Band-Automat-Roboter zu sein, beginnst Du zu lachen und zu lachen und zu lachen...............*

Liebster/e Freund/in was nun? War das nur einer Deiner vielen unwirklichen-wirklichen-unwirklichen-wirklichen Träume? Kriegst Du langsam mit, was mit Dir tatsächlich los ist? Kriegst Du mit, wie Unteres Mittleres und Hohes Selbst wirklich zusammenarbeiten?

Ich erinnere mich noch an die Aussage eines Teilnehmers zu Ende des HUNA-VITA-Intensivtrainigs. Er hat mit knappen Worten das zusammengefaßt, was so viele nach diesem Kurs an erlebter Erfahrung mit nach Hause nehmen.

*" Ich weiß jetzt, ich habe es mitgekriegt, daß ich die letzten 40 Jahre meines Lebens in der Überzeugung gehandelt habe, ich hätte die Kontrolle über mein Leben, mich zu verändern. Und alles was dabei herausgekommen ist, sind nichts als Trostpreise gewesen.*

*Jetzt erlebe ich, daß ich über meine Bänder keine Kontrolle habe. Daß alles, was ich tun kann, ist, nichts zu tun, und daß ich wählen kann, das zu akzeptieren, was ist, was meine Bänder mir auf meiner inneren Leinwand zeigen. Und dieses ist ein wunderbares Gefühl, einfach all die blödsinnigen Kontrollen und Standpunkte loslassen zu können.*
*Mit meinem 5%-Verstand alles zu verstehen, daß das vernünftig ist, bringt im Moment nicht viel. Denn gerade Vernünftigkeit war eine der Sachen, die mein Leben verpfuscht hat."*

**Fazit:**

*Die Trostpreise, sie sind die höchste Form von Nicht-Erfahrung, von Überzeugung, von Dogmen, von Rechthaben usw. Das ist die wirkungsvollste Art von Nicht- Er-Leben, von nicht funktionierendem, vermurkstem Leben.*
*Die Hauptgewinne, sie sind die höchste Form von erlebter Erfahrung, von Beobachten, Fühlen, Teilhaben, Erleben und Akzeptieren. Das ist die wirkungsvollste Art von Leben, von innerem und äußerem Lebensreichtum, von erlebter Wirklichkeitsfülle!*

# "Nichts-tun"

**Um zu Deinem Beobachter zu gelangen,**

mußt Du aus Deinem, durch den 5%-Verstand, abgegrenzten Lebensgrundstück herauskommen und bis an die Lebensgrundstücks-Grenze Deiner Dogmen, Überzeugungssysteme, Deiner Standpunkte, Deines Rechthabens, Deiner Bewertungen, Deiner Vernünftigkeit und all Deiner Übereinkünfte herangehen. Daraus besteht Deine Abgrenzung zum Beobachter, und damit zu Deiner Lebensfülle. Stehst Du wach und bewußt an dieser Grenze zur Lebensfülle, beginne sie aufzulösen. Wodurch?

**Durch Nichts-tun!**

"Du bist so lange auf das Rad der Wiedergeburt geflochten, bis Du erkennst, daß Du der Nicht-Handelnde bist." Die Aussage von Buddha. Nichts-tun heißt, nicht mehr mit Deinem 5%-Verstand neue Überzeugungssysteme erschaffen, Standpunkte aufrechterhalten, auf neue Denkmodelle und Therapien hoffen usw.

***Fazit:***

*Nichts-tun heißt, die Grenze überschreiten durch: Akzeptieren - Fühlen - Beobachten - Teilnehmen - Erleben. Das führt Dich immer weiter hinein in die weite, unendliche Ebene und Fülle des großen Bewußtseins, des Lebens, des Seins Deiner Wirklichkeit.*

**Die Grenze zum Beobachter überschreiten heißt,**

aus der Ego-Enge des 5%-Verstandes herauskommen. Den Verstand zu beobachten, wie er sich mit den aufsteigenden Bändern auf der inneren Leinwand verketten und identifizieren will. Gib diesem Ablauf Deine volle beobachtende, nicht bewertende Achtsamkeit. Warte nicht auf schnelle

Ergebnisse, vielleicht gibt es keine in der Art, wie Du sie erwartest. (Das wäre wieder eine neue Überzeugung.) Ohne daß Du etwas mit Deinem Verstand erdenken kannst, wird sich in Dir etwas wandeln, hin zu der Fähigkeit, Deinen Beobachter einzuschalten. Es wird sich etwas in Dir entfalten, hin zu mehr Klarheit und raumvoller Liebe, aber ohne das Tun/Handeln Deines Verstandes. Es gibt für Dich kein Bemühen darum. Nur ein Sein und Geschehenlassen.

*Bedenke, das was Du jetzt bist und in Deinem Leben als Begrenzung erlebst, ist ein Produkt Deines 5%-Verstandes, ein Ergebnis von Schlaf und Unachtsamkeit. Das was Du wirst und erlebst als Lebensfülle, ist die Frucht des Wachseins, der Achtsamkeit des Beobachters - ohne den handelnden, wollenden, bewertenden Verstand.*

Wenn Du also die "Grenze" überschreitest, von der Nicht-Erfahrung des Verstandes zur erlebten Erfahrung des Beobachters, gehst Du durch "Nichts".
Nochmal: "Nichts" bedeutet hier, das Nicht-Handeln mittels des Verstandes. Also nicht identifizieren, nicht bewerten, nicht an Überzeugungen hängen und sie erschaffen, nicht an Übereinkünften festhalten usw.
Etwas ist in Deinem Leben Nicht-Erfahrung oder erlebte Erfahrung. Die Glühbirne ist an oder aus. Eine Frau ist schwanger oder nicht schwanger. Genausowenig wie eine Frau halbschwanger sein kann, kannst auch Du nicht in einer Halberfahrung sein.

Dadurch, daß Du durch erlebte Erfahrung, durch Akzeptieren und Beobachten auf die andere Seite der Grenze "gesprungen" bist, hin zu Deinem Beobachter, ändert sich nichts auf Deinen Bändern. Diese Tatsache bezieht sich auch auf das *Psycho-Bild Nr.1 "Der Lebensturm"*.
Hier entdecktest Du die Tür zur 5. Etage. Die Tür ist die Grenze. Alle Etagen darüber sind zusammengenommen die ausgedehnte Ebene des allumfassenden Bewußtseins, des Seins.
Befindest Du Dich in der 5.,6. oder 7. Etage, also im erweiterten Bewußtsein des Beobachters, so hat sich, wenn Du aus einem Fenster des Turmes hinabschaust, unten auf der Erde Deiner Lebens- und Bänder-Programmabläufe (Deines Lebens-Grundstückes) nichts "verändert". Was ge-

schehen ist, Dein Bewußtsein hat sich mehrere Etagen höhertransformiert und dadurch hat sich der Blickwinkel zu Deinem Leben, zu Deinen Bändern verwandelt.

**Krieg es genau mit.**

Du machst nichts unten, auf Deinem Lebensgrundstück, mit Deinen Bändern. Du veränderst nicht die Bänder - Dein Lebensgrundstück. Tatsächlich jedoch wollen wir in unserm Leben immerzu auf diesem Lebensgrundstück, also in unseren Bändern, Veränderungen und Kontrollen vornehmen. Genau das funktioniert nicht!

Was Du tust, ist nichts zu tun - im Sinn von Veränderungen unten auf dem Lebensgrundstück. Du erlebst eine Wandlung in der Bewußtseins-Ebene des Turms! Du arbeitest im "Turm des Bewußtseins".
Also ganz woanders als sich das der 5%-Verstand eigentlich vorgestellt hat. Darauf wäre er nie gekommen, im Turm des Bewußtseins eine Tür-Grenze zu überschreiten, ja, sich selbst zu transformieren zu einem 10%-20%-30%- MS-Bewußtsein. Und diese Transformation, diese Wandlung des 5%- Blickwinkels, geschieht eben nicht auf der Bänder-Programm-Ebene bzw. unten auf dem Lebensgrundstück, sondern "oben im Turm". Dabei bleibt die untere Lebensgrundstücksebene, also die Bänder-Programme, unverändert!

Das Wort "transformieren" heißt also nicht, in den gespeicherten Lebens-Programm-Bändern etwas zu verändern; hier in diesem Zusammenhang heißt es, die Substanz Deiner Erlebnisfähigkeit hin zum Beobachter, zur 5. Etage "zu wandeln". Es heißt, die Grenze zu überspringen hin zum Beobachter, um dadurch seine Erlebnisfähigkeit zu wandeln, und das hat nichts mit Veränderung von Lebens-Programmen zu tun.
Veränderung hat immer etwas mit der Modifikation der Band-Programm-Inhalte zu tun. Es werden z.B. alte Programme, durch neue Programme ersetzt. Es werden zu alten Glaubens- und Überzeugungssystemen, weitere hinzugefügt, die die alten Verhaltensweisen im Leben nur noch mehr zementieren. Darum sage ich auch immer wieder:

**Veränderungen zementieren die alten Verhaltensweisen.**

Veränderungen führen nur weiter in neue, modifizierte Überzeugungssysteme, die Dich davon abhalten, Dein Leben in aller Lebendigkeit zu erleben und es funktionieren zu lassen.
All die klugen, vernünftigen Dogmen, Glaubenssätze und Überzeugungen haben direkt damit zu tun, daß alle Probleme und Schwierigkeiten im Leben erhalten bleiben, denn aus diesem Stoff der Dogmen und Bewertungen und Überzeugungen sind Probleme und Schwierigkeiten erschaffen und gemacht.
Die Vorstellung und der Glaube an eine Überzeugung und einen Standpunkt läßt Dich im Lebens-Grundstück Deines 5%-Verstandes fest verankert stehenbleiben und verhindert dadurch Deine Hinwendung zum Erleben der Lebensfülle, Deiner Wirklichkeit und neuer Wirklichkeiten.

***Fazit:***
*Nichts-tun bedeutet, mit den Versuchen aufzuhören, sich verändern zu wollen. Daß es Veränderungen gibt, gehört zu den Glaubenssystemen, die wir schon seit unserer Kindheit eingebleut bekommen haben.*
*Nichts-tun bedeutet, durch Beobachten, Akzeptieren, Fühlen, Teilnehmen, Deine innere Erlebnisfähigkeit von all Deinen Bändern und Verhaltensweisen zu entfalten, in der Gegenwart.*

**All Dein Hoffen und Glauben...**

Wenn Du jetzt darauf hoffst oder gar glaubst, das zuvor Gesagte mitzukriegen, um zum Beobachter zu kommen, bleibst Du wo Du bist, in Deinem 5%-Verstand. Hoffnung und Glaube liegen vollkommen im Bereich des Nicht-Erlebens.
Liebster/e Freund/in, nenne mir einmal etwas, wovon Du weißt, daß Du es wirklich kannst. Gut, nehmen wir daß Du weißt, wie man mit Messer und Gabel ißt.
Dann erkläre es mir genau, wie man es macht.

"Also, die Gabel nehme ich in die linke Hand, das Messer in die rechte Hand. Dann schiebe ich die Gabel in das Essen, und mit dem Messer schiebe ich die Teile des Essens auf die Gabel. So ißt man."
Ja, sehr schön, so ißt man, aber erkläre es mir genauer, ich möchte es genau wissen, wie man ißt.
"Das dauert viel zu lange, jetzt jede Bewegung zu erklären wie man ißt", magst Du mir jetzt antworten. Ja, Du hast es mir beschrieben, gezeigt, ich habe es gesehen, aber ich möchte es wirklich genau wissen, wie man mit Messer und Gabel ißt.
"Das habe ich Dir doch gerade genau gezeigt!" Hältst Du mir entgegen. Aber ich möchte doch wissen, wie Du Deine Hände und die Bestecke handhabst.
"Oh, ist das doch verrückt, ich weiß nicht, wie ich genau die einzelnen Handstellungen und Bewegungen beim Essen ausführe. Das dauert ja ewig es rauszufinden." Aber lieber/e Freund/in, ich dachte Du wüßtest, wie man genau mit Messer und Gabel ißt!

Jetzt, beim Schreiben, kommt mir ein Band ins Bewußtsein, von einem Teilnehmer, als ich im HUNA-VITA-Intensivtraining gerade dieses Thema ausgiebig mit allen durchackerte.

Ich spreche also diesen Teilnehmer - nennen wir ihn Uwe - an. "Uwe, was weißt Du, was weißt Du wirklich?"
"Ich weiß jetzt wirklich, wie ich ein Trottel sein kann!" (Gelächter der Teilnehmer)
"Aber Uwe, bitte erkläre es mir genau, wie man es fertigbringt ein Trottel zu sein!" sage ich.
"Nun ganz einfach, indem man sich meldet und ein Gespräch mit Dir, dem HUNA-VITA-Trainer beginnt." (Noch mehr, länger anhaltendes Gelächter)
"Ganz genau, Uwe, Du kriegst es mit, aber erkläre mir nun exakt, wie Du ein Trottel sein kannst. Beschreibe mir dieses sein."
"Ekkehard, das ist gar kein Problem, man ist einfach wer man ist, eben ein Trottel." (Gelächter)
Ich lächle Uwe zu, er hat es mitgekriegt, aber etwas stimmt noch nicht dabei.

"Uwe, Du bist genau dran," sage ich ihm. "Aber ganz so ist nicht der Ablauf. Es ist einfach so. Wenn jeder tatsächlich er selbst ist, wie er ist, also Du so bist, wie Du jetzt gerade Dich mit all Deinen Gefühlen und laufenden Bändern in der Gegenwart erlebst und das beobachtend zuläßt, es akzeptierst, daran teilnimmst, dann hast Du aufgehört ein Trottel zu sein!" Alle freuen sich, und Uwe lehnt sich, mit einem eigenartigen Glanz in den Augen, still vor sich hinlächelnd, langsam in seinem Stuhl zurück. —

**Schau, jetzt möchte ich Dir etwas Wesentliches sagen:**

Wenn Du etwas wirklich weißt, z. B. wie man mit Messer und Gabel ißt, wenn Du das mit voller Gewißheit und Zuverlässigkeit weißt, dann ist es völlig unsinnig, daran zu glauben, daß man mit Messer und Gabel essen kann, es ist unsinnig, sich darüber Gedanken zu machen, dann sind Überzeugungen darüber belanglos, dann ist es egal wieviel Hoffnungen Du Dir darüber machst, mit dem Besteck zu essen, dann ist es sinnlos, das zu bewerten und mit anderen darin übereinzustimmen, wie man ißt.
Wenn Du wirklich etwas weißt, dann bist Du jenseits der Grenze des 5%-erklärenden Verstandes. Dann erlebst Du es, Du beobachtest es, Du fühlst es, Du bist total in der erlebten Erfahrung, jenseits aller Worte in der Gegenwart. Du hast die höchste Ebene der Gewißheit ( essen mit Besteck) erreicht, Du bist bei etwas angelangt, was ich als ein natürliches, intuitives Wissen (Sein) mit Deinem Unteren Selbst bezeichnen möchte.
In dieser Ebene brauchst Du nicht zu glauben, noch zu hoffen, noch von etwas überzeugt zu sein, weil Du es aus Deinem Erleben weißt! (Wie es funktioniert, mit Messer und Gabel zu essen.)
Hoffen, Glauben, Versuchen, Überzeugungen repräsentieren Ungewißheit über etwas. Leute glauben an Gott, hoffen auf seine Liebe, weil sie von Gott keine Gewißheit haben und ihn nur in ihrem 5%-Verstand erdacht haben.

***Fazit***

*Die höchste Form von Gewißheit - von Gott oder von sonst irgend etwas - ist , was Du so exakt, so genau, so natürlich und so gründlich erfahren hast, daß Du es einfach nicht mit Worten beschreiben kannst.*

Diese höchste Form der Gewißheit entsteht durch erlebte Erfahrung auf der anderen Seite der Grenze, ab der 5. Etage, wenn das Untere Selbst mit dem Mittleren Selbst harmonisch zusammenarbeitet. Dann kann das Hohe Selbst frei und ungehindert durch den Körper und das Bewußtsein des Menschen strömen.
In den ganzen HUNA-VITA-Kursen und der HUNA-VITA-Praxis im Alltag geht es darum, das eigene 5%-Verstandes-Grundstück zu erkunden, seine Überzeugungssysteme, Bewertungen, Dogmen, Vernünftigkeiten, Rollenspiele, Lebenslügen und Übereinkünfte, die wir seit unserer Kindheit programmiert haben, zu ent-decken, zu ent-wickeln und zu ent-glauben.

*Aber nicht darum, sie durch neue Glaubens-und Überzeugungssysteme und Bewertungen zu ersetzen oder weghaben zu wollen!*

In den Kursen und im HUNA-VITA-Weg des Herzens und des Friedens geht es weiter darum, die Grenze zu überschreiten (zu springen), um mit einem erweiterten Bewußtsein des Beobachters in der Lebensfülle zu leben, wodurch sich alte Belastungen "weg-erleben" und transformieren zu neuen Erkenntnissen.

☹ **Du und Dein Beobachter schlafen,**

wenn Du ein Band in Dir, also ein Problem durch ein neues Überzeugungssystem verändern willst, wenn Du versuchst etwas zu ändern, wenn Du hoffst und glaubst, daß ein Erfolg eintreten wird, wenn Du diese Sache bewertest, und einen bestimmten Standpunkt einnimmst.

*Der Versuch, eine Erfahrung auf einem Band zu verändern, blockiert es und läßt es fortbestehen. Oft wird es sogar noch schlimmer.*

☹ **Du und Dein Beobachter schlafen,**

wenn Du glaubst, daß die unangenehme Situation, der unangenehme Mensch, der Dir begegnet, nur außerhalb von Dir existiert. Tatsächlich ist dieser negative Mensch / die Situation nur Dein Spiegel oder Dein Therapeut, indem sie Dir widerspiegeln, welche Bänder in Dir gerade mit der negativen Ausstrahlung in Resonanz gekommen sind. Du erlebst Deine unangenehmen Bänder. Hättest Du nicht ähnliche negative Band-Programme in Dir, so würdest Du mit diesem Menschen / dieser Situation etwas anderes erleben.

☺ **Dein Beobachter ist dann eingeschaltet,**

wenn Du beobachtend miterlebst, wie Dein Unteres Selbst bestimmte Bänder auf einen Außenreiz hin aufsteigen läßt und Deine innere Leinwand anfüllt.

☺ **Dein Beobachter ist dann eingeschaltet,**

wenn Du miterlebst, wie Dein US gleichzeitig die Gefühle und Energien von den Bändern in Deinen Körper leitet. Lokalisiere und beobachte, wo Du das an Deinem Körper spürst. Das kann nur in der Gegenwart geschehen!

☺ **Dein Beobachter ist dann eingeschaltet,**

wenn Du miterlebst, wie Dein 5%-Mittleres Selbst (Verstand) nicht gleich bewertend in den Ablauf der Bänder eingreift, sondern sie sich - ohne Identifizierungs- und Verkettungsgelüste - ansieht und stillhält, bis die negativen Masse-Energien auf den Bändern "weg-erlebt" / transformiert sind. Wenn Du ein Problem, ein negatives Programm oder Schmerzen in Dir erlösen möchtest, so heiße das "Band" des Problems, des Schmerzes willkommen. Frag Dich, wozu Dein US Dir dieses Band immer wieder präsentiert. Welche Absicht und Botschaft für Dich dahinterliegt.
Denn Dein US wird nichts Sinnloses tun und Dir nur einfach so zufällig dieses Band immer wieder zeigen.

**Alles, was Dein US tut, ist sinnvoll für "Eure" Entwicklung.**

Also akzeptiere, beobachte und fühle das Band. Erlebe es ohne Bewertung und tritt mit diesem Band-Schmerz-Problem usw. in Aktion und Verbindung. Komme durch diesen Problem-Schmerz körperlich und gefühlsmäßig mit allem in Berührung, was dieses Band in Dir auslöst. Erlebe Deine Körperhaltung, Deinen Atem, Deine Gefühle an bestimmten Körperstellen. Sieh und erlebe die Energien, die Bilder und Gedanken, die aufsteigen, ohne Bewertung. In der Gegenwart.

☺ **Dein Beobachter ist dann eingeschaltet,**

wenn Du mitkriegst, wie Du (MS) Deine Bänder und die Bänder der anderen Menschen akzeptierst. D.h. Deine Bänder - Dein US - darf mit all seiner Lebendigkeit und seinen Gefühlen in Deinem Körper leben. Auch dann, wenn unangenehme Masse-Energie mit unangenehmen Gefühlen in Dir ablaufen.

☺ **Dein Beobachter ist dann eingeschaltet,**

wenn Du am Leben teilnimmst, mit Deinen Gefühlen, der Lebendigkeit des US, mit all Deinen Sinnen und Freuden und auch mit aller Trauer und Schmerzen. In der Gegenwart.

*Damit Du Deinen Beobachter immer wieder einschalten kannst, also die Grenze überspringen oder in die 5. Etage gehen kannst, beschreibe ich Dir jetzt eine sehr einfache und dadurch höchst wirksame Übung.*

# HUNA-VITA-RITUS NR. 4

## Den Beobachter einschalten.

Diese Übung ist eine Weiterführung der Übung von HUNA-VITA-RITUS NR.1. Du entdeckst Gott in Dir, wenn Du die Grenze überschreitest, hin zu Deinem Beobachter.
Ich werde Dir hier von drei Übungen berichten, die auch in früheren Mysterien- und Geheimschulen ein wichtiger Bestandteil der Techniken jener Schüler waren, die ihr Bewußtsein erweiterten, um in andere geistige Dimensionen vorzudringen.
Wenn Du immer wieder diese Übungen machst, entwickeln sich Deine geistigen Anlagen immer mehr - die Erweiterung Deines MS über 5% hinaus - die zum Erkennen geistiger Vorgänge beitragen und Dich dadurch immer mehr für die LICHT-Kraft und Weisheit Deines Hohen Selbst öffnen.

**Vorbereitungsphase:**

Bei Rechtshändern ist die rechte Gehirnhälfte - im weitesten Sinn - für die Aktivitäten des Beobachters und des Unteren Selbst zuständig. Für Linkshänder gilt das gleiche für die linke Gehirnseite.
Denn die Fähigkeiten des rechten Gehirnes sind Ganzheitlichkeit, Raumvorstellung, Zeitlosigkeit, es hat die Fähigkeit zur Synthese usw.
Dagegen ist das linke Gehirn eher dem Mittleren Selbst zugeordnet, mit den Merkmalen Sprache, logisches Denken, Analysieren, Teilen usw.

**1. Übungsteil**

**1.** Begebe Dich nun wieder an Deinen Ort der Entspannung, der Ruhe und der geistigen Entwicklung. Werde mit langen, sanften Atemzügen immer ruhiger.

**2.** Konzentriere Dich jetzt ganz intensiv auf Deine rechte Gehirnhälfte, Linkshänder auf die linke Gehirnseite. Laß in Deiner Vorstellung die rechte Gehirnhälfte immer größer werden. Mach das solange, bis Du es spürst. Begib dich nun mit Deiner ganzen Aufmerksamkeit in diese vergrößerte Gehirnhälfte. Präge es Dir ein, wie sich das anfühlt.

**3.** Verbinde jetzt dieses Gefühl - Du mußt es spüren, wie Du mit Deiner Vorstellung in der rechten Gehirnhälfte bist - mit dem Satz:

**"ICH BIN DER BEOBACHTER"**

Wiederhole Diesen Satz, verbunden mit dem Gefühl, in der rechten Gehirnhälfte zu sein, immer wieder, ca. 5 Min. lang.

**4.** Gehe nun mit Deinem Bewußtsein in Deine beiden Beine und fühle sie. Fühlst Du sie, bewege Dich mit Deiner Aufmerksamkeit wieder in das rechte Gehirn zu Deinem Beobachter und beobachte von hier aus das Gefühl Deiner Beine. Das mag sich schwierig anhören, ist aber nach einigen Versuchen recht einfach. Sage nun:

"ICH BIN ICH. ICH BIN DER BEOBACHTER DER BEINE. ICH BIN NICHT DIE BEINE, ICH BIN ICH."

Wiederhole dies immer wieder, bis Du tatsächlich in den Zustand kommst und spürst, "hier bin ich der Beobachter, und dort unten, entfernt von mir, sind meine Beine."

**5**. Bewege Deine Achtsamkeit als nächstes in Deinen Unterkörper. Spüre ihn wieder. Dann leite Deine Aufmerksamkeit wieder zu Deinem Beobachter und sage:

"ICH BIN ICH. ICH BIN DER BEOBACHTER DES UNTERKÖRPERS. ICH BIN NICHT DER UNTERKÖRPER. ICH BIN ICH."

Wiederhole es immer wieder, bis Du die Distanz zwischen Dir, dem Beobachter und dem Unterkörper spürst.

**6.** Wiederhole diesen Vorgang bei Deinem Bauch.

**7.** Wiederhole diesen Vorgang bei Deinen beiden Armen gleichzeitig.

**8.** Wiederhole diesen Vorgang bei Deinem Oberkörper.

**9.** Wiederhole diesen Vorgang bei Deinem Kopf.

**10.** Wiederhole diesen Vorgang bei Deinem ganzen Körper .

**11.** Bleibe nun ruhig in Deinem Beobachter. Fühlst Du irgendein Gefühl in Deinem Körper, einen Druck, ein Kribbeln oder eine unangenehme Druckenergie, sage:

ICH BIN ICH. ICH BIN NICHT DAS GEFÜHL. ICH BIN ICH.

Wiederhole dieses immerzu. Beobachte dabei das besondere Gefühl. Bewerte es nicht, akzeptiere es, wie es Dein Unteres Selbst Dir gerade zeigt. Nach einer Zeit wird sich dieses Gefühl auflösen. Das bedeutet, die niedere Energie, die das unangenehme Gefühl erzeugt hat, ist vom Band abgelaufen. Du hast damit soeben Dich von der negativen Masse-Energie befreit.

**12.** Bleibe weiter in Deinem Beobachter. Jetzt wirst Du mitbekommen, wie Gedanken und Bilder auf Deiner inneren Leinwand entstehen.
Wieder sagst Du:

ICH BIN ICH. ICH BIN NICHT DIE GEDANKEN UND BILDER. ICH BIN ICH.

Wiederhole dieses die ganze Zeit über. Beobachte dabei die Bilder und Gedanken, die Dein Unteres Selbst Dir gerade zeigt. Nach einer Zeit werden die Bilder und Gedanken schwinden, Deine innere Leinwand wird leer. Die ganze Zeit über hast Du immer wieder obigen Satz wiederholt. ICH BIN......

**13.** In dieser Art trainierst Du.
Mal beobachtest Du Deinen Körper, mal Deine Gefühle und mal Deine inneren Filmbänder. Immer wieder sagst Du dabei die Sätze: ICH BIN..........

**14.** Zum Schluß dieser Übung gehst Du in Deine rechte Gehirnhälfte, spürst sie wieder sehr genau und sagst:

ICH BIN - ICH BIN - ICH BIN - ICH BIN - ICH BIN - ICH BIN

Dieses ICH BIN heißt : Ich bin der Beobachter all meiner inneren Erlebnisse und meiner Umwelt , zugleich aber auch ICH BIN Gott, das Hohe Selbst in mir.

**15.** Du kehrst zurück in Deine Alltagswelt. Mach zum Schluß ein paar kräftige Atemzüge. Reck und streck Dich und sei ganz wach.

Sage wieder:
Ich bin meine Beine..........
Ich bin mein Unterkörper...............
Ich bin mein Oberkörper............. usw.

**2. Übungsteil.**

Übernimm dieses Mantra: ICH BIN anschließend mit in Deinen Tag.
Sage Dir jetzt sooft Du kannst, ICH BIN und bleibe immer wieder in der Achtsamkeit Deines Beobachters. Von nun an sollte Dich dieses ICH BIN stetig begleiten. Hast Du Ärger, geh mit ICH BIN in Deinen Beobachter. Während Du stetig ICH BIN sagst - still für Dich - fühle in Dich hinein, beobachte die Gefühle des Ärgers. Wo sitzen sie in Deinem Körper? Wie fühlen sie sich an? Welche Form haben sie?

*Es ist jetzt nicht mehr wichtig, mit Deinem Beobachter in Deinem Kopf zu sein. Du bist selbst zum Beobachter geworden. In dem HUNA-VITA-RITUS NR. 6 erfährst Du eine Technik, die Dir endgültig zeigt, wo Du und wie Du bei Deinem Beobachter bist.*

Beobachte, welche Filme auf Deiner inneren Leinwand ablaufen. Dabei sage stetig ICH BIN. Du wirst dabei immer wieder mit Erstaunen feststellen, wie schnell sich die Ärgerenergie und die Ärger- Filme auflösen. D.h. Du erlöst mit Nichts-tun, also Nicht-bewerten, Nicht-verteidigen, Nicht-kontrollieren usw. Deine belasteten Bänder. Du akzeptierst!
Erst wenn die Masse-Energie von den Bändern erlöst ist, sollte Dein nächster Schritt kommen. Der besteht darin, mit Deinem Mittleren Selbst darüber nachzudenken, was dieser Ärger Dir sagen soll. Welche Lernbotschaft will Dein Unteres Selbst Dir mit diesem Ärger-Band zeigen? Wozu ärgerst Du Dich?
Die gleiche Technik des Beobachters wende für alle anderen Dinge des Alltags an, wenn Du beispielsweise spazierengehst.
Sei in Deinem Beobachter. Beobachte Deine Gefühle und Gedanken, die von der Natur in Dir ausgelöst werden. Dann bist Du ganz im Hier und Jetzt. Du ERLEBST die Natur mit all Deinen wachen Sinnen.
Wenn Du einkaufen gehst, wenn Du ißt, usw.

**Die Ich-Botschaft.**

Tauschst Du Meinungsverschiedenheiten mit anderen Menschen aus, so bleibe auch in Deinem Beobachter. Das bedeutet:

**1.** Du weißt, daß gerade Dein US Dir unangenehme Bänder auf Deiner inneren Leinwand und zugleich in Deinem Körper als Gefühle präsentiert. Der Mensch, der vor Dir steht, ist der entsprechende Außenreiz, auf den Du in Resonanz gehst. Und nun bekomme es genau mit:

**Deine Bänder in Dir erzeugen all den Ärger. Nicht der Außenreiz Mensch!!**

Der Mensch außen ist nur Dein Spiegel, der in Dir ähnliche Programme auslöst. Er ist Dein Therapeut, der Dir - wenn auch unwissend - gerade dabei behilflich ist, bestimmte Ärger-Bänder zu erlösen, wenn Du das wissend und beobachtend zuläßt.

**2.** Drücke nun gegenüber diesem Menschen/Therapeuten Deinen inneren

Ärger, Gefühle und Gedanken verbal als "Ich - Botschaft" aus:
*"Ich bin ärgerlich, ich fühle mich verletzt durch Deine Worte, ich erlebe das ganz anders, ich möchte das nicht mitmachen usw.....*
Durch diese Ich-Botschaft kann der andere Mensch Dich wirklich verstehen. Die Ich-Botschaft beschuldigt nicht den anderen. Der andere braucht sich nicht angegriffen zu fühlen. Die Ich-Botschaft hält Dich wach und bewußt in Deinem Beobachter, und Du kannst damit Deine Bänder sofort erlösen!

**3.** Drücke wirklich all die Gefühle Deines US aus. Habe den Mut dazu, auch wenn bestimmte Dogmen und Überzeugungs-Programme Dich daran hindern möchten.
Aber projiziere diese Wutgefühle nicht auf den anderen Menschen.
Das wäre wieder "Tiefstschlaf". Die anderen erzeugen nicht die Wut in Dir. Das sind nur Deine gerade ablaufenden Wutbänder, mit denen Du Dich identifizierst und die Du als Wut und Ärger selbst erlebst. Und dafür, für Dein Erleben und das Ablaufen der Bänder, bist nur Du verantwortlich.
Also nimm Dir die Freiheit und gib sie auch Deinem US, damit es die Wutenergie auf seinen Bändern erlösen kann. Sei laut, mit Worten wütend. (Ich-Botschaften!) Schrei, wenn es sein soll. Aber beobachte Dich dabei, wie Du dabei alles losläßt. Akzeptiere Dein Schreien.

**Aber Achtung!!**
Weinen und dabei immer wieder voll Wut mit dem MS an den *anderen* Menschen denken, verschlimmert alles und lädt die Bänder noch mehr mit der jetzt gedachten Wutinformation und Wutenergie auf.

*Akzeptiere, fühle und beobachte alles in Dir.*
*Gib all dem Schmerz auf den Bändern und damit Deinem US Raum. Sei raumvoll zu Dir und allen Bändern. Damit bist Du liebevoll zu Dir und Deinem US. So kann es sich erlösen. Gehe nicht in die Falle Deines MS 5%-Verstandes, der Dir klarmachen möchte, daß es viel besser wäre, andere mit Du-Botschaften zu beschimpfen, recht haben zu wollen, Standpunkte einzunehmen, vernünftig zu sein und nicht wütend zu sein usw.*
***Akzeptiere u. erlebe Deine Schmerz-Angst-Wut-Energie weg!***

### 3. Übungsteil

Der dritte Übungsteil, der den früheren Geheimschüler - und Dich - zum tieferen Erkennen Deiner Selbst und Deiner oft so einengenden Lebens-Programme brachte, bestand darin:

**Du mußt eine bestimmte Art des Zuhörens entwickeln.**

Es wird für Deine Selbsterkenntnis und geistige Entfaltung sehr wesentlich sein, wenn Du andere Menschen beim Sprechen beobachten und ihnen zuhören kannst. Auch diese Übung kannst Du, wie Übungsteil 1 und 2, täglich überall einsetzen. Dieser 3. Übungsteil wird sehr schnell Deine Fähigkeit entwickeln, auf andere Menschen und Deine Reaktionen ihnen gegenüber achtsam zu sein. Das wird für Dich ein sehr wesentlicher Entwicklungsschritt sein, wenn Du das praktizieren kannst.

☝ Wenn Du mit einem Menschen ein Gespräch führst, sei erstens auf folgendes achtsam: Sei im Kraftort Deines Körpers (s. HV.-RITUS 6 ). Führe keine "Parallelgespräche". Gut 80%-90% der Gespräche sind Formen von Parallelgesprächen. Ein Kennzeichen von Tiefschlaf. Ein Parallelgespräch besteht aus einem einseitigen Monolog des einen Gesprächpartners, wobei der andere kaum zuhört. Kaum hat der eine Partner fertiggesprochen, beginnt der andere ein Parallelgespräch, das nicht direkt auf das Vorgespräch eingeht. Er berichtet von seinen Erlebnissen. Kaum hat jener seine Erzählung beendet, beginnt der andere wieder sein Parallelgespräch und erzählt von sich etwas. Auf diese Weise laufen zwei Monologe ab, und es gibt keinen Dia-log. Sei wachsam und beobachte Dich. Führe Dialoge.

☝ Wenn Du einem Gespräch zuhörst, sei so achtsam in Deinem Beobachter, daß Dein MS-5% schweigt. Wenn man - schlafend - einem Gespräch zuhört, regt sich schnell der 5%-Verstand und führt einen inneren Monolog der Übereinstimmung und des Zuspruches oder der Bewertung und des Widerspruches. Fast alle Menschen fühlen sich gedrängt, sofort ihre zustimmende oder widersprechende Meinung zu äußern. Kennst Du das an Dir?

Nur wer durch selbstloses - nicht interesseloses - Zuhören es dahin bringt, ohne persönliche Gefühle und Meinungen wirklich wach, beobachtend bei dem Gespräch anwesend zu sein, zu dem können auch die höheren Wesenheiten sprechen. Solange man noch beim Zuhören innere Monologe führt - die östliche Tradition sagt dazu "das Geschwätz der 1000 Affen im Kopf" - schweigen die Wesenheiten der geistigen Welt. Beginne sobald als möglich mit diesen drei so wichtigen Übungen, um Deinen Beobachter zu schulen.

*Es ist wichtig bei diesen Techniken und Übungen, auch bei allen anderen HUNA-VITA-Techniken, immer die volle, bewußte Herrschaft über sich selbst - in seinem Beobachter sein - zu bewahren.*

Verstandesklarheit, im Sinn von Wachsein, muß in jedem Augenblick vorhanden sein. Zugleich wird auch der (wache) Verstand für den Alltag geschärft. Bei Übungen dieser Art kann man schon nach einiger Zeit ganz erhebliche Fortschritte machen, weil sie direkt dort "angreifen", wo etwas geschult werden muß, und nicht irgendwo in den Lebensprogrammen, um wieder nur andere Verhaltensweisen zu programmieren. Diese Übungen öffnen direkt die Tore - die Grenzen - in eine andere, erweiterte Bewußtseinsebene. (5. Etage der Turm-Ebene)

Darum wirst Du Fortschritte nicht gleich so bemerken, wie Du es vielleicht erwartest, weil sie sich auf einer Bewußtseinsebene entwickeln, die Du gerade erst für Dich erschließt. Wer das nicht bedenkt, wird die so notwendige Beharrlichkeit verlieren und nach kurzer Zeit alle Übungen aufgeben.
Diese besonderen Kräfte und Fähigkeiten, die Du mit diesen HUNA-VITA-Techniken entwickelst - auch jene, die ich Dir noch erklären werde - sind anfänglich von sehr zarter Art, denn ihre Wesenheit, ihre Art, ist eine ganz andere als die, wovon man sich Vorstellungen macht. Der Mensch ist ja, gerade zu Anfang dieser Übungen, nur gewohnt, sich mit der physischen Welt auseinanderzusetzen. Es ist daher gar nicht zu verwundern, daß bei diesen beharrlich ausgeführten HUNA-VITA-Übungen sich innere Kräfte und Fähigkeiten entwickeln, die nicht sogleich bemerkt werden.

Diese inneren, meist noch schlummernden, Kräfte und Fähigkeiten werden auch noch durch andere geistige "Wege" aktiviert. Von einem ganz wesentlichen Pfad, der ganz besonders in das körperliche Entwicklungsgeschehen eingreift, möchte ich Dir im nächsten Kapitel berichten.

# 7. KAPITEL

## Der 3. Weg

des Friedens und des Herzens
mit der Ernährung und Deinem Energie-Körper.

**Hier in diesem 3. Weg möchte ich Dir ganzheitlichere Zusammenhänge zwischen einer besonderen Vitalernährung und der Körperenergie vermitteln.**
**So hat das HUNA-VITA-Wissen ein tiefes Verständnis für den Körper. In ihm sind alle Gesetze des Lebens und des Kosmos angelegt. Der Körper ist der Mikrokosmos. Weiter stehen all die physischen Körper untereinander in Verbindung und beeinflussen sich gegenseitig. Grundlage dieser ganzheitlichen Verbindung aller Körper und aller Bewußtseinsformen ist eine Energie. Diese Energie drückt sich im grobstofflichen, physischen Körper als Vitalkraft, als die sog. Lebensenergie aus. Sie wird als MANA bezeichnet und ist ein Aspekt des UR-LICHTES in einer niederen Schwingungsfrequenz.**

Behandelt man den menschlichen Körper gedankenlos, versorgt ihn mit Nahrung, die diese Vitalkraft nicht unterstützt, sondern im Gegenteil schwächt, so wird dem Menschen zum Großteil die Möglichkeit genommen, Frieden, Gesundheit und Harmonie mit seinem Körper zu erreichen und mit dieser UR-LICHT- Kraft zu kooperieren.
Darum ist das Wissen und die Vorsorge für Gesundheit, Lebensvitalität und einen harmonischen Energiefluß von höchster Bedeutung für die

Entwicklung des Menschen. In diesem dritten Weg lernt der HUNA-VITA-Praktizierende eine besondere Form der Nahrung, den **"Ernährungs-Yoga"** und Vitalitätsübungen kennen, die seinen Körper stärken, gesund erhalten und das Altern enorm verzögern. Hier greifen wir z.T. auf das Wissen und die Erkenntnisse der Essener zurück, die bekanntlich eine ausgezeichnete Gesundheit besaßen und ein sehr hohes Alter erreichten, was durch diesen sehr wirkungsvollen Ernährungs-Yoga und ihre geistig-energetischen Übungen erreicht wurde.
Das Ziel dieses HUNA-VITA-Weges ist es, Dir einen erfolgversprechenden und gangbaren Weg zu bestmöglicher Gesundheit , Heilung und hohem Alter zu weisen.

**Spiritualität, Geistigkeit, Körperlichkeit und Ernährung sind nicht zu trennende Faktoren der Lebensenergie.**

Ehe ich Dir mehr über die Prinzipien einer spirituellen Ernährung berichte, möchte ich Dir mitteilen, worin das Gesetz unserer Ernährung liegt.
Exoterisch, also vom äußeren, materiellen, körperlichen Standpunkt aus betrachtet, erhält die Nahrung (lebendige, wertvolle Nahrung) unseren Körper in einem guten, funktionellen Zustand.
Esoterisch, also vom inneren, immateriellen, psychischen, spirituellen Standpunkt aus betrachtet, erhält die Nahrung unseren "spirituellen Körper" in einem harmonischen Entwicklungsgleichgewicht.
Der gemeinsame Nenner dieser beiden polaren Ernährungswege ist die Energie.

**Nahrung ist materiell gewordene Energie.**

Unser Bewußtsein, unser Körper und alle Körperfunktionen sind Energien bestimmter Frequenzen. Das Gesetz der Energie bestimmt somit Dein körperliches, seelisches, geistiges Entwicklungsvermögen und Deine Gesundheit.
Energie möchte ich hier als Schwingungsfrequenz pro Sekunde definieren. Diese energetische Schwingunsfrequenz kann so hoch liegen, daß sie von unseren Instrumenten nur noch schwer gemessen werden kann. Noch höhere Frequenzen erreichen die Qualität von Licht (Lichtphotonen = die

kleinsten Teile des Lichtes). Darüber liegt die weite Ebene von Bewußtseinsfrequenzen.
Vitale Nahrung (nicht gekocht) enthält einen hohen Teil dieser Lichtphotonen, die dafür verantwortlich sind, daß sich die Schwingungsfrequenz innerhalb unserer Zellen (im Zellkern) wirkungsvoll erhöhen kann. Das sind auch die Forschungsergebnisse des Wissenschaftlers Dr. Popp, über die ich Dir noch weitere hochinteressante Dinge berichten werde.
So können wir also sagen: Jeder Mensch schwingt auf einer ganz bestimmten, individuellen, energetischen Lebensfrequenz, die eine Synthese aus Licht- und Bewußtseinsfrequenzen ist. Die alten spirituellen Lehren sprechen davon, daß diese Lebensfrequenz mittels besonderer geistiger Praktiken (z.B. die HUNA-VITA-Anrufung des Hohen Selbst) und einer bestimmten Ernährung angehoben werden kann.

Jetzt, in der aufziehenden Dämmerung des Neuen Wassermann-Zeitalters, öffnen sich die Wissenstore der Geistigen Welt für jene suchenden Menschen, die bereit sind, mittels jener besonderen Praktiken ihre körperlich-geistige Frequenz zu erhöhen.
Wenn die Schwingungsfrequenz des Menschen auf diese Weise mehr und mehr angehoben wird, beginnt er sich in seinem Körper leichter, unbeschwerter, energetischer und vitaler zu fühlen. Seine Aura nimmt hellere und weitere Formen an. Sein Bewußtsein hat durch die höheren Frequenzen die Möglichkeit, sich immer weiter zu ähnlich hochschwingenden Bewußtseinsebenen hin auszudehnen. Schließlich kann sich die menschliche Lebensfrequenz so weit erhöhen, daß die ganze Körperhülle lichter, heller und schließlich durchsichtig, also unsichtbar wird.

### *Psycho-Bild Nr. 15 "Der LICHT-Körper des Propellers".*

*Dieses Phänomen kannst Du Dir an einem einfachen, physikalischen Beispiel veranschaulichen.*
*Stell Dir vor, Du befindest Dich auf einem Flugplatz. Dort, direkt vor Dir, entdeckst Du eine kleine, einmotorige Propellermaschine. Schau Dir den Propeller an. Er hat vier Flügel, sie sind nicht durchsichtig. Der Luftraum zwischen den Flügeln ist natürlich durchsichtig.*
*Jetzt beobachtest Du, wie der Pilot den Motor startet. Was geschieht mit dem Propeller? Langsam beginnt er sich zu drehen, und Du*

*kannst nun ganz erstaunliche Phänomene von Undurchsichtigkeit und Durchsichtigkeit beobachten.*
*Zuerst bildet sich eine Art wirbelnde, undurchsichtige, runde Scheibe. Du kannst nirgends hindurchsehen. Nach kurzer Zeit jedoch beginnt diese sich drehende und wirbelnde, runde Scheibe mehr und mehr durchsichtig zu werden. Woran das liegt, stellst Du an dem immer schriller werdenden Heulen des Propellers schnell fest.*
*Seine Umdrehungsfrequenz nimmt von Sekunde zu Sekunde zu.*
*Die Scheibe von anfänglich scheinbarer solider Masse hat sich in eine durchsichtige Scheibe verwandelt, durch die Du genau einzelne Teile des Flugzeugs sehen kannst.*

Was ist für Dich als Beobachter nun der Unterschied zwischen dem anfänglich scheinbar festen Propellerkreis und dem späteren, durchsichtigen Kreis?
Der einzige Unterschied ist die unterschiedliche "Drehfrequenz" des Propellers. Daher können wir jetzt sagen: Für die Wahrnehmung des physischen Auges liegt der Unterschied zwischen Sichtbarkeit und Unsichtbarkeit in der Geschwindigkeit, mit der ein sichtbarer - oder unsichtbarer - Gegenstand oder Mensch schwingt. Ein Mensch in seinem spirituellen Körper hat demnach eine andere, höhere - nicht sichtbare - Schwingungsfrequenz, als der viel langsamer schwingende physische Körper. Daher ist der spirituelle Körper auch unsichtbar.
Manchmal allerdings erhöht ein Mensch unbewußt für ein paar Augenblicke seine eigene Lebensfrequenz, z.B. wenn er sehr energetische und dynamische Meditationen oder auch HUNA-VITA-Meditationsgebete (Anrufungen des Hohen Selbst) macht, so daß er ähnlich hochschwingende Energien, Geistwesen und LICHT-Wesen sehen oder als Luftzug, Geruch oder Geräusch wahrnehmen kann (Teilnehmer in den HUNA-VITA-Intensivkursen berichten immer wieder über diese Phänomene). Sehr weit entwickelte Menschen und Avatare können bewußt und absichtlich ihre Lebensfrequenz anheben und senken. Dann erleben die anderen Menschen jene Phänomene von momentaner Unsichtbarkeit bzw. dem plötzlich sichtbaren Erscheinen eines Wesens.

***Fazit:***
*Energie bestimmt das Leben! Die geistig-seelisch-körperliche Entwicklung eines Menschen ist abhängig von seiner hoch oder niedrig schwingenden Lebens-Energie-Frequenz.*

**Lebensenergie, der wichtigste Faktor Deiner Entwicklung.**

Je höher Dein physischer und spiritueller Körper in seiner Lebens-Energie-Frequenz schwingt, desto umfassender kannst Du Dich mit dem hochschwingenden Energie-Bewußtseinsfeld Deines Hohen Selbst verbinden und diese hohen Bewußtseinskräfte für Dein Leben und Deine geistige Entfaltung nutzen ( Gesetz der Resonanz).
Genau das war das Wissen und die praktische Lehre und Arbeit aller spirituellen Traditionen und Schulen. Das ist auch ein wichtiger Teil der HUNA-VITA-Bewußtseinsschulung, dargeboten in der *"harmonisierenden Vital-Ernährung = Ernährungs-Yoga"* und in der *"Energie-Lehre"*.
Wenn wir uns nun weiter über die Prinzipien einer harmonischen Ernährung unterhalten, so bedenke, daß wir jeweils von diesem Wissen um die Lebens-Energie-Frequenz ausgehen. Das wird Dir vieles in den oft so unterschiedlichen Ernährungsrichtlinien erklären. Du wirst ein tieferes und erweitertes Ahnungsvermögen erhalten, was es heißt, Körper, Seele und Geist harmonisch zu ernähren. Du wirst ganz zwangsläufig erkennen, daß Deine Mahlzeiten ein Ausgangspunkt für Dein geistig-seelisches Wachstum sind. So ist das Essen tatsächlich eine spirituelle (geistige) Handlung, durch die sich Nahrung in Lebens-Energie-Frequenzen und damit in Gesundheit, Bewußtseinsentfaltung und Liebe verwandelt.

Ernährung und Essen ist somit für jeden Menschen, der bewußt in das Neue Wassermannzeitalter geht, eine der besten, schnellsten und gezieltesten "Yogaformen", die es gibt. Alle anderen Yogaformen sind sicherlich sehr gut, meistens jedoch benötigen sie Jahre harter Arbeit, um kleine Erfolge zu erzielen. Mit dem "Yoga der harmonischen Vitalernährung" werden dagegen viel schneller bestimmte Ergebnisse erzielt. So betrachten wir unsere Mahlzeit als eine "spirituelle Handlung", durch die sich die Nah-

rung in Gesundheit, Kraft, Liebe, in eine hohe Lebensfrequenz verwandeln kann. Wenn wir essen und bei dieser spirituellen Handlung wirklich wach und aufmerksam sind, können wir die lichten Schwingungsfrequenzen der harmonischen Sonnennahrung direkt wahrnehmen. Du kannst "hören", wie die Nahrung zu Dir "spricht". Sie verkündet Dir etwas von dem in ihr enthaltenen göttlichen UR-LICHT-Energiegeschenk, das Du mit Deinem Bewußtsein unmittelbar nutzen kannst. Allerdings nur, wenn Du mit Deinem Bewußtsein beim Essen bist.
Getötete, gekochte Nahrung, z.B. Fleisch, enthält in sich niedere Schwingungsfrequenzen der Angst des qualvoll getöteten Tieres.
Diese niedere Schwingungsfrequenz verbindet Dich mit unerwünschten, niederen Wesenheiten der Astral-Ebene und der Elemental-Essenz, und sie verbindet auch - nach dem Gesetz der Resonanz - mit der Angst und Grausamkeit, mit Leid und Haß unserer Umwelt. Letztlich wird es auch so lange Kriege geben, wie Menschen ihre Geschwister - die Tiere - töten!

**Jetzt ist die Zeit da, lichter zu werden.**

Wir alle stehen jetzt mehr denn je vor der Aufgabe, Schritt für Schritt für die kommenden hochschwingenden Energien der "Neuen Zeit" durchlässig und aufnahmebereit zu werden.
Darum beginnen wir heute damit, Ernährung nicht nur in erster Linie als Nahrungszufuhr für den Körper zu betrachten, sondern als einen ganz wesentlichen Weg (Yoga), zugleich Seele und Geist in eine höhere Schwingungsfrequenz zu heben.
D.h. auch unser Energie-Körper (Mana), unser Emotional-Körper (Unteres Selbst) und unser Mental-Körper (Mittleres Selbst) benötigen eine adäquate Ernährung. Die Reinheit dieser feinstofflichen, psychischen Körper überträgt sich auf unseren physischen, materiellen Körper und erhöht dadurch seine Zell-Schwingungsfrequenz, seine Durchlässigkeit und seine Vitalität.
Darum wird niemand, ohne in Schwierigkeiten zu kommen, auf Dauer seine Ernährung umstellen können, wenn er nicht zugleich auch an der Wandlung und Befreiung seiner Persönlichkeit mitarbeitet, die einengenden Masken seines Egos fallenläßt, mehr aus seiner Mitte lebt und auf sein Hohes Selbst hört.
Denn wenn ein Mensch sich mit lebendiger, vitaler Nahrung ernährt, wer-

den bestimmte, machtvolle Energie-Bewußtseinskräfte in ihm freigesetzt, die es gilt, für die eigene Persönlichkeitsentwicklung, für "den Weg des Herzens und des Friedens" einzusetzen und zu nutzen.
D.h. ich werde Dir mitteilen, wie Du mit HUNA-VITA Wissen und Praxis die durch die Vitalernährung und geistige Übungen freigesetzten Energien für Deine Persönlichkeitsentwicklung und für Deine Lebensmeisterung einsetzen kannst (in den verschiedenen HUNA-VITA-Techniken).
Sollte jemand jedoch diesen HUNA-VITA "Ernährungs-Yoga" nur einseitig betreiben, ihn also zum einzigen, engstirnigen Lebenssinn erheben, so werden die freigewordenen Kräfte ihn in fanatische Bewußtseinsbahnen lenken. Ich denke hier an Dogmatismus, Fanatismus, Engstirnigkeit, Rechthaberei usw.
Wenn ich hier also von harmonischer Vitalernährung spreche, so bedeutet "harmonisch" eine auf jeden einzelnen Leser oder Kursteilnehmer abgestimmte vitale Ernährung, die er für sich liebevoll, schmackhaft, mit dem wachen Instinkt seines Unteren Selbst zusammenstellt.
"Vitalernährung" bedeutet hier die langsame Hinwendung zu einer Nahrung, in der diese "Sonnenenergie = LICHT-Kraft" noch zum größten Teil enthalten ist.

***Fazit:***

*Der bewußte Mensch bezieht den "Ernährungs-Yoga" auf seinem Entwicklungsweg mit ein.*

**Spiritualität und Ernährung**

Wenn Du Bücher über Ernährung liest, wirst Du feststellen, daß die Autoren fast ausschließlich über Ernährungsformen sprechen und jene, die über Spiritualität schreiben, befassen sich fast nur mit den Möglichkeiten der geistigen Entwicklung. Nur sehr selten wird Spiritualität mit Ernährung verbunden.
Oft wird von spirituellen Führern so ausschließlich über den Geist gesprochen, daß für diesen, wenn er die Oberhand gewinnt, Ernährung kaum noch eine Rolle spielt, da die geistige Kraft alles im Körper und diesen

selbst transformiert. Eine Frage erhebt sich hier allerdings: Wer von den vielen Menschen, die den Weg der persönlichen Entfaltung beschritten haben, ist schon in der Lage, belastende, giftige Stoffe der Ernährung so energetisch zu transformieren, daß diese ihm nicht mehr schaden?
Bis es einem Menschen gelingt, sich den sehr hohen kosmischen Energien zu öffnen und sein Energiesystem so umfassend zu aktivieren, daß er unbeschadet alles essen und trinken kann, können viele Jahre vergehen. Was tut er dann aber während dieser Zeit für die geistig-energetische Entfaltung seines physischen Körpers?

Eines kann ich jetzt rückblickend auf die langen Jahre meiner Bewußtseinsschulung innerhalb der Seminararbeit und meiner eigenen Entwicklung sagen:

*Erst wenn gleichzeitig der physische Körper und der Seele-Geist-Körper in das spirituelle Wachstum integriert werden, beginnt der Mensch seine in ihm schlummernden Energie- und Bewußtseinskräfte zu entfalten. Und zwar viel umfassender, als wenn er sich nur seiner geistigen Entwicklung widmet.*

Nun noch ein Wort zu den "kleinen Köstlichkeiten", den verschiedenen Genußmitteln des Lebens. Um Mißverständnissen vorzubeugen:
Glaube nicht, Du hättest es in der Hand, alles so zu lenken, wie es Dir gerade paßt. Also zwischendurch jeden Tag ein paar Zigaretten, vielleicht noch genußvoll angereichert mit Kaffee, Tee oder Alkohol, kombiniert mit ein paar Energiekreisläufen und einigen LICHT-Meditationen zum Hohen Selbst. Das Ergebnis Deines geistig-seelischen Wachstums ist dann etwa so, als ob Du gleichzeitig bei einem Auto auf Gas und Bremse trittst.

Jedes dieser oben angeführten Genußgifte einzeln - und wir brauchen sicher nicht mehr darüber zu diskutieren, ob es Gifte sind oder nicht - schwächen in sehr hohem Maße die vitale Lebensenergie und vermindern damit die oben angeführte Lebensfrequenz (das ist sehr gut im Kirlian-Foto nachweisbar). Darum muß in erster Linie der Mensch mit Disziplin, Entschlossenheit und wirklicher Einsicht an sich arbeiten.

**Der wunderbare Ernährungs-Instinkt Deines Unteren Selbst.**

Bedenke, Dein Körper wird aus dem "zusammengebaut", was Du ißt. Dein Körper repräsentiert Deine Nahrung. Ist Deine Nahrung unvollständig oder gar tot (keine LM - erkläre ich weiter unten), wirst Du mit an Sicherheit grenzender Wahrscheinlichkeit einen genauso unvollständigen Körper haben, d.h. Dein Organismus wird krank und defekt sein.
Durch unsere höher entwickelte Geistigkeit haben wir uns auch einen Nachteil eingehandelt. Der Mensch hat ungleich länger als das Tier die Möglichkeit, negative Organbelastungen zu kompensieren. Das hat auch sehr viel damit zu tun, daß er seinen natürlichen "Gesundheits- und Ernährungsinstinkt" fast vollkommen verloren hat.
So lebt der eigentlich schon in seinem Organismus geschädigte Mensch in einer verstandesmäßigen Vorstellung, daß er gesund ist. Sein hoch dominanter Intellekt, das Mittlere Selbst, gaukelt ihm die Illusion von Gesundheit vor.

***Psycho-Bild Nr. 16 "Ein morgendliches Frühstück".***
*Nimm Dich doch mal als Beispiel, oder wenn Dir das im Moment etwas zu unbequem und direkt ist, einen Menschen, den Du kennst.*
*Da wird also ab und zu über Morgenmüdigkeit und noch nicht richtig "auf Touren kommen" geklagt. Ein scheinbar sehr harmloses Beispiel, wird der Verstand sagen. Wer hat das nicht?*
*Und da liegt schon die Falle. Würdest Du Deinen "Gesundheitsinstinkt", Dein Unteres Selbst befragen und dadurch wirklich tief in Dich, in Deinen Organismus hineinfühlen, so hieße hier die eindeutige Botschaft:*
*"Achtung, Dein Organismus ist bereits geschädigt. Ich, Dein Unteres Selbst muß stetig <u>vermehrt</u> Energie (MANA) verbrauchen, weil Deine Leber (zum Beispiel) nicht mehr im energetischen Gleichgewicht ist. Aber besonders Dein Darm leidet. Hier laufen - von Dir, mein lieber Freund, nicht beachtet - Vergiftungsprozesse ab. Alles verbraucht enorme Mengen Energien, die Dir morgens fehlen."*

So oder ähnlich könnte die Botschaft des Unteren Selbst lauten. Aber wer kümmert sich schon darum? Da muß das Untere Selbst schon zu härteren

Mitteln der Krankheit greifen.
Dir wird jetzt sicher klar, um was es geht. Es geht darum, für das eigene Untere Selbst wieder den "ganz normalen" Gesundheits- und Ernährungsinstinkt zu entwickeln. Das geht erstaunlich schnell, wenn man dazu wirklich bereit ist. Übrigens kann man sein Unteres Selbst hier nicht betrügen. Also halb-bereit Sein funktioniert nicht, genauso wenig wie halb-schwanger Sein funktioniert.

**Warum geht es relativ schnell, Deinen Gesundheits- und Ernährungsinstinkt zu aktivieren?**

*Wandmaker* schreibt in seinem Buch "Vergiß den Kochtopf.." etwa folgendes:
Der Tier-Mensch lebt auf diesem Planeten ungefähr seit 150 Millionen Jahren. 149,5 Millionen Jahre davon (das sind ca. 99,67%) aß er rohe Pflanzennahrung. Erst in dieser "kurzen" Phase der letzten 500 000 Jahre hat der Mensch damit begonnen, seine Nahrung zu verändern. Und erst in den letzten 100 000 Jahren kam das Kochen in dieses Ernährungsspiel.

**Zum Vergleich.**

Wie lang sind denn diese Millionen Jahre? Nimm einen Menschen, der 50 Jahre alt ist. Dann hat er 49 Jahre und 11 Monate lang eine rohe Naturkost bevorzugt und nur einen Monat lang ißt er Fleisch und getötete (gekochte) Nahrung.

Bei diesem bildhaften Vergleich wird Dir sicher verständlich werden, daß das so oft gebrauchte Argument, unsere Gene und veränderten Erbmerkmale seien schon auf Fleisch- und Kochnahrung eingestellt, schlichtweg Unsinn ist.
Im Gegenteil. Noch immer ist der natürliche Nahrungsinstinkt des Menschen auf naturbelassene Pflanzenkost eingestellt. Darum auch läßt sich dieser Instinkt so schnell wieder "regenerieren"!

**Fazit:**

*Früchte und Gemüse in naturbelassener Ganzheit sind keine absonderlichen Eßgewohnheiten, verdrehte oder seltsame Zusammenstellungen, sondern unsere vollkommen normale, alles beinhaltende Nahrung, an die wir über 4 Millionen 500.000 Generationenlang angepaßt sind!*

*Wenn Du Dich also wieder an diese Orginalkost von rohen, frischen, unbearbeiteten Früchten und Gemüsen hältst, so gehst Du einer wunderbaren Gesundheit und geistigen Klarheit entgegen.*

*Das RISIKO ist der Kochtopf, mit getöteter und zerstörter Nahrung!*

*(Wandmaker)*

**Die Kochkunst.**

Von der menschlichen Entwicklung aus betrachtet, kann man die "Kochkunst" als die Folge *einer Art Kurzschluß zwischen der Intelligenz des dominanten Mittleren Selbst und dem natürlichen Gesundheits- und Ernährungsinstinkt des Unteren Selbst ansehen.*

Können wir doch besonders gut mit der Logik des Verstandes unsere äußere Umgebung (Essen) so verändern und jeglichen Genuß erschaffen, daß unser Instinkt des Unteren Selbst völlig getäuscht werden kann.

Somit ist dieser künstliche, gekochte, denaturierte Essensgenuß durch unser 5%-EGO/Verstand letztlich eine Sinnestäuschung und keine genetische Veränderung. Hier ist die Kochkunst zu einer Art Falle geworden, in die die Menschheit infolge ihrer theoretischen Entwicklung des Verstandes hineingeraten ist. Bei unverfälschter, harmonischer Sonnenkost ist alles, was für den Gaumen, also den Geschmacks-Instinkt des Unteren Selbst gut ist, auch gut für den ganzheitlichen Organismus und die geistige Entwicklung. Alles, was für den Körper schlecht ist, wird auch das Untere Selbst mit seinem Instinkt-Geschmack ablehnen.

**Fazit:**

*Bei der natürlichen Ernährung braucht man also nur das zu essen, was von Natur aus für den Instinkt des Unteren Selbst geschmacklich verlockend ist.*

Mit unserer Kochkunst dagegen können wir das, was für den Gaumen (Instinkt) und Organismus schlecht ist, so "veredeln", daß es nun für den Gaumen (getäuschter Instinkt) gut schmeckt und dem Organismus schadet (Fettleibigkeit, Stoffwechselkrankheiten, Krebs usw.).
Natürlich muß man dann einem so getäuschten Organismus/Unteren Selbst, um den Schaden im Rahmen zu halten, vom 5%-Mittleren Selbst bewußt mit Ernährungsrichtlinien - den Krücken unserer Gesellschaft - unter die Arme greifen.

***Fazit:***
*Bei der Beachtung des Ernährungsinstinktes des Unteren Selbst wird das Problem einer guten Ernährung grundlegend gelöst.*

**Das Kochen kam vor ca. 100 000 Jahren auf.**

Seit dieser Zeit gelangen in den menschlichen Organismus Moleküle, die es in der Natur so nicht gibt. Diese "naturfremden" Moleküle entstehen durch die chemische Kochreaktion. Übrigens entstehen diese hoch schädigenden Moleküle bzw. Radikale bei der Kochzubereitung im "Mikrowellenherd" in einem noch viel höheren Maße. Hier kommen dann auch noch die "Mikrowellenverstrahlung" und Energiebelastung der Nahrung und damit natürlich auch der menschlichen Zellen hinzu. Die Mikrowellentechnik ist heute eines der höchsten Krebsrisiken!
Einige dieser Moleküle und Molekülreste (Radikale), die beim Kochen anfallen, kann der Körper nicht verstoffwechseln. Sie sammeln sich im Organismus an - im Blut, in der Lymphe und im Gewebe - und bewirken eine langsame Vergiftung des Körpers. Da unter Umständen schon winzige Mengen ausreichen, um schwere gesundheitliche Störungen hervorzurufen, ist es nicht immer einfach, diese naturfremden Gifte im Körper zu analysieren.
So werden Aminosäuren (die Bausteine der Eiweiße) beim Erhitzen zerstört. Damit meine ich: Die energetische, lebendige "Eiweißinformation", gespeichert in den spiraligen Eiweißmolekülen, wird durch das Kochen

zerstört. Damit werden diese "toten" Eiweiße für den Aufbau von lebenden, im menschlichen Körper hochspezialisierten Zellen ebenso unbrauchbar - und dadurch giftig - wie die nach dem Erhitzen energielosen Minerale.
Genauso werden die Fettsäuren durch Erhitzen so verändert, daß sie für den Körper minderwertig sind, ebenso die Vitamine und Spurenelemente. Diese, für den Körper schlecht nutzbaren Stoffe sind also durch die Hitzebehandlung chemisch und vor allem energetisch so umgewandelt, daß sie den Organismus in Laufe der Zeit schädigen.

Mit dem Blutstrom gelangen diese "toten" Stoffe überallhin. Da aber die energetische Information, das "Codewort" fehlt, wie und wo diese Stoffe eingebaut werden sollen, muß der Organismus sehr hohe Energien aufwenden, diese toten, giftigen Stoffe aus dem Körper herauszubringen. Im Körper entsteht eine Leukozytose, eine Vermehrung der weißen Blutkörperchen.
Meist ist der Körper jedoch so überlastet, daß diese toten Stoffe nicht alle ausgeschieden werden können. Sie lagern sich dann im Körper ab. Im Laufe der Zeit behindern diese Schlacken die gute Funktion des Organismus so nachhaltig, daß Krankheit eintritt.

Der Nahrungsmittel-Toxikologe *Leonard Bjeldanes* und seine Kollegen von der "Berkeley Universität" in Kalifornien, fanden heraus, daß gekochte Eiweiße (Fleisch, Eier, Käse, Milch) bei Bakterien, die sie gerade testeten, genetische Mutationen bewirkten. Andere Arbeiten, besonders von Kouchakoff haben gezeigt, daß der Körper gekochte und behandelte Nahrungsmittel als naturfremde Gifte betrachtet und alles unternimmt, um diese unschädlich zu machen. D.h. die weißen Blutkörperchen (die "Polizei" der Abwehr in unserem Körper) werden nach gekochter Nahrung drastisch erhöht. Dies geschieht nicht bei naturbelassener Nahrung! Dieser stetige "Infektionsalarm" in unserem Organismus verbraucht hohe Mengen vitaler Lebensenergie (Mana) und belastet diesen so stark, daß das Immunsystem täglich geschwächt wird. Und darum sind den Infektionen und Krankheiten Tür und Tor geöffnet.

*D.h. also, gekochte und denaturierte Nahrung fördert in hohem Maße alle Formen von Krankheiten und vermindert die vitale Lebensenergie, die ein wesentlicher Faktor der spirituellen Entwicklung ist.*

Darum fühlt man sich übrigens auch nach einer "toten" , also gekochten Mahlzeit (Leichenschmaus) müde und gleicht diesen Mangel dann schnell wieder durch eine Tasse Kaffee aus, wodurch der Organismus noch mehr zu entgiften hat und unter Energieverlust leidet. Nach einer frischen, lebendigen, naturbelassenen Mahlzeit fühlt man sich gestärkt und vital.

**Fazit:**
*Naturbelassene, frische Nahrung gibt die weißen Blutkörperchen (unser Immunsystem) frei für andere, wichtige Aufgaben der Immunabwehr.*

**Das "Lebenselixier".**

Schon immer träumte der Mensch den Traum vom verjüngenden, gesundmachenden "Lebenselixier", berichtet der Forscher *Ostertag*. Man wußte schon früh, daß dieses so erstaunliche Elixier in sehr kleinen Mengen in rohen Pflanzen und Fleisch enthalten ist. Aber je mehr man diesen Extrakt herauskochen und destillieren wollte, desto unwirksamer wurde das ganze Produkt.
Auch heute noch versuchen Chemiker mit viel größerem Aufwand, diese geheimnisvolle Substanz zu finden, allerdings bis jetzt ohne Erfolg. Doch was einst die Alchemisten entdeckten, existiert.
In gewissem Maße sind sehr offene und fortschrittliche Wissenschaftler nahe daran, diese Substanz zu gewinnen. Allerdings weigern sich die Chemiker der "alten Richtung" beharrlich, dies anzuerkennen, weil diese so geheimnisvolle Substanz sich beharrlich jeder normalen chemischen Analyse entzieht. Und so "kann nicht sein, was nicht sein darf!"
Auf der anderen Seite steht da die große, machtvolle Nahrungsmittelindustrie, gekoppelt mit der Pharmaindustrie und den damit wiederum verbundenen Universitäten.

"Rein wissenschaftlich" wird in langen Tabellen dargelegt - nachgewiesen aus ebensolangen Versuchsreihen - wie der Mensch zu essen hat, wieviel Kalorien, wieviel Fett und Eiweiße, Vitamine, Minerale usw. er zu sich nehmen muß, um gesund zu sein.
Unter dem Strich steht dann allerdings eine Bevölkerung, die trotz der so ausgeklügelten Nahrungsangebote, Vitamine, Minerale usw. unter stetig steigenden Krankheitsrisiken leidet, wobei Fettsucht und Stoffwechselkrankheiten an oberster Stelle stehen, gefolgt von all den anderen Krankheitsformen unserer so modernen Gesellschaft.
Wie oben schon beschrieben, haben die Menschen ihren natürlichen Ernährungsinstinkt verloren und werden durch unnatürliche Nahrung krank. Dem gegenüber gibt es Völker und Volksstämme, z.B. die Hunzas in Zentralasien, die Botokuden im brasilianischen Hochland usw. , die sich einer ausgezeichneten Gesundheit erfreuen, frei von unseren Zivilisationskrankheiten.
Der Wissenschaftler *Price* besuchte 1932 in der Schweiz das entlegene Loetschental mit seinen 2000 Einwohnern. Es besaß nur eine einzige Eisenbahnlinie als Außenweltverbindung. Als *Price* Aufzeichnungen untersuchte, die er mehr als 200 Jahre zurückverfolgen konnte, stellte er fest, daß es bei den Talbewohnern nie einen Fall von Tuberkulose gegeben hatte. Sie hatten weder einen Polizisten, noch ein Gefängnis, weder einen Doktor, noch einen Zahnarzt. *Price* sah hier deutlich, daß die Auswirkungen einer Ernährungsweise nicht nur physiologischer Natur sind, sie beeinflussen auch das psychische Verhalten der Menschen und die Umwelt.
Und diese Völker sind durchaus nicht mit noch "besseren" Lebensmitteln als wir versorgt. Im Gegenteil. Und gibt man diesen Menschen die Möglichkeit, an unserer Nahrung, bzw. Zivilisation teilzunehmen, werden sie genauso krank wie wir.
Zusammengefaßt heißt das: Es kommt eben <u>nicht</u> in erster Linie darauf an, daß unsere Nahrung all die analysierten Einzelstoffe aufweisen muß, sondern auf ihre <u>ganzheitliche, naturbelassene Struktur</u>, die eben mehr ist, als die Summe der Einzelstoffe. Das bedeutet, ein frischer Apfel so gegessen wie er ist, gibt unserem Organismus mehr Bioenergie, Lebenskraft, Vitamine und andere Vitalstoffe, als ein, in seine Bestandteile chemisch zerlegter Apfel, aus Einzelvitaminen, Kohlenhydraten, Aminosäuren, Mineralen usw.

Es gibt Tierversuche, die das drastisch untermauern. Man hat Ratten mit ausgesuchten "guten", genau zusammengestellten, gekochten Einzel-nährstoffen gefüttert. Das Ergebnis war, daß diese Tiere früher starben als andere Versuchstiere, die mit naturbelassenen, unbehandelten Nahrungsmitteln gefüttert wurden.

**Fazit:**

*Das "Lebenselixier" ist nur in naturbelassenen Nahrungsmitteln enthalten und ist verantwortlich für unsere Gesundheit.*

**Was ist dieses Lebenselixier?**

Nun, da es sich in chemischen Analysen nicht zeigt, muß es etwas sein, das von unseren materiellen Geräten und Analysen übersehen bzw. erst gar nicht wahrgenommen wird. Es muß also etwas Immaterielles sein. Eine Energie-Information oder eine bestimmte Form von Bewußtsein.
Ja, genau darum handelt es sich. *W. Ostertag* formulierte, daß die "Lebenden Makromoleküle" Träger dieser Energie-Information sind. Diese aus Zellen und ihren Molekülverbänden abgestrahlte Energie-Information bezeichnete der Wissenschaftler *Swinbanks* als Bio-Photonen. Darunter versteht man eine sehr schwache, aber dauerhafte Lichtabstrahlung aus den Zellen von Organismen.
Diese Bio-Photonen, mit all ihren Informationen und Funktionen für den Organismus, stellen jenes geheimnisvolle "Lebenselixier" dar.
Unter lebenden Makromolekülen (LM) verstehen wir nach dem Forscher W. Ostertag alle von Pflanzen, Tieren und Menschen erzeugten Molekülverbände, zwischen tausend und mehreren Millionen Atomen Umfang, die fast alle spiralige Struktur aufweisen. Mit Hilfe dieser so wesentlichen spiraligen Struktur sind diese LM in der Lage, kosmische Strahlung aufzunehmen (denke hier auch an die Strahlung des alles erschaffenden UR-LICHTES) und in körpereigene Energie (nach HUNA: "MANA") umzuwandeln. Diese LM speichern jene feinstoffliche "Lebensenergie" und geben sie bei Bedarf als die zuvor beschriebenen Bio-Photonen wieder ab.

Wird diese gespeicherte Lebensenergie wieder abgegeben, ist sie meist zugleich Trägerenergie einer bestimmten Zellinformation und somit Lebensinformation geworden.
Bisher ist es noch nicht möglich, diese LM mit ihrer Spiralstruktur künstlich herzustellen. Während chemischer Analysen wird diese Spiralstruktur - ein Merkmal der Lebendigkeit - sofort zerstört, und so ist eine chemische Identifizierung der LM kaum möglich.

In den 50er Jahren wurden technische Anlagen zur Sichtbarmachung dieses Photonenlichtes der LM konstruiert. Das wichtigste Forschungsinstitut dieser Richtung ist das des Biophysikers *Prof. Popp*. Einen entscheidenden Durchbruch in der Ernährungsfrage brachte *Prof. Popp* mit seiner Arbeit über "die Strahlungsfähigkeit gewisser Proteine (Eiweiße) und Nukleinsäuren." Erstaunlicherweise ist diese so richtungsweisende Arbeit bei der offiziellen Fachwissenschaft fast ganz ohne Resonanz geblieben.
Diese biologische Lichtausstrahlung aus den Zellen der Pflanzen ist durch ein wichtiges Merkmal gekennzeichnet. Verschiedene Experimente haben gezeigt, daß biologische Strahlung aus Zellen, ähnlich wie Laser-Licht, gebündelt ist. Daher spricht *Popp* manchmal vom biologischen Laser, obwohl beide Unterschiede aufweisen. Der normale Laser hat nur eine einzige Wellenlänge, während die Lichtbündel in lebenden Organismen gleichzeitig auf allen Wellenlängen beobachtet werden können. Die Bündelung dieses Bio-Photonen-Lichtes ermöglicht die Vernetzung verschiedener im Organismus stattfindender Prozesse. D.h. die Verbundenheit eines Organismus ist nicht nur durch den Kreislauf oder das Nervensystem gewährleistet, sondern auch durch sein inneres Licht, worüber ganz wesentliche Zellinformationen - zu anderen Zellen - übertragen werden.
*Popp* konnte nachweisen, daß der ganze Organismus von den strahlenden Bio-Photonen wie von einem Feld umgeben ist. Ähnliches hatte der amerikanische Wissenschaftler *S. Burr* festgestellt und diese Feldstrahlung als L-Felder (Lebens-Felder) bezeichnet. Heute weiß man, daß unser Bewußtsein, unsere Gedanken, diese L-Felder beeinflussen. Diese Photonenfelder des Menschen sind ständige Begleiter des Lebens und gleichzeitig Träger wichtiger Lebensfunktionen und Informationen, sie sind die eigentlichen Regulatoren des Zellgeschehens. Sie sind das Lebenselixier allen Lebens, und darauf kommt es in unserer Nahrung an.

***Fazit:***
*Zusammengefaßt kann man sagen: Nahrung ist in erster Linie nicht Kalorienträger, sondern in hohem Maße Licht-und Informationsträger. Die Lebensmittelqualität ist somit abhängig von der Speicherfähigkeit bzw. von der Menge der gespeicherten Bio-Photonen.*

Der österreichische Physiker und Nobelpreisträger *Erwin Schrödinger* sagte zu dieser Lebensenergie in Pflanzen folgendes:
" Jeder Prozeß, Vorgang oder Ereignis - nennen Sie es wie Sie es wollen - mit einem Wort, alles was in der Natur vor sich geht, bedeutet eine Zunahme der Entropie in dem Teil der Welt, wo sie vor sich geht. (Entropie ist eine Energiemenge, die hier in diesem Beispiel, von Pflanzen oder sonstigen Lebewesen erzeugt wird. Allerdings ist es eine Energiemenge, man nennt sie positive Energiemenge (Entropie), die sich aus den Stofwechselvorgängen ergibt, also eine Art "verbrauchte" Energie, die schädigend auf den Organismus auswirkt. Im weitesten Sinne könnte man hier von einer "Abfall-Stoffwechselschlacken-Energie" sprechen. Anm. von E.Z.)
So erhöht ein lebender Organismus ständig seine positive Entropie (schädigende Energie durch Stoffwechselabfallprodukte) und nähert sich so einem gefährlichen Stadium der maximalen positiven Entropie, welcher der Tod ist. Der Organismus kann sich nur davor bewahren, das heißt lebendig bleiben, indem er ständig aus der Umgebung negative Entropie aufnimmt, die in sich selbst eine Ordnugsgröße darstellt. "
(Negative Entropie ist eine von außen zugeführte Energiemenge, hier z. B. durch natürliche Nahrung, die viele LM enthält, oder lebendige UR-LICHT-KRAFT selbst, die Leben erhält. Anm. von E.Z.)

**Der Forscher Berkman geht noch einen Schritt weiter.**

Er prägte den Ausdruck "Strukturelle Information". Dies besagt, daß es nicht nur wichtig ist, daß eine bestimmte Menge von LM vorhanden ist, sondern daß es auch ganz wesentlich darauf ankommt, in welcher Kombination, Menge und struktureller Anordnung diese LM in einem natürlichen, frischen Nahrungsmittel vorhanden sind.

Das bedeutet, daß das ganze, nicht zerstörte Nahrungsmittel mehr ist als die analysierten einzelnen Baustoffe der Nahrung, wie Vitamine, Minerale, Fette, Eiweiße, Kohlenhydrate usw. Darum sind einzeln verabreichte Vitamine und Minerale lange nicht so wirksam wie in einer bestimmten, ganzheitlichen Strukturanordnung innerhalb einer Frucht. (Vergleiche das Beispiel des Apfels, welches ich zuvor beschrieben hatte.)

Gehen wir davon aus, daß der Anteil der Spiralstruktur und seine strukturelle Anordnung in Nährstoffen das wichtigste Merkmal der Lebendigkeit ist, so zeigt folgende Zusammenstellung, aus der Schrift von *W. Ostertag*, wo der höchste %-Satz der Spiralstruktur, also der Lebensenergie (negative Entropie) zu finden ist:

| ***Makromolekülart*** | ***Spiralanteil in % = Lebendigkeit*** |
|---|---|
| einfache Zucker | 0 |
| doppelte Zucker | 0 |
| Fette und Öle | 0 |
| Stärke ab und zu einige % | |
| Proteine (Eiweiß) | |
| Chymotrypsin | 8 |
| Lysozym | 30 |
| Myoglobin | 75 |
| Ribonuclease | 90 |
| Seifenfibrion ca. | 100 |
| Bence-Jones-Protein ca. | 100 |
| RNA | zwischen 70 und 150 |
| DNA | zwischen 200 und 300 |

(RNA und DNA sind die wesentlichen Bausteine der Zellkerne.)

Aus diesen Informationen sollte man nun nicht ableiten, Zucker und Fette seien nicht wichtig. Doch, wir brauchen sie für unseren Zellstoffwechsel und die darin ablaufenden chemischen Reaktionen, aus denen ebenfalls Energie erzeugt wird.

Wichtig ist vielmehr zu erkennen, daß der höchste %-Satz der Spiralstruktur in den natürlichen Zellen bzw. Zellkernen von Wachstumsstrukturen (Pflanzen, Samen und Früchten) enthalten ist. DNA und RNA sind LM-Proteine, die im Zellkern vorhanden sind und alle Vererbungs- und Zellteilungsinformationen enthalten.

***Fazit:***
*Es kommt nicht darauf an, speziell ausgewählte Diäten zu essen, sondern sich darum zu bemühen, einen hohen Anteil LM in der täglichen Nahrung zu haben und damit das "Lebenselixier" der Bio-Photonen.*

Die oben beschriebenen LM sind also spiralförmig und wirken wie eine mit Strom durchflossene Spule. Damit können sie kosmische Strahlungen (kosmisches UR-LICHT) und Lebensstrahlungen (Bio-Photonen = Mana), die von anderen LM abgestrahlt werden, aufnehmen (Induktion).
Das bedeutet: Die in Deinem Körper (Zellen) vorhandenen LM nehmen durch "Induktion" kosmisches UR-LICHT und Lebensstrahlungen von LM lebendiger, vitaler Lebensmittel auf. Je gezielter Du diese Art Lebensmittel zu Dir nimmst, desto umfangreicher wirst Du mit der notwendigen Entwicklungs- und Lebensenergie versorgt. Hierbei ist wichtig zu verstehen, daß der menschliche Organismus mit den aufgenommenen LM-Strukturen wiederum ein Ganzes wird.

*Also, Dein Organismus und die in ihm vorhandenen LM mit den Bio-Photonen, die Deine Lebensvitalität und Gesundheit bewirken, sind die Grundlage für Dein Heilsein und Deine spirituelle Entwicklungsmöglichkeit.*

***Fazit:***
*Du wirst jetzt sicher erkennen, wie eng verflochten Ernährung mit Gesundheit, mit Bewußtsein und mit geistig-seelischem Wachstum ist.*

# Das HUNA-VITA-Ernährungsprinzip

Dieses Ernährungsprinzip geht nicht davon aus, daß irgendeine bestimmte Zusammenstellung von Nahrungsmitteln, z. B. Vollwertkost mit hohem Getreideanteil, oder Makrobiotik usw. ausschlaggebend ist. Es ist vielmehr hier ganz wesentlich, wieder das "Lebensprinzip" (LM) zu entdecken, das in jeder natürlichen Nahrung enthalten ist.

Weiter gehe ich davon aus, daß es jedem Menschen möglich ist - wenn er tatsächlich bereit ist, diesen Weg zu gehen - seinen natürlichen Gesundheits- und Ernährungsinstinkt zu entwickeln.

***Fazit:***

*Das HUNA-VITA-Ernährungsprinzip heißt also:*
***1.** Iß einen möglichst hohen Anteil LM. **2.** Iß mit dem "Ernährungs-Instinkt" Deines Unteren Selbst. (Das ist auch die Ernährung der Essener gewesen)*

**Lebenswichtige Lebensmittel, die möglichst roh gegessen werden sollten, damit das Lebenselixier "LM" erhalten bleibt.**

Im Hinblick auf die oben angeführten Tatsachen der Ernährung können nur die natürlich belassenen (nicht gekochten) Lebens-Mittel, also die roh gegessenen Salate, Gemüse, Früchte und die sehr schonend verarbeiteten Getreide - allerdings in nur geringen Mengen, da sie im Organismus sehr stark säurebildend wirken - eine gesundheitserhaltende Rolle in unserem Leben spielen. Gemüsesorten, die schwerer verdaulich sind, können sehr wenig gedünstet werden, so daß sie noch knackig bleiben.

Die frischen Keime und Wildgemüse nehmen dabei eine absolute Spitzenstellung ein, weil sie die höchste Konzentration an LM haben.

**Die LM-Träger der 1. Spitzenklasse sind:**

**A.** Selbstgezogene Keime sind die reinste und wertvollste Nahrung, die wir "herstellen" können. Hat ein nicht gekeimtes Korn, z. B. Weizen, einen Energieanteil von 80%, so hat der gekeimte Weizen einen Energieanteil von 300-400%. D. h. beim Keimvorgang nehmen die LM und damit die Bio-Photonen drastisch zu. Keime, die auch noch gut schmecken sind:

*Lucerne, Aduki-Bohnen, Mungo-Bohnen, Linsen, Weizen, Gerste, Kichererbsen.*

Ich würde Dir empfehlen, ein Buch zu kaufen, in dem beschrieben wird, wie Keime zu ziehen sind.

**B.** Wildgemüse: *Löwenzahnblätter, Brennessel, Gänseblümchen, Wegerich, Schafgarbe, Schlüsselblume, Vogelmiere, Labkraut, Taubnessel.*

Gut abwaschen, kleinschneiden, evtl. mit anderem Salat mischen oder direkt als Salat, mit wenig Dressing essen.

**C.** Frische Früchte jeder Art.

**Die LM-Träger der 2. Klasse sind:**

Salate und Gemüse finden wir hier in den verschiedensten Formen:

*Feldsalat, Endivie, Kohlrabi, Weißkraut, Karotten, Rote Beete, Zwiebeln, Gurken, Meerrettich und Knoblauch.*

Diese Lebensmittel können die Übersäuerung des Körpers, entstanden aus Kochnahrung und Eiweißen, abbauen helfen.

Getrocknete Früchte mit sehr hohem Mineralgehalt sind:

*Feigen und Aprikosen (ungeschwefelt).*

Von allen Käsesorten hat der *Schafskäse* einen hohen Anteil von LM. Bedenke aber, von tierischen Eiweißprodukten wenig zu essen, besonders dann, wenn allergische Belastungen vorliegen.

**Die Eiweißlieferanten in der Vitalernährung.**

Folgende Nahrungsmittel, die aber nie Hauptmahlzeit sein dürfen, da sie sonst zu viel Säure im Körper erzeugen, enthalten einen hohen Eiweißanteil:

*Sonnenblumenkerne*

haben besonders hohe Energien. Viel Eiweiß, ca. 45%-50%. Hoher Gehalt an Vitamin D. Täglich eine Handvoll essen. Auch gut zu keimen.
Weiter sind wichtig:

*Sesam, Haselnüsse, Kürbiskerne, Cashewkerne, Mandeln, Pinienkerne, Walnüsse, Leinsamen, Erbsen, Mung-Bohnen, Erdnüsse, Sojabohnen und deren Keime, Weizen, Roggen, Gerste.*

Wie schon erwähnt, bestehen die Eiweiße aus den Aminosäuren, die für den Organismus wesentlich sind. Es gibt über 20 davon, wovon der Körper 8 Aminosäuren nicht selbst aus der Nahrung herstellen kann. Diese nennt man die "essentiellen" Aminosäuren. Da sie im Fleisch reichlich vorhanden sind, meinte man, diese 8 Aminosäuren nur gut durch das Fleisch aufnehmen zu können. Mittlerweile ist dies überholt und wissenschaftlich belegt, daß die biologische Wertigkeit der Eiweiße nicht nur vom Vorhandensein der 8 essentiellen Aminosäuren abhängt, sondern davon, daß eine größere Menge nicht essentielle Aminosäuren (die vom Körper selbst hergestellt werden), die essentiellen Aminosäuren ausgleichen. Auch weiß man heute, daß ausgeglichene Eiweißmischungen (von verschiedenen Lebensmitteln) zu einer besseren körperlichen Verwertung im Körper führen. Dadurch kommt man mit viel geringeren Mengen Eiweiß aus. Der

Forscher *Regnar Berg* ermittelte, daß bei überwiegend basischer Ernährung (pflanzliche Vital-Kost) der Eiweißbedarf pro Tag ca. 25-30g beträgt, während bei säurebildender Kost (tierische Eiweiße, zu hoher Getreideanteil in der Nahrung und zuviel saure Früchte) der Eiweißbedarf des Körpers bis 200 g pro Tag ansteigen kann. Weiter führt R. Berg aus, daß der Anteil von säurebildenden Lebensmitteln (stark eiweißhaltig, wie Fleisch, Getreide, Bohnen, Linsen, Nüsse und saure Früchte wie Apfelsinen, Zitronen usw.) zu basischen Lebensmitteln (Obst und Gemüse) in einem Verhältnis von **1 : 7** stehen soll.

**Folgende Früchte und Gemüse enthalten alle 8 essentiellen Aminosäuren:**

*Karotten, Bananen, Rosenkohl, Kohl, Blumenkohl, Grünkohl, Mais, Gurken, Auberginen, Erbsen, Kartoffeln, Kürbis, Tomaten, alle Nüsse und Sonnenblumenkerne.*

Sonnenblumenkerne und Sojakeime enthalten die hochwertigsten Eiweiße, also auch die 8 essentiellen Aminosäuren.

Im Back- und Dünstprozeß ist auf wenig wärmebelastende Verarbeitung zu achten. Wird z. B. das gemahlene Korn zu stark während des Backens erhitzt, wird es zur "toten" und damit zur schädigenden Nahrung.

**Fette und Öle**

sollten aus erster Ernte bestehen und immer kalt gepreßt sein, z.B. Sonnenblumenöl, Maisöl und Olivenöl. Ein sehr guter Fett- und Eiweißlieferant ist die Avocado.

**Sehr wichtig:**

Kein Fleisch essen!! Nicht Eiweiß ist wichtig, sondern die Bausteine der Eiweiße, die Aminosäuren. Und diese findest Du, auch die, die der Körper nicht selber herstellt, in der Vitalkost.
Warum sind eine Kuh, ein Elefant, ein Gorilla, Ochsen, Kamele, Pferde u.a. Tiere so groß und stark? Sie erhalten alle Bausteine ihrer Nahrung

direkt aus den Pflanzen, die sie fressen, und sie benötigen kein Fleisch! Bedenke, alle Nährstoffe werden im Reich der Pflanzen gebildet! Tiere und Menschen sind von der Pflanze und deren Eiweiß letztlich immer abhängig. Es ist also Unsinn (und reif für ein Witzblatt) zu behaupten - und vor allem damit zu werben - durch Fleisch essen werde der Mensch kräftig und erhalte sein Eiweiß. Bedenke, wie gering der Eiweißgehalt der Muttermilch ist!

**Fleisch vermindert Deine Lebensenergien drastisch! Warum?**

☠ Totes Fleisch, also Leichenteile, haben keine Energien und besitzen eine sehr niedrige Schwingung.

☠ Schlachthausfleisch ist besonders stark mit den feinstofflichen Todes-Angst- u. Qualenergien der Tiere angereichert, die durch den Koch-und Bratvorgang nicht abgelöst werden. Nur höhere, feinstoffliche Energien transformieren die niederen Energien!

☠ Es ist hoch angereichert mit schädlichen, energieabbauenden Pharmaka. Fast alle Schlachttiere werden zur schnelleren und besseren Aufzucht mit bestimmten Medikamenten behandelt.

☠ Viehfutter besteht zum größten Teil aus industriell verarbeiteten Substanzen und verarbeiteten Tierkadavern (meist von verendeten, kranken Tieren), die mit negativen Bestandteilen und Energien angehäuft sind. So erhalten die Rinder und Schweine - gezwungenermaßen - industrielles, tierisches !! Eiweißmehl von verendeten und kranken Tieren, obwohl die Rinder Pflanzenfresser sind. Wer denkt darüber schon nach, wie sich der Organismus der Rinder gegen diese Nahrungs-Vergewaltigung wehrt? Rinderpest, Rinderirrsinn und ähnliche jetzt überall auftretende Krankheiten sind die Folgen. Im wahrsten Sinn des Wortes kann man sagen, die Rinder werden "irre" an ihrer tierischen, eiweißhaltigen, aufgezwungenen Ernährung.
Sei sehr achtsam: Die verschiedenen Formen von Tierkrankheiten und Pestarten, von denen immer mehr Schweine und Rinder befallen werden, sind durchaus nicht nur auf das Tier beschränkt. Man weiß es heute nur

noch nicht, bzw. will es aus politischen und finanziellen Gründen nicht wahrhaben, was alles auf den Menschen durch Fleischverzehr übertragen wird.

Aus der Zeitschrift "raum&zeit" noch folgende Information:

☠ "Ein Zoodirektor teilte kürzlich mit, man verfüttere seit geraumer Zeit an die wertvollen Tiere im Zoo nicht mehr das auf dem Markt erhältliche Fleisch. Der Gehalt an Pestiziden, Schwermetallen, Zusatzstoffen und vor allem Pharmaka, gefährde das Leben der Tiere. Daher werde eigenes Fleisch produziert!"

☠ Hamburgerbeef enthält dreimal so viel Fäulnisbazillen wie Pferdemist und fünfmal so viel wie Kuhmist. Pferdemist enthält in 1 Gramm ca. 25 Millionen Fäulnisbazillen, Hamburgerbeef 75 Mio. Schweineleber 95 Mio., Fisch 120-150 Mio. Eier 220 Mio.

Im Gegensatz zu Pflanzen sterben Tierzellen sehr schnell ab und gehen in einen sehr giftigen Fäulnisprozeß über (Leichengift). Darum stinkt es auch so umwerfend auf einem Klo, wenn ein Fleischesser sich entleert hat. Denn im Darm geht das Fleischeiweiß (alle tierischen Eiweiße) in einen giftigen Fäulnisprozeß über, so daß die Leber Schwerstarbeit leisten muß, um das Blut, das aus dem Darm über die Pfortader ankommt, zu entgiften. (Hoher Verbrauch von Energie). Zudem ist dieses Blut durch Verzehr von Fleisch (und auch anderem tierischen Eiweiß) enorm hoch mit Harnsäure belastet.
Wichtig ist nun zu wissen, daß der menschliche Organismus nicht über das Enzym Uricase verfügt, wie die tierischen Fleischfresser, um die hohen Mengen Harnsäure aus dem tierischen Eiweiß abzubauen. Also wird die Harnsäure im Gewebe eingelagert, und somit ist allen Formen von Rheuma, Gicht und Gelenkschäden Tür und Tor geöffnet.

Der Frankfurter Internist *Prof Dr. med. Wendt* kommt zu folgenden gut belegten Aussagen über den Verzehr von tierischem Eiweiß:
"Der alljährliche Anstieg der Zahl der Herzinfarkte und des Verzehrs von tierischem Eiweiß haben denselben ansteigenden Verlauf. Nach Alkohol

und Tabak ist der Fleischverzehr wahrscheinlich die größte Einzelursache der frühzeitigen Sterblichkeit in den USA." D.h. die Verschiebung des Säure-Basen-Gleichgewichtes in unserem Körper hin zur sauren Seite, durch den hohen Verzehr von tierischem Eiweiß, tötet jedes Lebewesen. Menschen und Wälder sterben an derselben Ursache.
Lappen und Eskimos, die sich vor allem von Fleisch ernähren, haben eine weitaus geringere Lebenserwartung. Daß sie dennoch ein gewisses Alter erreichen, liegt darin begründet, daß sie das Blut ihrer Jagdbeute roh trinken, das ja im basischen Bereich liegt. Außerdem verwenden sie den basischen Inhalt des Dünndarms der Rentiere, dazu essen sie Moos.

**Darum vergegenwärtige Dir noch einmal die folgenden Aussagen:**

Das Verhältnis zwischen Säuren und Basen ist in einem gesunden Körper sehr fein und genau abgestimmt! Der menschliche Organismus ist ganz leicht basisch. Der Wert ist pH 7,4.
Darum muß unsere Ernährung einen weit höheren Anteil an basischen Nahrungsmitteln enthalten, als an säurebildenden Nahrungsmitteln. Das Verhältnis basisch : sauer im Menschen liegt etwa bei 1:7. Das ist genau das Verhältnis, das auch der Wissenschaftler R. Berg von säure- und basebildenden Nahrungsmitteln angegeben hat.

**Die wichtigsten säurebildenden Nahrungsmittel:**

Alle Sorten von *Fleisch, Fisch, Käse, Eier, Butter, Schmalz.*
Alle *Nüsse, Bohnen, Erbsen, Linsen, Bier, Kakao, Schokolade, Getreide* außer: Grünkern, Pumpernickel, Buchweizen, Hirse, Dinkel.

**Die wichtigsten basebildenden Nahrungsmittel:**

Diese Lebensmittel binden zugleich den hohen Überschuß von Säure im Organismus.

*Muttermilch, Schafmilch, Ziegenmilch, tierisches Blut, Austern.*
*Pumpernickel, Grünkern, Buchweizen, Hirse, Dinkel.*
*Alle Gemüse und Salate.*

*Alles Obst (außer sehr saurem Obst).*
*Kokosnüsse, Pilze, Sojabohnen,*
*Teeblätter, Kaffee, Traubensaft, Wein, Sherry, Champagner.*

Je größer die basische, also die "säurebindende" Eigenschaft eines lebendigen Lebensmittels ist, umso wertvoller ist es als "Säure-Abbauer" aus dem Körper. Diese Lebensmittel sollten besonders dann gegessen werden, wenn die Übersäuerung aus dem Körper abgebaut werden soll.

**Die stärksten "Säure-Aufbauer".**

*Rindfleisch, Kalbfleisch, Hammel, Kaninchen, Huhn.*
*Hering gesalzen, Schalentiere aus dem Meer.*
*Eigelb (noch stärker als Rindfleisch), Käse,*
*Reis poliert (weniger der Naturreis), Stärkemehl, Haferflocken, Gerste, Hafer, Roggen, Weißbrot, Zwieback, Kuchen.*
*Linsen, Erdnüsse.*
*Bier.*

**Die stärksten "Säure-Abbauer" (basisch)**

*Kartoffeln, schwarzer Rettich mit Schale (höchster Anteil), Sellerie, Rote Beete, Endivien, Kopfsalat, Spinat, Tomaten, Gurken, Löwenzahn, Dill, Lauch, Feigen, Oliven, Rosinen, Mandarinen, Sojabohnen, Paraguay-Tee.*

(Diese obigen Aufzählungen stammen aus den *Bergs-Tabellen*)

Damit Du diesen Weg der lebenserhaltenden und verlängernden Vital-Kost weitergehen kannst, möchte ich Dir einige Bücher empfehlen, die auch gute Anleitungen bringen, wie Du Rohkost zubereitest und was Du essen kannst.

# Bücherempfehlung:

**1. Fit fürs Leben**
Waldthausen-Verlag, 2863 Ritterhude, von H. und M. Diamond

**2. Die schleimfreie Heilkost**
Waldthausen-Verlag, 2863 Ritterhude, von Prof. Ehret

**3. Kraftquelle Rohkost**
Heyne-Taschenbuch, von L.und S. Kenton

**Wer noch mehr Fakten und wissenschaftliche Aussagen über Rohkost haben möchte, dem empfehle ich folgende Bücher:**

**1. Willst Du gesund sein? Vergiß den Kochtopf!**
Waldthausen-Verlag, von H. Wandmaker

**2. Lebende Makromoleküle**
Humata-Verlag, von W. Ostertag

**Bitte beachte bei dieser Ernährung noch folgendes:**

Beginne Dich langsam darauf umzustellen. Bedenke, Du nimmst hohe, zugleich stark reinigende und zellfrequenzerhöhende Energien (die Bio-Photonen in den Pflanzenzellen) zu Dir. Dadurch werden alte, eingelagerte Gifte und Körperschlacken aus den Depotzellen herausgelöst. Geschieht dies zu schnell, wird der Körper mit diesen Schlacken und Giften überschwemmt. Der Effekt ist: Man fühlt sich äußerst schlecht.

Genau hier liegt der Fehler jener Menschen, die unwissend diese Nahrung zu sich nehmen. Dann wird natürlich gesagt: "Diese Vitalernährung vertrage ich nicht!" Anschließend ißt jener Mensch wieder seine tote, gekochte Nahrung (Leichenschmaus), die Giftdepots schließen sich, und nach kurzer Zeit geht es ihm wieder besser. Und wieder erfolgt der Trugschluß: "Tote Nahrung ist besser, jetzt geht es mir gut".

**Also, beginne Dein Essen so umzustellen,**

daß Du weiter 40% gekochte, denaturierte, tote Nahrung ißt und 60 % lebendige Vitalnahrung. Wichtig ist dabei, morgens und am Vormittag nur Obst (aber nicht saures Obst) zu essen, um den Reinigungszyklus des Organismus (dieser beginnt um 4.00 Uhr und reicht bis 12.00 Uhr) zu unterstützen. Wähle besonders zu Anfang solche Lebensmittel aus, die stark säure-abbauend sind. (Sieh zuvor die Aufzählung jener Lebensmittel.)

**Beachte die drei wichtigen Zyklen des Körpers:**

**1. Zyklus**, 4 bis 12 Uhr. Hier reinigt und entschlackt sich der Körper, bzw. die Zellen. Zugleich ist der Körper auf Kohlenhydrat-Verdauung eingestellt. Ganz wesentlich ist hier, diesen Reinigungszyklus energetisch zu unterstützen, also solche Nahrung zu essen, eben Kohlenhydrate , die schnell und sehr leicht verdaut wird und zusätzlich noch Energie liefert. Hier ist das Mittel der Wahl die "Sonnenkost". Also Früchte, die in der Sonnen-Energiestrahlung gereift sind und Kohlenhydrate enthalten. Die Auswahl der Früchte solltest Du intuitiv mit Deinem Unteren Selbst vornehmen. D.h. nimm einen Apfel in die Hand, spüre ihn, rieche daran und

fühle in Dich hinein, ob es ein gutes Gefühl oder Verlangen erzeugt, den Apfel zu essen. In der gleichen Art probiere noch andere Früchte. Iß so lange, bis Du fühlst, daß ein Sättigungsgefühl eingetreten ist.
Iß in dieser Weise Früchte bis zum Mittag. Alle anderen Nahrungsmittel, besonders gekochte und gebackene, werden viel zu lange verdaut. Dadurch wird sehr viel Energie verbraucht, die Dein Organismus dringend benötigt, die Zell-Schlacken aus dem Körper zu entfernen. Bedenke, Krankheit heißt auch Verschlackung = Vergiftung des Körpers = Energie- und Vitalitätsverlust = frühzeitiges Altern. Sonnenkost, also Früchte, unterstützen in hohem Maß die Zellreinigung. Darum ist es auch sehr wichtig, diese Art der Ernährung langsam zu beginnen, damit nicht zuviel Zellgifte auf einmal ausgeschwemmt werden. Dieses würde zu körperlichem Unwohlsein führen - wie oben beschrieben.

**2. Zyklus**, von 12 bis 20 Uhr. In dieser Phase nimmt der Körper besonders gut auf. Dein Unteres Selbst ist also besonders auf Essen einge-stellt. Jetzt verdaut der Körper auch Eiweiße gut. Allerdings ist es wesentlich, möglichst pflanzliche Eiweiße zu nehmen. Tierische Eiweiße werden schlechter verdaut, ganz besonders Käseprodukte. Denke auch daran, der Körper benötigt nicht Eiweiße, sondern die Bausteine der Eiweiße, und das sind die Aminosäuren. Die findest Du - auch jene, die der Körper nicht selbst herstellen kann - in der ausgewogenen Vitalkost.
Aminosäuren sind sehr viel in keimenden Samen, sehr viel in Sonnenblumenkernen, in Nüssen und ansonsten in allen Früchten und Gemüsen. (Sieh obige Aufzählungen in den Listen)
In dieser 2. Phase, ab Mittag, iß eiweißhaltige Nahrung. Gemüse - ganz leicht gedünstet, so daß es innen noch knackig ist, sonst sind die LM zerstört. Iß Salat und etwas Samen und einige Nüsse. Kombiniere diese Mahlzeit mit Schafskäse oder anderem Käse, wenn Du gerade zu Anfang dieser Ernährung auf Käse nicht verzichten möchtest.

Zum Abend hin, gegen 20 Uhr, stellt sich der Körper wieder auf den Kohlehydratstoffwechsel um. Hier ist es ratsam, vor 20 Uhr zu essen.
Deine Nahrung kann dann aus Salat, Früchten, Kartoffeln, Reis und Brot bestehen. Des Essen sollte besonders abends einen hohen Basenanteil besitzen.

Halte den Brotanteil niedrig, da Getreide die Zellen des Körpers in den sauren Bereich bringt. Ausgenommen ist der Buchweizen, die Hirse, Dinkel, Grünkern und Pumpernickel.

**3. Zyklus** von 20 bis 4 Uhr. Hier in dieser 3. Phase sorgt Dein Unteres Selbst in seiner Körperweisheit dafür, daß die aufgenommene Nahrung in den Körper eingebaut und umgebaut, also verstoffwechselt wird. Hier sollte dieser Verstoffwechslungs-Prozeß nicht durch Nahrungsaufnahme gestört werden. Also ab 20 Uhr solltest Du nichts mehr essen - Deinem Körper und Deinem Unteren Selbst zuliebe.

Nach einigen Wochen der 40% zu 60% Ernährung kannst Du den Anteil verändern, z.B. auf 30% zu 70%, bis Du Dich schließlich auf die volle Vitalkost umgestellt hast.

Bedenke dabei, jedes Unwohlsein bedeutet, daß Dein Körper erheblich vergiftet ist und somit eine tiefe Zellschwingung besitzt. Gerade dann ist das Weiterführen dieser Ernährung dringend notwendig.

**Soweit es geht, trenne konzentrierte Kohlenhydratnahrung von konzentrierter Eiweißnahrung!**

Denn Kohlenhydrate, besonders die konzentrierten, bei denen der Wassergehalt niedrig ist, (Brot, Reis, Mais, alles, was aus Mehl gemacht ist) benötigen große Energiemengen und basische Verdauungssäfte.

Konzentrierte Eiweiße (Eier, Fleisch, Käse usw.) benötigen viel Verdauungsenergie und saure Verdauungssäfte.

Ißt Du nun gleichzeitig konzentrierte Eiweiße und Kohlenhydrate, werden die Verdauungssäfte ständig gegenseitig neutralisiert. (Basen und Säuren neutralisieren sich.) Das bedeutet, Dein Organismus muß bis zur völligen Erschöpfung der Darmsekretdrüsen Verdauungssäfte ausstoßen, die sich aber immer wieder gegenseitig neutralisieren. Der Darminhalt wird in der weiteren Verdauungsfolge sehr schlecht verdaut. Es entsteht aus dieser Verdauung - wobei die Eiweiße in eine sehr giftige Fäulnis übergehen, darum stinkt der Stuhl auch so stark - eine hohe, negative Belastung des Körpers mit Giftstoffen, die alle mit viel Energieaufwand in der Leber wieder entgiftet werden müssen. Zugleich wird durch diese Ernährung die Zelle stark übersäuert. Ähnliches geschieht bei gekochter Nahrung.

☺ **Du kannst folgende Lebensmittel mischen:**

Brot, Getreide, Reis, Kartoffeln, Honig, Datteln, Feigen und sonstige Produkte aus Mehl.........

**mit:**

Fetten, Gemüse, Gewürzen, gesäuertem Quark, Milch, Doppelrahmkäse über 60% Fett, Nüssen (keine Erdnüsse)

☺ **Du kannst folgende Lebensmittel mischen:**

Nahrungsmitteln mit hohem Eiweißanteil, süße Milch, Käse bis 55% Fett, Eier, Sojamehl, Sojaprodukte, saures Obst (Zitrusfrüchte, Kiwi, Ananas, Melonen, Kernobst, Beeren)........

**mit:**

Fetten, Gemüse, Gewürzen, gesäuertem Quark, Milch, Doppelrahmkäse über 60% Fett, Nüssen (keine Erdnüsse)

☹ **Folgende Lebensmittel solltest Du auf keinen Fall mischen!!**

Brot, Getreide, Reis, Kartoffeln, Honig, Datteln, Feigen und sonstige Produkte aus Mehl.........
**mit:**
Nahrungsmitteln mit hohem Eiweißanteil, süße Milch, Käse bis 55% Fett, Eier, Sojamehl, Sojaprodukte, saures Obst (Zitrusfrüchte, Kiwi, Ananas, Melonen, Kernobst, Beeren).

Diese Auflistung basiert auf den Zusammenstellungen von *Hay* und *Walb*.

**Die wichtige Reihenfolge.**

Hier möchte Dein US folgendes für Deinen Körper und die Verdauung: Zuerst iß die schnell und leicht verdaulichen Lebensmittel. Dann die weniger schnell verdauliche Nahrung. Ißt Du z.B. zuerst schwer- und längerverdauliche Nahrung und dann die schnellverdauliche Nahrung, so bleibt diese zu lange im Magen- Darmtrakt liegen und fängt an zu gären. Der Effekt ist, man leidet unter Blähungen.

*Da viele das nicht wissen und Blähungen bekommen, schieben sie dies auf die Vitalnahrung und meinen, sie sei für sie nicht gut.*

Also zuerst Früchte, dann Salate, dann Brot, Reis, Käse usw.
Käse schließt den Magen, das ist schon richtig. Aber gerade am Käse, genauer am Kasein, hat der Magen-Darmtrakt besonders schwer zu verdauen, da er nur sehr wenig Verdauungs-Enzyme für das Kasein hat. Diese Enzyme werden in ihrer Produktion zum großen Teil eingestellt, wenn das Kind aufhört Muttermilch zu trinken. Übrigens ist Muttermilch sehr eiweißarm! Ist Dir schon aufgefallen, daß der Mensch das einzige "Säugetier" ist, das nach seiner Baby-Phase noch viel Milch zu sich nimmt?
Da unser Organismus durch die heutigen hohen Umweltbelastungen schon so außerordentlich stark gefordert, meistens schon überfordert wird, ist es nicht erstaunlich, daß gerade jetzt die Milch-Eiweiß-Allergien schon bei kleinen Kindern drastisch zunehmen. Eben weil Milcheiweiß vom Körper so viel zusätzliche, hohe Energie während der Verdauung abverlangt. Über allergische Reaktionen versucht sich das Untere Selbst zu helfen und stößt besonders über die Schleimhäute und die Haut die giftigen Stoffwechselprodukte der Eiweiße ab. Hört ein Allergiker auf, tierische Eiweiße zu essen, geht es ihm meistens besser.

**Trinke zum Essen nichts,**

sonst zerstörst (verdünnst) Du die sehr genau auf die Nahrung abgestimmten Verdauungssäfte. Zum anderen wird die Magensäure stark verdünnt und kann ihre so wichtige Sterilisationsfähigkeit nur noch unvollkommen wahrnehmen. Trinkt man zum oder sofort nach dem Essen Mineralsalze enthaltende Getränke (Mineralsprudel), so neutralisiert dies die Magensäure, und sie wird nicht wirksam. Ißt Du Vitalkost, so enthält diese sowieso schon genügend Flüssigkeit. Trinke vor dem Essen oder später nach dem Essen (ca. 1 Std. danach) und zwischen den Mahlzeiten am Tag etwa 2 l Flüssigkeit.

**Es wird oft argumentiert, daß Obst und Gemüse ebenfalls vergiftet seien.**

Nun, das mag bis zu einem gewissen Punkt stimmen. Bedenke aber, gleichzeitig erhältst Du durch diese Lebensmittel LM und somit hohe Energien. Diese geben Dir die Kraft, die evtl. Gifte viel besser zu transformieren. Tote, gekochte Nahrung enthält ebenfalls Gifte, dafür aber keine Vitalenergien. Und ohne diese Energien hat der Körper natürlich sehr große Schwierigkeiten, diese Gifte abzubauen. Auf jeden Fall ist es aber anzustreben, Obst und Gemüse zu kaufen, das wenig gespritzt und möglichst nicht mit Kunstdünger aufgezogen worden ist.

**Beziehst Du in Dein Leben immer mehr diese Vital-Nahrung ein -**

mindestens 30% zu 70% , nach einer entsprechend langen Anlaufphase - so wird sich Deine Körperenergie und Schwingung stetig erhöhen. Du wirst "leichter" und durchlässiger. Dein Körpergewicht wird ganz automatisch - aber langsam - zu Deinem richtigen Gewicht verändert. Deine Vitalität und Gesundheit nimmt immer mehr zu, und Deine Geistigkeit beginnt sich zu wandeln. Dieser Ernährungs-Yoga unterstützt von der körperlichen Seite her ganz intensiv Deine geistig-seelische Entwicklung. Hier können sich tatsächlich Körper und Geist gemeinsam entfalten und sich so für die kommenden Zeiten des Umschwunges vorbereiten.

Diese Nahrung gibt Dir und Deinem Körper die Möglichkeit und die Resonanz, Dich auf die jetzt so machtvoll einflutenden kosmischen Energien einzustellen, sie zu nutzen, um stetig höher mitzuschwingen.

**Die kosmisch-energetische Transformation der Nahrung.**

Der nächste wesentliche Schritt besteht darin, Deine vitalen Lebens-Mittel auf Deine Geist-Seelen-Frequenz zu erhöhen und sie durch diese höheren Energien zu reinigen und für die eigene Körper- und Zellschwingung in "Resonanz" zu bringen.
Dies geschieht mittels einer speziellen geistigen Technik. Hierbei werden MANA-LOA-Schwingungen von Deinem Hohen Selbst und besondere Gedanken-Bildkräfte auf die lebendigen LM und Zellen der Nahrung übertragen. Gerade die LM sind hochempfindlich für die feinstofflichen Informationen Deiner Gedanken- und Lebensenergien! Denke hier an die Pflanzenversuche von Backster, der mit seinen Pflanzen geistig kommunizierte.

Ich möchte Dir jetzt in dem 5. HUNA-VITA RITUS beschreiben, wie Du dies praktisch tun kannst, um sofort, noch heute, Deine Nahrung in ihrer Schwingung intensiv zu erhöhen, so daß die eingelagerten "Giftenergien" transformiert werden. Auf diese Weise wird das Immun- und Entgiftungssystem Deines Körpers alle Schadstoffe aus dem Essen viel besser abbauen können, und das Essen erhält eine höhere Schwingungsresonanz zu Deinem Körper.

Diese Transformation der Nahrung, oder man kann auch "Segnung" dazu sagen, ist den meisten, auch vielen Priestern, recht unklar. Die Eingeweihten, die diese Methode früher einmal den Menschen übergeben haben, waren sich ihrer hoch-energetischen Bedeutung noch bewußt.
Tatsächlich hat diese Weihe, das Tischgebet, oder die Segnung der Nahrung, die Aufgabe, die Energie - die LM und Bio-Photonen und das Nahrungsbewußtsein an sich - auf <u>unser</u> Energiesystem und <u>unser</u> Bewußtsein vorzubereiten.
Noch lebendige Nahrung hat eine typische Eigenschwingung und damit verbunden ein spezifisches, eigenes Bewußtsein, das nicht dem unsrigen entspricht. Mit dieser Technik der Transformation oder des Segens übertragen wir unsere eigenen Energie-Bewußtseins-Informationen auf die Nahrung. Da alles mit allem zusammenhängt, geschieht diese Informationsübertragung sehr gut und gezielt. In einem nächsten Schritt übertragen

wir die hohe, transformierende Energie des Hohen Selbst, MANA-LOA, auf das Energie- und Zellsystem der Nahrung. Dadurch kann diese LICHT-Kraft die niederen Gift-Energie-Informationen transformieren. Durch diesen Segen öffnet sich uns der ganze Energie- und Bewußtseinsreichtum der Pflanze/Nahrung und schenkt uns alles, was wir für unsere Entwicklung benötigen.

# HUNA-VITA-RITUS NR. 5

1. Die Technik der kosmisch-energetischen Lebensmittel-Transformation.

2. Die Technik der Energiegewinnung und Übergabe in den Energiekörper und in die anderen feinstofflichen Körper.

**1. Die Technik der kosmisch-energetischen Lebensmittel-Transformation.**

**1.** Konzentriere Dich auf das Essen vor Dir. Dadurch nimmst Du geistig Kontakt mit den Zellen und den LM der Nahrung auf. - Du weißt ja, daß man mit Pflanzen geistig kommunizieren kann.

**2.** Konzentriere Dich dann auf die beiden physischen Energiezentren in der Mitte Deiner Handflächen (ca. 20 Sek. lang). Dabei stelle Dir das Bild vor, wie diese Hand-Energiezentren gleich einer Blüte sich weit öffnen. Diese Bildvorgabe ist für Dein Unteres Selbst sehr wichtig. Damit wird es gezielt angeregt, bei dem nun folgenden Vorgang der Schwingungsübertragung mitzuarbeiten.

**3.** Richte nun Dein Bewußtsein über Deinen Kopf, hin zum "8. kosmischen Siegel". Dies ist ein transpersonales (über der Person befindliches) Energietor. Hier ist auch der Ort, wo man sein Hohes Selbst-Symbol als sog. Öffnungssiegel zur Ebene des Hohen Selbst erschafft. (In diesem Sinn ist auch der Heiligenschein zu verstehen.) Hast Du noch kein Symbol für das Öffnungssiegel, so stelle Dir einfach eine helle, weiße Kugel über Deinem Kopf vor.

**4.** Während Du an diese Kugel (Öffnungssiegel) denkst, halte Deine Hände mit den Handflächen über Dein Essen. Bitte Dein Hohes Selbst, oder andere göttliche Mächte, um die Energieübertragung (Segen) in die Nahrung.

**5.** Mit der Kraft Deiner Konzentration mache nun folgendes:
Lasse von dem transpersonalen Punkt über Deinem Kopf aus, sich helles Licht zu einer Licht-Kugel (weiß) formen. Leite diese Kugel durch Deinen Kopf, durch die rechte Schulter und den Arm in Deine rechte Handfläche. Laß die Kugel aus dem Energiezentrum in der Mitte der Handfläche austreten und in die Nahrung gleiten. Vollziehe diesen gleichen Ritus mit einer zweiten Licht-Kugel auf der linken Seite, mit der linken Hand. Sieh zum Schluß, wie der Teller, bzw. die Nahrung, in einer weißen Licht-Kugel eingehüllt ist.
Während dieses ganzen Vorganges der Hinführung der Licht-Kugeln zum Essen sage Worte der Kraft, also Mantren. Erinnere Dich, was ich Dir in den letzten Kapiteln über Worte gesagt habe. Sage z.B. OM, oder GOTT ICH BIN STRAHLENDES LICHT, oder CHRISTUS-LIEBE, usw.

Mit dieser mental-energetischen Technik hast Du die universelle LICHT-Kraft, verbunden mit Deinen Körperenergien - und Deinen Geist-Seelen-schwingungen - an die dafür empfänglichen LM gebunden. Die höhere Schwingung der LICHT-Kraft aus der Ebene des Hohen Selbst, kann die niederen Schwingungen (Verunreinigungen) der Nahrung transformieren.

## 2. Die Technik der Energiegewinnung und Übergabe in den Energiekörper und in die anderen feinstofflichen Körper.

Die harmonische Vital-Nahrung, die wir essen, enthält, wie schon zuvor beschrieben, ganz verschiedenartige Formen von Energien und Bewußtsein, besonders dann, wenn wir diese Nahrung zuvor mittels der Transformations-Technik energetisch angehoben und auf uns eingeschwungen haben.
In der nächsten Phase des Essens geht es nun darum, diese besonderen, für unseren physischen Körper und den feinstofflichen Körper so wesent-

lichen Energien aus der Nahrung herauszuholen. Und mit diesem Vorgang betreten wir wieder die große Ebene der "geistigen Anatomie" bzw. der spirituellen Entwicklung des Menschen. Hier erfährst Du ganz hautnah, wie eng Nahrung/Mahlzeit und geistig-seelische Entfaltung miteinander verwoben sind. Gerade hier verliert Essen den im Grunde so einseitigen Charakter der Ernährung und verbindet sich mit dem so wesentlichen, tiefen Sinn der geistig-seelischen Ernährung.

**Dieser Vorgang der Aufspaltung und Herausnahme von Energien**

aus der Nahrung erfolgt nicht nur im Mund, Magen und Darm, sondern auch im Gehirn und innerhalb des Unteren und Mittleren Selbst.
Mit anderen Worten, das Gehirn, verbunden mit den zwei Selbsten, vollzieht eine - auf das Atom übertragene - geistige "Kernspaltung", bei der aus den grobstofflichen Nahrungselementen Energie gewonnen wird. Eben so wie bei der Spaltung des Urans. So gesehen ist das natürlich ein ganz erstaunlicher Vorgang. Hat doch die zeitgenössische Wissenschaft erst vor ganz kurzer Zeit diese "Kernspaltung" entdeckt, allerdings mit den genau umgekehrten Mitteln, nämlich mit den zerstörerischen Mitteln der Materie selbst. Um also eine Kernspaltung, gleich Energiegewinnung aus der Materie, vorzunehmen, hat die heutige Wissenschaft nur die Möglichkeit der, von außen einwirkenden, materiell-energetischen Methode der Urankernzerstörung bzw. Spaltung. Dagegen kannten die hohen Eingeweihten diesen Energiegewinnungs-Prozeß aus Materie schon sehr lange. Allerdings auf eine viel weniger zerstörerische Art, bei der auch keine schädliche Strahlung freigesetzt wurde.
Mit dieser geistigen "Kern-Transformation" konnten sie Energie gewinnen, und man berichtet davon, daß sie Metalle, z.B. Blei in Gold verwandeln konnten. Denn genau dies geschieht durch Spaltung von Elementen: Es entstehen andere Elemente. So entsteht aus dem gespaltenen Uran, nach einer bestimmten Zeit, das Blei.
Natürlich ist dieses vollständige Wissen über die geistige Kern-Transformation immer geheimgeblieben, bis heute. Die Meister wußten, daß der Mensch in seiner noch zu geringen geistig-seelischen Entwicklung diese Entdeckungen benutzen würde, um Zerstörungen anzurichten, statt damit segensreich umzugehen.

Ich glaube allerdings, daß in der kommenden Wassermann-Zeit immer mehr Menschen in ihrer Geistigkeit so weit entwickelt sein werden, daß sie Zugang zu diesen großartigen Geheimnissen der Natur erhalten.

Jetzt ist es für Dich wichtig zu verstehen, daß Du in der Phase Deiner jetzigen Entwicklung durchaus schon die Möglichkeit und die Fähigkeit hast, Deiner Nahrung bedeutende Energien durch "Kern-Transformation" auf geistigem Wege zu entnehmen. D.h. also, daß Du kraft Deines Mittleren Selbst- und Unteren Selbst- Bewußtseins so auf die Nahrung einwirken kannst, daß Du aus ihr aufbauende, schöpferische Vital-Kräfte für Deinen Körper und Deine geistige Entfaltung entnehmen kannst.

**Noch etwas sehr Wesentliches geschieht dabei.**

Du erinnerst Dich noch daran, als ich Dir mitteilte, unsere Aufgabe auf dieser Erde bestünde auch darin, uns und die Materie außerhalb von uns zu beseelen. Nun, hier findest Du einen der verschiedenen "Beseelungs-Vorgänge" innerhalb Deines Lebens. Eine Deiner "Beseelungs-Aufgaben" auf diesem Planeten besteht darin, daß Du Materie durch Deinen Körper wandern läßt!

Wenn Du also Nahrung zu Dir nimmst, dann hast Du sie

- erstens durch die Technik der kosmischen Transformation in ihrer Schwingung erhöht und
- zweitens durch das Essen die Nahrung in Dir, mit Deiner MANA- und Bewußtseins-Energie, weiter transformiert.

Durch Deine Ausscheidung übergibst Du dann tatsächlich transformierte Materie zurück. Nun dürfte es auch verständlich sein, was es bedeutet, wenn ein Großteil der Menschheit Materie ausscheidet, die durch ihr Bewußtsein der Angst, der Aggression, des Krieges und der Zerstörung ebenfalls, dieses Mal allerdings in eine negative, tiefschwingende Richtung, verwandelt worden ist.
So ist der Hinweis der geistigen Welt zu verstehen, daß die Erde von den Menschen in einen "dunklen", niedrigschwingenden Astral-Gürtel eingeschnürt worden ist.

In der zuvor beschriebenen Weise transformiert der Mensch natürlich auch die eingeatmete Luft, das getrunkene Wasser, und vor allem transformiert er die Elemental-Essenz mit seinen ausgeschiedenen Gedanken und dabei vollzogenen Handlungen. Hier erkennst Du nun, wo überall Deine Aufgaben der "Beseelung" der Materie und letztlich unseres Planeten Erde liegen, wie ganz wichtig Du, wir alle, für die Transformation der Materie, der Pflanzen und der Umwelt sind.

**Die Technik der Energiegewinnung aus der Nahrung.**

**1.** Sorge dafür, daß Du ruhig und ungestört essen kannst. Dein Bewußtsein muß bei Deiner Nahrung und bei Dir verweilen können. Denn da, wo Dein Bewußtsein ist, ist die Energie. Du hast Dein Essen vorher, wie zuvor beschrieben, gesegnet.

**2.** Nimm einen Bissen Nahrung in Deinen Mund. Beginne ihn langsam zu zerkauen. Während Du kaust, beginne in Deiner Vorstellung ein Bild zu erschaffen, das den Inhalt von strömendem Wasser hat. Sieh dieses Wasser nun nicht dunkel, sondern in verschiedenen, wechselnden, hellen Farben. Übertrage dieses Bild in Deinen Mund und zugleich damit an Dein Unteres Selbst. Stelle Dir nun vor, daß, während Du kaust, farbige Energieströme aus der Nahrung in Deinen Mund fließen und Du sie mit hinunterschluckst.

**3.** Während dieser Vorstellung des Hinunterschluckens ist es sehr wichtig, bewußt tiefer dabei einzuatmen, und beim Ausatmen habe die Vorstellung, Du füllst Deinen ganzen Körper mit diesem Farblicht aus der Nahrung an.

**4.** Nun brauchst Du nicht bei jedem Bissen, den Du hinunterschluckst, diesen mit dem Farbstrom zu verbinden. Es soll halt nur immer wieder während des Essens geschehen. Es ist quasi ein Aktivierungsimpuls für Dein Unteres Selbst, immer wieder Energie aus der Nahrung aufzunehmen.

**5.** Wichtig ist allerdings, während des Essens bei Deinem Kauen und Schmecken zu bleiben. Die Farben laß ganz intuitiv aus Deinem Unteren

Selbstgefühl entstehen, sie sind das geistig-energetische Transportsystem, mit dem Information und Energie aus der Nahrung in Deinen Körper übertragen wird. Hinzu kommt, daß gerade die Mundhöhle ein Ort ist, wo besonders viel Energie aufgenommen werden kann. Denke hier auch daran, daß Medikamente besonders gut über die Mundschleimhaut resorbiert werden.

Du besitzt jetzt dieses alte, geheime Wissen über die geistige "Kern-Transformation", also die Energieherauslösung aus der Nahrung. Nutzt Du dieses erstaunliche Wissen, wirst Du Großartiges für Deine körperlich-seelisch-geistige Entwicklung erreichen.
Parallel zu diesem so wesentlichen Wissen um das Geheimnis der geistigen "Kern-Transformation" gibt es verschiedene Möglichkeiten, Deinen Körper und Deine feinstofflichen Körper mit hohen, harmonisierenden und stärkenden Energien zu versorgen. Über diesen bemerkenswerten "Weg" der kosmischen und menschlichen Energiefelder möchte ich Dich jetzt im nächsten Kapitel unterrichten.

# 8. KAPITEL

## Der 3. Weg

des Friedens und des Herzens

mit Deinem Energie-Körper

(Fortsetzung des 3. Weges)

**Hier in diesem Kapitel möchte ich Dir zuerst aufzeigen, wie unser Körper mit unserem MANA-Energiesystem in das Energiesystem anderer Menschen, in das unserer Umwelt, unserer Erde und in die kosmischen Energien eingebunden ist. Weiter gehe ich dann näher auf die im Menschen strömende Vitalkraft MANA ein: wie sie entsteht, was sie bewirkt und wie man sie schließlich mittels des HUNA-VITA-RITUS Nr. 6 für die eigene Entwicklung und die Gesundheit nutzen kann.**

## Kosmos-Energiefelder, Mensch-Energiefelder.

Wie Du nun schon weißt, können wir davon ausgehen, daß unser Universum als ein Hologramm zu verstehen ist. Das bedeutet, jedes Teil im Universum hängt mit jedem Teil zusammen, und jedes Teil enthält zugleich alle Informationen des Universums.

Auf den Menschen bezogen gipfelt das in der Aussage, der Mensch als "Mikrokosmos" entspricht dem Universum, dem "Makrokosmos". Zugleich entspricht das dem kosmischen Gesetz des Hermes Trismegistos: " Wie im Großen, so im Kleinen." Diese Aussagen verbinden sich auch in dem "Resonanzgesetz", das aussagt, daß ähnliche Schwingungen = Resonanzen sich anziehen und miteinander in Wechselwirkung stehen. Hier begegnen wir zugleich der Homöopathie, bei der das Resonanzgesetz - ähnliche Resonanzen ziehen sich an - die Grundlage ist. Das homöopathische Wirkungsgesetz heißt demnach: "Ähnliches wird durch Ähnliches geheilt." Das ist das 2. kosmische Gesetz der Entsprechung.

**Die Felder des Lebens.**

Mitte der dreißiger Jahre stellte der Amerikaner und Physiker *Dr. Saxton Burr* seine elektrodynamische Lebenstheorie auf. Burr sagte dazu: "Das Organisationsmuster eines jeden biologischen Systems, also eines Lebewesens, wird durch ein komplexes, ganzheitliches, elektrodynamisches Feld umhüllt und dadurch geprägt. Dieses Lebensfeld (L-Feld) wirkt auf die einzelnen Bestandteile des Organismus ein und wird zugleich auch durch die einzelnen Bestandteile des Organismus aktiviert."
Das L-Feld besitzt somit holographische, also ganzheitliche Eigenschaften, in Hinsicht darauf, daß das L-Feld das ganze Muster des Organismus enthält. Wir können vermuten, daß hier das Geheimnis der Beziehung zwischen Geist und Materie verborgen liegt. Im letzten Kapital berichtete ich Dir von dem geheimnisvollen Lebenselixier in den Pflanzen, und wir hatten festgestellt, daß es sich um jene Bio-Photonenfelder handelt, von denen Burr schreibt. Er nennt sie das Lebensfeld. Diese L-Felder werden in den alten spirituellen Weisheitslehren als das "Ätherfeld" bezeichnet, welches den Menschen einhüllt, und in der HUNA-Lehre ist es die Schattenkörpersubstanz (Kino-Aka).
Auch *Einstein* geht in seiner "Vereinheitlichten Feldtheorie" davon aus, daß ein Kennzeichen des Universums - oder der Universen - Felder sind, die miteinander in Wechselwirkung stehen. Mit anderen Worten, es gibt ein vereinigendes Charakteristikum des Universums, das Feldeigenschaften aufweist.

So wird das Lebens-Bewußtseinsfeld eines Menschen das Energie-Feld von Materieteilchen (Materie) beeinflussen. Man könnte hier also sagen, das menschliche Bewußtseins-Feld ist ein holographisches, bio-elektromagnetisches Feld und das der Materie ein holographisches, elektromagnetisches Feld.

**Fazit:**
*Materie und Bewußtsein durchdringen sich in ihren holographischen Energiefeldern. Der Mensch als Mikrouniversum ist Teil des Makrouniversums.*

**Das Lebewesen Erde und ihre L-Felder.**

Durch diese Betrachtungsweise der holographischen Energie-Bewußtseinsfelder läßt sich leicht verstehen, wie die Erde mit ihren so machtvollen und vielfältigen Bio-Elektro-Magnet-Gravitations-Feldern integriert ist. Ein besonders wirkungsvoller Teil der Erd-Energie-Felder sind die Magnetkräfte der Erdpole und die Elektrokräfte innerhalb der Erde. Nun finden wir innerhalb der energetischen Struktur der Erde erstaunliche Übereinstimmungen mit der Energiestruktur des Menschen. "Wie im Großen, so im Kleinen." (2. kosmisches Gesetz der Entsprechung)

**Die Erde besitzt ähnliche Meridiane,**

also Energieadern, wie der Mensch, und sie hat große und kleine psychischenergetische Kraftzentren wie der Mensch. Diese Kraftzentren beim Menschen bezeichnen wir als Chakren, die bei der Erde als Orte der Kraft oder Kraftzentren. An diesen Erd-Kraftzentren finden wir oft Heiligtümer, Tempel, Kirchen oder Pyramiden.
Diese besonderen Kraft-Linien (leys) und Kraft-Zentren erhalten ihre feinstofflichen Bewußtseinsfelder aus den umfangreichen "Gitterstrukturen", die unseren Planeten durchziehen. Etwa genau so wie die kristallinen Gitter in den Kristallen. Diese verschieden großen Erdgitterstrukturen sind durchaus vergleichbar mit den lebensdynamischen Organisationsfeldern (L-Felder) von *Burr* und haben die Fähigkeit, biologische und geistige Ordungsstrukturen, also Bewußtsein zu speichern. Diese Fähigkeit von Bewußtseinsspeicherung finden wir auch bei den Siliziumkristallen der Computer.
Oder denke einmal an die verschiedenen energetischen "Bewußtseinsqualitäten" anderer Kristalle. Ich denke hier z.B. an den Rauchquarz (Si O2)

mit seiner so wirkungsvollen, trigonalen (Dreieck) Gitterstruktur. Die in ihm fest verankerte Bewußtseins-Programmierung ist so hochschwingend, daß er belastende, erdrückende Bewußtseinszustände im Menschen transformiert. Dadurch hat diese spezielle Kristall-Bewußtseinsenergie auch eine direkte Wirkung auf das MANA-Energiesystem des Menschen. In dieser Hinsicht kann man auch von Licht-Schwingungen (Photonen) sprechen, die niedere Schwingungen in der Schattenkörpersubstanz (L-Felder) des Menschen ausgleichen.

An diesem Beispiel wirst Du erkennen, welche Bedeutung die großen, energetischen Gitterstrukturen der Erde für den Menschen haben. Aber andererseits beeinflußt der Mensch mit seinem Energie-Bewußtseinssystem das Energie-Bewußtsein der Erde. Diese großen Gitterstrukturen der L-Felder halten die Erde in einem fein abgestimmten Gleichgewicht, wobei bestimmte Kreuzungspunkte der Gitter noch weitere, übergeordnete Funktionen haben. So gibt es spezielle Kreuzungspunkte, die wie Chakren wirken und von außen kosmische Energien aufnehmen, um die Erde zu harmonisieren. Andere Kreuzungspunkte haben eine umgekehrte Wirkung und geben Energien aus der Erde ab, die mittels bestimmter Energiereflektoren (z.B. Pyramiden) an die irdischen Lebewesen übertragen werden.
In der jetzigen Zeit der Schwingungserhöhung haben diese vielfältigen Gitterstrukturen, die L-Felder und die Kristalle der Erde eine wichtige Funktion. Durch sie wird die erhöhte kosmische Bewußtseins-Frequenz des UR-LICHTES auf alles Leben (die L-Felder) und das Wesen des Planeten selbst übertragen. Auch die kristallinen Strukturen innerhalb des Menschen werden in ihrer Schwingung so angehoben, daß sich das MANA-Energiesystem ebenfalls angleichen kann.

***Fazit:***

*Der Mensch und die Erde stehen mit den L-Feldern und Gitterstrukturen in direktem holographischem Kontakt mit den UR-LICHT-Feldern des Universums. Erde und Mensch werden jetzt durch diese holographische Verbindung mit dem Kosmos in der Schwingung angehoben.*

**Das holographische UR-LICHT-Feld mit sieben Bewußtseinsqualitäten.**

Das kosmische UR-LICHT beinhaltet - wie schon erwähnt - bestimmte Bewußtseinsqualitäten. Wissenschaftlich ausgedrückt könnte man sagen, das kosmische, holographische "Vereinheitlichte Feld" (UR-LICHT) enthält bestimmte Organisations-Strukturen, die sich jetzt vermehrt auf die Organisationsstrukturen der L-Felder der Erde und des Menschen auswirken.

In der esoterischen Tradition wird das UR-LICHT, hier auf der irdischen Ebene, in sieben Bewußtseinsqualitäten eingeteilt, die sich in den 7 farbigen kosmischen Strahlen ausdrücken. Auch hier haben wir auf der äußeren, materiellen Ebene wieder die Entsprechung. (Wie innen, so außen)

So wie sich das UR-LICHT in sieben feinstofflichen farbigen Bewußtseins-Strahlen ausdrückt, besteht auch das irdische weiße Licht, wenn es durch ein Prisma aufgeteilt wird, wiederum aus den 7 farbigen Strahlen. So gesehen ist die Farbe auf der materiellen wie auf der geistigen Ebene eine Erscheinungsform des alles erschaffenden UR-LICHTES und hat darum besondere Kräfte und Möglichkeiten, auf das Bewußtsein des Menschen einzuwirken.

Sieben ist zugleich auch die Hauptzahl der Erde und deutet die Verwandlung an. Die Erdsieben ist aus der 4 = Materie (die Bestandteile der Materie sind Erde, Wasser, Luft, Feuer) entstanden und aus der 3 = Geist (das dreifaltige Schöpfungsprinzip), bezeichnet also die Wandlung von der Materie zum Geist. Genau das ist auch unsere Aufgabe, Materie zu Geist zu verwandeln bzw. zu beseelen. Und das geschieht schon ganz wesentlich z. B. beim Essensvorgang.

Der Mensch geht durch die "Ver-wicklung" der Materie (4) zur "Entwicklung" in die Geistebene (3). Die Verschmelzung beider Aspekte, Materie und Geist (YIN+YANG), bedingt das höchste Ziel der menschlichen, der irdischen und planetaren Entwicklung (7).

Dieser Entwicklungsweg wird durch die sieben kosmischen Farbstrahlen in praktischer Weise für uns Menschen anwendbar, indem wir gezielt die sieben Farben - mit ihrer psychischen Bedeutung - anwenden. Dieses kann besonders gut mit dem MANA-Energiesystem geschehen. Hier sind die 7 Chakren die "Seelentore" für diese Farben und die damit verbundenen Bewußtseinsqualitäten.

In dem HUNA-VITA-RITUS NR. 6 werde ich Dich darin einweihen, wie Du die 7 Bewußtseinsqualitäten und zugleich Bewußtseins-Ebenen der Chakren mittels jener Farben entfalten und in ihrer Schwingung anheben kannst. Damit findet der so wesentliche harmonische Ausgleich zwischen dem Unteren, Mittleren und Hohen Selbst statt.

***Fazit:***
***Der Mensch verbindet sich mit den Bewußtseins-Qualitäten des UR-LICHTES, indem er sich mit den 7 kosmischen Strahlen verbindet. Dadurch harmonisiert er seine drei Selbst-Seelen-Wesen und sein MANA-Energie-System.***

**MANA, das Lebenselixier des Menschen.**

MANA ist das Lebenselixier des Menschen, entstanden aus dem UR-LICHT, dem Elixier der Schöpfung, aus dem sich alles entwickelt. Die östliche Tradition bezeichnet diese Schöpfungs-Substanz, das UR-LICHT, auch als Prana. In diesem UR-LICHT-PRANA-Ozean "baden" wir Menschen und sind zugleich auch ein Teil davon. Mit folgendem Psycho-Bild möchte ich Dir das noch klarer machen.

## *Psycho-Bild Nr. 17 "Ozean der Schöpfung".*

*Ein Mensch geht am Strand eines weiten, großen Ozeans spazieren. Dann bleibt er stehen und schaut lange Zeit auf dieses gewaltige Weltmeer. Gedanken von Schöpfung und Entwicklung der Arten kommen in sein Bewußtsein. Alles ist aus diesem Ozean entstanden.*
*Nun geht er hin zum Meer und schöpft mit seinen Händen Wasser. Er beobachtet, wie sein geschöpftes Wasser zwischen seinen Fingern zurück in den großen Ozean fließt.*
*"So wie meine Hand jetzt dieses bißchen Wasser des großen Ozeans umschließt, umschließt auch mein Körper dieses UR-LICHT aus dem kosmischen Ozean. Dann ist es nicht mehr mein geschöpftes Wasser."*

Dieser Mensch am Strand muß sich nun immer wieder zum Meer beugen, um Wasser zu schöpfen. Du erhältst jedoch jede Sekunde diese UR-LICHT-Kraft aus dem großen kosmischen Ozean, und Dein Unteres Selbst verwandelt sie in Deinem Körper über die Chakren in Deine körpereigene, tiefere Schwingung um, in das MANA. So ist Dein MANA untrennbar mit dem "MANA" = UR-LICHT des Kosmos verbunden.
So ist Lebens-Energie oder Lebens-Bewußtsein ein stetiges, wechselseitiges Einströmen von UR-LICHT, umgewandelt in MANA und ein Zurückströmen von MANA - aus den Chakren - in das Universum. Ist dieser Ein- und Ausstrom ungehindert und stark, so fühlen wir uns wohl, ist er schwach und behindert durch Energie- und Bewußtseinsblockaden, so fühlen wir uns unwohl oder sind krank.
Je offener und freier unsere körperlichen Energiezentren und Meridiane sind, desto machtvoller und ungehinderter kann dieser MANA-Energie-Ein-und Aus-strom sein, um so mehr MANA haben wir auch zur Verfügung. Kosmisches UR-LICHT strömt also in dem Maße in unseren Körper nach, wie wir MANA auf unseren Energiebahnen ungehindert fließen lassen können.

***Fazit:***
*Wenn Du harmonisch, gesund und voll Vitalität leben willst, wenn Dein Leben "energiestark" verlaufen soll, mußt Du lernen, MANA ungehindert auf Deinen Energie-Straßen strömen zu lassen.*

**Die Produktion, die Leitung und die Speicherung von MANA im Körper.**

MANA - die Chinesen bezeichnen diese Lebensenergie des Menschen auch als Chi - wird vom Unteren Selbst in einer uns nicht genau bekannten Art und Weise in den menschlichen Energiezentren (Chakren) erzeugt. Das Untere Selbst produziert MANA zum einen aus der einströmenden Prana-Kraft, der UR-LICHT-Essenz und unserer Nahrung. Darum lehrt

HUNA-VITA auch, wie man mit einer bestimmten Ernährung (HUNA-VITA-ERNÄHRUNGS-YOGA) vermehrt MANA im Körper erzeugt, um über genügend Lebensenergien zu verfügen und dadurch den körperlich-geistigen Entwicklungsprozeß umfassend unterstützen kann.
Zum anderen wird MANA aus der eingeatmeten Luft erzeugt. Die Luft enthält neben Sauerstoff auch einen feinstofflichen Energieanteil, das "Luft-Prana". Das ist hochschwingende, feinstoffliche Energie in Form sog. "Vitalitätskügelchen", die an das grobstoffliche Luftgasgemisch gebunden sind. Dieses Luft-Prana wird in unserem Körper vom Unteren Selbst in körpereigenes MANA umgewandelt.

Unser Körper selbst, sowie die Schattenkörpersubstanz, dient als MANA-Speicher und als MANA-Leitung. Geleitet wird MANA auf körpereigenen Energiebahnen, den Meridianen, die als die "YIN-Meridiane" von den Füßen, auf der Vorderseite des Körpers nach oben fließen und als "YANG-Meridiane" vom Kopfbereich, über den Rücken nach unten zu den Füßen zurückfließen. Die YIN-Meridiane transportieren die weiblichen, beruhigenden Erdenergien, die YANG-Meridiane führen die aktiven, männlichen Himmelsenergien. Dabei gibt es einen besonders wichtigen und "dicken" Meridian genau mittig auf der Vorderseite des Körpers (Konzeptionsgefäß), der verbunden ist mit einem genauso "dicken" Meridian mittig auf der Rückseite des Körpers (Gouverneurgefäß). Beide großen Meridiane zusammengeschlossen, ergeben einen Energiekreislauf, der für Deine gesteigerte Vitalität und Deine körperliche Gesundheit äußerst wichtig ist. (Mehr darüber bei den Übungen.)
Nun wird nicht alle MANA-Energie gleichzeitig in den Meridian-Kreisläufen geleitet, das wäre recht unökonomisch. Es gibt im Körper drei große Energie-Vorratsspeicher, die für einen stetigen Ausgleich der Energien sorgen. Übrigens, auf der grobstofflichen Ebene wiederholt sich dieses im Blutkreislauf, der auch mit Blut-Vorratsspeichern versehen ist.
Diese Energie-Speicher nennen die Chinesen "TAN-TIENS", das bedeutet soviel wie "Feld des Energie-Elixiers". Der untere große Energie-Speicher ist der Unterkörper mit Bauchraum. Dazu sagen die Japaner auch "Hara", und "Hara-kiri" heißt , den Bauch töten.
Wir wollen für diesen unteren Speicher "Vitalenergie-Speicher" sagen, für den mittleren Speicher, der im oberen Bauch- und Brustraum angesiedelt

ist, wollen wir "Emotionalenergie-Speicher" sagen. Für den oberen Speicher, der im Kopfraum liegt, sagen wir "Mentalenergie-Speicher". Diese drei großen Energie-Vorratsräume sind besonders eng mit den beiden großen Meridianen verbunden. Es ist nun wichtig zu wissen, daß diese drei Speicher gut angefüllt sein müssen und auch untereinander harmonisch arbeiten und ausgeglichen sein sollen. Das ist z.B. nicht der Fall, wenn der Vitalenergie-Speicher sehr voll ist, der Emotionalenergie-Speicher nur wenig angefüllt ist und der Mentalenergie-Speicher normal angefüllt ist. In der später beschriebenen HUNA-VITA-Energiearbeit ist es wichtig, diese Speicher auszugleichen.

An diesem Energie-Kreislauf, bestehend aus den beiden großen Meridianen, hängen noch die 7 Hauptchakra-Zentren und 6 Energie-Zentren. Alle 13 Zentren sind mit Drüsen, Nervenknoten und Organen des Körpers verbunden. Sind diese Zentren im energetischen Ungleichgewicht, d.h. der MANA-Energiestrom, der diese Zentren versorgt, ist durch Blockaden gestört, überträgt sich dieses Ungleichgewicht sofort auf die Drüsen, Nervenknoten und Organe. Das Ergebnis davon ist, der Körper wird krank. Blockaden bestehen u.a. aus Bändern, die mit Masse-Energie überladen, also geblockt sind.

**Fazit:**

*MANA fließt mittels der weisen Steuerung des Unteren Selbst auf Meridianen und wird in drei großen Energie-Speichern gespeichert. Der Energie-Kreislauf versorgt alle Meridiane und die 13 Energie-Zentren mit MANA.*

**Die drei Formen der MANA-Energie.**

**1. MANA-MANA**

Alle drei Selbst-Wesen bedienen sich dieser Lebensenergie für ganz verschiedene Zwecke. So wird z.B. MANA von dem Mittleren Selbst zu Willenskraft und suggestiv-hypnotischer Kraft verwendet. Diese Willens-Kraft bezeichneten die Kahunas als MANA-MANA.

Die Verdoppelung des Wortes weist auf die Verstärkung der Energie hin. MANA-MANA ist die höherschwingende Willens-Energie des Mittleren-Selbst. Sie ist wichtig zur Programmierung von "höheren Weisheiten", und zugleich ist sie die Energie, die die geistige Kraft der Konzentration auf etwas und die Willenskraft bewirkt, um Ziele zu erreichen. Verläuft die MANA-Energie im Körper schwach, oder wird sie durch Blockaden gestört, kann sich auch die MANA-MANA-Willensenergie kaum kräftig entwickeln. Hieraus ist ersichtlich, wie MANA weit hinein in den täglichen Alltag des Berufes und des Lernens reicht.

**2. MANA**

Das Untere Selbst benötigt MANA für alle Körperfunktionen. Zum anderen bindet es MANA an Gedanken und Gefühle auf den Bändern, die dadurch verstärkt werden, bis hin zu Gedanken- und Bewußtseinsblockaden. Diese energiegeladenen, negativen Bewußtseins-Blockaden werden auch als Komplexe bezeichnet. Die Kahunas wußten auch darüber Bescheid und bezeichneten diese Komplexe als "Dornen oder Knoten auf dem Pfad zum Hohen Selbst". Später, wenn ich Dir von dem 6. Weg berichte, erfährst Du noch mehr über diesen so oft mit Knoten und Dornen blockierten Pfad zum Hohen Selbst.

Natürlich wird MANA auch an positive Gedanken gebunden, wodurch diese eine segensreiche Wirkung auf unser Leben ausüben.

Aus dem vorher Gesagten erkennt man, wie wesentlich es ist, bei der Selbstprogrammierung neuer, lebenskonformer Gedankenmuster diese gleichzeitig mit MANA aufzuladen, wodurch sie erst ihre Wirkungskraft erhalten. Andererseits ist es wichtig, bei der Auflösung und Befreiung von Bewußtseinsblockaden zuerst die starke, negative, niedrigschwingende Masse-Energie von den belastenden Gedankenblockade-Bändern herunterzunehmen. In diesem Gebiet, besonders in Richtung "positives Denken", werden viele Fehler gemacht. Die Menschen programmieren sich mit positiven Gedanken-Affirmationen, ohne vorher die negativen Gedanken-Blockaden von der meist starken, niedrigschwingenden MANA-Energie (Masse-Energie) zu befreien.

So ist MANA letztlich eine Lebensenergie, die in jedem Lebewesen pulsiert und die Grundlage für alle Denkvorgänge, alle Bewußtseinserweiterungs-Prozesse, alle Körperfunktionen und alle Heilvorgänge ist.

Mit genügend MANA sind wir aufgeladen wie eine Batterie und fühlen uns wohl. Das ganze Leben verläuft vital. Durch MANA-Verlust (negative Gedanken, Probleme, Ängste, wenig energetische Nahrung, Streß und Umweltbelastungen) sinkt unser Wohlbefinden ab zur Stufe des Krankseins und schließlich bis zum Tod.
Durch HUNA-VITA erfährt der Lernende eine klare Schulung und Aktivierung seiner Lebenskraft. Mittels der MANA-Hochaufladung und der Technik des "inneren Lichtkreislaufes" kann jeder seine Lebensenergie regenerieren. Solche MANA-Aufladungen sind von größtem Wert, insbesondere wenn es gilt, einen Gebetswunsch von hoher Realisationskraft dem Hohen Selbst darzubringen, andere oder sich zu heilen und zu harmonisieren.

## 3. MANA-LOA

MANA-LOA ist die universale, kosmische UR-LICHT-Kraft, die vom Hohen Selbst aufgenommen wird und über das 8. Siegel und das 7. Scheitelchakra in den Körper geleitet wird und weiter - falls für Heilungszwecke gewollt - über die Hand-Chakren in andere Organismen einströmen kann.
MANA hat hier die Bedeutung von vitaler, körpereigener Lebensenergie und LOA weist auf die Universale Energie des Hohen Selbst hin. Der HUNA-VITA-Praktiker ist über sein Hohes Selbst mit dieser MANA-LOA-Kraft verbunden. Je weiter er diesen Weg geht und sich mittels der HUNA-VITA-LICHT-Anrufung/Gebet seinem Hohen Selbst öffnet, desto umfangreicher wird dieser MANA-LOA-Einstrom werden.
MANA-LOA kann dann in kraftvoller und konzentrierter Form durch die Hände des HUNA-VITA-Praktikers fließen, um mittels dieser Energie andere Menschen, Tiere, Pflanzen und sich selbst zu harmonisieren, zu heilen oder zu vitalisieren. Die Stärke des MANA-LOA Flusses richtet sich jeweils nach dem Bedarf des anderen Organismus. D.h., diese ganzheitliche Energie (YIN+ YANG- Anteile sind gleichzeitig enthalten) ist zugleich mit der Weisheit des Hohen Selbst verbunden und "weiß" darum, wieviel, wo und wie sie wirken soll.
So arbeitet MANA-LOA auf allen Ebenen, auf der körperlichen, der energetischen, der emotionalen, der mentalen und der hohen geistigen (spirituellen) Ebene. Über diese spirituelle Ebene vollzieht sich die MANA-LOA-Geist- oder Fernheilung, verbunden mit dem HUNA-VITA-LICHT-

Gebet. Dabei kannst Du Dich über Dein Hohes Selbst mit dem Hohen Selbst eines oder mehrerer Menschen verbinden. Über diese "leuchtende Gesellschaft der Hohen Selbste", den "POE-AUMAKUAS", wird MANA-LOA und die notwendige Heilinformation übertragen. MANA-LOA durchströmt jedes Material und ist unabhängig von Raum und Zeit. Das großartige an einer MANA-LOA-Behandlung ist, daß Du dabei keine Energie verlierst. Im Gegenteil, als "Kanal" für diesen Energie-Durchfluß werden Dein Körper und die drei Energie-Speicher mit dieser Energie angefüllt.

***Fazit:***

*Du bist befähigt, mit drei Formen von MANA-Energien umzugehen und sie zu steigern: MANA, MANA-MANA und MANA-LOA. Dadurch vitalisierst Du Deinen Körper, aktivierst die Kraft Deines Willens und heilst/harmonisierst Dich und Körper, Seele und Geist anderer Lebewesen.*

**Die Schattenkörpersubstanz.**

Diese feinstoffliche Substanz befindet sich im ganzen Körper und strahlt ca. 2 cm bis 5 cm aus dem Körper heraus. In der esoterischen Lehre wird diese Substanz auch als Ätherkörper oder "aurisches Doppel" bezeichnet. D.h. diese Schattenkörpersubstanz bildet jede Zelle, jedes Organ und jeden Körperteil noch einmal nach.
In verschiedenen neueren Untersuchungen ist dies nachgewiesen worden. Vor ca. 50 Jahren hat der russische Ingenieur Semjon Kirlian eine spezielle Hochfrequenz-Fotographie entwickelt, mit der die ausstrahlende MANA-Energie - z.B. um die Fingerkuppen - nachweisbar ist, aber auch die Schattenkörpersubstanz. Schneidet man z.B. von einem Blatt die Spitze ab und macht ein "Kirlian-Foto" von diesem Blatt, so sieht man das ganze Blatt. D. h. die abgeschnittene Spitze wird durch die noch vorhandene Schattenkörpersubstanz nachgebildet. Aus den Rändern der "Substanz-Spitze" strahlt die Lebensenergie (MANA) des Blattes.

Auch der verstorbene Forscher *Dr. Harold Saxton Burr* von der Yale-Universität (USA) hat solche Substanzfelder um lebende Strukturen entdeckt. Burr nannte es - wie ich es schon zuvor beschrieben habe - das "L-Feld" (Lebens-Feld). Um ein Samenkorn beispielsweise konnte er ein Feld in der Form der reifen, ausgewachsenen Pflanze ermitteln. Ebenso wies er um ein Froschei das Substanz-Feld eines ausgewachsenen Frosches nach.
Ein weiteres Merkmal dieser Substanz ist, daß sie "klebrig" ist. Auch das wurde von einem anderen Forscher, Lawrence Beymann, erkannt. Er schreibt: "Diese Energie-Substanz kann von einem Objekt zum anderen fließen. Sie ist "klebrig", so daß irgendwelche Objekte, die einmal auf irgendeine Weise miteinander in Berührung kamen, immer über diese Substanz verbunden sind."
Wir sehen hier, in welch erstaunlich genauer Weise die alten Kahunas, bzw. die HUNA-Lehre, über diese Energien und feinstofflichen Substanzen schon Bescheid wußten, die in der heutigen Zeit erst wiederentdeckt werden.
Diese Schattenkörpersubstanz kann durch das Bewußtsein des Unteren Selbst ausgestülpt werden, wenn es vom Mittleren Selbst eine entsprechende Anweisung erhält, die natürlich in der Sprache des Unteren Selbst gegeben werden muß. Die Sprache des Unteren Selbst ist bildhaft und gefühlsmäßig, verbunden mit Energie. Das Untere Selbst kann dann seinen "AKA-Finger", der aus der Schattenkörpersubstanz besteht, ausstülpen und zu einem Gegenstand oder Menschen führen. Auf diese Weise kann über den AKA-Finger oder über die "AKA-Schnur" auch Heilenergie zu einem anderen Menschen, Tier oder Pflanze geleitet werden. Das ist eine spezielle Art der HUNA-VITA-Heilung und Harmonisierung. Eine zweite Art der HUNA-VITA-Heilung wird - wie zuvor beschrieben - mittels der MANA-LOA-Energie über die Hohen Selbste ausgeführt. Je ausgeglichener und harmonischer das Bewußtsein des Menschen ist und je ungestörter die MANA-Energie durch den Körper und durch diese Substanz fließen kann, desto dichter und schützender ist sie gegenüber äußeren Einflüssen. Immer dann, wenn unser Energiesystem geschwächt wird, z.B. durch hohen Streß, Krankheit, Unfälle, Operationen, falsche Ernährung, Umweltbelastungen, Erdstrahlen, vor allem aber durch das Rauchen, Alkohol und Drogen, wird die sonst undurchdringliche Schatten-

körpersubstanz "durchlässig und löchrig".
Jetzt können niedrigschwingende, astrale Energien, z.B. die negative Ausstrahlung von Menschen und Orten, negative Fremdgedanken, vor allem aber jenseitige, verstorbene Seelen, die sich ebenfalls noch in dieser astralen Ebene aufhalten, die so geschwächte Substanz überwinden und den Körper des Menschen besetzen. Hier haben wir dann das Phänomen der Besetzung, ein altes Thema, dessen sich ja besonders die Kirche (Exorzismus) angenommen hat. Aus meiner Erfahrung hat sich ergeben, daß gut 70%-80% der Menschen von Fremdenergien und Seelenwesen besetzt sind.

Darum gibt es innerhalb des HUNA-VITA-Systems eine ganz spezielle Methode, Menschen, die besetzt sind, zu befreien. (HUNA-VITA-CLEARING)

**Fazit:**

*Die Schattenkörpersubstanz umgibt den Menschen als ein biodynamisches Organisationsfeld, ein L-Feld. Über diese Substanz werden Informationen in den Organismus übertragen und über die AKA-Fäden zu anderen Organismen. Diese kraftvolle Schattenkörper - Substanz schützt den Körper vor Fremdenergien und fremden Seelenwesen.*

# HUNA-VITA-Ritus Nr. 6

## Vitalitäts- und Stärkungstechniken für Deine MANA-Energie, Deinen Körper, Dein Unteres Selbst und Dein Mittleres Selbst.

Dein Körper und Dein "spiritueller Körper" sind aus dem UR-LICHT des ALLES geboren. (Dein spiritueller Körper besteht aus den drei Selbsten + den drei MANA-Energiearten + der Schattenkörper-Substanz.) So gibt es letztlich keine Trennung zwischen dem spirituellen Körper und dem materiellen Körper. Man könnte auch sagen, Dein physischer Körper ist der grobstofflich gewordene spirituelle Körper.
Wenn der spirituelle Körper sich mit dem physischen Körper zusammen bewegt, wie z.B. die vier Räder eines Wagens, können auch der spirituelle Körper und der materielle Körper im Alltag harmonisch zusammenwirken. Dieses harmonisch-energetische Zusammenwirken von Geist und Körper werden Dir diese Techniken vermitteln.

*Wichtig ist, daß Du vor diesem 6. HUNA-VITA-RITUS die anderen Übungen ausgeführt hast und einen ersten, tiefen Kontakt zu Deinem Hohen Selbst und Unteren Selbst hergestellt hast. Es ist wichtig, daß Du eine zeitlang Deinen Beobachter geschult hast.*

### 1. Technik : Der innere Kraft-Ort.

Hierbei geht es darum, Deine Konzentration, verbunden mit der MANA-MANA Willensenergie, auf einen bestimmten Punkt innerhalb Deines Körpers zu lenken. Hier wirst Du ein Gesetz benutzen, das heißt:

*"Dort, wo Dein Bewußtsein ist, ist MANA-Energie".*

Das ist für uns ein göttliches Geschenk. Denn würde es dieses Gesetz nicht geben, hätten wir keine Chance, unsere Energien zu leiten, zu harmonisieren und zu stärken. Konzentrierst Du Dein Mittleres Selbst ruhig, aber bestimmt auf diesen einen Körperpunkt, so bildet sich durch die MANA-MANA-Kraft ein sog. "Bewußtseins-Pol" an dieser Körperstelle. Zu diesem energetischen Bewußtseins-Pol kann nun, nach dem Gesetz der Resonanz, ähnliche Energie hinfließen.

Auf diese Weise wird der Bewußtseins-Pol immer mehr mit der zuströmenden MANA- oder MANA-LOA-Energie umhüllt. Je lockerer Dein Gewebe und Dein Körper dabei bleibt, desto offener bleiben die Meridiane, die Energiekanäle, über die MANA bzw. MANA-LOA zu der Körperstelle hintransportiert wird. Dieser Konzentrationspunkt ist der Körperort, der die Verbindung zwischen Unterem Selbst - Mittlerem Selbst, den Körperenergien und schließlich dem Hohen Selbst, am besten herstellen kann.

**Das Vitalenergie-Zentrum.**

Ja, es ist das untere Vitalenergie-Zentrum/Speicher. Hier in diesem Zentrum sammeln sich die MANA-Energien, um alle weiteren Speicher, Zentren und Chakren zu versorgen. Unten am Speicher, am Ende der Wirbelsäule, liegt - nach der östlichen Tradition - die Energieschlange (Kundalini) MANA dreieinhalbfach aufgerollt. Wenn dieses Zentrum aktiviert wird, beginnt sich diese MANA-Schlange aufzurichten, kriecht in dem hinteren großen Energiekanal - und gleichzeitig auch noch in zwei sehr kleinen Seitenkanälen - hoch zum Scheitelchakra. Unterwegs werden alle weiteren Energiezentren und Speicher durch die aufsteigende "MANA-Schlange" aktiviert und geöffnet.

So wird dieser Vorgang beschrieben, und es ist sehr wichtig dafür zu sorgen, daß die MANA-Schlange langsam und gezielt aufsteigen kann, da es sonst im Energiesystem des Menschen erhebliche Schwierigkeiten gibt.

Wenn Du diesen Anweisungen hier genau folgst, wirst Du gute, spontane Energieerlebnisse und Harmonisierungen haben.

**Der Konzentrations-Pol-Punkt.**

Der genaue Konzentrations-Pol-Punkt liegt ca. 2 cm unterhalb Deines Bauchnabels. Hier liegt der Verbindungsort von Körper und spirituellem Körper. Hier ist der Schlüsselpunkt für alle weiteren Aktivitäten.
Wichtig ist, daß Du Dich von dem Gefühl Deines Unteren Selbst zu diesem Punkt leiten läßt. D.h. es ist wichtig, das Gefühl dieses Punktes zu erleben und nicht mit dem Mittleren Selbst diesen Punkt umständlich "auszumessen".

Um diesen Punkt zu halten, ist es wichtig - das sei nochmals bewußt hervorgehoben - locker und entspannt zu sein. So wie der Meister Koichi Tohei sagt, kannst Du Dir diesen Punkt als das verkleinerte Universum (wie im Großen, so im Kleinen) vorstellen. Halbiert man diesen Punkt immer weiter zu unendlich Klein, so entsteht in dieser Unendlichkeit das Universum. Das Universum, der ALLES, ist also zugleich das Kleinste und das Größte. - Wie im Kleinen, so im Großen.

Dieser Punkt ist also kein greifbarer Punkt, sondern der unendlich kleine Punkt des Mikro-Universums, der zugleich dadurch der Verbindungspunkt zum großen Makro-Universum, zum Körper und zum Geist wird.
Darum konzentriere Dich auf diesen Punkt absichtslos. Jedes zu starke Wollen vom Mittleren Selbst aus läßt diesen Punkt schwinden.

**Das alte mystische Geheimnis der Konzentration auf den Bewußtseins-Pol.**

In der östlichen Tradition der Geistesschulung wird Konzentration und zugleich das Ringen mit den Hindernissen, die sich dabei in den Weg stellen, als Dharana bezeichnet. Es handelt sich dabei um ein ganz spezielles Zeitintervall von 12 Sekunden. Während dieser Zeit muß der Bewußtseins-Pol des Mittleren Selbst - wobei die MANA-MANA-Energie des MS die unterstützende Kraft ist - ruhig und ungestört auf einen Gegenstand bzw. Körperort gerichtet sein. Ein solcher Bewußtseins-Pol entsteht also, wenn die geistige Kraft des MS auf einen Punkt ausgerichtet ist, wodurch verhindert wird, daß das MS in den Schlaf oder in das wache Tagesbewußt-

sein abgleitet. Zugleich wird, durch die Konzentration auf den Punkt, ein machtvoller MANA-Strom ausgelöst, der zu diesem Zentrum fließen kann, um es zu "erwecken".
Wie der Mystiker *Weinfurter* erklärt, ist das eben das scheinbare Wunder, das Du nach kürzerem oder längerem Üben erreichen wirst und das dem unwissenden Menschen zuerst kaum möglich erscheint. Hat er doch in seinem Leben erfahren, wie hektisch und konfus Gedanken, Bilder, Energien und Gefühle im Körper herumsausen können, ohne ihnen wirklich Einhalt gebieten zu können.

Der östliche eingeweihte Meister *Swami Vivekananda* sagt dazu: "Wenn der Gedanke durch 12 Sekunden hindurch auf ein einziges Zentrum fixiert ist, so nennt man das 1 Dharana. 12 solche Dharanas heißen Dhyana, und wer 12 Dhyanas ausführen kann, erlebt Samadhi, die Erleuchtung."
Darum ist es so wesentlich, diese erste Konzentrationskraft von 12 Sek. auf den Kraft-Ort zu richten. Noch etwas anderes hast Du erreicht, wenn Du den Bewußtseins-Pol 12 Sek. auf Deinem innern Kraft-Ort, ohne die geringste Abschweifung und frei von Nebenvorstellungen halten kannst. Du hast Dein "inneres mystisches Feuer" entfacht. Das bedeutet, Du hast eine erste machtvolle Verbindung mit dem alles durchdringenden, kosmischen UR-LICHTSTROM, dem Prana-Lichtstrom geknüpft. Du wirst sie nie wieder verlieren. Du hast Dein Vitalzentrum für diesen kosmischen LICHT-Strom geöffnet. Diese einmal erlangte "mystische Konzentration" bzw. Erschaffung des Bewußtseins-Pols am inneren Kraft-Ort ist zugleich ein wichtiges Ereignis, eine kosmische Einweihung (Öffnung), die über alle Zeit bestehen bleiben wird.

Scheinbar wird Dir die erste Zeitspanne von 12 Sekunden recht kurz erscheinen. Doch dieser Schein trügt. Hast Du Dich in Ruhe hingesetzt, Deinen Atem beruhigt, um Dein MS-Bewußtsein auf den Kraft-Ort zu konzentrieren, so wirst Du schnell merken, wie neu und ungewohnt dies Deinem Unteren Selbst erscheint. So etwas ist völlig neu und ungewohnt. Entsprechend wird sich Dein US auch verhalten. Es wird Dich zuerst dauernd mit aufsteigenden Gedanken-Bildern unterbrechen. Dann wirst Du spüren, wie es störend, verspielt MANA-Energien überall im Körper strömen läßt, so daß es hier und dort juckt und kribbelt. Aber wenn Du ziel-

strebig dabeibleibst, Dein US richtig ansprichst, dann wirst Du recht schnell das mystische Feuer in Dir entfacht haben.
Mit dieser 12 Sekunden-Stufe hast Du den ersten wesentlichen Schritt getan, und Du wirst den Fortschritt innerlich und äußerlich spüren. Nun gibt es eine 2. Stufe. Jetzt heißt es, den Bewußtseins-Pol 12 X 12 Sek. = 144 Sekunden am inneren Kraft-Ort aufrecht zu erhalten. Die dritte Stufe soll dann zur Erleuchtung führen, wobei die Gedanken über 12 X 144 = 1728 Sekunden auf dem Punkt ruhen müssen. Das ist fast 1/2 Stunde.
Schon die 2. Stufe führt zu hohen okkulten Kräften, wenn wir uns dabei auf die entsprechenden psychischen Energie-Zentren, die Chakras, konzentrieren. Nun ist es auch eine recht schwierige Leistung, den Bewußtseins-Pol für 144 Sekunden, also etwas über 2 Minuten, völlig ruhig, unbeweglich, ohne jeglichen Nebengedanken aufrechtzuerhalten.

**Nun, wesentlich ist das Erreichen der 1. Stufe,**

wodurch sich Dir eine unmittelbare Ebene zum kosmischen UR-LICHT und zu Deinem Hohen Selbst öffnet. Sobald Du nun Deinen Bewußtseins-Pol am Kraft-Ort entfaltet hast, beginnen intensive, starke MANA-Ströme dort hinzufließen. Du erinnerst Dich hier wieder an das Gesetz:

*Dort, wo Dein Bewußtsein ist, ist die MANA-Kraft.*

Und so wird dieses Zentrum machtvoll und weit um Dich herum strahlen. In der Äther-Ebene (das sind die Energie-Felder um uns und zwischen uns und allen Gegenständen) und der Astral-Ebene (das ist die Gefühls- und Elementalebene, in der die Elementale aus unseren Gedanken entstehen, wo andere Geistwesen und Seelenwesen sich aufhalten) werden heftige Turbulenzen entstehen, deren Zentrum Du bist. Diese Energie-Wirbel können - so berichtet Weinfurter - bis 15 Meter um Dich herum entstehen, und keine Astralwesen, niedrige Fremdenergien und Fremdgedanken können dort eindringen, ohne zerstört zu werden.
Somit bedeutet die Anwendung dieser 12-Sekunden-Technik, zugleich ein machtvoller Schutz vor astralen Wesen, die Menschen sehr oft "umsetzt" halten.

**Der "Kraft-Ort" in Deinem Alltag.**

Hast Du still für Dich die 12-Sek.-Meditation ausgeübt, so übe, Dein Bewußtsein an diesem Kraft-Ort auch tagsüber aufrechtzuerhalten. Jetzt brauchst Du nur diesen Kraft-Ort immer wieder zu fühlen und daran zu denken. Dabei kannst Du an andere Sachen denken, ja sogar Dinge des Alltags tun.
Die 12-Sek-Meditation ausführen heißt, zuerst - ohne auf die Zeit zu achten - darauf zu trainieren, den Bewußtseins-Pol ohne Gedankenbilder aufrechtzuerhalten. Meinst Du, dies gelingt Dir, beginne in 12-Sek.-Zeitintervallen zu üben. Je länger Du diesen Punkt in Deinem Alltag aufrechterhalten kannst, um so zentrierter, ruhiger und "mittiger" wirst Du alle Sachen Deines Lebens beherrschen. In diesem Punkt wird sich Dein Körper entspannen, und die MANA-Energien werden freier fließen.
Wenn Du täglich übst - das kann überall geschehen - kommst Du dahin, daß es für Dich ganz selbstverständlich wird, diesen Punkt zu halten, ohne dauernd daran zu denken. Du bist einfach in diesem Punkt der Mitte. D.h. Du hast schließlich ein Gefühl, ein Erleben, ein Teilhaben, ein Akzeptieren, ein Beobachten dieser Mitte. Du bist im Beobachter.
Es mag sein, daß Du einen ganzen Tag vergißt, den Punkt zu halten. Doch wenn Du weiterübst, wird diese Spanne des Punkthaltens immer länger. Zugleich kommst Du durch diesen Punkt auch immer mehr zum Beobachten des Seins. Beziehe hier auch den HUNA-VITA-RITUS NR. 5 mit ein, indem Du das Mantra "ICH BIN" wiederholst, während Du in Deiner - beobachtenden - Mitte bist.

Diese Konzentration auf den "Ort Deiner Inneren Kraft" wird Dir Ruhe, Kraft und das absichtslose Akzeptieren geben auch dann, wenn Du Dich in schwierigen Situationen befindest, vor und bei Prüfungen, vor und bei wichtigen Gesprächen usw. Wenn Du diesen Kraftort in Dir mit der Zeit halten kannst, kannst Du davon ausgehen, diese Stärke auch jederzeit in Deinem Alltag, bei Deiner Arbeit usw. zur Verfügung zu haben.

## 2. Technik: MANA-Hochaufladung (Einführung)

Bei dieser MANA-Hochaufladung geht es darum, im Vitalenergie-Zentrum genügend MANA zu speichern, um damit:

✌ *Dein gesamtes Energiesystem, also alle Meridiane und die Speicher, mit zusätzlicher MANA-Energie zu versorgen und MANA zu stärken.*

Das ist z.B. notwendig, wenn Du während des Tages müde und abgespannt bist, um Dich schneller zu regenerieren, oder Du stehst vor einer harten körperlich-geistigen Anstrengung, wobei die vermehrt im Körper gesammelte MANA-Energie Dich unterstützen wird.

✌ *Die Verbindung - über den AKA-Finger - mit Deinem Hohen Selbst herzustellen, und den LICHT-Kreislauf in Deinem Körper zu stärken.*

Auch hier denke wieder an das so wichtige Gesetz:
"Dort wo Dein Bewußtsein ist, ist MANA-Energie!"

**1.** Setze Dich hin und werde mit tiefen und langsamen Atemzügen ruhig. Verbinde Dich mit Deinem US, indem Du es mit seinem Namen ansprichst. Bitte dann darum, daß es Dir dabei behilflich sein soll, Euren Vitalenergie-Speicher mit einer Extraladung von MANA aufzuladen. Zeige Deinem US dieses auch als Bild. Z.B. wie gleich ein Lichtstrom von Deiner Stirn aus, durch Deinen Körper in eine glühende Kugel in das Vitalenergie-Zentrum fließt.
Beginne nun ganz sanft innerlich zu lächeln. Lächle Deinem US zu und der gleich einströmenden Energie. Ganz wenig sollten Deine Mundwinkel angehoben sein. Dieses Lächeln verstärkt die einströmende Energie!!
Lege jetzt beide Hände auf Deinen Bauch, als Kontakt mit diesem Energie-Zentrum und mit Deinem US. Erschaffe nun mit Deiner Konzentration einen Bewußtseins-Pol im Vitalenergie-Zentrum. Es ist der schon zuvor beschriebene "Kraft-Ort". Sei in all Deinem Tun absichtslos und lockere Deinen Körper. Halte den Bewußtseins-Pol (Kraft-Ort) während des Atmens, für ca. 2-3 Minuten, aufrecht.

**2.** Nun konzentriere Dich auf Dein Stirnchakra (3. Auge). Es liegt in der Mitte Deiner Stirn, etwa in Augenbrauenhöhe. Laß es zu, daß Dein US Dir das "Gefühl" für diese Stelle gibt. Ca. 1 Minuten darauf konzentrieren.

**3.** Stelle Dir nun vor, Du öffnest dieses Stirnchakra wie ein Auge. Vor Dir siehst Du eine Sonne oder ein Energiezentrum, das Dir bekannt ist. Dein Bewußtsein ist jetzt also am 3. Auge. Lege Deine Zungenspitze locker an den vorderen Obergaumen. Etwas oberhalb der vorderen Zähne.
Atme nun mit wirklich kräftigen und nicht zu langsamen (ca. 1 Sek. Einatmung, 2 Sek. Ausatmung) Atemzügen, Energie und Kraft aus der Sonne vor Dir durch das geöffnete 3. Auge ein. Während des Einatmens, mit der einströmenden Energie, wandert Dein Bewußtseins-Pol runter in das Vitalenergie-Zentrum, zum Kraft-Ort.

**4.** Während des kräftigen, völligen Ausatmens bleibt Deine Konzentration am Kraft-Ort. Dabei stelle Dir vor - oder fühle es - wie dieser Kraft-Ort sich in eine glühende Energiekugel verwandelt.

**5.** Nun beginnst Du wieder einzuatmen. Dabei ist Dein Bewußtseins-Pol wieder an der Stirn, im 3. Auge. Mit der kräftigen und tiefen Einatmung ziehst Du Licht-Kraft-Energie in Dich hinein und ziehst sie mit Deiner, ins Vitalenergie-Zentrum wandernden Konzentration, nach unten. Mit der Ausatmung füllst Du diesen unteren Speicher - diese Energie-Kugel - immer mehr mit Kraft und MANA an. Dieser Speichervorgang wiederholt sich nun stetig, ca. 5 Minuten lang. Stelle Dir dabei vor und fühle es, wie die Energiekugel in Deinem Bauch immer machtvoller, größer, heißer und heller wird. Du kannst auch nur durch den Mund atmen. Jetzt ist Dein Vitalenergie-Speicher voll aufgeladen.

**Mit dieser hohen MANA-Ladung kannst Du nun verschiedene Sachen machen:**

- Du kannst diese angespeicherte MANA-Energie in den LICHT-Energiekreislauf einfließen lassen und dadurch alle Chakren und Energiezentren stärken und harmonisieren. Dadurch werden zugleich - über die Chakren - Deine Organe und Dein Körper harmonisiert und gestärkt, hin zu mehr Gesundheit und Vitalität.

☝ Du kannst diese hohe MANA-Ladung nutzen und zu einer Körperstelle führen, die geheilt und harmonisiert werden soll. Z.B. eine Wunde, ein Bruch, eine Entzündung usw. Du wirst erstaunt sein, wie schnell und komplikationslos Verletzungen und Entzündungen durch diese MANA-Kraft abheilen.

☝ Du kannst diese MANA-Hochaufladung nutzen, um eine Verbindung mit Deinem Hohen Selbst herzustellen. Das geschieht immer bei dem HUNA-VITA-LICHT-GEBET/ANRUFUNG. (Erkläre ich später) Bis dahin übe auf jeden Fall diese MANA-Hochaufladung.

☝ Du kannst diese MANA-Hochaufladung nutzen, um neue Band-Programme mit starker Energie aufzuladen, damit sie sich in Deinem Verhalten und im Alltag besser ausdrücken können. Erinnere Dich, das hatte ich Dir zu Anfang beschrieben, wie wesentlich es ist, neu erschaffene Programme mit einer starken, hochschwingenden Kraft aufzuladen.

☝ Du kannst diese MANA-Hochaufladung nutzen, um Vorstellungs-Bilder von Lebenszielen oder Wünschen aufzuladen. Innerhalb der verschiedenen Techniken für Deine Arbeits- und Lebensplanung ist das ein ganz wesentlicher Bestandteil. (Sieh im 6. HUNA-VITA-Weg)

## 3. Technik: Der LICHTENERGIE-Kreislauf.

( Erweckung der heilenden Lebenskraft Mana)

Hiermit erhältst Du jetzt die Möglichkeit, Deine Chakren zu stärken und zu harmonisieren. Das wirkt sich auf den Energiefluß innerhalb Deiner Meridiane aus und vitalisiert zugleich Deine Organe und den ganzen Körper.
Dieses ist eine dynamische Meditation, bei der Dein Bewußtseins-Pol auf die Lebenskraft MANA ausgerichtet wird. Du lernst dabei, wie Du diese MANA-Kraft auf den zwei großen Meridianen im Körper kreisen lassen und MANA dadurch zugleich in eine höhere Energieform umwandeln kannst. Das Öffnen und Stärken dieses Lichtenergie-Kreislaufes bildet letztlich die Grundlage für viele andere HUNA-VITA-Techniken und ist

zugleich die Grundlage für die HUNA-VITA-Kurse.
Diese Technik ist unter dem Titel "Das Geheimnis der goldenen Blüte" oder "Kreisen des Lichts" lange Zeit in China angewendet worden und war nur den Priestern und der Königskaste vorbehalten, weil sie dort immer wieder beste Wirkungen für Leib und Leben gebracht hat. Ansonsten war diese Technik vollkommen geheim. Erst jetzt in den letzten Jahren ist diese Technik - besonders durch den Meister Mantak Chia - in den Westen gelangt.

Während all meiner Intensivtrainings und Kurse hat es sich ganz eindeutig herausgestellt, daß dies wohl mit eine der wirkungsvollsten und effektivsten Techniken ist, das MANA-Energiesystem, die Chakren und die Anrufung des Hohen Selbst zu stärken und weiter auszubilden.
Eifriges Üben dieser erstaunlichen Methode kann Streß beseitigen, die inneren Organe "massieren" und harmonisieren, beschädigtes Gewebe heilen und das Lebensgefühl stärken.

**Fazit:**
*Bevor man den Energiefluß zum 8. Siegel und darüber zum Hohen Selbst lenken kann, muß man zuerst die beiden großen Hauptmeridiane öffnen und aktivieren.*

**Der "Gouverneur", auch Lenker-Gefäß**

genannt, wird veranlaßt, vom Perineum (Damm) die Wirbelsäule hoch zum Kopf (7. Scheitelchakra) und von dort über das Stirnchakra, über die Nase zum Gaumen (YANG-Energie, heiß) zu fließen. (Das ist eine Umkehrung der natürlichen Flußrichtung.)

**Das Konzeptionsgefäß, auch Diener-Gefäß**

genannt, fließt natürlicherweise vom Perineum (Damm) die Vorderseite des Körpers mittig hoch, bis zur Zungenspitze (YIN-Energie, kalt). Auch es wird veranlaßt, in der umgekehrten Richtung zu fließen.
Das Öffnen der beiden Meridiane geschieht dadurch, daß man die Zungenspitze an den vorderen Teil des Obergaumens legt. Dadurch sind die beiden Gefäße zu einem Energiekreis zusammengeschlossen. Und die zweite Öffnung besteht darin, die MANA-Energie in einer bestimmten Richtung in den beiden Meridianen kreisen zu lassen. Bitte präge Dir diese Richtung genau ein:

**Das alte "Geheimnis" des richtigen Energieflusses auf der Lichtenergie-Kreisbahn.**

Mana fließt vom Kraft-Ort des Vitalenergie-Zentrums hinunter zum Perineum (Damm), zum Steißbein, in den unteren Öffnungspunkt der Wirbelsäule, die Wirbelsäule hoch zum Scheitelchakra und von dort hinunter zum Gaumen, über die Zungenspitze weiter hinunter zum Hals-, Herz-, Bauchchakra und zum Kraft-Ort. Hier ist der Ausgangs- und Endpunkt des Lichtenergie-Kreislaufes.

**Die einzelnen Energie-Zentren (und Chakren) im Lichtenergie-Kreislauf.** (Nach dem chin. Meister *Mantak Chia*)

**1.** Du füllst mit der MANA-Hochaufladung das Vitalenergie-Zenrum auf, ca. 5 Minuten lang (wie zuvor beschrieben). Bleibe ruhig und entspannt.
Achte darauf, daß die Zungenspitze am Gaumen liegt. Sie bleibt auch während der ganzen weiteren Übung am Gaumen. Hast Du ein Gebiß, nimm es heraus. Später, wenn die Energie gut fließt, brauchst Du das Gebiß nicht mehr herausnehmen, weil die MANA-Energie durch die Gaumengebißplatte fließen kann.
Bitte nun Dein US, diese Hochladung MANA zu allen Energiezentren zu leiten. Dabei sieh und fühle das Bild, wie ein heller Lichtstrom in den beiden Gefäßen hinten hoch und vorne herunter durch Deinen Körper fließt. So soll es Dein US machen.

**2.** Wandere nun mit Deinem Bewußtseinspol zum **1. Chakra** , das ca. eine Handbreit unter Deinem Bauchnabel liegt. Während Dein Bewußtsein unterwandert, begleite dies mit einer langsamen Ausatmung. Halte dann Deinen Bewußtseins-Pol für ca. 1-2 Minuten an diesem 1. Chakra und atme dabei langsam weiter ein und aus. (1-2 Minuten ist eine ca.-Zeit, sie gilt auch für jeden weiteren Energie-Punkt bzw. jedes Zentrum.)
Jetzt wird MANA aus dem unteren Speicher zum 1. Chakra fließen und es aktivieren und harmonisieren. Gleichzeitig wird MANA über dieses Chakra zu den zugehörigen Drüsen und Organen fließen, um diese ebenfalls mit MANA-Lebensenergie zu stärken. Das 1. Chakra aktiviert und harmonisiert alle Organe und Drüsen im Urogenitalbereich. Zugleich wird die Harmonie zur Ur-Kraft der Erde hergestellt.

*Mach' Dir um all diese Vorgänge keine Gedanken. Überlaß das alles Deinem US. Es wird dieses alles in vollendeter Weise regeln, wenn Du mit Deinem 5%-MS Denken nicht dauernd bewertend und prüfend dazwischenfährst. Welche Gefühle bei dieser Übung an den Energiezentren auch auftreten, laß sie ohne Bewertung zu.*

Nur eines ist wesentlich. Nach einer bestimmten Zeit der Übung solltest Du an allen Energie-Zentren in etwa die gleich starken, oder gleich schwachen Gefühle haben. Das ist der Hinweis darauf, daß die Zentren gleich harmonisiert sind. Ist ein Zentrum zu schwach im Gefühl, so verweile dort länger. Ist ein Zentrum zu stark im Gefühl, so verweile dort nur kurz. Mit dieser Methode des länger oder kürzer Verweilens kannst Du die Zentren - durch mehr oder weniger MANA-Zufluß - ausgleichen.
Aber, es ist nicht wesentlich, daß alle Gefühle an den Zentren stark sein müssen. Denn ist Dein Bewußtseins-Pol an einem Zentrum, so fließt dort auf jeden Fall MANA hin, ob Du das nun stark oder schwach spürst. Wesentlich ist also das harmonische Gleichmaß der Gefühle an den Zentren!

**3.** Mit der nächsten Ausatmung laß Deinen Bewußtseins-Pol von dem 1. Chakra weiter heruntergleiten zum Dammpunkt. Verweile dort nun wieder ca. 2 Minuten mit Deiner ruhigen, auf diesen Punkt konzentrierten Ein- und Ausatmung. Dieser Energie- und zugleich Ventilpunkt liegt genau mitten auf dem Damm, zwischen After und Geschlechtsteil. Hier werden die

Energien weiter über die Beine in die Erde geleitet und von den Beinen hoch in den Körper. Denke über nichts nach. Halte auch hier Deine reine Konzentration an diesem Punkt , so daß auch hier die aktivierende und harmonisierende MANA-Energie hinfließen kann.

**4.** Jetzt, mit der weiteren Einatmung, leite Deinen Bewußtseinspol vom Dammpunkt weiter zum Steißbein und ziehe damit die nachfolgende MANA-Energie zum Energie-Zentrum des Steißbeins. Dieses Zentrum ist eng mit dem 1. Chakra verbunden. Wichtig ist, daß Du mit Deinem Bewußtseins-Pol exakt zum Steißbein hingehst und hier wieder ca. 2 Minuten mit Deinem Bewußtsein verweilst.
Denn hier liegt das "Tor", wo MANA in den Wirbelkanal (zugleich auch Teil des Gouverneur-Gefäßes) eindringen kann. Dieser Energiepunkt aktiviert auch die Pulsationswellen der Rückenmarksflüssigkeit, welche das Gehirn und das Rückenmark mit Nährstoffen versorgt. Ist diese Pulsation zu schwach, ist die Energie- und Nährstoffversorgung auch zu schwach.

**5.** Das nächste Zentrum an der Wirbelsäule ist der Nierenpunkt. Er liegt an Deiner Wirbelsäule in Höhe Deines Bauchnabels.
Atme also nun langsam ein und laß dabei Deinen Bewußtseins-Pol zu diesem Punkt an der Wirbelsäule wandern, wodurch nun auch MANA vermehrt hinströmen wird. Die Energien werden Deinen Nieren und Nebennierendrüsen (Adrenalin-Hormon) Kraft und zugleich harmonischen Ausgleich geben. Hier ist auch das Zentrum, das auf zu hohen Blutdruck harmonisierend einwirkt.

**6.** Nachdem Du dieses Nierenzentrum genügend aktiviert hast, laß Deinen Bewußtseins-Pol mit der Einatmung zum nächsten Energie-Zentrum auf der Wirbelsäule hochwandern. Dieser Energiepunkt der Bauchspeicheldrüse (auf der Wirbelsäule) liegt in Höhe des Bauchchakras (Solarplexus). Das Bauchchakra liegt in Magenhöhe, zwischen Deinem Rippendreieck. Die MANA-Energie harmonisiert Deine Bauchspeicheldrüse.

**7.** Laß Deinen Bewußtseins-Pol mit der nächsten Einatmung zu einem Punkt hochwandern, der dort liegt, wo die Halswirbelsäule in den Schädel führt. Es ist der Kleinhirn-Punkt, und er liegt an der Schädelbasis, dort, wo

die Weichheit des Nackens endet und Du den harten, unteren Rand der Schädelbasis spürst.
Dieses Energie-Zentrum steht in direktem Zusammenhang mit Deinem vorderen 5. Halschakra. Dieser Kleinhirn-Punkt hat zugleich auch eine Art Ventilfunktion für die aufsteigende MANA-Energie. Ist dieses Ventil nicht weit genug geöffnet - und das ist fast immer der Fall, wenn wir krumm sitzen und gehen oder Blockaden an der Wirbelsäule haben - dann wird das Gehirn schlechter mit MANA versorgt. Das äußert sich dann durch schnelle Müdigkeit und Abgeschlagenheit. Zudem ist die Wirbelsäule ebenfalls mit Energie unterversorgt. An diesem Punkt liegt auch das Atemzentrum.

**8.** Mit einer weiteren Einatmung wandert Dein Bewußtseins-Pol hoch zum Scheitelchakra, oben auf der Mitte Deines Schädeldaches. Hier ist der wichtige Öffnungs- und Verbindungspunkt für die MANA-Energie bzw. für den AKA-Finger zum 8. Siegel über Deinem Kopf. Das 7. Scheitelchakra wird durch die nachfolgende MANA-Kraft aktiviert, und zugleich dadurch wichtige Drüsen in Deinem Gehirn, besonders die Hypophyse und die Zirbeldrüse. Sie wird auch als die "spirituelle Drüse" bezeichnet, weil durch genügend Aktivierung der Zirbeldrüse Hellsichtigkeit, Aurasehen und Visionen sehen eintritt. Zudem ist diese Drüse auch für die innere Uhr, also für den Tag-Nachtrhythmus verantwortlich. Das 7. Chakra ist das Zentrum der Weisheit und Intuition.

**9.** Mit Deiner <u>Ausatmung</u> wandert Dein Bewußtseins-Pol nun zum 3. Auge, dem 6. Stirnchakra, dem Tor, um geistiges "LICHT" aufzunehmen und geistige Bilder in den Kosmos der Verwirklichung auszusenden. Das Wissen um dieses Chakra ist darum so wesentlich, weil hier die mit dem Mittleren und Unteren Selbst erschaffenen Ziel-und Wunschbilder für Dein Leben und Deine Arbeit in die geistige Ebene zur Verwirklichung übergeben werden ( erkläre ich später).
Dieses Chakra hast Du auch schon bei der MANA-Hochaufladung kennengelernt. Die MANA-Energie, die hier jetzt durch die Konzentration Deines Bewußtseins hinfließt, aktiviert die Fähigkeiten dieses Chakras. Diese psychische Fähigkeit ist die Kraft des Geistes, im Sinn des Intellekts, des Verstandes, und die Fähigkeit, Gedankenbilder auszusenden. Zugleich

strömt MANA zu der Hypophyse in der Mitte Deines Kopfes. Sie ist die "Obersteuereinheit" der übrigen Körperdrüsen und somit sehr wichtig für Dein Wohlbefinden.

**10.** Der Gaumen-Punkt. Durch leichtes Hin- und Herbewegen der Zungenspitze an der Vorderseite des Obergaumens läßt sich die Stelle gut finden, an der die Energie am besten vom Gaumen in die Zungenspitze fließt. Das kann sich äußern in Kribbeln, Kälte, Wärme, Taubheitsgefühl oder elektrischem Gefühl. Mit Deiner Ausatmung leitest Du Dein Bewußtsein zu diesem Punkt.

**11.** Das 5. Halschakra liegt etwas unter Deinem Kehlkopf, dort, wo die Schilddrüse ist. Die hinströmende MANA-Kraft aktiviert hier die Macht der Sprache. Zugleich wird die Schilddrüse aktiviert bzw. harmonisiert. Laß also mit Deiner Ausatmung Deinen Bewußtseins-Pol zu diesem Zentrum heruntergleiten und dort eine Zeitlang verweilen.

**12.** Das 4. Herzchakra liegt in der Mitte Deines Brustbeines, in Herzhöhe. Dieses Zentrum kontrolliert die Thymusdrüse, das Zentrum der Verjüngung, und es öffnet Dein Bewußtsein für raumvolle Liebe. Dir, den Menschen und der ganzen Welt gegenüber. Mit der Ausatmung gleitet Dein Bewußtseins-Pol zu diesem Zentrum und verweilt hier.

**13.** Das 3. Bauchchakra, der Solarplexus. Die hinströmende MANA-Energie harmonisiert und aktiviert die Bauchorgane, die Milz und auch die Bauchspeicheldrüse. Diese Lebenskraft kontrolliert die Ausstrahlungskraft der Schattenkörpersubstanz und die Aussendekraft des AKA-Fingers. An dieser Stelle ist das "Gehirn" Deines US (Seele), und hier kann sich Dein Geist des Mittleren Selbst am besten mit dem US verbinden.
Die hinströmende MANA-Energie harmonisiert und aktiviert die Gefühlskräfte und die Kräfte der Macht, die hier angesiedelt sind. Also, laß Deinen Bewußtseins-Pol zu diesem Zentrum mit der Ausatmung hinuntergleiten und verweile dort einige Zeit.

**14.** Mit der weiteren Ausatmung kehrst Du mit Deinem Bewußtseins-Pol zurück zu dem Ort der Kraft, ins Vitalenergie-Zentrum (Hara).

Sind die Energiezentren auf diese Weise von Dir aktiviert worden und gut spürbar, kannst Du die Zentren mit der "12 Sekunden-Technik" aktivieren. Vorausgesetzt, Du beherrschst diese Technik. D.h., für jeweils 12 Sek. ruht Dein Bewußtseinspol auf einem Energiezentrum, um dann zum nächsten weiterzuwandern.

**Beseitige täglich die Energie-und Bewußtseinsblockaden.**

Wenn Du MANA in dieser Weise durch die Zentren fließen läßt, wirst Du spüren, wo es Blockaden gibt und wo MANA nicht gut fließt. Wie schon oben beschrieben, verweile dann dort an diesem Zentrum eine Weile. Bringe Deine ganze Konzentration und Dein Lächeln dorthin, bis der MANA-Strom immer leichter zu fließen beginnt. Es gibt für uns kaum eine bessere Kontrollmethode, um unsere Gesundheit und Harmonie zu spüren. Denn Krankheit und Blockaden machen sich schon frühzeitig, ehe sie sich im Körper ausdrücken, auf dieser feinstofflichen Lichtenergie-Kreisbahn bemerkbar.

**Nun beginnt der zweite Schritt dieser Übung: das Kreisen der Lebenskraft MANA.**

Jetzt läßt Du MANA auf dem Meridiankreis fließen. Dazu atme aus und laß die MANA-Energie mit Deinem Bewußtseins-Pol hinunter zum Damm-Punkt gleiten. Dann atme ein und leite mit dieser einen Einatmung Deinen Bewußtseins-Pol zum Scheitelchakra. Mit der nächsten langsamen Ausatmung leite Deinen Bewußtseins-Pol über die vorderen Chakren wieder herunter zum Damm-Punkt. Mit der Einatmung läßt Du Dein Bewußtsein wieder hoch zum Scheitelchakra gleiten und mit der Ausatmung wieder zum Dammpunkt. In dieser Art, mit Deiner Ein-und Ausatmung, wandert Dein Bewußtseins-Pol und damit die MANA-Energie in einem Kreislauf um Deinen Körper und aktiviert und harmonisiert dabei stetig alle 13 Energie-Zentren. Bei diesem Energiekreisen brauchst Du Dich nicht mehr auf die einzelnen 13 Energiezentren zu konzentrieren.
In dieser Art lasse MANA ca. 5 Minuten kreisen.

**Die fortgeschrittene Technik des Lichtenergie-Kreislaufes**

besteht darin, daß Du nur noch die MANA-Lebenskraft in den beiden Meridianen um Deinen Körper und die 13 Zentren kreisen läßt, ohne an jedem Zentrum anzuhalten. Dies kann aber erst dann geschehen, wenn alle Energie-Zentren ausgeglichen sind.

Dieses Energiekreisen kannst Du allerdings auch schon sofort einsetzen, wenn Du aktiv bleiben willst. Also während verschiedener Tätigkeiten, wenn Du warten mußt usw. Dabei mußt Du aber weiter üben, die einzelnen Chakren zu aktivieren, wie oben beschrieben.

**Ganz hervorragend eignet sich dieser Lichtenergie-Kreislauf für die Transformation von Masse-Energie, die von den Bändern abgelöst werden soll.**

Wenn also gerade ein Schmerz-Unlust-Ärger-Band in Deinem Körper und auf der inneren Leinwand abläuft und Du es mit Deinem Beobachter beobachtest und zuläßt, kannst Du diese negativen Energien in den laufenden Energiekreislauf einspeisen. Hierdurch werden die niedrig schwingenden Masse-Energien der Bänder in dem Lichtenergie-Kreislauf transformiert.

## Die 4. Technik. Der Lichtenergie-Kreislauf verbunden mit den Farben. Die wirkungsvollste Übung.

Innerhalb der Naturheilkunde hat man die Erfahrung gemacht, daß es jeweils die feinsten Reize sind, die die gezieltesten Wirkungen zeigen. Dies kann jeder an sich selbst nachprüfen, wenn er die homöopathischen Hochpotenzen einnimmt. Dies sind Substanzen, die kein einziges grobstoffliches Wirkmolekül mehr besitzen. Dafür ist die Trägersubstanz (Alkohol) mit einer sehr gezielten und energiestarken Information der Heilsubstanz verbunden. Hier wirkt reine Schwingungsenergie als Heilinformations-Impuls auf das MANA-Energiesystem der Chakren und Meridiane ein und damit zugleich auf die Seelen-Ebene des Unteren Selbst.
Nun ist Farbe nichts anderes als eine bestimmte Schwingungsenergie mit

einer gezielten Information. Farben stellen somit die verschiedenen Frequenzbereiche des Lichtes und auf einer höheren, kosmischen Ebene die verschiedenen Frequenzbereiche der Bewußtseinsqualitäten dar, hier als die "7 kosmischen Strahlen".

Wie Dr. Popp nachgewiesen hat, kann ein kraftvolles "Bio-Photonen-Feld" regulierend auf alle von außen einströmenden Energien einwirken. Du erinnerst Dich noch, im HUNA-VITA-ERNÄHRUNGS-YOGA sprachen wir über die Lebensenergien, die Bio-Photonen, die in den Zellen der Nahrungsmittel gespeichert sind. Genauso haben auch unsere Körperzellen Bio-Photonen gespeichert. Die Abstrahlung aller Körperzellen-Bio-Photonen ergeben das "Bio-Photonen-Feld". Der schon erwähnte *Dr. Burr* sagt dazu das "Lebens-Feld" (L-Feld) des Menschen und die Kahunas nannten es die Schattenkörper-Substanz (Kino-Aka).

Im Zustand des körperlichen Ungleichgewichtes pendelt dieses Bio-Photonen-Feld entweder zu stark in Richtung Yin-Energie oder Yang-Energie, wobei Yin und Yang die (-)weiblichen und (+)männlichen Energieteile der MANA-Energie sind. Um die Selbstregulierungsfähigkeit des Unteren Selbst anzuregen, muß dem Körper (dem US) eine ausgleichende Information übergeben werden.

Mit Hilfe der Farbe und entsprechenden Gedanken-Bildern kannst Du solche ausgleichenden Informationen Deinem US übergeben, um so wieder Harmonie innerhalb der Körperenergien zu erzeugen. Je gezielter diese Farb-Gedanken-Information dem US übergeben wird, desto unmittelbarer und wirkungsvoller sind die Reaktionen der Harmonisierung und Heilung. Gezielt dem US übergeben heißt hier nun:

- ☞ Übergabe eines schwachen, feinstofflichen Reizes, als Farb-Gedanken-Information.
- ☞ Eingabe der Information über entsprechende Chakren.

> ***Fazit:***
> *Eine wirkungsvolle Körperharmonisierung kann dann geschehen, wenn eine gezielte "Reiz-Information" an ein entsprechendes Energie-Zentrum übergeben wird.*

Diese besondere Technik solltest Du erst dann üben, wenn die 7 Hauptchakren harmonisiert sind. Die Übung läuft so ab, daß Du alle 13 Energie-Zentren - wie schon in der 3. Technik beschrieben - mit den folgenden *Farb-Energie-Gedanken-Bildern* harmonisierst. Diese Übung wird eine sehr gezielte, harmonisierende und vitalisierende Wirkung auf Dein US, auf Deine Gefühle und Deine Organe ausüben.

*Hier in dieser Technik begegnest Du einem speziellen - lange verborgen gehaltenen - Wissen über besondere energetische Farb-Symbol-"Hochpotenzen" (Siegel), die jetzt zu Dir in die Öffentlichkeit gelangen.*

**Die Farb-Symbol-Hochpotenzen.**

**1. ORANGENE ENERGIE-SPIRALE** (Farb-Energie-Gedankenbild)
Beginne wieder mit der Konzentration auf den "Kraft-Ort". Lade ihn mit MANA-Energie auf. Stelle Dir vor, daß dieser Kraft-Ort mit oranger Energie aufgeladen wird und stelle Dir dabei eine orangene Energie-Spirale vor. Wieder ca. 1-2 Minuten an diesem (und den anderen Zentren) verweilen.
Orange ist die vitale Lebensenergie MANA, zugleich auch die Sexual-Energie. Die Spirale hat eine machtvolle Kraft der gezielten Ausrichtung.

**2. ROTER ENERGIE-FLUSS**
Gehe mit Deinem Bewußtseins-Pol zum 1. Chakra. Stelle Dir hier vor, wie mit Deiner Ein- und Ausatmung ein roter Energiefluß mit der Einatmung von außen in das Chakra einfließt und mit der Ausatmung von innen wieder herausfließt. Das Chakra selbst sieh als große, rote geöffnete Blüte, die immer strahlender wird.
Rot ist die Erd-Wurzel-Energie, für Urvertrauen und Erdverbundenheit.

**3. Kein Farb-Energie-Bild.**
Verweile mit Deinem Bewußtseins-Pol am Dammpunkt.

**4. ROTE AUFSTEIGENDE ENERGIESCHLANGE**

Konzentriere Dich auf Dein Steißbein. Mit der Einatmung ziehe eine rote Energieschlange (Spirale) vom Steißbein aus in die Wirbelsäule hinein, mit der Ausatmung verteilt sich die rote Energie in der ganzen Wirbelsäule. Und Dein Bewußtsein verweilt wieder ca. 2 Minuten am Steißbein, mit der Rotvorstellung.

**5. DUNKELBLAUER PUNKT**

Gehe mit Deinem Bewußtsein zum Nieren-Punkt an der Wirbelsäule, gegenüber dem Bauchnabel. Sieh dieses Energie-Zentrum als einen dunkelblauen Punkt. Konzentriere Dich nur auf diesen Punkt.
Dunkelblau ist eine Energie der Widerstandskraft, des Schutzes u. der Geborgenheit.

**6. GELBER PUNKT**

Konzentriere Dich weiter auf den Bauchspeicheldrüsen-Punkt an der Wirbelsäule, gegenüber dem Solarplexus. Sieh dieses Energie-Zentrum als einen gelben Punkt.
Gelb ist eine ausgleichende Energie, für den Ausgleich von äußeren und inneren Reizen und Gefühlen.

**7. HELLBLAUER PUNKT**

Mit Deinem Bewußtseins-Pol gehst Du nun zum Kleinhirn-Punkt am unteren Rand der hinteren Schädelbasis. Sieh dieses Energie-Zentrum als einen hellblauen Punkt.
Hellblau ist die verbindende Kraft mit Deiner Atmung und der Macht Deiner Kommunikation.

**8. VIOLETTE KRONE**

Konzentriere Dich auf Dein Scheitelchakra, oben auf dem Kopf. Stelle Dir eine violette Krone auf Deinem Kopf vor, deren Kronenzacken wie lange Strahlen nach oben reichen. Durch diese violette Krone atme violette Strahlungen von oben ein und aus.

Violett ist eine intuitive, geistige (spirituelle) Farbe.

**9. INDIGOFARBENES DREIECK**

Imaginiere auf Deiner Stirn - um das dritte Auge herum - ein indigofarbenes (strahlendes Tintenblau) Dreieck. Verweile bei dieser Vorstellung ca. 2 Minuten. Dann öffne innerhalb der Dreieckfläche das dritte Auge und atme dadurch indigofarbenes Licht ein und aus. Stelle Dir dabei vor, daß das Dreieck größer und strahlender wird.
Indigo ist eine machtvolle Farbenergie des Geistes und des Wissens. Das Dreieck ist ein Kraftsymbol, um Energien zu sammeln.

**10. Kein Farb-Energie-Bild.**

Konzentriere Dich auf den Punkt, wo Deine Zunge den Obergaumen berührt.

**11. HELLBLAUER TRICHTER**

Gehe mit Deinem Bewußtsein zu Deinem Halschakra, unter Deinem Kehlkopf. Stell Dir vor und fühle, wie Du hellblaues Licht durch einen weit geöffneten Trichter (Form eines geometrischen Kegels mit runder Öffnung) von außen einatmest und von innen ausatmest.

**12. GRÜNE, GEÖFFNETE BLÜTE**

Konzentriere Dich auf Dein Herzchakra. Öffne dieses in Deiner Vorstellung wie eine grüne Blüte. Atme durch diese Blüte grüne Energie von außen ein und von innen aus. Laß die Blüte dabei größer und strahlender werden.
Grün ist die vermittelnde Energie der raumvollen Liebe.

**13. GELBE SONNENSPIRALE**

Lenke Deinen Bewußtseins-Pol nun auf Dein Bauchchakra (Solar-Plexus). Stelle Dir dort eine gelb ausstrahlende Sonnenspirale vor. Sieh, wie die Strahlen der Sonne weit vor Dir in den Raum strahlen. Atme durch diese Sonnenspirale gelbe Energiestrahlen ein und aus. Dabei soll sich die Spirale rechtsherum drehen. (Rechtsdrehung ist, wenn Du Dir eine Uhr auf Deinem Bauch vorstellst. Dabei ist die 12 oben, die 3 an Deiner linken Seite, die 6 unten und die 9 an Deiner rechten Körperseite. So, wie die Uhrzeiger sich nun drehen, ist die Rechtsdrehung.)

Gelb ist hier eine Kraft, die Deinem Leben die Macht über Deine Gefühle gibt.

**14.** Kehre zurück zum Ausgangspunkt, dem Kraft-Ort. Konzentriere Dich - ohne an das Farb-Energie-Bild zu denken - auf diesen Kraft-Ort.

Mit dieser Farb-Energie-Meditation hast Du Deine MANA-Energie, die vitale Lebenskraft, Deine Organe und die psychischen Zuordnungen ausgeglichen und mit Energie gestärkt.
Nun gibt es noch eine HUNA-VITA-Farbstrahlen-Anrufung in Kombination mit dem alten Wissen von der Klangkraft der Mantren, durch die hohe spirituelle Bewußtseinsqualitäten Deinem Leben und Deiner Lern-Erkenntnis zugänglich gemacht werden, die in fortgeschrittenen HUNA-VITA-Kursen gelehrt wird.

**Eines dürfen wir jedoch über all diesen sehr wirkungsvollen Techniken nicht vergessen:**
Die Masseenergie-Erlösung von den Bändern des Unteren Selbst. Denn auch wenn die Energiekanäle und die Energie-Zentren des Körpers ausgeglichen sind, bedeutet das noch lange nicht, daß gleichzeitig alle belastenden, tiefsitzenden "Leid-Programme" erlöst sind. Energie-Übungen und Techniken verlangen immer eine gleichzeitige Befreiungs- und Erlösungsarbeit auf der Ebene des Unteren Selbst und seiner Programmierungen.

Von solch einer wesentlichen Befreiungsmöglichkeit alter negativer Belastungen, besonders aus der Kindheit, werde ich Dir im nächsten Kapitel berichten.

# 9. KAPITEL

## Der 4. Weg

des Herzens und des Friedens
mit Dir und Deiner Familie.
(Remothering)

**Auf diesem 4. Weg findet das große Gesetz der Nächstenliebe seinen Ausdruck. Hier wirst Du darin angeleitet, Dich von alten, belastenden Verhaltensmustern, Blockaden, Ängsten und Einschränkungen zu befreien, die durch die "Programmierungen" der Eltern bzw. Erzieher während Deiner Kindheit entstanden sind. Es geht weiter darum, diese Belastungen in Vertrauen, Freiheit und Liebe, vor allem Deiner Familie gegenüber, umzuwandeln.**

## Remothering, Befreiung aus den einengenden Grenzen von Erziehung und Ausbildung.

Einerseits bedeutet "Remothering" soviel wie zurück zu Deinen Kindheitserlebnissen mit Mutter und Vater. Andererseits ist Remothering ein Weg, die blockierten Bewußtseinsbahnen der Kindheit zu befreien, um neue Lebenszyklen beginnen zu können. Diese Bewußtseinsbefreiung geschieht durch Erkenntnis und durch ganzheitliches, finales Denken. Was bedeutet das?
Finales Denken heißt - wie das Wort "Finale" sagt - die Betrachtung vom Ende her, also vom ganzen Lebenssinn aus. Das bedeutet, innerhalb die-

ses Befreiungsweges suchst Du Dir nicht nur die begrenzten Ursachen der belasteten Vater/Mutter-Beziehungen heraus, sondern Du erkennst und lernst diese negativen Programmierungen der Erziehung als ganz wesentliche Lernlektionen für Dein jetziges und zukünftiges Leben zu verstehen. Und genau darauf kommt es vom ganzheitlichen Lebenssinn aus betrachtet wirklich an. Vom ganzheitlichen, kosmischen Plan aus betrachtet, ist es dann nicht mehr möglich zu sagen, daß Dir all das Unangenehme und Problematische mit Vater und Mutter rein zufällig begegnet ist. Analog dazu müßten wir sonst sagen - wie im Großen, so im Kleinen - das kosmische Geschehen sei zufallsbedingt und ohne Gesetze. Aber genau das ist nicht der Fall. Gerade das kosmische Geschehen und (holographisch) eng damit verbunden auch das menschliche Erleben ist Ausdruck höchster Gesetzmäßigkeit und Harmonie. Nur durch unser einseitiges, polares Wahrnehmen, bedingt durch die Denkstruktur unseres linken, linearen Gehirns, nehmen wir nicht das Ganze wahr, sondern nur Teilbereiche und Teilursachen davon, die uns als "Zu-Fall" erscheinen. Tatsächlich fällt uns ein Teil aus der Ganzheit zu, was wir dann nicht einordnen können und als Zu-Fall bezeichnen.

**Hier erkennen wir das 6. kosmische Gesetz der Kausalität.**

Dieses Gesetz besagt, daß es keinen Zufall gibt, sondern nur vielfältige, miteinander verwobene Kausalketten von Ereignissen. Nicht von einem Ereignis, sondern von vielen, von einander abhängigen Ereignissen und daraus entstehenden Wirkungen. Zufall ist somit nur ein Begriff für ein Gesetz, das nicht erkannt wird.
Es kann keinen Zufall geben in dem Sinn, daß etwas außerhalb der Gesetze, außerhalb von Gott und dem Universum steht. Bedenke, wie könnte es etwas geben, das im Universum seine Auswirkung zeigt, zufällig und unabhängig von allen Gesetzen - und der Ur-Licht-Kraft - des Universums? Ein solches zufälliges Etwas wäre völlig unabhängig vom geregelten, gesetzmäßigen Verlauf des Universums, dem Ur-Licht und dem ALLES. Es wäre ihm demnach übergeordnet. Nun haben wir aber schon festgestellt, daß es außerhalb vom Universum und dem ALLES nichts gibt, weil der ALLES das Gesetz selbst ist.
So zeigt uns eine sorgfältige Prüfung, daß das, was wir Zufall nennen

(zufällig die Eltern bekommen), nur ein Ereignis und Ausdruck für verborgene, unbekannte Ursachenketten ist, die wir nicht überschauen und verstehen können. Denn immer ist ein Zusammenhang da, zwischen allem, was vergangen ist und allem, was folgt. Jeder Gedanke, den Du denkst, jede Handlung, die Du vollziehst, hat ihre direkten und indirekten Ursachen und Wirkungen, die in diesen großen Ursachenketten stehen.

Bei der Betrachtung dieses Gesetzes der Kausalität hat die Tatsache, daß man sich nicht erklären kann, wie ein Ding, Lebewesen oder Ereignis die Ursache oder der "Schöpfer" bestimmter Wirkungen ist, die Gemüter in Verwirrung gebracht. Tatsächlich "erschafft" natürlich kein Ding, Lebewesen oder Situation jemals aus sich heraus neue Dinge. Bei diesen vernetzten Ursache-Wirkungsketten handelt es sich stets um Geschehnisse im Lebens- und Ereignisfluß des Menschen und nicht um etwas allein für sich dastehendes Neues. Geschehnisabläufe reihen sich und vernetzen sich an Geschehnisabläufe, die letztlich alle aus der Ur-Licht-Kraft des ALLES entspringen. Zwischen allen vorhergehenden und allen folgenden Geschehnissen besteht ein ununterbrochener Zusammenhang, in den wir Menschen mit unserem Bewußtsein eingewoben sind.

So meinen die meisten Menschen, sie seien frei in ihrer Selbstbestimmung. In Wirklichkeit jedoch unterliegen sie den machtvollen Programmbändern und Prägungen ihrer Kindheit, Jugend und Ausbildung. Hinzu kommt nun noch die Erkenntnis aus diesem 6. kosmischen Gesetz, daß wir alle in langen, miteinander vernetzten Ursachenketten verwoben sind und die Auswirkungen dieser Ursachenketten und Verknüpfungen überall in unserem täglichen Leben erfahren. Der Mensch, der noch sehr unbewußt lebt und all diese Zusammenhänge von Bändern und Kausalitäten nicht erfaßt, wird von den Ereignissen des Lebens wie ein welkes Blatt im Wind mal in diese Richtung seines Lebens geblasen, mal in jene. Letztlich so lange, bis er aus diesem Leid-Zustand lernt, tiefer und ganzheitlicher die Zusammenhänge seines Lebens zu betrachten.

Der erwachte und finaldenkende Mensch (vom letzten Lebenssinn aus betrachtet) wird dem Kausalgesetz von Ursachen und Wirkungen nicht entgehen. Er wird jedoch viel mehr in Übereinstimmung und tiefer Einsicht <u>mit</u> diesen Gesetzmäßigkeiten leben, sie nach ihren Botschaften für das eigene Leben hinterfragen, die Leid-Ursachen-Ketten und Verknüpfungen bis in seine Kindheit erkennen und nach dem Sinn hinterfragen können, um daraus Wesentliches für seine Existenz zu erfahren. Durch die Erkenntnisse auf diesen höheren Ebenen der kosmischen Gesetze wird der Mensch die Umstände, Situationen, Probleme usw. auf der tieferen, materiellen Alltagsebene meistern können. Weil jener Mensch es lernt, auf der höheren Erkenntnis- und Gesetzesebene zu wirken und zu dienen, kann er auf der niederen Alltagsebene herrschen - zum Wohle aller.

***Fazit:***

***Es ist von ausschlaggebender Bedeutung, die Signaturen, Situationen und Ereignisse innerhalb unseres Lebens und Kinderlebens, gemäß dem 6. kosmischen Gesetz, als Lebensbotschaften und Lernbotschaften zu verstehen.***

Aus dieser ganzheitlichen Betrachtungsweise, unter Einbeziehung der kosmischen Gesetze, erkennen wir den Lebenssinn und Zweck des Zusammenseins mit Mutter und Vater.

Du betrachtest Dir, nun wissend, aus einer erweiterten, höheren Bewußtseinsebene, die Ursachenketten seit Deiner Geburt und aus Deinen Vorleben. Daraus wirst Du für Dein heutiges Leben wesentliche Erkenntnisse ziehen, woraus sich in Dir ein tiefgreifender Bewußtseinswandel vollziehen kann. D.h. die eigentlichen belastenden Programmierungen verwandeln sich durch Erkenntnis - auf einer höheren Stufe des Bewußtseins - zu wichtigen Lernlektionen Deines jetzigen Lebens. Dies erlöst und befreit. Dein Unteres Selbst erfährt Mitgefühl und kann dieses auf die Erzieher und Ausbilder übertragen. In diesem neuen Licht des Erlebens, Akzeptierens und Erkennens vollzieht sich in Dir eine Wissensausdehnung über Dich, Dein Leben und Deine Aufgaben auf diesem Planeten Erde, frei vom blinden Glauben an leidvolle Lebenszufälle, denen man hilflos ausgeliefert ist.

Das ist das Prinzip des "Remothering-Trainingsteils" innerhalb des HUNA-VITA-Trainings.

## Die Entwicklung des "Unteren-Selbst-Kindes".

Hier beschreibe ich Dir nun vier wesentliche Entwicklungszyklen, die Du als Kind durchgemacht hast. Genauer, Dein Kind-Unteres Selbst. Meistens bleibt das Kind-US durch negative, belastende Erziehungsprogramme in einigen dieser Zyklen gefangen, besonders dann, wenn diese Negativprogramme später nicht durch Erkenntnis aufgelöst worden sind.
Dann meint das Mittlere Selbst zwar, alles sei vergessen, vergeben und durch logisches Denken aufgelöst, oder die "Zeit habe alle Wunden geheilt". Einer jedoch, der dieses "logische" Spiel der Verzeihung und des Vergessens nicht mitmacht, ist das so "unlogische" Kind-US. Dieses verharrt nach wie vor in seinem Trotz, Ärger, Wut oder Haß, da es zeitlos ist und nicht aus sich heraus durch Logik erlöst werden kann. Darum funktioniert auch logisches Argumentieren bei Kindern so wenig, da sie noch zu einem großen Teil in ihrem Kind-US eingebunden sind.

### Die Geburt bestimmt, welche Beziehung wir zu unserer Mutter und zu unserem Leben haben.

Du erinnerst Dich noch sicher daran, daß ich in einem der ersten Kapitel vom "Gottverlust bzw. Hohen Selbstverlust" des Kindes während der Geburt sprach. Der vorgeburtliche, geistig ausgedehnte, spirituelle Körper vollzieht die Verkörperung. Dadurch wird er eng, materiell und unbewußt. Er verschließt sich der bewußten Verbindung und Kommunikation mit seinem Hohen Selbst.
Dadurch bindet sich die Kinderseele um so fester an die Mutter, die hiermit zugleich als "Ersatz-Hohes Selbst" erlebt und angenommen wird.
Der Keim der Liebe zur Mutter entsteht somit genau in dem Moment, wo die Kinderseele, das Kind-Untere Selbst den Körper der Mutter verläßt und diese, nun außen physisch, fühlend erlebt und wahrnimmt. Hat das Baby die Chance, dieses erste äußere Fühl-Erlebnis auf dem Bauch der Mutter zu erleben, noch nicht abgetrennt von der Nabelschnur, entsteht das erste, so wichtige Liebesgefühl zur Mutter und damit auch zur Welt.
Der Unterleib, der Schoß der Mutter, erinnert das Kind an seine Geborgenheit und Wärme. Dorthin sollte nach *Leboyer* das Kind nach der Geburt gelegt werden, damit es über diese Rückbindung (re-ligio) seine Liebe

und Verbindung zur Mutter in der äußeren, physischen Welt weitererlebt. Leider wurde dieses wunderbare, erste Erlebnis den meisten von uns verwehrt, und wir haben dadurch eine bestimmte Geburtsangst und Lebensangst mitgenommen. Unser "Ur-Traum" von der liebevollen Geborgenheit in der Mutter und bei der Mutter ist gestört.
*Geza Roheim*, der das Konzept vom Urtraum entwickelte, definiert diesen als den Kern aller Träume, dem dann andere Traumschichten und Erlebnisse hinzugefügt werden. Fast alle durchanalysierten Träume weisen immer wieder darauf hin, in den Schoß der Mutter zurückzukehren. Nach Freud ist der Schlaf "die Reaktivierung des Zustandes im Uterus." Viele Menschen schlafen sogar in der Embryonalstellung.
Hier, in dieser engen "Rück-Verbindung" = Re-ligio, mit dem äußeren, physischen Körper der Mutter, entsteht für das Kind ein tiefes "re-ligiöses" Gefühl. Eben ein Rück-Verbindungsgefühl zu der Liebe und Geborgenheit. Und verstärkt wird dieses religiöse Gefühl noch durch das tiefe, intuitive Wissen des Unteren Selbst vom Hohen Selbst. Hierdurch können wir verstehen, warum so viele Menschen diesen Mangel an Re-ligio, an Rückverbindung in sich und in der Welt erleben und wie wesentlich es für uns alle ist, diese tiefe Liebe der Re-ligio, der Rückverbindung zu unserer Mutter und zum Hohen Selbst und damit zum Schöpfer allen Seins wiederzuerleben.

Innerhalb des HUNA-VITA-Remothering-Prozesses erfährt der Teilnehmer durch spezielle Übungen, Tests und Prozesse, ob ihm diese, so elementare Liebesbeziehung zu seiner Mutter gewährt wurde oder nicht, und wie er im Nachhinein seine belastete Mutterbeziehung, und natürlich auch Vaterbeziehung, erlösen kann. Er erlebt wieder seinen "Ur-Traum" von Liebe und Geborgenheit und damit auch das Vertrauen zu sich und der Umwelt. Der Teilnehmer erfährt somit Re-ligio, eine innere, fundamentale Geborgenheit innerhalb seines Hohen Selbst, damit ein erweitertes Mitgefühl zur Mutter. Zugleich erkennt er, daß die ewige Suche nach Glück und Liebe in der Außenwelt eine Illusion ist und nur durch die Rückverbindung zur eigenen Göttlichkeit erlebt werden kann. Der Weg dahin vollzieht sich u. a. über die Rückverbindung mit Mutter und Vater = "Re-mothering".

**Der 1. Bio-Überlebens-Schaltkreis.**

Das US eines Babys programmiert nach seiner glücklichen oder "unglücklichen" Geburt als nächstes fünf wesentliche Selbsterhaltungs Programme mit den Grundempfindungen:

1. Sicherheit, 2. Nahrung, 3. Liebe, 4. Unsicherheit, 5. Angst.

Ich - und *T. Leary,* der ähnliche acht Schaltkreise des Gehirns beschrieben hat - nenne das, den "ersten Bio-Überlebens-Schaltkreis" anlegen. Diese Programmierung beinhaltet zugleich eine Verknüpfung mit den sich immer weiter ausdifferenzierenden Gehirnnerven zu Nerven-Schaltkreisen. Darum auch die Bezeichnung Schaltkreis. Die Grundempfindung Liebe ist hier noch eine sehr fundamentale, körperliche Form, wie schon zuvor beschrieben. Erst später, wenn das Mittlere Selbst Seelen-Wesen oder der Gedankenkörper des Kindes verstärkt die dann ausgebildeten Gehirnstrukturen (Schaltkreise) benutzen kann, wandelt sich diese Liebe um in eine erweiterte, höhere Form (3. Schaltkreis).

Das Kind-US lernt hier in diesem 1. Schaltkreis alle fundamentalen Dinge und Situationen, bei denen es um das Überleben, den Hunger, Durst, den Körper, Schmerz, Gefahr und Sicherheit geht. Das Kind-US (Baby) "bewertet" in seiner Körperweisheit ernährende und helfende Dinge, zu denen es sich hingezogen fühlt und schädliche, gefährliche Dinge, die es meidet. Es speichert auf diese Weise alle äußeren Reize und Erfahrungen seiner Vater-Mutter-Umwelt, welche dann in seinem weiteren Leben - je nach Situation - eine Zuneigung oder Abneigung auslösen.
Diese ersten Prägungen des Babys auf dem 1. Bio-Überlebens-Schaltkreis, in den ersten 3-4 Monaten, legen die grundlegende Haltung des Vertrauens, des Ur-Vertrauens, oder des Mißtrauens für das ganze weitere Leben fest.
Diese ersten fundamentalen Verhaltensweisen des Vertrauens oder des Mißtrauens dem Leben und den Menschen gegenüber begleiten uns überall hin. Sei es der erste sexuelle Kontakt mit dem anderen Geschlecht oder das Vertrauen zu Lebenspartnern, Lehrern, Ausbildern oder Chefs. Immer werden diese ersten Programmierungen von Ur-Vertrauen oder

Mißtrauen unser Verhalten gegenüber der Umwelt färben. Genauso wie die ersten Prägungen während des Geburtserlebnisses.

**Tiefe Trauer erfüllt das Kind-Untere Selbst (US),**

so schreibt der Psychologe *Thomas Zacharias* in seinen Schriften "Was es heißt ein Mensch zu sein", wenn das Kind-Untere Selbst sich besonders in diesen ersten Monaten allein und verlassen fühlt. Ihm fehlt die Fürsorge, die körperliche Wärme und die liebevolle Hege. Ärzte, Psychologen und "Schwiegermütter" wissen es dann oft besser. Sie reden den Müttern ein: "Laß Dich von Deinem Kind nicht gängeln, verwöhne es nicht, sonst verlangt es immer mehr. Wenn Du nachgibst, wird es Dir gegenüber zum Tyrannen!" Mit anderen Worten gesprochen, heißt das: "Laß es getrost schreien und toben, bis es aufgibt." Tatsächlich ist dann die Lebensenergie endlich gebrochen, und man hat seine Ruhe. "Außerdem ist das Schreien gut für die Lunge." - Auch wenn der Atem sich später verkrampft.

Vielleicht würde das unbeinflußte Herz einer Mutter aber auch sagen: "Geh hin, nimm Dein Kind zu Dir, wie es eigentlich alle Mütter - und Tiermütter - dieser Welt machen. Du erträgst es doch nicht, Dein kleines, hilfloses Kind so zu verraten, es in seiner Verlassenheit trauern und leiden zu lassen!"

Aber dann springt diese kalte, logische MS-Vernunft auf, da sie sich in Übereinstimmung mit den anderen gescheiten Ratgebern und alten, selbst erlebten und gespeicherten Kindheitsprogrammen wähnt und sagt immer wieder: " Komm, sei standhaft, laß es ausschreien, es ist doch nur zu seinem Besten. Mutter hat es bei Dir doch auch so gemacht! Mutter hat Dich auch nicht zu sich ins Bett genommen und in Deinem Zimmer alleingelassen."

Das Kind-US jedoch erlebt ganz instinktiv die tiefe Trauer des Verlassenseins, Angst, oft sogar Todesangst, wenn es nicht wieder zur Mutter gelangen kann, da gerade der 1. Schaltkreis auf das Überleben ausgerichtet ist. Deshalb schreit das Kind-US auch unaufhörlich bis zur vollkommenen Erschöpfung und schläft erst dadurch ein. Erkenne es genau, das sind Kinderschreie aus Todesangst!! Ist das nicht dann auch wie ein Tod, der nun als Schlaf kommt und alles zudeckt? Mit seinem Schreien erschöpft sich das Baby bis zur Selbstaufgabe, und genau dadurch wird seine

MANA-Lebensenergie verbraucht, und es erfährt Überlebens-Angst. Aber das ist alles zweitrangig........ denn Mutter bleibt stark in ihren Dogmen der Überzeugung und ihrem Standpunkt! Und ihrem kleinen Baby-US wird in dieser Zeit nachhaltig eingeprägt und programmiert, daß Leben mit Angst, Selbstaufgabe und Alleinsein verbunden ist.

**Zu früh vom Körper der Mutter abgetrennt,**

so schreibt *T. Zacharias* weiter, wächst das Kind-US in den ersten Monaten in einem Gefühl von Unvollständigkeit und nicht OK-sein heran. Anstelle ihrer Brust hat Mutter einen Ersatz, den Schnuller und die Flasche gegeben. Oder das Baby hat sich selbst etwas ausgesucht: seine Finger, ein Schmusetuch o.ä. So haben sich die Saugmuskeln überentwickelt, sie sind stetig angespannt. Zigaretten sind dann später oft ein trauriger Ersatz. Da gestörte und nicht befriedigte Mutterliebe als Ersatz gern in eine äußere Überbetonung der Versorgungsaufgaben ausartet, lernt solch ein Baby schnell, Geliebt-Werden mit Gefüttert-Werden gleichzusetzen.
Hier sind dann Süßigkeiten für viele gefühlsängstliche Eltern ein willkommener Ersatz. Aber Süßigkeiten sind nicht alles. Das ältere Kind - und der spätere Erwachsene - hat zwar keinen richtigen Hunger, aber immer wieder auf "irgend etwas" ständigen Appetit. So entsteht mehr und mehr die Kind-US-Lust zu essen, um sich hierdurch zu befriedigen, für das, was es früher nicht bekommen hat.
So entsteht aus der Kind-US-Sehnsucht nach liebevoller, umfassender Geborgenheit und Versorgung (die "Nahrung" der liebenden Zuwendung), ein Ersatz aus:

> zuviel Essen
> zuviel Rauchen
> zuviel Süßigkeiten
> zuviel Kleider
> zuviel nach Außen repräsentieren
> zuviel Sport
> zuviel Arbeit usw.

**Oft mag sich Dein heutiges US grundlos traurig fühlen,**

und Dein MS setzt diese Impulse um, in wenig Lust haben etwas zu tun, wenig Lust mit Menschen zusammensein usw. Vielleicht erahnst Du dumpf, daß irgend etwas in Dir verkümmert ist und "Hunger" hat. Natürlich, Dein Kind-US wartet bis heute noch immer darauf: auf nährende, liebevolle, wärmende "Nahrung" aus Liebe, Wohlwollen, Streicheln und Körperlichkeit.
Das schlafende und nicht wissende MS mag nun dieses innere Unlustgefühl nicht hinnehmen. Der Verstand will handeln. Natürlich in der äußeren Illusion. Also kauft sich der Mensch etwas Schönes und leistet sich etwas. Er geht unter die Leute, läßt sich beim Friseur oder der Kosmetikerin aufmöbeln. Ein bißchen Alkohol hier, eine neue Liebe dort. Er kauft sich selbst ein paar lustvolle Geschenke, weil es ja sonst doch niemand für ihn tut.

Aber all diese äußeren, schillernden und verlockenden "Nahrungs-Blasen" können das US nicht über die inneren, öden, verkümmerten Gefühle nach Zuwendung, nach Streicheleinheiten und liebevoller "Seelen-Nahrung" hinwegtäuschen.

**Im HUNA-VITA-Remotheringprozeß**

geht es darum, diese oft tief verborgenen Gefühle des Mißtrauens gegenüber der Welt bzw. das sich nicht "OK-fühlen" oder die innere Öde zu erkennen. Diesen Bewußtwerdungs-Prozeß bezeichne ich als das eigene "Leid-Gesetz" finden.

Dabei ist das Leid-Gesetz ein bestimmtes, meist unbewußtes Verhalten, das viele Lebenssituationen nachteilig prägt und beeinflußt. Solch ein Leid-Gesetz kann z.B. heißen: "Ich bin nicht angenommen." Eine spätere, daraus resultierende (un-bewußte) Verhaltensweise wäre beispielsweise ein stetiges Mehrarbeiten im Beruf um Anerkennung und Zuwendung. Oder wie schon zuvor beschrieben, das Zuviel an Essen, Kleidung, Arbeit usw.

**Fazit:**

*Ist der Mensch von diesem zwanghaften Verhalten und negativen Programmierungen befreit, wird der freie, wache und beobachtende Wille des MS neue Wahlmöglichkeiten erschaffen können, so daß der Mensch ein Leben führen kann, in dem er wirklich bewußt die Qualitäten seines Lebens bestimmen kann.*

**Der 2. Territorial- und Gefühls-Schaltkreis.**

Entwickelt sich das Baby weiter zum Kleinkind, so wird der 2. Schaltkreis, der "Territorial- und Gefühls-Schaltkreis" aktiviert. Das bedeutet, daß die Gehirnstrukturen und Funktionen die Programme vom Krabbeln und Gehen auslösen. Genauso automatisch wie ein Säugetier um den Platz in der Rangordnung seiner Familienhorde kämpft, "kämpft" das Kleinkind-US um eine Position (Territorium) im familiären Machtgefüge. Hier werden die Prägungen der Machtgefühle, Ich-will, Dominanz, Überlegenheit, und Unterwürfigkeit vom US programmiert. Hier lernt das Kind-US sich frei in seinem Territorium = Familie zu bewegen, oder es erhält hier die Prägung von Gefühlen der Einengung und Unfreiheit oder des Abgestoßenwerdens. Eine lustbetonte Prägung des Kind-US wird eine von sich überzeugte, dominante, kooperative Lebenseinstellung zur Umwelt und den Menschen ermöglichen.
Hier in diesem 2. Schaltkreis entstehen die Konflikte der Anziehung und Abstoßung, ausgelöst und geprägt durch das Verhalten von Vater <u>und</u> Mutter (bzw. den Erziehern). Mal fühlt sich das Kind im Territorium der Familie aufgenommen, von Mutter und Vater gestreichelt und beachtet, und mal fühlt es sich abgestoßen, wenn es seine Gefühle offenbaren möchte, hier besonders seine Gefühle von Aggression, Wut usw.
Oder das Kind wird von einem Elternteil überstark angezogen und mit verwöhnender und oft fordernder Liebe überhäuft. Das US dieses Menschen wird dann jede spätere Begegnung mit diesen verwöhnenden "Liebesprogrammen" vergleichen. Diesem - dann auf der MS-Ebene ab-

laufenden - Vergleich wird kaum ein Partner standhalten können.
Auch kann das Kind von den Eltern in materieller Weise verwöhnt werden. Meist beruhigen die Eltern damit ihr Unvermögen, so meint *T. Zacharias*, sich mit ihren Gefühlen und ihrer "so kostbaren Zeit" auf das Kind einzustellen. Dann erlebt man Kinder, die mit nichts zufrieden sind, und man sagt oft vorschnell, das Kind ist verwöhnt. Tatsächlich leidet das Kind nicht an einem zuviel Verwöhntwerden, sondern daran, daß es nicht das bekommen hat, was sein US wirklich braucht. Nämlich Liebe, "Nahrung" und Anerkennung der Person so wie sie ist. Ohne Wenn und Aber. Das was das Kind wirklich braucht, womit es großzügig verwöhnt werden möchte, mit bedingungsloser Zuwendung, erhält es nur sehr wenig. Im erwachsenen Menschen - mit seinem nach wie vor enttäuschten Kind-US - mag dadurch ein Gefühl ständiger Unersättlichkeit entstanden sein, das dann viele Schritte im Leben bestimmt. Der Mensch ist auf der ewigen Suche nach dem verlorenen Glück und sucht es recht oft in esoterischen Richtungen und Glaubenssätzen. Tatsächlich ist dieses Glück der falschen Glücksvorstellungen so verdeckt, daß es alleine schwer erkannt und erlöst werden kann.

**Verbote und Gebote greifen in das Territorium des Kind-US ein.**

Irgendwann - meist sehr früh im 2. Schaltkreis - fangen die Eltern an, in die Entwicklung und freie Gefühlsentfaltung des Kind-US einzugreifen. Es werden Verbote und Bedrohungen aufgestellt. Eingreifen - hier im Sinn von Verbieten und Bedrohen - heißt : Unterdrücken.
Dieses Eingreifen der Eltern bezieht sich auf Dinge und Situationen, die die Eltern selbst als sehr unlustbetont empfinden. Das sind meist Situationen, die auch sie als Kind nicht frei erleben durften und die mit "Dogmen" zugepflastert sind. Das Kind bemüht sich dann sehr schnell, nur noch die Dinge zu tun, für die es von den Eltern gelobt und beachtet wird, denn die Eltern haben diese Dinge auch in ihrer Kindheit als lustbetont - durch die Erziehung ihrer Eltern - erfahren.

Hier sind Beachtung und Nichtbeachtung die subtilste Art der Unterdrückung, schreibt *Zacharias*. Dem Kind vor etwas oder vor jemandem bangemachen ist eine weitere Art der Unterdrückung.

Verbote, Bedrohungen (wenn Du das nicht tust, dann.......), Nichtbeachtung und Bangemachen sind Kriterien einer "vernünftigen" MS-Erziehung. Hierdurch können die eigenen, übernommenen und eingeprägten Erziehungs-Dogmen durch "Recht haben" und den eigenen "Standpunkt aufrechterhalten" weiter bestehen.
Beim Kind wird dadurch Verzagtheit, Unsicherheit und Minderwertigkeit erzeugt. Kommt beim Kind ganz normale Wut über diese Unterdrückung auf, so wird auch diese Wutäußerung schnell durch entsprechende Dogmen der Bedrohung unterdrückt. In dem Sinn: "Ein Kind muß immer das tun, was die Eltern sagen, um ihnen keinen Ärger zu machen. Wut und Schreien kommt erst recht nicht in Frage." Nur die Eltern dürfen sich das Recht auf Wut nehmen. Hier heißt es dann Zorn. Und "berechtigter" Zorn gehört ausschließlich in das Gewaltmonopol der Eltern.

*Zacharias* betont weiter, daß sich schließlich die Furcht vor Strafe, vor dem Zorn der Eltern, vor Nichtbeachtung und Bedrohung, gegen den ganz natürlichen Selbstwert des Kindes richtet. Indirekt, durch viele unbewußte Handlungen, beginnt sich das Kind selbst zu unterdrücken, um die Streicheleinheiten von den Eltern zu erhalten. So unterdrückt es seine freien - von den Eltern abgelehnten - Äußerungen, seine freien, lebendigen "lauten" Körperaktionen, seine freie, "laute" Sprache und damit sein freies, kreatives Denken usw. Aber gleichzeitig mit diesem erzwungenen Anpassungsverhalten entsteht im Kind-US eine Prägung von dieser geblockten Körperenergie, Schreienergie und Denkenergie. Es entsteht eine Wut und Aggression auf die Eltern, bzw. Vater oder Mutter, weil es sich, durch den Zwang der Eltern, dauernd selbst unterdrücken mußte.
Diese stetige Selbstunterdrückung kann dann später im Leben ein angepaßtes, nach Anerkennung suchendes Wesen entstehen lassen.

**Oder..................**

Doch wehe, wenn das Kind losgelassen wird, oder wenn es ein Stück seines Selbstwertes wiederfindet! Dann, so schreibt *Zacharias* weiter, kehrt sich seine Selbstunterdrückung um in einen machtvollen Trotz**.** Aus seinem unterdrückten Eigenwillen wird Widerstand, und daraus wird ein trotziges NEIN zu den Menschen, seiner Umwelt und zu seiner Arbeit.

Jetzt heißt die Devise im Leben dieses Menschen: "Erst einmal NEIN sagen, sich in der Meinung dagegenstellen und kämpfen. Mal sehen, was alles passieren wird." Sich-nicht-beugen-wollen. Nicht-nachgeben-wollen. Nicht-lernen-wollen. Nichts-leisten-wollen. Nicht-wütend-werden-wollen.

Weiter kann dann in der Folge aus diesem Trotz und dem Ich-will-nicht sehr schnell ein Ich-kann-nicht das weitere Leben stark einschränken.
Später kann dann noch aus dieser unterdrückten Wut und Aggression der Haß entstehen, und aus nicht erkanntem und unterdrücktem Haß kann eine bestimmte Form von Angst vor Menschen und neuen Situationen entstehen.
So haben wir als Kinder in diesem 2. Schaltkreis versucht, Mutters und Vaters Liebe und das Angenommensein innerhalb der Familien-Horde zu gewinnen. Oft aber haben Menschen dieses Angenommensein teuer erkauft:

- mit der Unterdrückung der eignen Gefühle und Äußerungen,
- mit der Blockierung der eigenen freien Denk-Kreativität,
- mit angepaßten, zwanghaften Verhaltensweisen.

***Fazit:***
*Alle diese angepaßten Verhaltensweisen beeinflußen nachhaltig das ganze spätere Leben. Es ist aber wichtig zu erkennen, daß wir unsere wahre Untere-Selbst-Seelenessenz, verbunden mit dem göttlichen Hohen Selbst, wieder befreit zurückerhalten können.*

**Der 3. Sprach- und Geräte-Schaltkreis.**

Dieser 3. Schaltkreis wird geprägt, wenn die Gehirnstrukturen und die Kehlkopfschaltungen ausgebildet sind, so daß Sprechen und Experimentieren mit Gegenständen ausgeführt werden können.
Dieser Schaltkreis ist nur den Menschen vorbehalten und läßt uns, durch die gezielte Entwicklung des Mittleren Selbst, zu vernunftbegabten Wesen

werden. Oder zu geistesgestörten Lebewesen. Hier prägt jeder Mensch seine eigene bewußte Wirklichkeit. Das US speichert diese Außen-Wirklichkeit und läßt den Menschen die Welt durch die Brille dieser gespeicherten "Bandwirklichkeit" sehen.
Wenn die Umwelt des Kindes - Vater und Mutter - auf das US und MS des Kindes anregend und positiv wirkt, erfährt das Kind durch diese Programmierung eine helle, freundliche, geistig-aktive, kreative Welt. Es wird gewandt und der Umwelt gegenüber aufgeschlossen .
Zwischen dem 3. und 4. Lebensjahr ( 3. Schaltkreis) entwickelt das Kind durch sein jetzt mehr ausgebildetes MS die Fähigkeit zur bewußten Liebe. Hier sind die Eltern aufgefordert, diese kindliche Liebesbereitschaft umfassend zu unterstützen. Das Kind fängt an, ganz bewußt zärtliche Gefühle zu haben und streckt sein liebendes Herz ganz unbefangen anderen Menschen entgegen.
Das Kind spürt jetzt, daß es auch die Fähigkeit besitzt, anderen Gefühle zu geben und möchte nun seiner Umwelt auch etwas von seinem liebenden Herzen abgeben. Es möchte Eltern, Freunde usw. streicheln und Küsschen geben. Es spürt all diese wundervollen Kräfte und Gefühle in seinem Körper, in allen Muskeln und Organen und auch im Geschlechtsteil.
Oft fühlen sich die erziehenden Personen durch diese kindliche Zärtlichkeit und Sexualität verwirrt und irritiert. Sie erinnern sich - meist unbewußt - an die eigene Gefühlsenge, die sie mit ihren Eltern erlebt haben. So reagieren viele Eltern mit Zurückhaltung und Ablehnung. Oder sie vermitteln ihrem Kind, jetzt für Zärtlichkeiten keine Zeit zu haben. So hindert die Unterdrückung der eigenen Zärtlichkeit die Eltern daran, auf die Zärtlichkeiten ihres Kindes mit freier Zuneigung zu reagieren.
Die Eltern mischen sich oft ungefragt in die Spiele, Kämpfe und sexuellen Erforschungen der Kinder ein. Sie unterdrücken sie, regelementieren und strafen sexuelle Spiele oft mit Verachtung, meint *Zacharias*. Dabei hat gerade sexuelle Lust viel mit dem Geben zu tun. Aus der Ablehnung und Zurückweisung lernt das Kind, daß es nichts Gutes zu geben hat. Und was ist wohl beschämender für ein Kind, als mit einem Geschenk des Herzens und des Körpers abgewiesen, ausgelacht oder beschimpft zu werden?
Aus diesem Abgelehntwerden der kindlichen Körperlichkeit und deren Gefühlen entsteht die angstvolle Scham, im Sinn von Schande. In seiner weiteren Entwicklung wird das Kind, und später der Erwachsene, bei

anderen Menschen das ablehnen, wessen das Kind sich selbst geschämt hat. Der Mensch fürchtet sich vor der Schande, von anderen nicht anerkannt und abgelehnt zu werden - wie damals von den eigenen Eltern.

☹ *Das, dessen wir uns schämen, ist das Ungeliebte und Abgelehnte in uns. Das kann ein Körperteil sein (z.B. zu dick) oder eine Eigenschaft. Wo wir nicht geliebt wurden, lieben wir uns selbst auch nicht.*

Hier wird unbewußt dieser eine abgelehnte Teil (Programm) für das Ganze genommen. Die Verachtung eines Aspektes von uns führt zur Ablehnung unseres ganzen Seins!!! Diesem Mangel an Selbstliebe entsprechen die "blinden und weißen Flecken" auf unserer Landkarte der Selbsterkenntnis.
So müßte der so wesentliche Leitsatz des Orakels von Delphi *"Erkenne Dich selbst"* erweitert und ergänzt werden durch: "*und liebe Dich selbst, so erkennst Du Gott in Dir*".

***Fazit:***

*Geistiges Wachstum besteht immer in einem ganz engen Zusammenhang von Erkenntnis und Liebe.*

**Der 4. sozio-sexuelle-Moral-Schaltkreis.**

Dieser 4. Schaltkreis wird erst während der Pubertät aktiviert, wenn die Drüsenfunktionen der Sexualhormone ausgelöst werden.
Das charakteristische Geschlechtsverhalten wird hier durch die ersten Orgasmen und Paarungsversuche und die Reaktionen der Umwelt darauf - vor allem Vater und Mutter - machtvoll geprägt. Die Programmierung des 4. Schaltkreises läßt die "erwachende Persönlichkeit" des Jugendlichen entstehen. Die sexuelle-soziale-moralische Rolle wird erkannt und für das zukünftige Leben entwickelt. Dem US werden die Rollen von Elternschaft, Kindererziehung, sozialem Verhalten, Moralvorstellungen, erlaubtem und unerlaubtem Sex einprogrammiert. Hier wird das Verhalten der Eltern

besonders stark übernommen.
In diesem 4. Schaltkreis verliert die Sexualität ihren rein biologischen Charakter und wird durch die Logik des MS (3. Schaltkreis) zu einem gesellschaftlichen Verhalten von Gut und Böse. Durch diese Prägungen von Eltern, Schule, Kirche und Staat entstehen oft Komplexe und Schuldgefühle, verbunden mit den Moralvorstellungen von Reinheit und Sünde. Diese Prägungen werden wiederum auf die Partnerschaft, Familie und Arbeit übertragen.

**Fassen wir zusammen:**

Das Kind durchläuft bis zu seinem 13. - 14. Lebensjahr vier wesentliche Entwicklungsstadien, die 4 Schaltkreise. Diese 4 Schaltkreise stellen normalerweise sämtliche vom Gehirn aktivierten Netzwerke dar. *T. Leary* bezeichnet sie deshalb auch als "die 4 irdischen Schaltkreise". Sie haben sich durch die Bedingungen der irdischen Existenz, durch Klima, Energie und Erziehung von Eltern und der Gesellschaft entwickelt, so daß ein Überleben auf diesem Planeten gewährleistet ist. Allerdings ein sehr eingeschränktes, unbewußtes und wenig waches Leben, das nur sehr langsam die geistig-seelische Entwicklung des Menschen fördert.
Eine wirkliche, tiefgreifende Korrektur der Lebensprogramme der 4 Schaltkreise durch ein ganzheitliches Erkennen der Leid-Gesetze, der Lebens-Lernlektionen ist nur über die Aktivierung der nächsthöheren 4 "kosmischen" Schaltkreise des Gehirns möglich. Diese 4 kosmischen Schaltkreise stellen das im Menschen noch schlummernde 95%-Bewußtseins-Potential - das "Rohstoff-Potential" aus dem unsere Zukunft entsteht - dar und die noch brachliegende Gehirnnervenverknüpfung. In einem höheren Abstand zu diesen irdischen 4 Schaltkreisen - die auch mehr dem linken Gehirn zugeordnet sind - beginnt der Mensch zu entdecken, daß er von seinem US und seinen Bänder-Programmierungen automatisch gesteuert wird. Der erwachende Mensch erkennt und "beobachtet", wie er früher seine vitale Lebensenergie (MANA) durch Ärger, Widerstände, Probleme und Krankheit schwächte und sich so von dem göttlichen Bewußtseinsfeld seines Hohen Selbst nur noch weiter entfernte.
Allerdings nützt es nur wenig, sich diesen "höheren Abstand" von den irdischen Schaltkreisen rein intellektuell, also vom MS aus, bewußtzumachen.

Das ist nur ein Trostpreis und spielt sich wiederum nur im linken, analytischen, linearen Gehirn ab. Der Hauptgewinn, der das Leben wandelt, wird erst dann erzielt, wenn auch das rechte Gehirn durch tiefes Erleben, Erkennen, Training und praktisches Erfahren mit integriert wird.

**Der 5. kleine Erleuchtungs-Schaltkreis.**

Dieser Hauptgewinn, das tiefe Erlebnis der eigenen Göttlichkeit, die erlebte Erkenntnis im Beobachter und damit verbunden die Beobachtung des eigenen Spiels innerhalb der 4 irdischen Schaltkreise bezeichne ich als den Sprung in den 5. kleinen Erleuchtungs-Schaltkreis. Das Remothering-Erlebnis und die damit verbundene Befreiung des Bewußtseins von den einengenden - irdischen - Eltern-Schul-Programmierungen ist ein wesentlicher Schritt auf diesen 5. Schaltkreis zu.

Charakteristisch für diesen 5. Schaltkreis ist das Gefühl des "Wiedergeboren werdens", ein Erlebnis, von dem auch Christus schon sprach. Dieses Wiedergeboren werden ist mit einem umfassenden, neuartigen Kontakt mit dem eigenen göttlichen Hohen Selbst und dem "Einschalten" des Beobachters verbunden. Es ist ein Gefühl umfassender innerer und äußerer Wahrnehmung im Abstand zu den 4 irdischen Schaltkreisen, die nun klar beobachtet werden können, wie man sich in ihnen bewegt und lebt. Zugleich erlebt der Mensch immer wieder das bewußtseinserweiternde LICHT seines Hohen Selbst. Das aber bedeutet nichts anderes, als daß die alten Programme ihre frühere hohe Wertigkeit verlieren - sie werden jedoch nicht gelöscht - und nun als wichtige Lernprogramme die zukünftige Qualität des Lebens bestimmen.

Psychisch geschieht eine Wertsteigerung, eine Bewußtseinserweiterung für das eigene Leben, für die Umwelt und die Menschen. Es steigert sich die Harmonie und das Gleichgewicht zwischen dem Mittleren, dem Unteren und dem Hohen Selbst.

Man beginnt sich selbst - all seine Masse- und Raumbänder - umfassender anzunehmen und weiter zu erlösen.

**Durch diesen "Sprung" in den 5. Schaltkreis**

und das wache, eigenverantwortliche Beobachten und Leben in diesem Schaltkreis und durch die gesteigerte Lern- und Lebensaktivität beginnt ein ganz erstaunliches Phänomen. Die vorher noch nicht genutzten und brachliegenden Nervenschaltungen (ca. 95% des Gehirns) werden mehr und mehr erweckt, aktiviert und verknüpft. Dadurch erlebt der Mensch zunehmend kosmische Bewußtseinsprogramme. Das äußert sich z.B. in dem Gefühl der tiefen Verbundenheit mit allem Leben und unseren kosmischen Geschwistern.
Übrigens war dieses Öffnen und Prägen des 5. Schaltkreises die Hauptbeschäftigung der alten spirituellen Schulen und Mysterienstätten. Es sind das die geheimen Lehren von eingeweihten Meistern, die sie an ihre Schüler weitergaben. Das ist letztlich auch das "eso-terische" Christentum der Essener, und das ist auch das Ziel der HUNA-VITA-Bwußtseinsschulung innerhalb der Kurse und hier besonders der HUNA-VITA-Remotheringprozeß.
Dieser HUNA-VITA-Remotheringprozeß, der 4. Weg des Herzens und des Friedens, ist ein Befreiungsweg Deines Bewußtseins. Es besteht also für Dich und für all die vielen Menschen, die "auf dem Weg sind", die großartige Chance, das Leben in der Gegenwart und das zukünftige Schicksal in Frieden und Liebe eigenverantwortlich zu gestalten und zu leben. Alles was Du dazu benötigst, ist in Dir angelegt. Dein Unteres Selbst ist jederzeit bereit, wenn Du Dich liebevoll und wissend mit ihm verbindest, diesen Befreiungsweg zu gehen. Genauso wartet schon immer Dein vertrauenswürdiges, liebevolles Hohes Selbst darauf, viel umfassender in Dir und durch Dich zu wirken. Du hast ein unerschöpfliches Reservoir an vitaler Lebensenergie (MANA) und universeller kosmischer Energie (MANA-LOA) zur Verfügung. Du wirst jetzt immer mehr lernen, diese Energien für Dich, Dein Wohl und das Deiner Mitmenschen und der Welt zu nutzen.
Leider wußten unsere Eltern bzw. Erzieher nichts von all diesen wunderbaren Einsichten und Möglichkeiten. Auch sie haben für sich selbst nichts von ihren Eltern erfahren. Wie und was sollten sie dann an uns und an Dich weitergeben? "So sind die Sünden der Väter zu ihren Kindern gekommen!", wie schon so richtig in der Bibel ausgedrückt wird. Seit unse-

rem Zeugungsvorgang wurde unser Hohes Selbst und unser Unteres Selbst mit den unwissenden, negativen Programmen unserer Erzieher überdeckt. Wir müssen jetzt erkennen, daß diese durchaus oft schmerzhafte Überlagerung nicht völlig sinnlos war. Im Kosmos und innerhalb unserer Entwicklung ist nichts sinnlos und zufällig. (Denke hier wieder an das 6. kosmische Gesetz von Ursache und Wirkung.)
"Gott würfelt nicht!" sagte Einstein schon so treffend. Im Gegenteil, dadurch, daß wir uns an Vater und Mutter "rieben" und Leid erfuhren, werden wir jetzt erkennen, was der tatsächliche Grund all dieser Probleme und der jetzigen Inkarnation ist.
Tatsächlich wirst Du innerhalb des Remotheringprozesses (und der anderen Kursteile) Deine wirklichen Lebens-Lernlektionen und Aufgaben erkennen. Du wirst Dein Kind-US entdecken, wie es vor dem HUNA-VITA-Kurs noch oft angstvoll in den negativen Vater-Mutter-Programmierungen verfangen ist. Im Remotheringprozeß nimmst Du endlich mit diesem so oft gedehmütigten Kind-US in Dir Kontakt auf. Ganz liebevoll kannst Du es von seinen niedrigen Energien mit dem, im Kurs gelehrten, erweiterten HUNA-VITA-Wissen, der Praxis und der Weisheit Deines Hohen Selbst erlösen.

In dieser Phase der Erkenntnis und des Einströmens hoher Energien wird Dein Kind-US bereit sein, die alten einengenden Programme loszulassen. Endlich kann Dein Kindheitszyklus beendet und abgeschlossen werden.
Bedenke, nur wenn Du Lebenszyklen und Kreise abschließt, hast Du die Möglichkeit, neue Zyklen in Deinem Leben zu beginnen. Darum, ist Dein Kind-US erlöst, wird es wachsen können, um mit Dir und dem Hohen Selbst nun gemeinsam neue, erweiterte Lebensformen zu erfahren. Einer der nächsten Schritte könnte "CLEARING" heißen.

# 10. KAPITEL

## Der 5. Weg

des Friedens und des Herzens
mit der Welt der Verstorbenen
und der Vergangenheit.

**Auf diesem Weg lernst Du, mit welchen transformierenden Energien Du Dich, Deine Mitmenschen und Orte von den "zehrenden Begleitern", das sind Fremdenergien, fremde Seelen und Fremdgedanken und den "Dornen und Knoten auf dem Pfad", das sind Energie- und Gedankenblockaden, reinigen und befreien kannst. Innerhalb von HUNA-VITA nennen wir das "CLEARING". Die alte HUNA-Lehre bezeichnete diesen Klärungs- und Reinigungsvorgang als "KALA". KALA bzw. CLEARING beinhaltet also die geistig-energetische Reinigung von Mensch und Umwelt.**
**Du erlebst bei diesen CLEARING-Prozessen und Ritualen (in den Kursen), wie den heutigen, geistig aufgeschlossenen Menschen sich durch die beschleunigte Bewußtseins-Intelligenz ungeahnte Möglichkeiten der Befreiung und Reinigung durch hohe geistige LICHT- Kräfte erschließen.**

Diese umfassende KALA oder CLEARING-Arbeit setzt eine intensive Zusammenarbeit mit dem Unteren Selbst voraus und zugleich dadurch ein liebevolles Vertrauensverhältnis zum US. Hieraus entwickelt sich ein sicherer Weg = "Pfad" zum Hohen Selbst. So wirken bei dieser CLEARING-Arbeit alle drei Selbste, die Lebensenergien und die Schattenkörper-

Substanz (KINO-AKA) ganzheitlich zusammen, so daß die oft tief eingeprägten Zweifel- Schuld- und Angstprogramme (Fixationen und Komplexe) des US, sowie die verschiedenen Besetzungen von Fremdenergien, Fremdgedanken und fremden Seelenwesen erlöst werden. Im Gegensatz zur Medizin oder der Psychologie werden bei dieser CLEA-RING-Arbeit die Krankheiten oder Probleme nicht als Symptome betrachtet, also getrennt vom ganzheitlichen Menschen, sondern man sieht hier den ganzen Menschen, so wie er von der Stunde seiner Geburt an geschaffen wurde, mit seinem ganzen Lebensprogramm, eingebettet und verbunden mit seiner Umwelt.

Was die Kahunas in ihrer natürlichen Weitsicht schon vor mehr als 5000 Jahren erkannten, sehen heute auch sehr fortschrittliche Psychologen. *Maslow*, *Rogers* und einige andere sagen, daß der Mensch nicht psychisch krank ist - das ist der alte Denkansatz der herkömmlichen Medizin und Psychologie - sondern in seiner Entwicklungs- und Bewußtseinsebene noch nicht weit genug entwickelt und geöffnet ist für die Kräfte, Energien und Fähigkeiten, die in ihm noch ungenutzt schlummern.
Ähnlich drückten das die Kahunas aus, indem sie meinten, daß der Mensch in der Ganzheitlichkeit seiner drei Selbste harmonisch und wertvoll ist. Nur durch die Blockierungen auf dem Pfad zum Hohen Selbst wird sein Leben gestört. Bildhaft wurden diese Blockierungen und Besetzungen als "Dornen und Knoten" dargestellt bzw. als die "zehrenden Begleiter". Das Zehren bezieht sich hier auf den durch die Blockierungen und Besetzungen entstehenden MANA-Energieverlust.

**Die verschiedenen Gründe, warum Dornen, Knoten und die zehrenden Begleiter den Menschen in seinem Leben begleiten.**

Final, also vom Ende bzw. vom endgültigen Lebenssinn her betrachtet, bittet der Mensch selbst - wenn auch völlig unbewußt - um diese so vielfältige Begleitung.
"Bitten" bedeutet hier, der Mensch hat durch seine unbewußte Lebensweise und Denkart eine ganz bestimmte geistig-seelische Schwingungsfrequenz und Resonanz, so daß er genau diese Dornen,

Knoten und zehrenden Begleiter mit ähnlichen Schwingungen anzieht, also auf Resonanz kommt. (Hier wirkt wieder das Gesetz der kosmischen Homöopathie, bzw. das 2. kosmische Gesetz der Entsprechung.) Dieses auf Resonanz kommen und Anziehen ist das unbewußte "Bitten", und somit ist das nicht zufällig oder sinnlos, wie man es gern in Therapien hinstellt. Ganz wesentlich ist das US an diesem Bitten beteiligt. D.h. dahinter liegt seine Absicht, dem Menschen eine wichtige Lebens-Lernbotschaft, die allerdings bis jetzt noch nicht vom Mittleren Selbst erkannt worden ist, mitzuteilen.

**Wozu also bittet der Mensch (das US) um diese Belastungen?**

Der Mensch bittet darum, damit er seine eigenen, "ähnlichen", tief versteckten Band-Programme erkennt und daraus seine Lern-Lektionen ableiten kann. Mit anderen Worten: Die von außen zu ihm kommenden zehrenden Begleiter spiegeln ihm seine eigenen, ähnlichen, inneren, tief verborgenen, nicht angesehenen Belastungs-Programme wider.

**Drei wesentliche Gründe, zehrende Begleiter anzuziehen, sind:**

**1.** Der erste und wichtigste Grund der Belastungen mit zehrenden Begleitern, mit Dornen und Knoten, ist die letztendliche (finale) Lernbotschaft an den Menschen, aus diesen Belastungen zu lernen.

**2.** Die weiteren Gründe, die ich jetzt noch aufzähle, beziehen sich alle immer wieder auf die zuvor erklärte finale Lernbotschaft.
So zieht der Mensch diese zehrenden Begleiter ebenfalls aus seiner Unwissenheit und Unbewußtheit heraus an. Da er seine "geistige Anatomie" (3. Weg) nicht kennt, hat er keine Chance, durch Lernen und Erkennen einen "Schutz" vor diesen Belastungen aufzubauen.

**3.** Weiter gingen die Kahunas davon aus, daß der Mensch in seinem Leben nicht gelöste Knoten und unerlöste zehrende Begleiter mit in das Jenseits nimmt. Bei einer nächsten Inkarnation wird er diese belastende Begleitung wieder mitbringen, um erneut daran zu lernen und sie dadurch zu erlösen.

**Ein zentraler Gedanke der alten HUNA-Psychologie innerhalb von KALA ist der Begriff der "verlorenen MANA-Energie".**

Innerhalb der HUNA-Lehre gilt die Schlange als Symbol der Sünde, des Todes und des Schlechten. Dieses Schlangensymbol wird als MOO bezeichnet. Zugleich bedeutet MOO jedoch auch "austrocknen" und "wegnehmen von Wasser". Das deutet darauf hin, daß innerhalb des belasteten Menschen etwas wegfließt oder nicht fließen kann. Damit ist hier der unterbrochene MANA- Energiefluß gemeint.
So war die Schlange ein Geist der gleichen Klasse wie die zehrenden Begleiter, die Dornen und Knoten. Beide stehlen dem US MANA und trocknen es aus. Dieser Energiemangel innerhalb des Menschen ist im weitesten Sinn der alte Sündenbegriff der Kahunas. Der lautet: "Schädige niemanden!" Und das bezieht sich natürlich auch auf einen selbst. Diese "Sünden" = Knoten, Dornen und zehrenden Begleiter erzeugen Energiemangel.
Ebenfalls erzeugen gedachte Gedanken einen Energiemangel, wenn diese Gedanken niedrigschwingend sind, und sie geben MANA, wenn die "Gedankentrauben" hochschwingend sind. Negative Gedanken bzw. niedrigschwingende Masseenergie-Bänder binden, wann immer sie in den bewertenden Konflikt mit dem Mittleren Selbst kommen, MANA an sich. Man spürt das schnell daran, daß die Lebensfreude, der Handlungsantrieb und die Stimmung immer mehr abnimmt. Wird jedoch solch ein negatives Band von Masseenergie befreit, erlebt man ganz spontan einen oft beträchtlichen MANA-Energiezuwachs. Der äußert sich in Wärme, innerem Weit werden, Freude, kraftvollem Handeln usw.
Genauso wie Bänder bzw. Knoten und Dornen den Energiefluß hemmen und vermindern, bewirken das auch die zehrenden Begleiter, also die Fremdseelen, die Fremdgedanken (Elementale) und Fremdenergien.

**Zusammenfassend kann man sagen:**

Immer dann, wenn zwischen dem Mittleren Selbst und dem Unteren Selbst Konflikte bestehen in der Form, daß das Mittlere Selbst das Untere Selbst mit all seinen belasteten Bändern (Knoten und Dornen) und den zehrenden Begleitern nicht frei leben läßt, tritt MANA-Verlust auf. Das

Leben verläuft schwach und gestört, beladen mit Problemen, Ängsten und Krankheiten. Kann das Untere Selbst jedoch in der liebevollen Bejahung und Beachtung des Mittleren Selbst seine negativen Programme hochholen und vorzeigen, so wird es bereit sein - vorausgesetzt das MS erkennt die Lernbotschaft - sich von den Masseenergien der Knoten und Dornen zu lösen. Und das US wird mit daran arbeiten, die Femdenergien und Fremdseelenwesen aus dem Körper zu befreien.
Der Pfad zum Hohen Selbst wird auf diese Weise von allen Blockierungen befreit. Die beiden niederen Selbste (US + MS) kehren durch Erkenntnis und die Reinigung des Pfades zum Hohen Selbst, dem "Vater" zurück.
Hier haben wir wieder die biblische Geschichte vom heimgekehrten Sohn als Gleichnis. Ja, ich meine, daß gerade dieses Bibel-Psycho-Bild ein ganz wesentliches Symbol für KALA oder den CLEARING-Prozeß darstellt. Denn Rückkehr und Rückbesinnung (re-ligio) hat immer etwas mit Erkenntnis und mit Reue zu tun. Hier ist nicht die selbstanklagende, zerknirschende Reue gemeint, sondern Reue im Sinn von Vergebung und tiefer Erkenntnis der Lebenslektionen und der eigenen Göttlichkeit.
So hat die KALA-Reinigung (CLEARING) auch Zusammenhänge mit der Beichte innerhalb der katholischen Kirche und dem jüdischen Versöhnungstag, wo durch Erkenntnis, Reue und Gebete die Belastungen der Vergangenheit erlöst werden sollen.

***Fazit:***

*Die KALA-Reinigung, bzw. das HUNA-VITA-CLEARING, erlöst das Untere Selbst von seinen Knoten, Dornen und den zehrenden Begleitern. Dadurch wird der Pfad frei zu einer tiefen, innigen Verbindung mit dem Hohen Selbst.*

**Wie gestaltet sich die HUNA-VITA-CLEARING-Praxis?**

Diese HUNA-VITA-CLEARING-Praxis ist in drei Bereiche eingeteilt, die aufeinander aufbauen. Vor diesem CLEARING sollte ein umfassender HUNA-VITA-REMOTHERING-Prozeß gemacht worden sein, damit das

Kind-US und die belasteten Eltern-Programme erlöst sind und nicht mehr störend in den CLEARING-Prozeß hineinwirken.

**1. CLEARING-Bereich**

Reinigung und Befreiung der negativen Energien, Knoten, Dornen und zehrenden Begleiter im Menschen.

**2. CLEARING-Bereich**

Reinigung und Befreiung von alten belastenden Verbindungen und AKA-Fäden der Vergangenheit des Menschen. (Ho'oponopono)

**3. CLEARING-Bereich**

Reinigung und Befreiung von Orten, Häusern, Wohnungen und Gegenständen von belastenden Fremdwesen, Fremdenergien und Fremdgedanken (Elementare).

Damit Du diesen CLEARING-Prozeß für Dich schon einmal einleiten kannst, möchte ich Dir im folgenden HUNA-VITA-RITUS NR. 7 erste wichtige Anleitungen geben, die Dir helfen werden, Masseenergien von Deinem Unteren Selbst abzulösen und die zugleich eine gute Unterstützung für die umfassenden großen CLEARING-Prozesse im HUNA-VITA-CLEARING-Intensivkurs sind.

# HUNA-VITA-RITUS NR. 7

## Vorbereitende Übungen für das HUNA-VITA-Clearing.

Diese Übungen, besonders die Körperstellungen, sind daraufhin ausgerichtet, daß ein ungehinderter MANA-Energiefluß ermöglicht wird. Dadurch können geblockte Energien wieder vermehrt fließen. Das Untere, Mittlere und Hohe Selbst haben die Möglichkeit, spontane Selbstkorrekturen am Körper und den Masseenergie-Bändern vorzunehmen. Durch dieses gefühlsmäßig intuitive Erleben mit dem Unteren Selbst werden Verkrampfungen und Verspannungen abgebaut, die aus den negativen Masseenergie-Programmen entstanden sind. Diese Erlösung und Reinigung gewinnst Du besonders aus dem Verzicht auf eine negative Bewertung und durch liebevolle Bejahung des US, mit all seinen aufsteigenden Band-Programmen.

## 1. Übung: Harmonisierung der drei Selbste.

Der Sinn dieser 4 Übungen liegt darin, den Körper und die Energien ins Gleichgewicht zu bringen und damit zugleich eine harmonische Verbindung zwischen den drei Selbsten herzustellen.

**A: Rückgewinnung des körperlichen Gleichgewichtes von der Hüfte bis zu den Füßen durch Ausrichtung der Beine. Diese Übung ist für das Untere Selbst.**

**1.** Lege Dich auf Deinen Bauch, Arme liegen mit dem Handrücken auf dem Boden und parallel zum Körper. Die Beine sind ausgestreckt, und die Fersen liegen zusammen. Stelle fest, oder laß durch jemanden überprüfen, ob beide Beine gleichlang sind, oder ob ein Bein länger ist.
Wir nehmen jetzt an, daß das linke Bein kürzer ist als das rechte Bein. Das

resultiert fast immer aus einem Schiefstand des Beckens, wobei Muskeln verspannt sind. Sind beide Beine gleichlang, beginne mit der linken Seite.

**2.** Drehe Dein Gesicht nun nach außen, zur kurzen (hier linken) Beinseite hin. Deine rechte Wange liegt auf dem Boden auf.

**3.** Lege die (hier die linke) Handfläche auf die linke Gesäßbacke.

**4.** Bewege nun Deinen rechten Arm rückwärts über Deinen Hinterkopf und lege die Finger der rechten Hand hinter das linke Ohr, wobei die Spitze des rechten Zeigefingers die äußere Kante der Ohrmuschel berührt.

**5.** Hebe nun das linke Bein mit durchgedrücktem Knie so hoch wie möglich. Führe dies dreimal aus.

**6.** Wiederhole nun alle Schritte von **1. - 5.**, wobei Du alle linksseitigen Bewegungen mit rechtsseitigen Bewegungen austauschst.

**7.** Wiederhole die Schritte **1. - 5.** wieder für die linke Seite und dann noch einmal für die rechte Seite.

**B: Rückgewinnung des körperlichen, energetischen Gleichgewichtes von der Hüfte bis zur Schulter. Diese Übung ist bedeutsam für das Mittlere Selbst.**

**1.** Beginne mit der Seite, die das kürzere Bein hat. Sind beide Beine gleichlang, beginne mit der linken Seite.

**2.** Lege Dich auf den Rücken mit ausgestreckten Beinen und geschlossenen Fersen.

**3.** Lege Deine linke Hand auf Deine linke Leistengegend. Etwa da, wo der Oberschenkel den seitlichen Unterbauch tangiert.

**4.** Hebe nun das linke Bein an, winkle es im Kniegelenk, so daß die Ferse die Oberschenkelrückseite berührt.

**5.** Umfasse jetzt mit Deiner rechten Hand das linke Knie und ziehe es so weit wie möglich zu Deinem Kinn hin. Dabei atme tief ein und halte den Atem an. Behalte diese Stellung so lange wie möglich mit angehaltenem Atem bei.

**6.** Atme aus, strecke das linke Bein. Dann winkle das Bein wieder an, atme tief ein und ziehe es mit der rechten Hand am Knie zum Kinn hin. Behalte diese Stellung so lange wie möglich mit angehaltenem Atem bei.

**7.** Wiederhole diesen Vorgang nun ein drittes Mal.

**8.** Wiederhole die Schritte **1. - 7.** auf der rechten Körperseite.

**C: Rückgewinnung von Energie und Gleichgewicht für den ganzen Körper, vom Kopf über die Wirbelsäule bis zu den Füßen. Die Übung ist bedeutsam für das Hohe Selbst.**

**1.** Lege Dich auf den Boden, die Beine sind ausgestreckt und die Fersen geschlossen.

**2.** Kreuze die Hände hinter Deinem Hals, indem Du zuerst alle Finger der rechten Hand auf die linke Halsseite legst. Dann lege Deine linke Hand über die rechte Hand, so daß die Finger die rechte Halsseite berühren.

**3.** Hebe nun beide Beine mit durchgedrückten Knien an, so daß die Fersen etwas vom Boden entfernt sind. (Ca. 2-3 cm)

**4.** Schwinge nun beide Beine (die Beine bleiben zusammen) nach rechts und gleich anschließend nach links (so weit wie möglich). Das ist ein Schwingungs-Zyklus. Wiederhole diesen Zyklus sechsmal.

**D: Lösung von Energieblockaden in der Wirbelsäule. Diese Übung ist bedeutsam für alle drei Selbste.**

**1.** Bestimme einen Punkt auf Deiner Wirbelsäule, der Dir immer wieder Schmerzen oder Unwohlsein verursacht. Gibt es keinen solchen Punkt, nimm den Punkt auf der Wirbelsäule zwischen Deinen Schulterblättern und danach den Punkt auf der Wirbelsäule gegenüber dem Bauchnabel.

**2.** Lege Dich mit dem Rücken auf den Boden, die Arme liegen am Körper, die Handflächen weisen zum Boden.

**3.** Konzentriere Dich nun auf den besagten Punkt (Schmerz-Punkt) auf der Wirbelsäule. Stelle Dir vor, Du bist dort durch einen imaginären Stift am Boden befestigt.

**4.** Hebe beide zusammenliegenden Beine etwas an, mit durchgedrückten Knien, und schwing die Beine nach rechts, so weit wie möglich und danach sogleich nach links. Das ist ein Schwingungs-Zyklus.
Während des Schwingens der Beine konzentriere Dich ganz intensiv auf diesen Schmerzpunkt und stelle Dir vor, daß Dein Körper - wie auf einer Achse - um diesen imaginären Stift schwingt. Führe sechs Schwingungs-Zyklen aus.

## 2. Übung: "Mentalmassage" und zugleich Tiefenentspannung.

Führe diese Übung immer wieder unabhängig von den anderen Übungen aus. Diese Mentalmassage dient der liebevollen, intuitiven Zuwendung zu Deinem Unteren Selbst und seinen Bändern auf mentalem, also geistigem Weg. Du massierst Dein US und Dich geistig selbst. Zugleich erreichst Du mit dieser Technik einen sehr angenehmen, tiefen Entspannungszustand.
Hast Du diese Mentalmassage öfters geübt, wirst Du feststellen, wie schnell und "automatisch" Dein US alle Teile Deines Körpers löst und

ruhig werden läßt. Darum ist diese Technik eine der wirkungsvollsten Methoden, gezielt in tiefe Ruhe zu kommen. Wir werden sie für verschiedene andere HUNA-VITA-Techniken anwenden.

**1.** Lege Dich auf eine nicht zu weiche und nachgiebige Unterlage. Später, wenn Dein US diese Übung gelernt hat, kannst Du sie auch im Sitzen ausführen. Deine Füße stehen auf dem Boden, und die Knie sind angewinkelt. Lege ein Kissen unter Deinen Kopf. Nicht den Hals mit dem Kissen abstützen. Rückgrat und Halswirbelsäule sollen in einer Ebene verlaufen. Falls nötig, kannst Du zwischendurch die Beine mal ausstrecken, um sie dann wieder in die zuvor beschriebene Position zu bringen.

**2.** Laß Deinen Atem ruhig und gleichmäßig fließen und wende jetzt Deine Aufmerksamkeit Deinen Handflächen zu. Unter Zuwendung von Aufmerksamkeit verstehe ich nicht Willensanstrengung mit dem MS und absichtliche Konzentration. Hier solltest Du nur einen inneren, sanften, offenen "Blick" ohne Absicht auf die Handflächen richten.
Nun warte - wieder ganz absichtslos - darauf, wie Dein US in den Handflächen reagiert. Lächle begrüßend Deiner US-Reaktion zu. Vielleicht reagiert es vergleichbar einer schnurrenden Katze mit Wärme, etwas Kribbeln usw. Zuerst mag das Gefühl stärker werden, dann wieder etwas abnehmen.

**3.** Jetzt, wenn das "Schnurren des US" etwas nachläßt, wandere mit Deiner Aufmerksamkeit langsam die Unterarme hoch. Verweile wieder absichtslos, ganz sanft innerlich lächelnd, in Deinen Unterarmen. Erlebe wieder das "Schnurren" Deines US, mit Wärme, Kribbeln usw., bis es wieder etwas abnimmt.

**4.** Gehe weiter zu Deinen beiden Ellenbogen.
**5.** Oberarme
**6.** Schultergelenke
**7.** Hals
**8.** Unterkiefer

**9.** Lippen
**10.** Zunge
**11.** Oberkiefer
**12.** Nase
**13.** Augen
**14.** Ohren
**15.** Stirn
**16.** Schädel

**17.** Gehe weiter zur Brust. Fühle gleichzeitig beide Brustwarzen, dann den Raum der ganzen Brust. Lächle hinein und fühle den Raum beider Lungen.
**18.** Fühle in Dein Herz und lächle hinein.
**19.** Das Gleiche mach' beim Magen.
**20.** Leber
**21.** Bauch mit seinen Därmen
**22.** Blase
**23.** Geschlechtsteil
**24.** Spüre nun Deine beiden Oberschenkelgelenke.
**25.** Beide Oberschenkel
**26.** Knie
**27.** Schienbeine
**28.** Fußknöchel
**29.** Beide Füße
**30.** Die beiden Fußsohlen und Zehen.
**31.** Waden
**32.** Kniekehlen
**33.** Schenkelhinterseiten
**34.** Die Gesäßbacken
**35.** Steißbein
**36.** Becken
**37.** Die ganze Wirbelsäule
**38.** Die Nieren
**39.** Rücken

**40.** Schulterblätter
**41.** Nacken
**42.** Zum Schluß fühle Deinen ganzen Körper, lächle hinein und fühle Dich wohl. Wie eine schnurrende Katze kann Dein US jetzt im ganzen Körper vibrieren. Die Schwingung des US und des Körpers wird nicht bei der Haut halt machen, sondern wird in Dein MS-Bewußtsein als Ich-Liebe hineinfließen und Dich in eine wundervolle Ruhe führen.
Sage, wenn Du Deinen ganzen Körper fühlst:

**"Ich liebe mich."**

Wiederhole es immer wieder.
Es ist unwichtig, wie vollständig Dir diese Mentalmassage gelingt. Wichtig ist für Dich das Gespür, hier mit Deinem US in einen ganz wichtigen Prozeß der Selbstbefreiung, des Energieflusses und der tiefen Ruhe eingetreten zu sein. Erlebe Dich, all Deine Gefühle (Bänder) ohne Abwehr. Sag ja zu allem. Innerhalb dieser Mentalmassage löst sich eine Verkrampfung oder ein Schmerz oft schnell auf und macht vielerlei spontan auftretenden Körperempfindungen Deines US Platz.
Die Anhebung des MANA-Energiespiegels, der Fluß der Blutzirkulation, das befreite Eigenleben des US in den Muskeln, Gliedern und Organen äußert sich in einer warmen, anregenden, pulsierenden und erlösenden Energie im ganzen Körper.

**43.** Nachdem Du all dieses genügend gefühlt hast, lege die drei Finger (Daumen, Zeige- und Mittelfinger) Deiner linken Hand so zusammen, als ob Du Salz streust. Nun sprich still zu Deinem Unteren Selbst:
*Wir fühlen uns jetzt ganz ruhig und gelöst, ganz ruhig und gelöst, ganz ruhig und gelöst, ganz ruhig und gelöst.*
*Immer wenn ich die Finger so zusammenlege, gleite ich in tiefe Ruhe, in tiefe Ruhe, in tiefe Ruhe.*
*Immer wenn ich die Finger so zusammenlege, gleite ich in tiefe Ruhe, in tiefe Ruhe, in tiefe Ruhe.*
*Immer wenn ich die Finger so zusammenlege, gleite ich in tiefe Ruhe, in tiefe Ruhe, in tiefe Ruhe.*
*Immer wenn ich die Finger so zusammenlege, gleite ich in tiefe Ruhe,*

**Die schnelle Tiefenentspannung.**

Diese anschließende Programmierungsphase Deines US ist sehr wichtig, für die spätere Schnell-Entspannung. Dein US koppelt diesen Ruhezustand an den "Anker" dieser Fingerstellung. Das bedeutet, immer wenn Du später die Finger Deiner linken Hand auf zuvor beschriebene Art hältst und die Worte der Ruhe sagst, holt Dein US das Band "Mentalmassage" und läßt es augenblicklich in Deinem Körper zur Wirkung kommen, so daß Du sehr schnell in einen Ruhezustand kommst, ohne zuvor durch alle Orte des Körpers zu gehen.

**44.** Möchtest Du diese Tiefenentspannung beenden, beginne intensiver zu atmen. Sage Dir dabei:

*Meine Füße und Beine sind ganz wach und voll Kraft.* Mehrmals sagen.
Bewege dabei Füße und Beine.
*Mein Unterkörper ist ganz wach und voll Kraft.* Mehrmals sagen.
Bewege dabei Deinen Unterkörper.
*Mein Oberkörper ist ganz wach und voll Kraft.* Mehrmals sagen.
Bewege dabei Deinen Oberkörper.
*Meine Arme sind ganz wach und voll Kraft.* Mehrmals sagen.
Bewege dabei Deine Arme.
*Mein Kopf ist ganz wach und voll Kraft.* Mehrmals sagen.
Bewege dabei Deinen Kopf.
Recke Dich und strecke Dich nun kräftig.
Sage:
*Ich bin völlig wach und frisch, ganz im Hier und Jetzt.*
*Ich bin völlig wach und frisch, ganz im Hier und Jetzt.*

Der Weg Deiner Achtsamkeit beginnt also bei den Händen, geht weiter über die Arme zum Kopf. Auf der Vorderseite des Körpers und der Organe zu den Füßen und von dort auf der Hinterseite des Körpers zum Nacken und zum ganzen Körper. Es ist nicht schlimm, wenn Du mal diese oder jene Stelle des Körpers vergißt. Du solltest mit der Zeit einen Dir eigenen Weg durch Deinen Körper gefunden haben.

**Das Thema HUNA-VITA-CLEARING**

habe ich hier nur in einem kleineren Rahmen angesprochen, da ich dieses sehr umfassende CLEARING-Thema in einem nächsten Buch ausführlich besprechen werde.
Zum andren leite ich einen Ausbildungslehrgang zum HUNA-VITA-CLEARING-Berater. An diesem Thema interessierte Leute haben hier die Möglichkeit, das CLEARING intensiver zu erlernen, um sich, vor allem aber auch anderen belasteten Mitmenschen, zu helfen. Hast Du daran Interesse, so teile uns das mit, wir werden Dich genauer informieren.

Bist Du die Wege des Herzens und des Friedens bis hierher gegangen, wirst Du in vielen Bereichen Deines Lebens erstaunliche Wandlungen bemerken. Das Mag sich in einer gesteigerten Lebensvitalität, Lebensfreude und Klarheit vom Sinn des eigenen Lebensweges ausdrücken. Du erlebst Dein Zusammensein mit anderen Menschen freier, harmonischer und viel bewußter.
All das wird Dich auf eine Ebene Deines Bewußtseins heben, wo Du erfährst, daß Du mit diesem geistigen HUNA-VITA-Wissen und Praxis auch den äußeren Rahmen Deines Lebens, Deiner Arbeit und Deiner Freizeit harmonisch und erfolgreich gestalten kannst.

In diesem Sinn werde ich Dir auf den nächsten Seiten vom 6. Weg des inneren und äußeren Lebensreichtums, das "kreative Lebensmanagement", berichten.

# 11. KAPITEL

## Der 6. Weg

des Herzens und des Friedens
mit der Wissenschaft, mit Erfolg und
Lebensreichtum.

**Dieser Weg bezieht sich darauf, wie Du das HUNA-VITA Wissen innerhalb Deines Alltags und des Berufes ganz praktisch nutzen kannst, um Mißerfolg in Erfolg und Probleme in sinnvolle Lösungen umzuwandeln. D.h., mache die großartigen Geisteskräfte Deiner Drei-Selbst-Seelenwesen und das Wissen um die Ur-Licht-Kraft für Deinen Lebenserfolg frei, um diesen in die Welt zu tragen und mit Deinen Mitmenschen zu teilen.**
**Denn bedenke, nichts ist sicherer als die bestätigte Tatsache, daß der menschliche Geist zu 95% ungenutzt ruht. Warum nutzen die Menschen nicht diese machtvolle Geisteskapazität? Die Antwort liegt in ihrem Mangel an Bewußtheit um die großartigen Kräfte, die in ihnen ruhen.**

### Die Ur-Licht-Kraft ist allwissend und vollkommen.

Sie ist die höchste, ganzheitliche Intelligenz und somit allmächtig. Diese Kraft ist über alle Vorstellungen hinaus gewaltig, belebend, voll unendlichem Großmut und allumfassender Liebe. Du wirst verstehen, daß

darum in unserem, in Deinem Leben, unmöglich irgend etwas ohne den Willen und die gleichzeitige Anwesenheit der Ur-Kraft geht. Denn nichts existiert und geschieht außerhalb von Gott und damit der Ur-Kraft, und das ist der Schlüssel für das Verstehen der Merkmale und Eigenarten allen Lebens, aller Dinge, allen Erfolges und des inneren und äußeren Lebensreichtums.
Das Einzige, was Du tun kannst, ist, Dich dem Einstrom dieser machtvollen Energie zu verschließen. Das ist Dein freier Wille (meist jedoch unbewußt), um an der Abtrennung Leid zu erfahren, das Dich dann wieder zu der Erkenntnis der Ur-Kraft zurückführt. Also letztlich ist Leid und Abtrennung auch eine Wirkung dieser großen Schöpferkraft, ohne die nichts geschieht. Da diese Gotteskraft vollkommen und allwissend ist, ist in ihr bereits alles enthalten, alle Möglichkeiten, alle Schicksale, alles kosmische Geschehen, eben alles. Verdeutliche Dir das, Du kannst dieser großen Kraft nicht Allwissenheit und Allmacht zusprechen, wenn dieses nicht auch zugleich für Dich bedeutet, daß alle Formen und Möglichkeiten Deines Schicksals in der Potenz der Ur-Kraft liegen!

**Dein Leben ist ein Teil der Ur-Kraft.**

Dein Hohes Selbst ist Teil dieser Kraft und wird durch sie erhalten. Die Existenz Deines Hohen Selbst begann, indem es aus dem Gottesstrom der Ur-Licht-Kraft heraus ein selbständiges Individuum wurde und durch die Körper des Mittleren Selbst, Unteren Selbst und den physischen Körper wirkt. So bist Du also Teil der Ur-Licht-Kraft, die alles beinhaltet und alles weiß. Somit ist auch alles Wissen und alle Kraft in Dir. Es gibt für Dich, so gesehen, nichts extra neu zu wissen, zu wollen, oder zu verändern.

Für Dich und Deinen inneren und äußeren Lebensreichtum ist einzig wesentlich zu erkennen, daß alles Gewünschte in der geistigen Potenz der Urkraft vorhanden ist und Durch Deinen gezielten Gedanken-Bild-Strom aus der Daseinspotenz der Ur-Kraft zur Verwirklichung in die materielle Daseinsebene abgerufen wird. An die Stelle des nichtwissenden, krampfhaften Wollens tritt die wissende Überzeugung, daß es geschieht.

**Bedenke es einmal ganz genau.**

Wenn Du Gesundheit, Erfolg, also inneren und äußeren Lebensreichtum erzwingen und "wollen" willst, bedeutet das doch nichts anderes, als daß Du davon überzeugt bist:

- *nur durch Dein Wollen etwas zu erreichen und daß Du*
- *automatisch davon ausgehst, daß Gesundheit, Erfolg usw. noch nicht anwesend sind, auch nicht in der Ur-Kraft.*

Schweigt jedoch in Dir das 5%-Mittlere Selbst-Wollen und Sehnen nach Veränderung, dann bist Du wissend, überzeugt, daß innerer und äußerer Lebensreichtum schon in Dir schlummern (in der Ur-Licht-Kraft) und auf der Bewußtseinsschiene des Akzeptierens und des Wissens sich das Gewünschte frei manifestieren kann. Solange Du jedoch Dein Eigen-Wollen und Verändern-Wollen in den Vordergrund Deines MS-Bewußtseins stellst, wird innerer und äußerer Lebensreichtum in seinem natürlichen Fluß gebremst. Statt dessen wird Dein Bewußtsein auf eine "Haben-Wollen" Frequenz absinken, die in Resonanz steht mit Mangel, Problemen usw.. Mangel, Probleme, Krankheiten werden auftauchen, um Dir widerzuspiegeln und zu zeigen, daß Du Dich von Deiner Ur-Licht-Kraft durch einengendes Denken abgeschnitten hast. Und das entstehende Leid führt Dich näher an die Erkenntnis der Wahrheit (Ur-Licht-Kraft) heran.

Alles ist bereits in einer unendlichen Variationsvielfalt innerhalb der alles umfassenden Bandbreite der Ur-Licht-Kraft vorhanden. Alles ist auf Bewegung, Wandel und Evolution angelegt. Alles fließt, sagte schon Heraklit. Auch wir Menschen müssen diesen Weg der stetigen Entwicklung und Entfaltung zu unserem göttlichen Potential, der Ur-Licht-Kraft in uns, gehen. Unsere Entwicklung bedeutet einen fortwährenden Aufstieg (Evolution) zu höherem Wissen, höherer Selbstorganisation des Bewußtseins und zu einem vollkommeneren, reicheren Leben.
Aber noch immer glauben so viele Menschen, daß sich Gott nicht um sie kümmere. Sie wissen nichts von dem Wirken der Ur-Licht-Kraft, und darum glauben sie, alles selbst mit dem Verstande machen und wollen zu müssen. Diese unbewußte und "schlafende" Betrachtungsweise des Lebens

bewahrheitet sich - gerade durch dieses Mangeldenken - sehr schnell und führt den Mensch ins Leid. Der Mensch versucht seit ewigen Zeiten immer noch alles zu verändern, mit seinen Willenskräften - gegen die Ur-Kraft gerichtet - das zu erreichen, was ihm die göttliche Ur-Licht-Kraft von selbst geben würde, wenn er nur mit ihren Gesetzmäßigkeiten kooperieren würde.

**Die tiefe Überzeugung,**

daß etwas Gewünschtes aus der Ur-Licht-Kraft heraus werden wird, äußert sich ausnahmslos als Liebe zur Umwelt. Solange Du etwas Gewünschtes tatsächlich raumvoll liebst - so wie es ist, nicht mehr erwartest, es nicht verändern wollen willst - kann dasselbe Dich nicht enttäuschen. Immer wenn Du jemanden haßt, ablehnst oder nur schlecht von ihm denkst, verminderst Du Deine geistige Schwingungsfrequenz und wirst nichts erhalten bzw. nur das erhalten, was auch so niedrig schwingt. Nämlich ebenfalls Ablehnung, Haß und Unvollkommenheit. Aber wie schon erwähnt: Genau aus diesem Mangel und Leid ersteht ein nächster Erkenntnisprozeß, der wiederum zur Fülle führt. So dient letztlich auch der Mangel, durch die weise Vorsehung des Hohen Selbst und der Ur-Licht-Kraft nur dazu, Erkenntnis und Höherentwicklung zu erlangen. So kannst Du auch den Mangel, der Dir begegnet, in all seinen Formen verstehen, akzeptieren so wie er ist - raumvoll lieben - , da Du dadurch erkennst, daß alles heute noch Tiefstehende, aller Mangel, nur ein "Sprungbrett" und eine Lernlektion für eine höhere Ebene des menschlichen Bewußtseins und Verstehens ist. Und weil Du infolge Deiner erweiterten Einsicht und Deines tieferen Wissens von der Ur-Licht-Kraft und Deinem Hohen Selbst, auch das Negative und den Mangel verstehst und raumvoll akzeptierend liebst, verwandelst und transformierst Du es allmählich in die Lebensfülle.

***Fazit:***

*Der Ur-Licht-Kraft und damit seinem Hohen Selbst zu vertrauen bedeutet, die Erfüllung von Wünschen, von innerem und äußerem Lebensreichtum dem Hohen Selbst und dadurch der Ur-Licht-Kraft anheimzustellen.*

Der Mensch hat es seit seiner Kindheit nicht gelernt, sich der Erforschung seiner inneren Geisteskräfte und dieser Ur-Licht-Kraft zuzuwenden. Anstatt das Wunder seines Geistes und dieser göttlichen Kraft umfassend zu ergründen, begnügt er sich mit dem, was er momentan von seiner Umwelt an äußerem Wissen vorgesetzt bekommt. Das ist genauso, als hielte man den ersten, schwachen Schimmer der Morgendämmerung für alles, was ein heller, strahlender Sonnentag zu geben hat.

### *Psycho-Bild Nr. 18 "Du der Sieger".*

*Hast Du je über die "Kämpfe" nachgedacht, die Du gewonnen hast, bevor Du geboren wurdest? Stell Dir nun einmal folgendes vor:*
*Zur Zeit Deiner Zeugung, als Du, der noch feinstoffliche spirituelle Körper, beschlossen hast, auf dieser Erde wieder zu inkarnieren, nahmen Millionen von Samenzellen an einem machtvollen "Wettrennen" teil. Nur eine dieser Millionen Samenzellen, nämlich die stärkste, die beste und die schnellste hat gewonnen. Sie war der Sieger! Nun werde Dir dessen ganz tief bewußt:*

***Du bist aus dieser besten, stärksten und schnellsten Samenzelle entstanden. Du warst und bist der Sieger!***

*Es war ein einzigartiger und großartiger Wettlauf, den nur der wirklich Beste und Stärkste gewinnen konnte. Das Ziel war eine kostbare, genau so einzigartige Eizelle. Hier in diesen ersten Augenblicken Deines irdischen Lebens wurde der erste, entscheidende und erfolgreiche Lebensprozeß ausgefochten. Alle Erbmerkmale, alle Informationen und Erfahrungen aus vergangenen Zeiten sind in dieser neu gebildeten Zelle enthalten. In dieser ersten starken Zelle, aus der Du entstanden bist, ist alles auf Leben, auf Weiter- und Höherentwicklung, auf Lebenssieg - auf Lebenserfolg im weitesten Sinn - programmiert.*
*Das Leben des für Dich wichtigsten Menschen hat wieder begonnen mit einem machtvollen Energiepotential, in dem alle möglichen Zukunftschancen enthalten sind. Du bist geboren worden um zu lernen - in der Fülle - um in Harmonie zu gelangen und im*

*Lebenserfolg - in der göttlichen Fülle - zu leben!*
*So hast Du praktisch aus der unermeßlichen Fülle der Lebensenergie und der Schöpfungsweisheit, aus dem großen universellen, kosmischen Vorrat alle Fähigkeiten und Kräfte ererbt (alles ist in allem), die Du für ein waches und erfülltes Leben brauchst.*

Darum haben die alten Weisen gesagt: "Der Mensch ist ein schlafender Gott". Er muß nur lernen aufzuwachen, sich zu entwickeln und damit zugleich seine wundervollen Fähigkeiten auszuwickeln, um diese nutzbringend in seinem Leben anzuwenden. Etwa genauso, wie die Elektrizität schon immer in der Natur vorhanden war - auch als man von ihr noch nichts wußte - und man sie dann eines Tages für das Leben nutzbar machte. So geht es bei uns auch darum, die in uns schlummernden, schon immer vorhandenen Ur-Licht-Energien, Kräfte und Fähigkeiten zu erwecken.

**Um diesen 6. Weg umfassend nutzen zu können, ist es von Bedeutung, die Wege eins bis fünf eine Zeitlang praktiziert zu haben.**

**1.** Die Praxis dieses 6. Weges setzt voraus, daß Du mit Deinem Hohen Selbst und Unteren Selbst einen innigen Kontakt eingegangen bist und mit ihnen kommunizierst, um mit der Ur-Licht-Kraft auf der irdischen Ebene kooperieren zu können.

**2.** Der "Beobachter" sollte schon etwas geschult sein, und Du solltest beobachten können, wie Deine Bänder in Deinem Körper, durch entsprechende Außenreize, laufen.

**3.** Du müßtest beobachten können, wie Du in einer gewissen Wachheit über Deine "Bewußtseins-Grundstücks-Grenze" gehst und Dich, Deine Bänder, die Außenwelt, den Menschen akzeptierst - nicht bewertest, teilnimmst und erlebst.

**4.** Der Energie-Kreislauf sollte geöffnet sein.

**Die Falle des Lebenserfolges.**

Dieses Thema des 6. Weges habe ich bewußt später gewählt, weil es eine machtvolle und lustvolle Verlockung des 5%-MS-Verstandes ist. Ist doch dieses Thema "Erfolg - Geld - positives Denken - Gut" für den Verstand ein enormer Anreiz, die belastenden Programme des Unteren Selbst zu übertünchen und zu unterdrücken und sich von der Ur-Licht-Kraft ablenken zu lassen, indem 5%-Ego alles selbst will.

Schau in die exo-terische (äußere) Welt der Arbeit, in die Welt der Freizeit und des Vergnügens, sie ist angefüllt mit "lustvollen" Ersatzhandlungen. Noch ein bißchen mehr arbeiten, um besser zu sein als der Kollege, um Anerkennung, Lob und Streicheleinheiten zu erhalten. Noch mehr Vergnügen, um den eigenen Frust zu übertünchen. Noch etwas mehr Geld, Prestige und Macht, um die eigene Bedeutungslosigkeit zu überspielen.
Und wenn nun noch angeboten wird, mit HUNA-VITA mehr exoterischen Lebenserfolg zu erreichen, ohne vorher die Masseenergien seines Unteren Selbst wenigstens zum Teil zu erlösen und sich von den negativen Denk- und Verhaltensweisen zu befreien, ist die Falle komplett.
Denn bleibt der Mensch in seinem hypnotischen Tiefschlaf gefangen, bleibt er abgetrennt von seinem Hohen Selbst und der Ur-Licht-Kraft, wird der 6. Weg des Erfolges, des Geldes und des Lebensreichtums für diesen Menschen nichts weiter sein als eine verführerische, glitzernde Seifenblase, ein süßes, positives, den Frust überdeckendes Sahnehäubchen, das ihn nur noch tiefer in sein Leid führen wird.

**Immer mehr Menschen entdecken,**

daß dieser Erfolgsweg mit "Sahnehäubchen", der exoterische Weg, für sie eine Sackgasse ist. Sie haben sich mal mehr, mal weniger abgeplagt, um auch erfolgreich zu sein. Haben fleißig "Positiv-Denken" trainiert, viel Grünzeug gefuttert und auf dem Kopf gestanden, doch der erwartete und erhoffte Erfolg und die Veränderung der Lebensumstände lassen noch immer auf sich warten.
Und dann leuchtete da, am etwas getrübten Lebenshorizont, ein

verheißungsvolles Licht auf, das tief in die innere, die eso-terische Welt scheinen soll. Ein neuer, hoffnungsvoller Weg tut sich auf. Der Mensch dreht dem schnöden Geld, Erfolg und der Abplackerei den Rücken zu. Er tritt ein in die verschworene Gemeinschaft der "Esoteriker", um auf diesem inneren Weg, dem eso-terischen, jenes so tief begehrte Glück zu finden, das außen - in der exo-terischen Welt - versagt wurde.
Lehren, Seminare, Ideologien und viele, viele Bücher, die diesen Weg propagieren, findet man heute in jeder gut sortierten Esoteriker-Heimbibliothek.

**In den eingeschworenen "Esoterikerkreisen"**

ist dieses Gebiet von Erfolg, Geld, Hab und Gut, von äußerem Lebensreichtum nun ein "heißes Eisen" geworden. Auf der einen Seite weiß man ja jetzt, Esoterik ist das Gegenteil von Exoterik. Und als Esoteriker heißt es dann, fleißig Nabelschau machen und nach innen gucken. Auf der anderen Seite möchte man jedoch noch immer am äußeren Leben teilnehmen. Möchte Seminare besuchen, Heiler-Ausbildungen machen und mal, wenn auch nur kurz und bescheiden, in einen sonnigen Urlaub reisen.
Ja, für all diese Dinge benötigt man die materiellen Güter, den Erfolg, ein paar Mark zu verdienen - wenn es auch oft sehr hart und unlustbetont ist, diese Abplackerei. Und weil es in den Augen so vieler Esoterik-Jünger eine eigentlich so "tiefschwingende" materielle Arbeit und Schufterei ist, hapert es am äußeren Lebenserfolg.

**Hier beginnt oft das große Mißverständnis des eso-terischen Weges.**

Nach innen gehen wird meist im wörtlichen Sinn betrachtet. Man wendet sich fast ausschließlich dem Spirituellen, dem Inneren zu, um sich vom Äußeren, Materiellen und Körperlichen nicht mehr so erbarmungslos beuteln zu lassen.
Tatsächlich hat dieses "Nach-innen-gehen" nichts mit einem geistigen Entwicklungsweg zu tun. Dieser Weg ist eine geistige Einbahnstraße in die Ebene des Schlafes und des Leides. Es ist die Flucht vor der anderen

Polarität des äußeren, des exo-terischen Lebens. Der Mensch richtet sich gegen den äußeren Pol der Ur-Licht-Kraft. So gesehen gibt es eigentlich gar keinen ausschließlich eso-terischen Weg. Das hieße, gegen das Gesetz der Polarität und der Ur-Licht-Kraft zu verstoßen. Beachten wir jedoch das Polaritätsgesetz, so erkennen wir den vor uns liegenden Weg. Es ist die Straße der Freiheit, des Friedens und des Herzens, bestehend aus den beiden polaren eso-terischen und exo-terischen Anteilen. Ja, die Lebensstraße der Fülle und des Ur-Lichtes schließt die innere Welt und die äußere Welt ein und läßt uns ganz im Hier und Jetzt der Ur-Licht-Kraft leben, in einem liebevoll-raumvollen Bewußtsein für die Hochs und Tiefs, für Gut und Böse, Arm und Reich, Erfolg und Mißerfolg usw. In diesem raumvollen Daseinsbewußtsein kann alles - der ALLES - leben und zugelassen werden. Der Mensch betrachtet sein Tun und Handeln und seine Umwelt in einem nicht wertenden Bewußtsein. In dieser Bewußtseinsform hat er die Freiheit für inneren und äußeren Lebensreichtum, er kooperiert mit der Ur-Licht-Kraft.

**Ein Leben in Fülle zu führen heißt also,**
mit den drei Selbsten im Spannungs- und Schwingungsfeld beider Lebenspolaritäten der Gottschöpfung, der Ur-Licht-Kraft zu lernen und zu wachsen. So ist Geld, Gut, Erfolg und Lebensreichtum nichts anderes als ein bestimmter Aspekt des göttlichen Schöpfungsausdruckes. Denn nichts ist außerhalb von Gott. Haben wir gelernt, die Gesetzmäßigkeiten von Erfolg, Geld und Gut im ganzheitlichen, kosmisch-göttlichen Sinn zu praktizieren, leben wir in der göttlichen Fülle, in der Ur-Licht-Kraft.
Darum, liebster Freund/in, ist es so wesentlich, wirklich wachzusein, wenn man gleichzeitig den exo- und eso-terischen Weg geht. Das ist die ganzheitliche Fülle des Lebens.

***Fazit:***

*In Fülle, in Harmonie und Frieden zu leben ist ein von Geburt an natürliches Recht jedes Lebewesens. Wir sind die Kinder Gottes. Gotteskinder sind die Erben der Fülle, und unser Vater ist die Quelle des inneren und äußeren Lebensreichtums, der exoterischen und der esoterischen Lebenswelt.*

# Die sieben Gesetzmäßigkeiten des Erfolges in der exo- und esoterischen Umwelt.

☺ **Bejahe in Dir die Ur-Licht-Kraft, Deine Göttlichkeit, Erfolg, Geld und Gut.**

Die Grundlage des Erfolges im Leben - Erfolg steht hier für inneren und äußeren Lebensreichtum, und der beinhaltet den exo- und den esoterischen Weg innerhalb der Ur-Licht-Kraft - besteht darin, die oben ausgeführten Gedanken von unserm Erbe der göttlichen Fülle annehmen zu können. Das ist wesentlich und das Fundament für Deine Lebensfülle. Solange jemand Erfolg, Geld (ganz besonders das), Gut usw. ablehnt, als etwas weniger Göttliches bewertet, wird er gegen die Gesetze der Polarität verstoßen und Mangel erfahren. Geld ist ein Teil der Ur-Licht-Kraft.

Geld ist eine sehr machtvolle, wertfreie, göttliche Energie, die wir zu unserem Wohle und dem unserer Mitmenschen einsetzen können. Nur die Menschen haben diese Geldenergie in ihre bewertende Verstandesebene transponiert und sind davon abhängige Sklaven geworden. Besonders von dem "Zins-Mißbrauch" des Geldes.

In diesem 6. Weg gilt es zu lernen ( dies geschieht speziell im HV-Intensivkurs "kreatives Lebensmanagement"), daß Geld für uns eine göttliche, dienende Kraft ist, daß diese Kraft ein "Geld-Deva" ist, mit einer bestimmten Form des Bewußtseins. Dieses Geld-Bewußtsein ist über jedes Geldstück, das Du berührst , bei Dir trägst oder auf Deinem Konto hast, eng mit Dir und dem Bewußtsein Deines Unteren Selbst verbunden (Aka-Faden). Denke an das kosmische Gesetz: "Alles ist mit allem verbunden". Und nun überprüfe einmal Deine Gedanken, die Du vom Geld hast und Deine Geld-Programmierungen von Vater und Mutter. Kann es sein, daß das Geld-Bewußtsein vor Schreck flüchtet, wenn es Deine Gedanken und Band-Programme wahrnimmt? Denke jeden Tag daran:

*"Du solltest nie schlecht über Geld denken und sprechen, es könnte Dich hören!"*

☺ **Du bist der wichtigste Mensch in Deinem Leben!**

Wie hört sich und fühlt sich das für Dich an? Spüre in Dich hinein. Kannst Du diese Aussage wirklich aus ganzem Herzen für Dich annehmen?
Wenn Du Zweifel wahrnimmst, mach' Dir noch einmal Gedanken darüber, inwieweit Du Dein Unteres Selbst tatsächlich annimmst und wie umfassend Du zu Deinem Hohen Selbst Verbindung hast.
Bedenke, nur wenn Du Dich in Deiner Dreiheit annehmen und mit liebevollen Augen betrachten kannst, also für Dich raumvolle Liebe empfindest, wirst Du andere Mensch genauso lieben können bzw. für Sie Raum haben. Das führt Dich direkt in die Fülle und Deinen Lebenserfolg.

☺ **Du bist zum Überleben, zum Siegen geboren!**

**Darum**...... wird auch bis in die weite Zukunft hinein nur die stärkste und "erfolgreichste" Samenzelle gewinnen.

**Darum**...... ist Dir die Kraft zum Lebenssieg angeboren.

**Darum**...... kannst Du die Qualität Deiner Welt wandeln.

**Darum**...... ist die Welt auch von vielen Menschen in ihrem Bewußtsein gewandelt worden.

**Darum**...... bist Du auch ganz alleine für Deinen Lebenserfolg - oder Mißerfolg - verantwortlich.

**Darum**...... was Dein Geist erfassen und glauben kann, das kann Dein Geist auch verwirklichen, weil alles, ALLES, in Dir liegt.

Der alte Grieche Demosthenes stotterte gewaltig. Zudem war er nach außen hin ein eher unscheinbarer Mann. Jedoch erkannte er eines Tages das Fülle- und Ur-Lichtgesetz, daß ein gewaltiges Bewußtseinspotential in ihm schlummert. So ging er an den Meeresstrand, steckte sich jedesmal einen kleinen Kieselstein unter die Zunge und begann dann in lauten,

kraftvollen Reden das Tosen der Meeresbrandung zu übertönen.
Er wurde der größte und berühmteste Redner des antiken Griechenlands.
*Er war einfach davon überzeugt und wußte es. Was sein Geist erfassen konnte, verwirklichte er.*

Charles Darwin war Neurastheniker. Das bedeutete, sein Körper und seine Nerven waren so schwach und angegriffen, daß er schon bei einer kleinen Aufregung kaum noch seinen Nachtschlaf fand. Auch er entdeckte dieses "geheime" Bewußtseinspotential der Ur-Licht-Kraft in sich. Mit dem Vertrauen auf diese Kraft erschuf er ein naturwissenschaftliches Werk - "Die Entstehung der Arten" - das die wissenschaftliche Welt veränderte.
*Er war einfach davon überzeugt und wußte es. Was sein Geist erfassen konnte, verwirklichte er.*

Sullivan Grant war als Geschäftsmann zunächst wenig erfolgreich. Mit 40 Jahren war er so arm, daß er bei anderen Leuten Holz sägen mußte, um von diesem Verdienst leben zu können. Neun Jahre später war er Präsident der Vereinigten Staaten. Niederlage und Erfolg lagen in seinem Bewußtsein. *Er war einfach davon überzeugt und wußte es. Was sein Geist erfassen konnte, verwirklichte er.*

Wir könnten so im Geist weiter durch die Geschichte wandern und noch viele Beispiele dieser Art anführen. Ganz zu schweigen von den unendlich vielen unbekannt gebliebenen Menschen, die Ähnliches in ihrem Leben vollbracht haben. Jedoch können wir von all diesen Menschen eine der wertvollsten Lektionen lernen, die das Leben für uns bereithält:

**Fazit:**
*Der Mensch ist zum Überleben und zum Siegen geboren. Göttlichkeit, die Ur-Licht-Kraft und Lebensfülle ist gleich einem Samenkorn in ihm angelegt und wartet darauf, erweckt zu werden. Niemand hält ihn zurück - außer er sich selbst.*

### ☺ Geh Deinen Lebensweg voll Freude und Vertrauen.

Albert Einstein sagte: "Das schönste Erlebnis, das es gibt, ist das Neue und das Geheimnisvolle. Darin liegt die wahre Quelle aller Kunst, aller Wissenschaft und allen Wachstums."
Allzuviele Menschen aber setzen das Unbekannte, das Geheimnisvolle mit Gefahr gleich. Gefahr ist für den Verstand, das Mittlere Selbst, unlustbetont und gegen das Überleben gerichtet. Zusätzlich werden viele Menschen schon seit ihrer Kindheit, dann in der Schule und schließlich im Beruf, also das ganze Leben hindurch, zur Sicherheit ermahnt. Man muß zudem seinen festen Standpunkt errichten, ihn aufrechterhalten und verteidigen. Die einengenden Überzeugungssysteme müssen mit "Recht haben" behauptet werden.
Dadurch gerät das Leben in immer stärkere, tief eingefahrene Bahnen, bis es irgendwo in der Alltäglichkeit steckenbleibt, abgetrennt von der Ur-Licht-Kraft und dem Hohen Selbst. In dieser Pseudo-Sicherheit wird vieles starr. Die Starren wachsen nicht. Die in der Alltäglichkeit steckengebliebenen Menschen verneinen den Lebensfluß der göttlichen Ur-Kraft. Aber das Leben ist ewiger Rhythmus und Fluß zwischen den Minus- und Pluspolen des Seins. Bei einem Pol des Lebens - dem Vertrauten, dem Sicheren, dem Standpunkt, dem Überzeugungssystem - stehenzubleiben, heißt den Rhythmus des Lebens-Ur-Lichtflusses zu bremsen und zu stören. Daraus erfolgen Mangel, Probleme, Angst und Krankheit.
Die wahre Quelle der Kunst, der Wissenschaft und des Lebensreichtums liegt jedoch in der stetigen Bereitschaft <u>auf dem Weg zu sein</u>. Der Weg ist das Ziel. Der Weg ist der dauernde Lebensrhythmus zwischen den Lebenspolen. Lebenserfolg, innerer und äußerer Lebensreichtum erwächst aus der Spontaneität, aus der Wachheit, aus der Abwechslung, aus dem Aufrechterhalten des eigenen Lebensrhythmuses.

Lebenserfolg erwächst aus der Bereitschaft, im Spannungsfeld <u>beider Polaritäten</u> im Ur-Licht-Kraftstrom zu leben. Sei mutig und bereit, Deine neuen Ideen durchzusetzen, probiere neue Dinge aus - selbst dann, wenn es Deinen Verstand reizt, beim Altbekannten zu bleiben.

**Sei wirklich wach und bekomme es mit,**

wie Vater und Mutter, Verwandte, Freunde, die Nachbarn, Dein Partner, der Pastor, die Politiker sich in Deinen Lebensweg einmischen, es besser wissen und Dich bremsen. Sie wollen letztlich durch Dich, Deinen Stillstand, Deine Alltäglichkeit, die Bestätigung ihrer eigenen alten, festgefahrenen Glaubenssysteme erfahren und somit beruhigt auf ihrem weichen Lebensruhekissen weiterschlummern. Sie wissen es besser als Du, was für Dein Leben gut ist, nämlich beim Sicheren und Althergebrachten zu bleiben. Vater hatte es so gemacht, Mutter hatte es so gemacht, die Lehrer, die Ausbilder usw.
Liebster Freund/in, werde wach und achtsam, beginne endlich alleine auf Deinem Lebenserfolgsweg, voll Vertrauen auf die in Dir schlummernde Kraft Deines Unteren Selbst und Hohen Selbst und damit der Ur-Licht-Kraft, zu gehen. "Feiere" Dein Leben so, wie es Dir gefällt. Habe keine Angst Fehler zu machen. Diese zeigen nur, wo Dir im Moment etwas "fehlt". Wenn Du Deinen Lebensweg zwischen den Hochs und Tiefs, nach Deinen Bedürfnissen und Wünschen beschreitest, wird Deine Erlebniswelt eine Welt der Freude, der Fülle und der Liebe. Der Lebensweg hält mit seinen vielen Stationen für Dich alles bereit, um in der Fülle und im Lebenserfolg zu sein. Dein Lebensweg ist aus sich heraus bedeutungsvoll, weil er der Weg der Ur-Licht-Kraft ist, der gerade für Dich alle Lernlektionen bereithält. Da brauchst Du nichts Bedeutungsvolleres mehr hinzuzufügen oder gar darauf zu warten.

☺ **Du solltest weniger Hemmungen haben, für Dich Lebenserfolg, Geld und Gut zu fordern.**

Lebenserfolg, Geld, Gut, innerer und äußerer Lebensreichtum gehört auch zu unseren Menschenrechten. Es ist eine wertvolle "Medizin", die in Dir eine bestimmte Freiheit schafft. Fordere dies unbedingt für Dein Leben! Aber beachte dabei, daß Deine "Brüder und Schwestern" dadurch nicht beeinträchtigt werden, denn dann verschließt Du Dich eigensüchtig gegenüber der Fülle der Ur-Licht-Kraft. Fordere es auch dann, wenn man Dir einreden will, daß dies im Moment nicht möglich ist, es sich für einen richtigen "Esoteriker" nicht gehört, oder andere auch arme Schlucker sind

und darben usw.
Weißt Du, daß Lebensmißerfolg zu den größten Gesundheitsrisiken gehört? Du profitierst gesundheitlich sehr viel davon, für Dich die "Medizin" Lebenserfolg zu fordern und diesen nach den Gesetzmäßigkeiten auch zu praktizieren.

Mangel und Armut erzeugen die machtvollsten Probleme auf unserer Erde. Täglich verhungern ca. 170.000 Menschen auf unserm doch so reichen Planeten! Armut füllt unsere Gefängnisse und zerstört Leben. All das entsteht aus dem katastrophalen Mangeldenken derjenigen, die Mangel leiden und den anderen, die im Mangel ihrer Ich- und Habsucht Nahrung (gleich Profit) horten.

**Ein gutes Beispiel ist hier der ausufernde Fleischkonsum.**

Etwa die Hälfte!! der Weltgetreideproduktion wird für Viehfutter und den sich daraus ergebenden Fleischkonsum verarbeitet. Man kann sagen, das Getreide des "armen" Mannes ernährt die Kuh des "reichen" Mannes.
Tatsächlich würde die Weltgetreideproduktion ausreichen, alle Menschen zu ernähren. So könnten die Menschen in der Fülle leben, wenn nicht der andere Teil der Konsumenten in ihrer Begrenztheit und ihrem Mangel an Zuwendung zu den Hungernden auf dieser maßlosen "Fleischproduktion" beharren würden.

Auch das ist Mangeldenken, sich am Fleischverzehr zu beteiligen!

Lebenserfolg, nach den kosmischen Gesetzen praktiziert, bedeutet, diese Gedanken der Mitmenschlichkeit praktisch zu leben und auf Fleischverzehr zu verzichten, damit mehr Menschen in der Fülle leben können und Bruder und Schwester Tier nicht so unsagbar leiden muß.

***Fazit:***

*Liebster Freund/in, Du solltest wirklich weniger Hemmungen haben, auch für Dich diese Lebensfülle der Mitmenschlichkeit zu fordern, auf Fleisch zu verzichten und Lebenserfolg in hohem Maße zu erwarten.*

## ☺ Die Kraftquelle Deines Unteren Selbst, der schlummernde Riese.

Monotonie, Passivität und fehlende Antriebskraft sind die drei wesentlichsten Bremsen Deines Lebenserfolges.
Einer der Hauptgründe des Entstehens dieser Bremsen ist der Mangel und die Fehlleitung von Lebensenergie. Tatsächlich jedoch besitzt der Mensch eine machtvolle Quelle dieser vitalen Lebensenergie Mana. Diese Quelle gilt es auf dem Lebensweg der Fülle zu erwecken und in kreative Bahnen zu leiten.
Oft genug wird diese Kraftquelle Lebensenergie auf ganz andere, zerstörerische Weise aktiviert. Wird das Untere Selbst des Menschen gehemmt und unterdrückt, d.h. darf es nicht seine negativen, belastenden Programme erlösen und ausdrücken, wird diese gestaute Lebensenergie vom Unteren Selbst in zerstörerische, aggressive Energie umgewandelt. Das äußert sich in Aggressivität, Krankheit, Mißerfolg und Lebensmangel.
Daraus ist erkennbar, wie wesentlich es ist, seine Bedürfnisse, besonders die des Unteren Selbst, genau zu kennen (der 2. Weg). Kennt man seine wirklichen Bedürfnisse, die Ziele, die einem Kraft und Lebensmut geben, ist man auf dem Wege, die konstruktive Kraftquelle Lebensenergie für die eigene Lebensfülle zu nutzen. Mit dieser Lebensenergie kann man seine positiven Lebensziele, seine Erfolgsgedanken und Wünsche derartig verstärken, daß dieses Erfolgs-Wunschbild in dem Bewußtsein des Mittlern, Unteren und Hohen Selbst wie in einem Brennpunkt konzentriert ist und die Handlungen zum Erfolg steuert. Darum ist es wichtig, die Mana-Hochaufladung und den Energiekreislauf zu beherrschen.

## ☺ Das Ziel kennen und absichtsloses Tun.

Lebenserfolg, innerer und äußerer Lebensreichtum läßt lange auf sich warten, wenn das Ziel nur unklar vor einem liegt und man nicht jetzt, sofort im Heute sich auf den Weg macht. Das Leben an sich kennt weder Vergangenheit noch Zukunft. Das sind lediglich Konstruktionen des linearen, linken Verstandes-Gehirns. Zeit ist die Illusion unseres zeitabhängigen 5%-Mittleren Selbstes. Das Untere- und Hohe Selbst arbeitet zeitunabhängig, hier existiert nur die Lebensgegenwart, das Hier

und Jetzt. Das ist für den Weg des Erfolges sehr wesentlich zu verstehen. Bedeutet es doch für unsere Lebenspraxis, alle Ziel- und Erfolgsgedanken als konkrete "Jetztzeit-Bild-Programme" der dreifachen Bewußtseinskraft zu übergeben. Auf den nächsten Seiten werde ich diese Technik genauer beschreiben.
Weiter ist wichtig, innerhalb des 5%-Verstandes absichtslos zu bleiben. Das bedeutet zu erkennen, daß der Verstand absolut nichts auf dem Weg der Verwirklichung der Erfolgs-Bild-Programme erreichen kann, da sich dieses alles nur auf der Ebene des Unteren und Hohen Selbst und der Ur-Licht-Kraft vollzieht. Also muß der Verstand absichtslos, im Nicht-Wollen bleiben und das annehmen und akzeptieren, was geschieht.

Dieses sind die sieben Gesetzmäßigkeiten des inneren und äußeren Lebensreichtums. Beginne nun damit, diese sieben Aussagen immer mehr in Dein Leben zu integrieren. Tue es so, daß es Dir Freude macht. Sei dabei achtsam, die belastenden Bänder Deines Unteren Selbst immer wieder ins Mittlere Selbst, in den Verstand aufsteigen zu lassen. Sieh sie Dir an. Frage in finaler Sicht nach dem Lernsinn dieser belastenden Programme und geh nicht in die Falle irgendeiner "positiven Sahnehäubchen-Vertuschungstechnik"! Mach Dir Gedanken darüber, was Du an diesen negativen Bändern ablehnst. Dieses Abgelehnte ist genau der Spiegel, in den Du schauen solltest. Das Abgelehnte signalisiert Dir, um was es geht und wie Deine Lernbotschaft heißt. Das ist die Arbeit an Deinem Innern, die Nabel-Schau, die Du stetig weiterführen mußt.

**Und nun, parallel dazu, beginnt die Weltenschau.**

Einmal geht es darum, all Dein angelerntes Wissen - hier z.B. das über den siebenfachen HUNA-VITA-Weg - nach außen zu den Menschen zu bringen, und es geht darum, dieses HUNA-VITA-Wissen für Deine Lebensfülle zu nutzen. Hier speziell der 6. Weg des Herzens und des Friedens. Darum befasse Dich intensiv mit diesen sieben Gesetzmäßigkeiten des Lebenserfolges, und jedesmal, wenn das kleinliche 5%-MS Dir zutuschelt: "Das kann ich nicht!" bedenke, Du verleugnest die Schaffenskraft Deines Unteren Selbst und Du verleugnest die machtvolle Geistes- und Ur-Licht-Kraft Deines Hohen Selbst, den göttlichen Funken in Dir! Denn alles, was Dein Geist fassen kann, kannst Du mit der Kraft des Hohen Selbst und des Unteren Selbst auch verwirklichen.

Sobald man gelernt hat, Wachheit und Frieden in sich zu erschaffen - und dazu ist der 1. bis 5. Weg die praktische Anleitung - erhält der Mensch die einzigartige Möglichkeit, seinen inneren Frieden in die Welt zu tragen. Er macht Welten-Schau. Er wird LICHT-Arbeiter mit all seinem Wissen, im Sinne des neuen Wassermann-Zeitalters. Hier beginnt dann der Frieden und die Harmonie zwischen Partnern, innerhalb der verschiedenen sozialen Gruppen, in der Wirtschaft und in der Regierung.
Allerdings hat sich der Mensch des sozialen Friedens und Fortschritts nie recht erfreuen können. Immer wurden Menschengruppen von anderen Menschen sozial, politisch und wirtschaftlich ausgebeutet. Auch dies geschieht durch die Abweichung von den kosmischen Gesetzmäßigkeiten und durch die Unwissenheit in bezug auf die spirituellen Gesetze der menschlichen Entwicklung.

*Daran scheiterten so hochentwickelte Kulturen wie die von Mu und Atlantis, und unsere Kultur ist auf dem besten Wege, dies zu wiederholen.*

**Für HUNA-VITA ist die Lebensfülle**

innerer und äußerer Reichtum, sei es beim Einzelnen, oder bei Völkern, etwas vollkommen Natürliches, worauf jeder ein Anrecht hat.
Großer Reichtum, Macht und Fülle in den Händen von wenigen Menschen bedeutet für die vielen anderen Ausbeutung und Ausnutzung, was letztendlich zu Haß und Krieg führt. Genau davon ist unsere Welt gezeichnet. Es ist bekannt, daß in der westlichen Welt Reichtum, Geld und Macht bei weniger als 5% der Menschen liegt. Einige wenige Länder dieser Welt sind reich, die anderen Länder, mit sehr viel Menschen, sind arm, Menschen in einigen wenigen Ländern fressen sich in ihrem Übermaß in Krankheit und Tod, und andere Völker stehen kurz vor dem Hungertod. Tatsächlich jedoch ist alles in Hülle und Fülle vorhanden. Für jeden Menschen dieser Welt ist genügend Nahrung da, und er kann sozial und wirtschaftlich gut leben. Voraussetzung, um dieses zu erreichen, wäre

die Beachtung der kosmischen und spirituellen Gesetze, die jeden Menschen in seine Fülle führen.
Hier nun beginnt die Aufgabe der Menschen, die den kosmisch-spirituellen und zugleich den exoterischen Weg beschritten haben. Sie haben in sich schon eine geistige Veränderung hervorgebracht, und das ist die Voraussetzung, Frieden und Wohlstand für sich zu erreichen und andere Menschen daran teilhaben zu lassen.
Indem diese Menschen nun damit beginnen, die Botschaft des UR-LICHTES, der Hohen Selbst-Weisheit, der Mitmenschlichkeit, des Friedens, der raumvollen Liebe und des Lebenserfolges zu verbreiten, indem sie es vorleben und lehren, kann langsam ein größeres Verständnis für diese Botschaft geschaffen werden. (Morphogenetische Felder)
HUNA-VITA bietet drei Schritte an, diese LICHT- und Friedensbotschaft in die Welt zu bringen und vorzuleben:

**1. Ein praktisches Bewußtseins- und Lebenssystem, das auf dem Gesetz der Natur und des Kosmos aufgebaut ist, HUNA-VITA.**

**2. Vermittlung dieses Wissens an die Außenwelt, die einzelnen Menschen, an die Wirtschaft und Politik.** (Seminare)

**3. Menschen, die bereit und entwickelt genug sind, können in die HUNA-VITA-Gemeinschaft eintreten** (die verschiedenen Formen der HUNA-VITA-Lichtkreise), **so daß auch sie lernen, die Botschaften des lichtvollen, friedlichen und erfolgreichen Lebens in die Welt zu bringen.**

***Fazit:***
*Auf diese Weise wird der Mensch nach und nach lernen und erkennen, daß er dazu bestimmt ist, seine Verantwortung nicht nur für sich selbst zu erkennen, sondern auch für alle anderen.*

**Dieser 6. Weg und die damit verbundene exoterische Arbeit**

bezieht sich auch darauf, Wissenschaft und Kultur in diese Weltenschau mit einzubeziehen. In den meisten jetzigen Wissenschaften werden allerdings noch immer nur solche Erfahrungstatsachen anerkannt, die in einem jederzeit und von jedem wiederholbaren Experiment gewonnen werden. Dies ist nach Überzeugung der HUNA-VITA-Lehre für eine Wissenschaft der Physik vom Menschen und vom Leben in keiner Weise ausreichend.

In der HUNA-VITA-Lehre geht es nicht um die Suche nach der Vielfalt immer noch kleinerer Teilchen, sondern es geht darum, die diesen Teilen zugeordneten Prinzipien zu erkennen, aus denen ja erst die Vielheit bzw. Ganzheit entstanden ist. Für diese Ganzheit (Wahrheitssuche) ist uns das Mittlere Selbst, also Logik und Verstand gegeben worden. Nun haben wir aber nicht nur unseren linearen, abstrakten, allen äußeren Dingen und Erfahrungen zugeordneten Verstand, sondern auch die Fähigkeiten des Unteren und Hohen Selbst. Diese Seelen-Teile von uns sind in ganz besonderem Maße der inneren, der meta-physischen Welt zugewandt. (Natürlich auch der äußeren, physischen Welt.) D.h. für unsere heutige wissenschaftliche, nur nach außen gerichtete Tradition ist es wichtig, auch die innere, metaphysische Welt - das Untere und Hohe Selbst, die Ur-Licht-Kraft - mit einzubeziehen, um mehr Ganzheit und Wahrheit zu erkennen.

Wir beziehen also in unsere Lehre das innere <u>und</u> das äußere Wissen mit ein. Wir praktizieren den 6. Weg der Eso- und Exoterik <u>mit</u> der Ur-Licht-Kraft.

**Ein gutes Beispiel hierfür ist die Erforschung der Gehirnfunktionen.**

So ist es für den HUNA-VITA-Praktiker wichtig, die physische, die körperliche und die psychische Funktion seines Gehirns zu erkennen und diese zu studieren. Denn ist doch gerade unser Gehirn der "Computer", der uns mit der Innen- und Außenwelt verbindet.

Die aktuellsten Erkenntnisse in der Gehirnforschung deuten auf revolutionäre Entwicklungsmöglichkeiten des menschlichen Bewußtseins hin. Das menschliche Gehirn ist mächtiger und komplexer, als man bisher ahnte und hat ein göttliches Potential für Wachstum, Erkenntnis, Frieden und Liebe.

HUNA-VITA bezieht in den Schulungen und Kursen diese Tatsache mit ein. D.h. es gibt ein besonderes Bewußtseins-Training für die erweiterte Entwicklung der linken und rechten Gehirnhälfte. Dabei werden die neuesten wissenschaftlichen Erkenntnisse der Gehirnforschung und der Gehirn-Maschinen-Technik mit integriert. Es erweitert und beschleunigt die spirituelle Entwicklung des Mittleren Selbst. Dadurch erhält es umfangreicheren und tieferen Kontakt zum Unteren Selbst und Hohen Selbst, und es wird eine ganzheitlichere Wahrnehmung entwickelt, im Sinn der eso- und exoterischen Weltenschau.

***Fazit:***

*Laß Dich von den sieben Gesetzmäßigkeiten des Erfolges jeden Tag immer wieder inspirieren und trage Dein Wissen und praktisches Können hinaus in die Welt.*

*1. Bejahe Deine Göttlichkeit, Deinen Erfolg, Geld und Gut.*

*2. Du bist der wichtigste Mensch in Deinem Leben.*

*3. Du bist zum Überleben und zum Siegen geboren.*

*4. Gehe Deinen Lebensweg voll Vertrauen.*

*5. Du solltest weniger Hemmungen haben, Lebenserfolg zu fordern.*

*6. Nutze die Kraft-Quelle Deines Unteren Selbst.*

*7. Kenne Dein Ziel und verfolge es absichtslos.*

# 12. KAPITEL

## Das HUNA-VITA-LICHT-GEBET

(Fortsetzung des 6. Weges)

**In diesem Kapitel beschreibe ich Dir das "Herzstück" der HUNA-VITA-Lehre, die HUNA-VITA-ANRUFUNG des Hohen Selbst, auch das "LICHT-GEBET" genannt. Es ist die Grundlage verschiedener anderer Übungen, Rituale und Heilungsmethoden.**

### Die stärkste Kraft in unserer Welt.

*"Wenn ein Mensch in seiner Dachkammer einen Wunsch und ein Verlangen hegt, das stark genug ist, setzt er von seiner Dachkammer aus die Welt in Bewegung."*

*Antoine de Saint-Exupery*

Wenn Dich diese Worte ansprechen und Dich die Erkenntnis daraus wie ein Blitz trifft, dann magst Du tief in Dir empfinden, daß dieses eine mächtige Wahrheit in unserem Kosmos ist.
Bedeutet diese Aussage doch nichts anderes als die großartige Chance, mit gezielter Gedankenkonzentration und entsprechender Energie das eigene Schicksal bewußt zu gestalten. Diese gezielte Gedankenkonzentration, verbunden mit der formenden, göttlichen Lebensenergie nennt man auch: Das Gebet.

Ja, diese Art Gebete sind die mächtigste Kraft auf Erden. Die Kraft des Gebetes ist in allen Völkern, zu allen Zeiten, viele millionenmal bewiesen worden. Das Gebet ist mächtig, aber es hat nicht die erzwingende Gewalt eines Vorschlaghammers. Es ist wie die lebendige, göttliche Potenz von Sonnenstrahlen und Regentropfen, die Segen und Wachstum bringen.

**Du kannst mit dem ALL kooperieren.**

In dem Augenblick, wo Du Dich dieser Gebets-Kraft zuwendest, sei es um anderen oder Dir zu helfen, bewegen sich die geistigen Mächte, die hohen kosmischen Energieflüsse, Deine Energie und die Kraft Deines Hohen Selbst auch mit. Es entsteht eine Verbindung, eine Kooperation mit dem ALL. Wenn Du diesen Einklang herbeiführst, ist das ALL, die Ur-Licht-Kraft, Dein Freund und Helfer.
Alle nur möglichen Situationen, Ereignisse, Heilungen und sonstige Dinge Deiner Umwelt, die sonst ruhen würden und daher auch nie in Verwirklichungsaktionen gesetzt wären, geschehen und bewegen sich, um Dir in Deinem Leben zu helfen. Durch Deine bewußte Hinwendung zum göttlichen Licht und der Weisheit Deines Hohen Selbst, verbunden mit den Worten Deines Gebetes, wird ein machtvoller Strom von wesentlichen und wichtigen Ereignissen in Bewegung gesetzt.
Diese Flut der hohen geistigen Kräfte, ausgelöst durch Dein Gebet, sorgt für Dein körperliches, seelisches und geistiges Wachstum, für Dein Heilsein, für zahlreiche von Dir nicht vorhersehbare Ereignisse, Begegnungen und auch wichtige materielle Hilfen, die Du Dir vorher kaum erträumt hättest.

**Vertrauen, Liebe, Energie und Bejahung sind die vier "Abstimmknöpfe", die Dein Mittleres Selbst, Unteres Selbst und Hohes Selbst aufeinander abstimmen, um ein HUNA-VITA-LICHT-Gebet zu verwirklichen.**

**Vertrauen**
haben heißt, zu wissen, daß man über sein Hohes Selbst mit der göttlichen Kraft, dem Ur-Licht, verbunden ist.

**Liebe**
fühlen bedeutet, in sich so weit, so raumvoll zu sein, daß viele andere Menschen in Deinem Bewußtsein einen Platz haben, wo sie von Dir in all

ihren Stärken und Schwächen akzeptiert werden. So kannst Du für sie bitten/beten.

**Energie**
benötigen Deine drei Selbste, um die Gebetsgedanken in den Kosmos der Verwirklichung zu übergeben.

**Bejahung**
bedeutet, daß man mit seinem Gebetswunsch tief im Inneren übereinstimmt und wirklich einen klaren, eindeutigen, bildhaften Wunsch in seinem Bewußtsein trägt, den man vollkommen bejaht. Auf diese Weise werden Deine Gebetskräfte vereinigt und gestärkt. Du wirst davon für Dein Leben umfangreichen Nutzen haben. Sei es für Deine Gesundheit, für Dein geistig-seelisches Wachstum, für Deinen Lebensreichtum. Oder Du bittest mit Deinem Gebet um Segen, Heilung und Erfolg für andere Mitmenschen.
So wird Dein Gebet zu einem kraftvollen Impuls, der alle Merkmale von Göttlichkeit, Macht und Liebe in sich trägt und von der hohen geistigen Welt mitgetragen wird. Wenn Du so mit der LICHT-Kraft Deines Hohen Selbst betest, legst Du einen geistig-energetischen Licht-Mantel um Dich und andere Menschen, für die Du etwas erbittest.

## *Psycho-Bild Nr. 19 "Die Christus-Kraft-Energiewelle".*

*Der bekannte Atomforscher N.J.Stovel, dessen wissenschaftliche Arbeiten Weltruf genießen, wurde durch folgendes Ereignis zu einem "Wissenden" verwandelt.*
*Er experimentierte lange mit der Energieausstrahlung menschlicher Gehirne und fand die Bestätigung, daß das Gehirn zugleich "Funksender und Empfänger" ist. Mit vier weiteren Wissenschaftlern begann Stovel in einer Klinik außergewöhnliche Experimente zu machen, indem er die Gehirnfunktionen und Ströme von Sterbenden registrierte.*
*Gerade waren die Wissenschaftler dabei, die Geräte zu beobachten, die mit einer sterbenden Frau verbunden waren. Sie wurden mit dem letzten Gebet der Sterbenden konfrontiert. Als diese Frau inbrünstig*

*Jesus um Gnade bat, da gab unversehens das Meßinstrument einen hellen Laut von sich und der Zeiger schlug machtvoll bis zur letzten Frequenzzahl aus, dem höchsten Meßwert der Instrumentenskala.*
*Die fünf Wissenschaftler waren fassungslos und zugleich tief betroffen. Denn das, was sie hier gerade miterlebt hatten, ging über jedes wissenschaftliche Begreifen hinaus. Jeder Irrtum war ausgeschlossen. Sie alle haben es fast eine Minute lang mit eigenen Augen beobachtet. Noch nie wurde solch eine Ausstrahlungskraft - auch nicht vom stärksten Rundfunksender - gemessen.*
*Die unglaubliche Christus-Bewußtseins-Kraft des Hohen Selbst, die in diesen Momenten durch die betende Frau strömte, war noch 55 mal größer als die, mit den gleichen Meßinstrumenten gemessene, Abstrahlungsenergie des größten amerikanischen Rundfunksenders.*
*(Zitiert aus "Briefe an den Mitmenschen", Emil Oesch Verlag)*

**Hier in diesem HUNA-VITA-LICHTGEBET (Anrufung des Hohen Selbst)**

wird diese hohe Weisheit und übergeordnete Heilkraft des Hohen Selbst angerufen, damit sich die Lernbotschaft im Leben auswirken kann und der Körper mit seinen Energien harmonisiert wird. Bei diesem HUNA-VITA-GEBET wird noch folgender Tatsache Rechnung getragen: Neben den linearen Handlungs- und Denkabläufen gibt es noch Wirkungsweisen und Ereignisse, die parallel und zyklisch zu unseren linearen Jetzt-Zeit-Ereignissen ablaufen. Wir können also sagen, unser Leben besteht nicht nur aus unseren gewohnten, überschaubaren, linear ablaufenden Lebensprozessen, Situationen und Ereignissen, sondern es besteht gleichzeitig aus untereinander verbundenen, sich selbst steuernden und vernetzten Abläufen. Dabei sind wir mit unserem Bewußtsein, über die Aka-Fäden, mit diesen verschiedenen Abläufen verbunden, und diese beeinflussen wiederum unser Bewußtsein (die Funktionen der drei Selbste, die Mana-Energie und die Schattenkörpersubstanz).
Durch diese Tatsache der Synchronizität (gleichzeitige, parallele Abläufe) und der kybernetischen (selbststeuernden) Ereignisfolgen gestaltet sich das Verständnis für das Leben, für die Problembewältigung und Heilung oft so

schwierig. Jetzt sei achtsam, bekomme es mit. Was ich Dir jetzt sage, wird Dir vieles verstehen helfen:

*Unser linearer Verstand hat <u>nicht</u> die Möglichkeit, ganzheitliche, kybernetische Prozesse von sich aus zu überblicken, geschweige denn zu steuern. Aber genau daraus ist unser Leben gemacht!*

Dies kann nur das Untere Selbst und in noch umfangreicherem Maße unser Hohes Selbst. Daraus ist ersichtlich, wie wichtig es ist, unser Unteres Selbst und Hohes Selbst immer in den Heilungs-, Befreiungs- und Problemlösungsprozeß mit einzubeziehen, speziell hier bei der Anrufung.

**Die besonderen Elemente des HUNA-VITA-LICHT- und HEIL-GEBETES.**

Liebster Freund/in, auf den folgenden Seiten möchte ich Dich nun in die verschiedenen "Gebets-Elemente" des HUNA-GEBETES einweihen. Zunächst werde ich Dir den Gebetsvorgang und den Sinn der einzelnen Gebets-Teile und Elemente erklären. Anschließend beschreibe ich Dir genau den 10-teiligen Gebetsvorgang, der zugleich ein Ritual mit einer bestimmten Abfolge von energetischen Handlungen ist. Dieses Gebets-Ritual habe ich hier in diesem Buch so gestaltet und beschrieben, daß auch Anfänger es nach einer bestimmten Zeit des Übens praktizieren können. Im Verlauf der verschiedenen HUNA-VITA-Kurse wird der Teilnehmer - aufbauend auf dieser Technik des Grund-Gebetes - in höhere Grade der HUNA-VITA-Anrufung (LICHT-Gebet) eingeweiht.

**Wie betet man nun richtig,**

und wie kann man das Hohe Selbst dazu bringen, bei der Verwirklichung des Gebetes mitzuwirken? Dazu ist eine besondere, in ihren Teilen aufeinander abgestimmte Gebetsaktion notwendig.
Aus meinen obigen Erklärungen wird man jetzt verstehen, daß Beten <u>nur</u> mit dem Mittleren Selbst wenig erfolgreich ist. Darum gibt es auch so viel Schwierigkeiten mit Gebeten und Wünschen, die nur über das Mittlere

Selbst vollzogen werden. Es müssen also noch mehr Elemente als nur das Mittlere Selbst mit einbezogen werden, nämlich das Untere Selbst, das Hohe Selbst, MANA-Energie und die Schattenkörpersubstanz. Mit anderen Worten, das Gebets-Ritual besteht aus drei gezielt aufeinander abgestimmten Wirkungselementen:

1. **Bewußtsein** (die drei Selbste)
2. **Energie** (MANA)
3. **Substanz** (Schattenkörper)

Diese drei Elemente, in einer besonders aufeinander abgestimmten Reihenfolge, sind die Grundlage eines jeden HUNA-VITA-Gebetes, der Anrufung, einer Heilaktion, eines Wunschgebetes usw. Die Hauptarbeit der Kahunas war es, Gebete darzubringen, die bald zur Verwirklichung des Gewünschten führten. Verschlüsselt wurde diese so wirkungsvolle Gebetsaktion (Anrufung) in bestimmten Symbolen bzw. in den Wurzelworten der hawaiischen Sprache überliefert.
Z.B. der zum Überlaufen mit Wasser gefüllte Becher. Wasser ist meist ein Symbol für MANA, der Becher ist der Körper, aber auch der ganze Gedankeninhalt des Gebetswunsches. Beeren sind Symbole für Gedanken, und ganze Trauben sind Gedankengebilde (Gedankenbilder).

Jesus sagte: " Klopfe an, so wird dir aufgetan." Das gilt auch für das Hohe Selbst. So lange wir unser Hohes Selbst nicht ansprechen, führt es uns auf unserem Lebensweg in übergeordneter Weise und erhält uns dadurch unseren freien Willen. Erst wenn wir dieses machtvolle Bewußtseins-Feld anrufen und uns wirklich mit ganzem Herzen diesem Hohen Selbst zuwenden, wird es auf unsere Bitten reagieren.
Bevor man diese Anrufung vollzieht, ist es angebracht, sich ein klares, eindeutiges Bild mit den entsprechenden Gefühlsinhalten aufzubauen. Beim Planen des gewünschten Zustandes oder Zieles muß das Mittlere Selbst in seiner planenden Logik das Untere Selbst führen. Wichtig ist hierbei jedoch, daß das Gewünschte <u>im Endzustand</u> als <u>Bild</u> gedacht/gesehen wird. Dabei spricht man auch von strahlenden Trauben oder vom <u>überlaufenden</u> Becher. Hier wird darauf hingewiesen, daß diese Gedankenbilder kraftvoll sein müssen. Zu diesem Zweck wird solch ein Bild des

Endzustandes mit MANA aufgeladen. MANA kann man hierbei mit entsprechenden Farben verbinden. Mehr über die richtige "Programmierung" und Aufladung von Gedanken später im 10-teiligen HUNA-VITA-LICHTGEBET.
Das in dieser Weise verstärkte Bild wird nun in den Gebetsvorgang integriert. Auch hier ist es wichtig, sich mit MANA-Energie (MANA-HOCHAUFLADUNG) aufzuladen. Mit einer entsprechenden Bewußtseins-Atemtechnik wird MANA die Wirbelsäule hochgeführt und über das Scheitelchakra dem transpersonalen Chakra, dem 8. Siegel (Tor zum Hohen Selbst) zugeleitet. Hier wird die aufsteigende Vitalkraft bildhaft gesehen, z.B. als Brunnen, der überfließt. Dabei erhält das Untere Selbst die bildhafte Anweisung, einen Schattenkörpersubstanz-Kanal vom Scheitelchakra zum Hohen Selbst-Symbol bzw. dem 8. Siegel zu bilden. Mit entsprechender Visualisation und der aufsteigenden MANA-Energie ist das schnell geschehen. Wichtig ist hierbei, zu verstehen, daß nicht nur einfach Gedanken übermittelt werden, sondern daß diese Gedankenbilder mit der entsprechend farbigen MANA-Vitalenergie und der Schattenkörpersubstanz (AKA-Finger) aufgeladen werden, um dann, quasi telepathisch, auf das 8. Siegel ausgerichtet zu werden.

Unser Unteres Selbst "opfert" das MANA dem Hohen Selbst. Nur das Untere Selbst - und das ist ein weiteres HUNA-Geheimnis - ist dazu fähig, Gedanken-Energie-Trauben (Wunschbilder) und MANA dem Hohen Selbst zu übergeben. Ist dies geschehen, wird mit der hochfließenden MANA-Energie das aufgeladene Bild (Gedanken-Trauben) dem Hohen Selbst übergeben. Auch hierfür erhält des Untere Selbst einen entsprechenden bildhaften Befehl. Das Wunschbild ist so etwas wie eine Gußform für die Materialisation unseres Wunsches. Man wiederholt diese Bild-Wunschübergabe dreimal.
Erreicht das MANA das Bewußtseins-Feld des Hohen Selbst, so wandelt es sich nach der HUNA-Symbolik in eine Wolke (Energiewolke) um, welche das Hohe Selbst dazu verwendet, den Gebetswunsch zu realisieren, bzw. in eine hohe göttliche Ebene zu leiten.
Nach Ablauf einer angemessenen Frist treten die gewünschten Umstände oder Dinge als materielle, physische Realität in Erscheinung. Dies wird als Regentropfen symbolisiert, welche vom Hohen Selbst niederfallen.

Zugleich weist dieser Regen auf die MANA-LOA-Energie hin, die vom Hohen Selbst auf den Menschen bzw. den zu Heilenden zurückströmt. Darum bitten wir zum Schluß das Hohe Selbst, diesen "goldenen Regen des Segens, des Friedens und des LICHTES" um uns fließen zu lassen.
Mit dieser Bitte wird die Gebets-Aktion ganz klar abgeschlossen. Es darf jetzt nichts mehr hinzugefügt oder abgeändert werden.
Es sollte immer nur ein Gedankenbild, Wunsch oder eine Heilungsbitte usw. übergeben werden. Weiter müssen wir es dem Hohen Selbst überlassen, wie es den Wunsch realisiert oder mithilft, unser Problem zu lösen.

**Zwei Voraussetzungen sind für das HUNA-VITA-GEBET wichtig:**

**1. Der von Dornen befreite Pfad.**
Dieses HUNA-VITA-GEBET wird umso besser funktionieren, je "befreiter" von Dornen und Knoten (Komplexen) der Pfad zum Hohen Selbst ist. Darum wird in den HUNA-VITA-Intensivkursen so nachhaltig Wert darauf gelegt, diesen Pfad von Bewußtseinsblockaden, Ängsten, Problemen und Fremdseelen zu befreien. Hier ist die wache Funktion des "Beobachters" wesentlich, wodurch verhindert wird, daß sich einmal erlöste Dornen und Knoten wieder manifestieren.

**2. Die Rückgabe des LICHTES an die Menschheit durch das HUNA-VITA-LICHT-Gebet.**

Nachdem der suchende Mensch die erste Botschaft, das Wissen um das LICHT erfahren hat, nachdem er die zweite Botschaft, die Kenntnis und Anwendung des siebenfältigen Pfades des Herzens und des Friedens praktiziert hat, begegnet er nun der dritten Botschaft von HUNA-VITA:
die Rückgabe des LICHTES an die Menschen und die Welt.
Diese LICHT-Übertragung auf die Menschen, die eigene Familie, die Arbeitskollegen, die Nachbarn und die Umwelt ist ein zentrales Anliegen dieser so machtvollen LICHT-Anrufung.
HUNA-VITA ist zugleich ein gemeinsames Bewußtseinsfeld der spirituellen, geistigen Kraft. Hier entsteht sehr gezielt das morphogenetische Feld aller Gehirne, die mit diesem Licht und den Hohen Selbsten

verbunden sind. Jeder Lernende wird in diese Bewußtseins-Kraft durch sein HUNA-VITA-Studium, die Arbeit, das Anrufungs-Ritual und den Kontakt mit dem Hohen Selbst einbezogen.
Alle HUNA-VITA-PRAKTIKER, die für sich das innere LICHT, das Christus-Bewußtsein und ihre Kommunikation mit dem Unteren Selbst und Mittleren Selbst sowie den Kontakt mit ihrer vitalen Lebensenergie wiedergefunden haben, bilden eine LICHT-Gemeinschaft, die für das Wohl der Menschen und von Mutter Erde arbeitet. Ihr Ziel ist, das Wissen um das LICHT und die Nutzung der im Menschen schlummernden Fähigkeiten an die Welt zurückzugeben zur Förderung des Einzelnen, der Menschen, der Natur, der Freiheit und des Friedens. Ihr machtvollstes Werkzeug ist das LICHT-Gebet.
Jene Männer und Frauen, die diesen siebenfältigen Pfad zu höheren Stufen des Bewußtseins beschritten haben, sind die aktiven Mitarbeiter, die LICHT-Arbeiter im "Weinberg des Meisters". Es war und ist immer das Vorrecht einiger weniger, solche Wege anderen aufzuzeigen, für sich weiter zu erforschen und voranzugehen. Das höchste Wissen des Menschen ruht in ihm selbst, damit es gefunden und gelebt wird. Der wiedergeborene Mensch - der, der seine innere LICHT-Kraft befreit und wiedergefunden hat - ist Träger und Verwirklicher dieses Wissens und des LICHTES für die neue Zeit des Wassermannzeitalters. Sein machtvollstes Werkzeug ist das LICHT-Gebet.
Immer mehr Männer und Frauen kommen im Laufe ihres Studiums mit HUNA-VITA an eine Stelle, wo sie erfahren, daß es Zeit ist, für sich eine innere Vereinbarung abzulegen. Diese tiefe Erfahrung und Vereinbarung ist, das LICHT aus der Kraft des LICHT-Gebetes von nun an wach und bewußt in ihrem Geist und in ihrem Herzen zu tragen. Sie werden das LICHT, den göttlichen Funken, wissend in sich tragen und über andere Menschen "ausschütten" können, sie werden vertrauenswürdig und liebevoll sein in ihren Worten und Taten, zu sich selbst, zu allem Leben, zu Mutter Erde und zum Kosmos.

Dieses eigene, wache, erkennende und wissende Bewußtsein, ein LICHT-Träger, ein LICHT-Arbeiter zu sein, besiegelt zugleich eine Einweihung. Sie stellt diese Männer und Frauen in die große Kette jener, die das LICHT weitergegeben haben und für die Zukunft weitergeben werden.

Wenn wir das Unsere tun, werden die geistigen kosmischen Hüter und LICHT-Wesen weiterhin das Ihrige tun für unseren so wunderschönen, blauen Planeten Erde und für die Menschheit. Denn es heißt:

*" Daß um zehn Gerechter willen die Erde erhalten wird, um der Menschen willen, die die Bahnen des LICHTES zwischen sich, der Erde und den kosmischen Bereichen offenhalten."*

So können wir mit diesem wundervollen LICHT-Gebet weiter gemeinsam an diesem großen Werk der Liebe, der Freiheit und des Friedens arbeiten! Darum liebster Freund/in, ist diese 2. Voraussetzung für das LICHT-Gebet so wichtig. Sie erhebt Dich zum LICHT-Arbeiter.

***Fazit:***

***Wenn nicht Du, wer dann?***

***Wenn nicht jetzt, wann dann?***

***Wenn nicht hier, wo dann?***

# HUNA-VITA-RITUS NR.8

## Das HUNA-VITA-LICHTGEBET in zehn Schritten.

### 1. Schritt
### Vorbereitung auf das große, gemeinsame morphogenetische Bewußtseinsfeld der "Gesellschaft der Hohen Selbste".

In vielen Prophezeiungen und kulturellen Traditionen (Christus, Hopis, Mayas, Inkas, tibetanische Tradition, Weiße Bruderschaft) ist die Jetztzeit als ein kraftvoll wirkender Übergang, als Zeit der Erweckung und Aktivierung von Energien der Liebe, der globalen Heilung und der Harmonie angekündigt worden.
Den globalen Bewußtseinszusammenschluß so vieler Menschen, die als LICHT-Arbeiter in dieser Übergangszeit zum neuen Zeitalter des Wassermanns mitwirken, gilt es zu erhalten und weiter zu unterstützen.
Wer wach ist, erkennt und erlebt täglich, daß in der gegenwärtigen Welt noch ein Raum-Zeit-Programm schwingt, das das Potential totaler Zerstörung in sich trägt. Darum ist jetzt die Zeit - und es drängt mehr denn je - daß viele Menschen mitarbeiten an diesem globalen Umschwung von Getrenntheit, Macht und Krieg, hin zu Einheit, Gemeinsamkeit und Liebe.
Dieser Umschwung ins neue Wassermannzeitalter vollzieht sich auf einem bereits bestehenden Grundmuster weltweiter Heilungsinitiativen, Gebete, Meditationen, begleitet von höheren Impulsen kosmischer LICHT-Wesen und dem machtvollen Lichteinstrom der Zentralsonne und des Wassermann-Zeitalters.
Du, als erwachender Mensch, kannst Dich mit diesem immer stärker werdenden Bewußtseinsfeld verbinden und daran teilhaben. Das HUNA-VITA-LICHTGEBET ist ein machtvolles Mittel dafür. Dieses ganzheitliche, globale Schwingungsfeld der Harmonie und der Liebe ist darauf eingestellt und vorbereitet, mit Dir in harmonischem Gleichklang während der LICHT-Anrufung zu schwingen (morphogenetisches Feld).
D.h. ganz praktisch, jedesmal wenn genügend intensives LICHT, Heil-

und Liebesbewußtsein von Dir, weiteren HUNA-VITA-Praktikern und anderen LICHT-Arbeitern aktiviert wird, wird auch das globale und kosmische Friedens-, Harmonie- und Liebes-Energiefeld belebt, vergrößert und beschleunigt, und Du bist ein Teil davon. Dieses große, gemeinsame Bewußtseins-Energiefeld wird auch Deine, über das HUNA-VITA-LICHTGEBET (Meditation) emporgeschickten Wünsche nach Lebensglück, Harmonie und Gesundheit aktivieren. In der unten beschriebenen LICHT-Meditation verbindest Du Dich mit Deinem Hohen Selbst und bittest Es,

*"daß die universelle LICHT-Kraft in Dich fließt und von Dir weiter auf unseren wundervollen blauen Planeten Erde und in die Herzen aller Menschen" (sieh dieses bildlich).*

Tust Du das in dieser Weise, wird die LICHT-Schwingung in dem gemeinsamen LICHT-Netzwerk erhöht. Dadurch kanalisierst Du dann, als natürliche Folge, eine Heil-Energie in Deinen Körper. Sieh und fühle dies. Morgens, wenn wir alle das Geschenk der aufsteigenden Licht-Sonnen-Wellen erhalten, versammeln sich viele Menschen zu Gebeten. Nimm diese aufsteigenden Lichtwellen als Energieunterstützung und verbinde Dich im HUNA-VITA-GEBET mit Deinem Hohen Selbst und darüber hinaus mit Deinem Schöpfer. Du wirst Dich wundervoll geborgen und eingebunden fühlen in das gemeinsame, planetare, heilende LICHT-Kraft-Bewußtsein von Frieden, Harmonie und Liebe.

Bevor Du betest, sorge dafür, daß Du für ca. 1 Std. nicht gestört wirst und Du Dich an einem angenehmen - wichtig für das Untere Selbst - ruhigen Ort befindest. Stimme Dich ein paar Minuten auf das große, gemeinsame Bewußtseinsfeld aller Menschen ein, die den Pfad zum göttlichen LICHT gehen. Ehe Du Deinen persönlichen Wunsch an das Hohe Selbst übergibst, bete - wie oben beschrieben - immer zuerst für den Frieden und das LICHT für die Welt, die Menschen und das LICHT-Netzwerk. Danach bete für Dich und bitte jeweils immer nur um einen Wunsch. (Beschreibung im 3. Schritt)

**2. Schritt**
**KALA, die seelische Reinigung.**

Diese "Reinigung" gilt es besonders dann mit Deinem Mittleren Selbst und Unteren Selbst durchzuführen, wenn Du um Befreiung von Problemen, Ängsten und Krankheiten bittest. Das sollte natürlich vor dem HUNA-VITA-LICHTGEBET geschehen.
Wie schon zuvor erklärt, erhalten wir unsere Probleme und Krankheiten - final betrachtet - darum, um etwas zu lernen. Frage Dich - und damit beginnt der erste Teil des Reinigungsweges - wozu, zu welcher wichtigen Erkenntnis (Lernbotschaft) diese negativen Dinge Dich "aufrütteln" sollen.
Aus dieser Erkenntnis ergibt sich dann zwangsläufig auch der richtige Wunsch nach Heilung oder Problemlösung, der dann in das LICHTGEBET übernommen wird.
Der zweite Teil von KALA besteht darin, um Verzeihung zu bitten. D.h., wenn Du mit irgendeinem Menschen, der mit an diesem Problem, der Angst oder Krankheit verbunden oder beteiligt ist, noch Schwierigkeiten hast, so müssen erst diese durch Verzeihung gelöst werden. Bedenke, daß Du über Deine Schattenkörpersubstanz (Aka-Faden) mit diesem Menschen noch verbunden bist. Dein Unteres Selbst spürt diese negativen Gedanken und Energien dieser Verbindung. Es wird unter diesen Bedingungen nicht bereit sein, an dem Gebetswunsch für Heilung und Problemlösung mitzuarbeiten.
Tritt also geistig, nachdem Du Dich mit Deinem Unteren Selbst über den Bauchkontakt verbunden hast, mit jedem der Menschen, die an dieser Sache mit beteiligt sind, in Kontakt. D.h., sieh das Bild des Menschen, fühle seine Gegenwart, sprich ihn mit seinem Namen an. Das gilt auch, wenn er schon gestorben sein sollte.
Bitte diesen Mensch nun um Verzeihung und vor allem verzeihe auch Du ihm. Es wäre sehr gut, wenn Du diesen Menschen, falls Du ihn treffen kannst, auch auf der physischen Ebene, um Verzeihung bittest. Das ist für Dein Unteres Selbst am eindrucksvollsten und wirkt auch am besten!
Mache gut, was Du anderen zugefügt hast. Ist dies nicht möglich, erkläre dieses Deinem Unteren Selbst und leiste einen anderen, stellvertretenden "Verzeihungs-Dienst". Fühle dabei, ob Dein unteres Selbst mit diesem "Ersatzdienst" auch einverstanden ist.

Diese KALA-Reinigung sollte geistig öfters wiederholt werden, bis der "Pfad von den Dornen" befreit ist. Falls Du nicht genau weißt, was Du in Hinsicht auf Verzeihung und Wiedergutmachung tun sollst, nimm wieder Kontakt mit Deinem Unteren Selbst auf und bitte um Bilder oder Gefühle für eine Lösung Deiner Fragen. Falls die Komplexe und Probleme sehr tief sitzen, benötigst Du ziemlich viel Zeit, um sie mit Deinem Unteren Selbst zu befreien. In diesem Fall bitte Dein Hohes Selbst um Lösungshilfe.
Bedenke auch, wenn Dein Mittleres Selbst ein negatives Verhalten eingesehen hat, daß Dein Unteres Selbst nicht unbedingt die gleiche Einsicht hat. Es braucht meist mehr Zeit, diese negative Bewußtseinsblockade aufzulösen. Das Untere Selbst hat sehr viel niedrigschwingende MANA-Energie an diese Blockaden gebunden und versorgt diese Blockaden auch ständig weiter mit Energie. Darum wird diese Energie dem Menschen fehlen, und viele fühlen sich hinterher oft schwach, gereizt, müde oder abgespannt. Eine gute Möglichkeit, diese belastende Mana-Masse-Energie von einem Band zu erlösen, ist der Mutter-Atem. Im Kapitel 14 habe ich diese wirkungsvolle Technik beschrieben.

An noch etwas ist zu denken. Es besteht auch die Möglichkeit, daß ein "zehrender Begleiter" zu Gast im Körper ist. Dieser verhindert oft mit wirklich konstanter Beharrlichkeit die Erlösung des Problems oder der Krankheit. Er verbraucht ebenfalls eine große Menge an MANA-Energie und schwächt damit den Körper und auch die Widerstandskraft (Immunsystem). Auch hier sollte das Hohe Selbst darum gebeten werden, diesen Wirt (liebevoll) aus dem Körper zu erlösen. Da diese fremden Seelen jedoch meist sehr hartnäckig sind, sollte ein HUNA-VITA-Clearing gemacht werden.

**3. Schritt**
**Dein persönlicher Wunsch als vollendete, klare Gedankenform.**

Bei der Erzeugung der Gedankenform, also des vollendeten Wunschzustandes, ist wichtig, die "Programmiersprache" des Unteren Selbst zu benützen. Also: Bilder, Worte der Kraft (Mantren), Gefühle und Farb-Energien (Mana).

Denke, bevor Du einen Wunsch an Dein Unteres und Hohes Selbst übergeben willst, genaustens über diesen Wunsch nach. Fühle dabei, ob Dein Unteres Selbst auch mit diesem Wunsch einverstanden ist. Lege für diesen Kontakt mit dem Unteren Selbst Deine beiden Hände auf Deinen Bauch. Spüre, wie eine verbindende, angenehme Wärme durch Deinen Bauchraum strahlt. Der Bauch ist das "Gehirn" Deines Unteren Selbst. Nun denke noch einmal - bildlich - an Deinen Wunsch. Fühle tief in Dich hinein und erfühle, welche Reaktion erfolgt. D.h., fühlt sich Deine Untere-Selbst- Reaktion gut an, oder vermittelt sie Dir ein Gefühl des Zweifels? Ist letzteres der Fall, solltest Du Deinen Wunsch überdenken und abändern. Denke daran, die alte HUNA-Regel heißt: Beide, das Mittlere Selbst und das Untere Selbst müssen mit dem Wunsch harmonisch übereinstimmen. Erst dann kannst Du sicher sein, daß Dein Unteres Selbst seine Aufgabe der Wunschübermittlung freudig und kooperativ erfüllen wird.

**a.** Beginne darum zunächst, den Wunsch/Heilgedanken schriftlich zu formulieren. Immer wenn Du schreibst, kann Dein Unteres Selbst besonders gut mitarbeiten. Formuliere den Wunsch solange mehrmals, bis er eindeutig ist. Überprüfe dabei immer wieder, ob dieser Wunsch auch vom Unteren Selbst wirklich angenommen wird. Und überprüfe, ob dieser Wunsch niemandem wissentlich Schaden zufügt.

**b.** Verkürze nun die Wortformulierung auf wenige aussagestarke Worte. So erschaffst Du ein Wort-Mantra. Das ist ein Wort (Satz) der Kraft.

**c.** Wenn Du diesen Satz der Kraft sagst, arbeite daran, daß Du gleichzeitig das vollendete Wunschbild siehst. Trainiere dieses so lange, bis alles gut klappt. Ganz wichtig: Lächle sanft, während Du Dir das Gedanken-Bild mit den Worten der Kraft einprägst. Dein Unteres Selbst verbindet das Lächeln mit guter, positiver Energie und unterstützt Dich sehr gut bei dieser Aktion.

**d.** Lade diesen Kraft-Satz und das Wunschbild mit "Farb-MANA" auf.
Sei jetzt achtsam, ich weihe Dich hier in das alte Wissen über die "Wunsch-Farben" ein.
Diese speziellen Farben, verbunden mit der Mana-Aufladung des

Gedanken-Bildes des Wunsches oder Zieles, bewirken drei wesentliche Dinge:

☞ Es erfolgt eine Schwingungserhöhung der geistigen Gedanken-Bild-Information.
☞ Dadurch können die Formungskräfte der Astralebenen vermehrt in Resonanz kommen .
☞ Zum dritten wird das Untere Selbst durch diese hohe Farb-Mana-Ladung motiviert, das Gedankenbild gezielt an das hohe Selbst zu übergeben.

Zu diesem Zweck sieh das Wunsch/Zielbild sehr genau vor Deinem 3. Auge (Stirnchakra). Lächle. Laß von Deinem Solarplexus, den Du mit der Mana-Hochaufladung vorher aufgeladen hast (diese Hochaufladung habe ich im nächsten 4. Schritt beschrieben), einen Lichtstrahl der entsprechenden Farbe zum Gedanken-Bild strömen. Du kannst einen Lichtstrahl visualisieren, der aus Deinem Bauch zu dem Wunschbild strahlt. Laß diese Farbe um das Bild fließen, so daß sie das Gedanken-Bild in einen hellen, entsprechend farbigen Rahmen einrahmt. Atme ca. 3-4 Minuten kräftig (das ist hier sehr wichtig, kräftig ein- und auszuatmen) farbige Energieströme/Strahlen aus dem Bauchzentrum zum Gedankenbild. Lächle! Sage dabei stetig wiederholend die Worte der Kraft, die Du Dir vorher für diesen Gedankenwunsch aufgeschrieben hast. Sieh das Bild zum Schluß mit einem hellen, strahlenden Farblichtrahmen umgeben vor Deinem 3. Auge. Dann laß das Gedankenbild los. Atme ein paar Atemzüge ruhig ein und aus, ohne an etwas zu denken.
Dann laß das Gedankenbild wieder vor Deinem Stirnchakra, dem 3. Auge erscheinen. Lächle! Sage dazu die Worte der Kraft (Mantren) und lade das Bild, wie zuvor beschrieben, wieder mit dem Mana-Farblicht ca. 3-4 Minuten auf. Wiederhole alles noch einmal.

Jetzt hast Du das Gedankenbild dreimal hoch mit Kraft aufgeladen. Dein Unteres Selbst war daran umfassend beteiligt und hat es bereits in die astrale Ebene abgestrahlt. In einem nächsten Schritt aktivierst Du das Bild nun noch einmal während Deines LICHT-GEBETES und läßt es vom Unteren Selbst zum Hohen Selbst leiten. Jetzt wird das Bild in die hohe geistige Ebene (Mental-, Kausal-, Buddhi-, Atmanebene) Deines Hohen Selbst geleitet. Mit dieser erweiterten Technik der gleichzeitigen Gedanken-Bild-Übergabe in die astrale (US) und hohe geistige Ebene (HS) wird ein machtvoller Verwirklichungsimpuls auf allen Ebenen gesetzt.

Und nun möchte ich Dir die beiden wesentlichen "Wunsch-Energie-Farben" mitteilen, die besondere Kraft haben, geistige Bilder aufzuladen:

**1.** *Gebrauche gelbgoldene MANA-Energie für etwas, was Du haben möchtest, was zu Dir in Dein Leben kommen soll.*

**2.** *Gebrauche orange MANA-Energie, wenn Du etwas für andere wünschst, was andere bekommen sollen.*

**4. Schritt**
**Die MANA-Hochaufladung.**

MANA ist für dieses HUNA-VITA-Gebet so notwendig wie das Benzin für das Auto, um zu fahren. MANA ist die antreibende und verbindende Kraft. MANA bewirkt, daß sich ein verbindender Kanal aus Schattenkörpersubstanz zwischen Deinem Scheitelchakra und Deinem Hohen Selbst-Symbol, dem 8. Siegel, ausbilden kann. MANA bewirkt eine starke Aufladung des Wunschbildes. HUNA-VITA lehrt verschiedene Möglichkeiten der MANA-Hochaufladung. Hier erkläre ich Dir eine einfache, wirkungsvolle Art. (Sie basiert auf der Technik, den Kraft-Ort im Bauch zu erschaffen, sieh die früheren Kapitel.)

**a.** Du entspannst Dich. (Es ist die verkürzte Technik der Mentalen Massage und Tiefenentspannung.)
Atme ruhig und langsam. Lege die drei Finger der linken Hand zusammen. Sage stetig: *Tiefe Ruhe, tiefe Ruhe, tiefe Ruhe usw.*
Konzentriere Dich dabei ca. 1 Minute auf Deine Beine. Dann auf Deinen Unterkörper, auf den Oberkörper, Deine Arme und Deinen Kopf.

(Mit der Zeit wird diese Entspannungsphase immer schneller gehen.)

**b.** Die "Poren-Atmung".
Leg Deine rechte Hand auf Deinen Bauch und die linke Hand auf Deine rechte Hand. Nimm Kontakt mit Deinem Unteren Selbst auf. Fühle dabei die Wärme in Deinem Bauch. Sprich Dein Unteres Selbst nun liebevoll an. (Du solltest inzwischen für Dein Unteres Selbst einen Namen gefunden haben.) Sag, daß ihr euch nun mit MANA aufladen wollt und bitte es darum, daß es dabei behilflich ist.
Atme nun durch die Nase in tiefen Atemzügen die Luft-Energie in Deinen Mundraum ein. D.h., Du stellst Dir vor, wie die Luft-Energie (Prana) sich als Energieball in Deinem Mund formt. Die Lippen sind bei diesem Vorgang geschlossen (ca. 2 Minuten). Zum Schluß sammle Spucke in Deinem Mund. An Spucke haftet sehr gut Energie. Schlucke nun die Spucke mit dem Energieball hinunter. Stelle Dir dabei vor, wie alles zum unteren Kraft-Ort, dem Vitalenergie-Zentrum strömt.
Sieh jetzt dazu ein Bild, wie sich eine Energiekugel in Deinem Bauchraum bildet. Beginne nun wieder tief und kräftig ein- und auszuatmen.
Stelle Dir dabei vor und fühle dabei, wie die Luft-Energie (Prana) mit der Einatmung, von allen Seiten, durch alle Poren Deines Körpers in Dich strömt. Mit der Ausatmung stelle Dir vor, die eingeatmete Energie konzentriert sich nun in Deinem Bauchraum zu einer Energiekugel, am Körperort der Kraft. Führe diese MANA-Hochladung ca. 3-4 Min. durch. Sollte Dir dabei zu heiß oder schwindlig werden, atme nicht so stark und verkürze die Aufladung.

**c.** Atme nun in Deinem normalen Atemrhythmus weiter und bleibe mit Deiner Konzentration am Bauchnabel. Stelle Dir vor, wie sich die Energie im Bauch, hinter Deinem Nabel, immer mehr konzentriert zu einer Perle aus Licht. Stelle Dir dieses ca. 1-2 Min. vor. Wenn Du das alles nicht so gut sehen kannst, fühle es einfach. Wie schon zuvor beschrieben, bildet sich um Deinen Bewußtseinspol dort hinter dem Nabel, dem Kraft- und Energieort Deines Körpers, nach dem Energie-Gesetz - "dort wo Dein Bewußtsein ist, ist die Energie" - die Licht-Perle. (Darum ist es wichtig, daß Du vorher den Energie-Lichtkreislauf und die Technik: "Erschaffung des Kraft-Ortes" geübt hast.)
Benütze nun diese aufgeladene Energie zur "Farb-Energieübertragung" auf das Wunschbild, oder wenn dieses bereits geschehen ist, zur Verbindung

mit Deinem Hohen Selbst und zur Energieaufladung des Bildes, das Du dem Hohen Selbst übergibst.

**5. Schritt**
**Verbindung mit dem Hohen Selbst.**

Jeder, der mit dem HUNA-VITA-System arbeitet, hat ein Siegel (Symbol) für sein Hohes Selbst. Zu diesem Zweck beginne damit, Dir die Christuskraft über Deinem Kopf vorzustellen (8. Siegel). Stelle Dir z.B. eine große Christusfigur über Dir vor. Sie ist eingehüllt in hellem Licht. (Stelle Dir nicht den am Kreuz hängenden Christus vor!) Du kannst Dir auch ein anderes göttliches LICHT-Wesen vorstellen, einen Engel oder einen aufgestiegenen göttlichen Meister. Falls Du Dir das alles nicht vorstellen kannst, visualisiere eine helle Lichtkugel über Deinem Kopf.
Bringe Klarheit, Gefühl und Vorstellungskraft in dieses göttliche Bild. Bringe auch Deine anderen Sinne mit in diese Vorstellung ein.

Sieh weißes oder goldenes Licht.
Fühle Wärme,
höre inspirierende Worte.

Laß in Dir ein Gefühl der Zuneigung, Liebe und Ehrfurcht für dieses Licht-Symbol Deines Hohen Selbst entstehen und dadurch zugleich für Dein Hohes Selbst. Vielleicht stimmst Du Dich auch ein mit den Worten der Kraft: *"Sei still und wisse, Ich Bin GOTT"*.
Mit der Zeit wirst Du merken, daß Dein Hohes Selbst-Symbol sehr schnell erscheinen wird, sobald Du Dein Bewußtsein über Deinen Kopf hebst. Durch den Akt hingebungsvoller Konzentration erschaffst Du eine Symbolform, in der sich die Kräfte des Christusbewußtseins, also Deines Hohen Selbst, immer stärker manifestieren können. Darum übe auch so am Tag, wenn Du Zeit hast, immer wieder die Konzentration auf dieses Hohe Selbst-Symbol. (Sage dabei immer wieder die Worte der Kraft: "Sei still und wisse, Ich Bin Gott")
Schließlich solltest Du diese Symbolform, aufgeladen mit der göttlichen Christuskraft, schnell jederzeit visualisieren können. D.h., der HUNA-VITA-Praktiker verbindet sich, wann immer es nötig ist , z. B. bei Gefahr,

Schwierigkeiten, bei der Übertragung von MANA-LOA-Heilenergie, über sein Hohes Selbst Symbol mit seinem Hohen Selbst.

**a.** Du bist nun mit MANA aufgeladen (sieh Schritt 4 ).
Bitte nun wieder Dein Unteres Selbst, daß es euch mit dem Hohen Selbst zu einer "Drei-Einheit" verbindet. Stelle Dir bei dieser Bitte wieder ein Bild und Gefühl vor, wie die MANA-Energie die Wirbelsäule hochfließt, wie sich Dein Scheitelchakra auf dem Kopf wie eine Blüte öffnet und die MANA-Energie wie eine weiße/goldene Fontäne (Kanal aus AKA-Substanz) zum Symbol des Hohen Selbst strömt. Das feinstoffliche Chakra über Deinem Kopf (8. Siegel) ist zugleich das Tor in die Bewußtseins-Ebene des Hohen Selbst.

**b.** Führe diese Bildvorstellung nun praktisch aus.
Hebe Deine Arme ausgestreckt hoch. Die Handflächen zeigen dabei nach oben. Mit dieser Körperstellung (Mudra) nimmst Du eine Position ein, durch die Du Dich am besten mit Deinem Hohen Selbst verbinden kannst.
Atme kräftig ein und stelle Dir dabei gleichzeitig vor, wie mit Deiner Einatmung die MANA-Energie und die Lichtperle Deine Wirbelsäule hochfließt bis zu Deinem Scheitelchakra.
Nun halte den Atem an. Konzentriere Dich dabei auf Dein Hohes Selbst Symbol. Dann, mit der starken Ausatmung, fühle und sieh, wie sich das Scheitelchakra wie eine Blüte öffnet und die Perle und MANA als Lichtstrom nach oben zum Symbol fließt .
Wiederhole diesen Verbindungsvorgang noch zweimal.
Bleibe nun mit Deinem Bewußtsein die ganze Zeit über Deinem Kopf bei Deinem Symbol.
Deine Hände bleiben für die Anrufung noch erhoben.

Sprich nun folgenden Text:
*"Göttliches Hohes Selbst, ich rufe Dich an im Namen des Allmächtigen Schöpfers. Bitte verbinde mich mit dem Allmächtigen Schöpfer allen Seins.*
*Ich bin eins mit all seiner Liebe, ich bin eins mit all seiner Weisheit, ich bin eins mit all seiner Kraft, ich bin eins mit seiner Unsterblichkeit."*

Lege Deine Handflächen zusammen und führe sie so zusammengelegt vor Dein Herzchakra. (Mitte Brustbein)
Die Verbindung mit Deinem Hohen Selbst ist nun vollzogen. Es ist Dir nun zugewandt. Du hast "gebetet und angeklopft", Dir ist aufgetan worden.
Nun kommt Dein Gebet an das Hohe Selbst. Sprich etwa folgendes:

*"Göttliches Hohe Selbst ich bitte Dich im Namen Gottes, verbinde mich mit den göttlichen Kräften des LICHTES, der Harmonie und des Ausgleichs. Laß diese Kräfte in die Welt fließen und in die Herzen aller Menschen."*

Halte dabei ein Bild aufrecht, wie die Erde in LICHT eingehüllt ist.
Anschließend sprich Dein Gebet:

*"Göttliches Hohes Selbst, ich bitte Dich im Namen der aufgestiegenen Meister des LICHTS".* ..........(sprich weiter Deinen Text und die klare Wunschbildvorstellung.)

Laß in dieses Wunschbild nun wieder, aus Deinem Kraft-Ort im Bauch, Mana fließen. In der Farbe Gold/Gelb oder Orange. Umrahme das Bild wieder in der Farbe. Wiederhole Dein klares, eindeutiges Wunschgebet und Bild noch zweimal. Sag weiter:

*"So wie DU es willst, so ist es geschehen, es ist vollbracht."*

Bleibe noch eine Zeit - so wie Du es empfindest - ruhig mit Deinem Hohen Selbst verbunden. Fühle Dich liebevoll geborgen und in das LICHT eingehüllt. In dieser tiefen Ruhe und Meditation liegen Deine Hände locker auf den Oberschenkeln.

**6. Schritt**
**Die MANA-Übergabe, die Verwirklichung, das Opfer.**

Hier gilt es nun, das kosmische Gesetz des "Gebens und Nehmens" zu beachten. Du erbittest etwas, und nun mußt Du dem Kosmos etwas zurückgeben, damit alles "im Fließgleichgewicht" bleibt. Das ist das Opfer. In der Gebetsphase "opferst" Du Dein MANA. Zugleich wird Dein Hohes Selbst dieses MANA-Opfer dazu verwenden, Deinen Gebetswunsch zu realisieren.

**a.** Hebe Deine Arme wieder hoch. Halte dabei Deine Handflächen so nach oben, als ob Du eine Schale in Händen hältst. Stell Dir diese Schale vor und spüre sie. Bitte Dein Unteres Selbst, diese Schale mit MANA zu füllen und dieses Energie-Opfer dem Hohen Selbst zur Verwirklichung zu übergeben. Sieh das wieder bildhaft.

**b.** Atme nun wieder kräftig ein und ziehe dabei Energie Deine Wirbelsäule hoch, bis zum Scheitelchakra. Halte die Luft an. Stelle Dir vor, wie die Schale mit MANA angefüllt ist. Mit Deiner kräftigen Ausatmung übergib die Schale Deinem Hohen Selbst und laß gleichzeitig MANA aus Deinem geöffneten Scheitelchakra zum Hohen Selbst fließen. Wiederhole dieses, wie bei Punkt a) beschrieben, noch dreimal.

**c.** Du beendest nun Deine Anrufung.
Lege Deine Handflächen wieder zusammen vor Dein Herzchakra und sprich das Dankesgebet:

*"Allmächtiger Schöpfer allen Seins, göttliches Hohes Selbst, Unteres Selbst und Mittleres Selbst in Einem, ich danke. Ich danke allen göttlichen Mächten in allen Universen, möge die Liebe alle segnen."*

**7. Schritt**
**Der Segen.**

Zum Abschluß bittest Du um den göttlichen Segen in Form der zu Dir zurückfließenden, hochtransformierten MANA-Energie. Die Kahunas nannten diese universelle Energie, die vom Hohen Selbst zum Menschen strömt, MANA-LOA.

**a.** Nimm Deine Arme wieder hoch, um nun diesen MANA-LOA-Segen zu empfangen. Die Handflächen sind nach oben geöffnet. Sieh Dein Hohes Selbst- Symbol. Stell Dir vor, wie sich ein Lichtmantel von oben um Dich legt und LICHT durch Deinen Körper in und um die Erde fließt. Sprich nun folgenden Text und führe dabei die Arme um Dich, so als ob Du diesen LICHT-Mantel um Dich ziehst.

*"Möge der goldene Regen des Segens, des Friedens, der Liebe und des LICHTES um mich fließen und um die Welt, zum Ruhme Gottes."*

Auch diesen MANA LOA-Segen wiederhole noch zweimal.
Dieser hochschwingende LICHT-Mantel hat noch einen weiteren Sinn. Er schließt zugleich Deine Chakren, die ja während der Anrufung sehr aktiviert worden sind, so daß keine niederen Energien in Dich einfließen können. Weiter ist dieser LICHT-Mantel ein sehr hochschwingendes Energiefeld, das Dich den Tag über vor negativen Kräften schützt und Dir zugleich Kraft für den Tag gibt.

**b.** Komme nun zurück ins Hier und Jetzt.
Beginne kräftig ein- und auszuatmen. Recke Dich und strecke Dich. Sage dabei :

*"Ich bin wach, ganz wach im Hier und Jetzt!"*

Wiederhole diesen Satz mehrmals, bis Du Dich wirklich munter, wohl und wach fühlst.

Wenn Du den Hergang dieser HUNA-VITA-Anrufung einmal beherrschst, benötigst Du dafür ca. 30-45 Min. Diese Anrufung/Gebet wird mit dazu beitragen, Dein Leben auf eine höhere Ebene der Schwingung, der Energie und des Wohlseins zu heben. Wiederhole dieses Gebet möglichst jeden Tag, bis es für Dich zu einem fest einprogrammierten, wirkungsvollen Ritual geworden ist. Mache Deinem Hohen Selbst keine

Vorschriften, wie und in welcher Zeit es den gewünschten Zustand herbeiführen soll. Es kennt die verschiedenen Möglichkeiten, den Wunsch zu realisieren, besser als Du. Vergiß bei Deinem Gebet auch nicht die Bitte um Führung und Erkenntnis.

**8. Schritt**
**Die eigenen Bemühungen.**

Es gibt ein Sprichwort: "Hilf Dir selbst, so hilft Dir Gott!" Das ist sehr wahr. Deine, unser aller geistige Ebene der Führung wünscht, daß wir uns entwickeln und lernen. Lernen heißt aber, sich selbst anstrengen und sich in die Lernsituation einbringen. Was wir dann aus der hohen geistigen Ebene erhalten, ist Unterstützung, Führung und Rat.
Um also hier auf der irdischen Ebene etwas zu bewirken, sei es Heilung, Problemlösung oder Wunscherfüllung, immer mußt Du auf Deiner irdischen Ebene etwas in Bewegung setzen. Du mußt die hier geltenden physischen und psychischen Gesetzmäßigkeiten beachten und einsetzen. Dabei wirst Du - wenn Du die hohe geistige Ebene anrufst - von dieser geführt und unterstützt. Für diese eigenen sehr wesentlichen Bemühungen möchte ich Dir ein Psycho-Bild geben:

## *PSYCHO-BILD NR. 20 "Dein Handeln und Arbeiten".*

*Ich möchte Dir hier eine Geschichte berichten, die ich im Rajneesh Neo-Tarot gelesen habe: Ein Meister reiste mit einem seiner Schüler. Der Schüler sollte sich um das Kamel kümmern. In der Nacht kamen die beiden müde zu einer Karawanserei. Zu den Pflichten des Schülers gehörte es, daß er das Kamel fütterte und anband. Er kümmerte sich aber nicht um das Kamel und ließ es draußen stehen. Statt dessen betete er einfach zu Gott: "Herr, kümmere Du Dich um das Kamel!" und schlief ein.*
*Am nächsten Morgen war das Kamel weg. Gestohlen oder entlaufen, was auch immer passiert war. Der Meister fragte: "Wo ist das Kamel?" und der Schüler antwortete: "Ich weiß nicht, frage Gott. Ich habe Allah gesagt, er soll sich um das Kamel kümmern, weil ich zu müde war. Also weiß ich nicht, was geschehen ist. Und außerdem bin ich nicht dafür verantwortlich, weil ich es Allah aufgetragen hatte, und zwar*

*eindeutig! Meister du lehrst mich ständig: Vertraue auf Allah, also hab ich auf ihn vertraut."*
*Der Meister sagte daraufhin. "Vertraue auf Allah, aber binde zuerst dein Kamel fest - denn Allah hat keine anderen Hände als die deinen. Wenn Gott das Kamel festbinden will, muß er dazu die Hände des Menschen benutzen - er hat keine anderen Hände. Und es ist dein Kamel. Die beste Methode und die leichteste und die schnellste ist, deine eigenen Hände zu benutzen. Binde dein Kamel fest und dann vertraue auf Allah. Tu, was immer du tun kannst. Das sichert aber noch nicht das Ergebnis, es gibt keine Garantie. Also tu, was immer du tun kannst. Was dann geschieht, das akzeptiere.*
*Das bedeutet, 'bind das Kamel fest.' Tu alles, was dir zu tun möglich ist. Drücke dich nicht vor deiner Verantwortung, und wenn dann nichts geschieht oder irgend etwas schiefgeht, vertraue auf Gott............*
*Es ist sehr leicht, auf Allah zu vertrauen und bequem zu sein. Es ist sehr leicht, Allah nicht zu vertrauen und ein Macher zu sein. Der dritte Typus Mensch ist nicht so leicht zu finden: Allah zu vertrauen und dennoch zu handeln. Aber dann bist du nur das Werkzeug. Gott ist der wirklich Handelnde, du bist nur das Werkzeug in seinen Händen.*
*Der religiöse Mensch ist jemand, der immer das Menschenmögliche tut, sich deswegen aber nicht verspannt. Dann ist Tun eine Art von Andacht. Absichtslos sein, ohne den Wunsch, daß das Ergebnis so oder so sein muß."*

Wenn Du also etwas ernten möchtest, mußt Du auch säen. Die Ernte wird stets der Saat entsprechen! Mit anderen Worten, Gott hat hier auf dieser Ebene der Erde selbst keine "materiellen Hände". Darum mußt Du Deine Hände handelnd bewegen, damit Gott (bzw. das Hohe Selbst) durch Deine Hände wirken kann.

**9. Schritt**
**Fürbitte für andere.**

Du besitzt mit diesem HUNA-VITA-GEBET ein machtvolles Instrument für Deine Schicksalsgestaltung. Denke aber bitte nicht nur an Deine Vorteile.

Bedenke immer, daß wir eine Gemeinschaft sind, die nur durch den Einsatz aller füreinander gedeihen kann. Das ist der dritte Schritt, den ich einige Seiten zuvor beschrieben habe. LICHT für die Welt und die Menschen (Weltenschau).
Schließe also so oft Du kannst in Dein Gebet Deine Mitmenschen mit ein. Wir nennen das "Fürbitte" halten. Bitte dabei, daß sich Dein Hohes Selbst mit dem Hohen Selbst von ...."xy".... verbinden möge oder auch gleichzeitig mit mehreren Hohen Selbsten. Bitte weiter, daß göttliches LICHT der Liebe, Weisheit und Kraft zu diesen Menschen fließen möge.
Du kannst noch etwas sehr Wichtiges tun. Wann immer Du einem Menschen begegnest, schau kurz über seinen Kopf (Hohes Selbst Kontakt) und sag' still zu ihm: "Gott segne Dich".
Damit gibst Du ihm einen hohen Energieimpuls, der ihm in vieler Hinsicht helfen wird. Machst Du das oft, wirst Du erstaunt sein, wie diese Fürbitte-Energie - über die Hohen Selbste dieser anderen Menschen - zu Dir zurückfließt. Du hast die Hohen Selbste der anderen zu Deinen Freunden gemacht. Bedenke, daß die Hohen Selbste alle untereinander verbunden sind. Es ist die "Leuchtende Gesellschaft Der Hohen Selbste".
Diene, um zu verdienen.

**10. Schritt**
**Heilung.**

Diesen 10 Schritt der HUNA-VITA-Heilung bespreche ich im 14. Kapitel und im 7. Weg: Dein Heil-sein und Heil-sein mit Mutter Erde.

**Wie kann man weiter, auf dem 6. Weg des Herzens und des Friedens, in der äußeren Welt, der eigenen Familie, bei Freunden und Kollegen Frieden schaffen?**

**Beginne damit, auf Deine Worte zu achten.**

Du weißt, Worte enthalten große Kraft und auch Energien, besonders dann, wenn Deine innere Kraft durch die Anrufungen gewachsen ist.
Wenn Du jemanden vor Dir hast, verbinde Dich schnell mit dem Symbol

Deines Hohen Selbst. (Nur daran denken!) Dann sprich bewußt einige lobende, liebende Worte der Kraft aus. Das Untere Selbst des anderen wird sofort eine Erhöhung der Vitalkraft erhalten und darauf reagieren. Meistens fühlen die Menschen in sich ein unvermutet angenehmes Gefühl und werden innerlich berührt. Nach außen mag das beim Gelobten vielleicht als Verlegenheit wirken oder zu schnellem darüber Hinweggehen oder vielleicht auch zum Abschwächen des Gesagten führen, weil der andere von sich (und seinem Unteren Selbst) keine gute Meinung hat. Sehr, sehr viele Menschen laufen in einem Nebel der Schuldgefühle herum. Hier kannst Du mit solchen aufgeladenen Worten der Kraft endlich einmal Sonne in die Herzen dieser Menschen bringen. Von dieser Strahlkraft können sie dann ein Stück weit leben. Vielleicht denkt dieser Mensch öfters am Tag an Deine Worte. Dabei wird jedesmal wieder Licht und Sonne in ihm fließen. Du bist ein LICHT-Arbeiter für ihn gewesen. Wiederhole diese LICHT-Arbeit mit Deinen Worten bei möglichst vielen Menschen, während Deines Alltags, Deiner Arbeit und Freizeit.

**Vergib Deinen Mitmenschen.**

Beginne damit, das ist auch für Dein Unteres Selbst so wichtig. Tust Du es oft, unterstützt Du damit das Bewußtsein der anderen. Sie können es Dir dann leichter nachmachen und auch verzeihen. Mache möglichst immer den ersten Schritt zur Vergebung, das ist ein wunderbares Training zum Verzeihen. Entschuldige Dich und trage nichts nach. Dadurch durchtrennst Du zugleich belastende AKA-Fäden zu anderen. Immer wenn du nachträgst, bist Du mit einem feinstofflichen AKA-Faden mit dem anderen verbunden und verlierst MANA-Energie! Entschuldige Dich oder verzeihe. Bete für den anderen und beginne dann neu.

**Freude bereiten.**

Lächle jemandem zu, sage ein freundliches (energetisches) "Guten Morgen", sage ihm freundliche Worte. Schenke etwas.

**Hilf die Einsamkeit eines anderen zu überwinden.**

Gehe auf ihn zu, mache mal einen Besuch, oder schreibe einen Brief oder lade jemanden, der einsam ist, zum Essen ein. Halte Fürbitte in Deinem Gebet für ihn.

**Erkenne den anderen an.**

Sieh ihn nur an und denke dabei, daß er genauso göttlich ist wie Du. Dann lächle ihn nur an. Sei dabei mit Deinem Hohen Selbst verbunden. Beobachte dabei, was in Dir vorgeht und welch erstaunliche Wandlung sich in dem anderen Mitmenschen vollzieht. Beachte die Dinge, die er gut macht. Sage es Ihm. Lobe ihn einfach nur so. Sage öfters mit einem Lächeln "Danke".

**Verstehe den anderen.**

Höre ihm einfach zu, belehre ihn nicht und sage nur ja. (Auch wenn Du meinst, ihm etwas ganz anderes "Richtiges" sagen zu müssen.)
Akzeptiere seine Schwächen. Unterstütze ihn gedanklich, verbal und auch praktisch in der Lösung seiner Schwierigkeiten. Jedoch nur, wenn er Dich darum bittet. Aber laß Dich nicht von ihm in seine Probleme hineinziehen oder eine Mitschuld aufladen. Nütze den anderen nicht aus.

**Mach den Menschen Mut.**

Sprich mit ihnen und zeige ihnen einen Ausweg, wenn sie Dich darum bitten. Gib Menschen auch eine Chance und tritt selbst öfters zurück.
Sei ein LICHT-Botschafter und erweitere ihr Wissen vom LICHT, so daß sie eine größere Chance haben, selbst glücklicher und liebevoller zu werden. Aber nur, wenn sie Dich darum bitten!

**Habe mit Deinen Mitmenschen mehr Geduld.**

Nimm Dir für sie mehr Zeit und höre ihnen wirklich zu. Wenn etwas nicht schnell genug nach Deiner Vorstellung geht, gib dem anderen nochmal soviel Zeit.

**Auf diese Weise des Tuns kannst Du FRIEDEN vorleben. (Es macht übrigens sehr viel Spaß!)**

Jeder Mensch hat eine ganz tiefe Programmierung, bestimmte Verhaltensweisen nachzumachen. Glaube nicht, daß das nur Kinder machen. Nutze diese instinktmäßige Konditionierung jedes Menschen, die meist unbewußt abläuft. Beobachte es genau:

Lächle ihn an, er wird zurücklächeln. Mach ein ernstes Gesicht, und er wird ernst bleiben. Lebst Du also ein liebevolles, achtsames, nicht wertendes, anerkennendes, friedvolles Verhalten vor, ist das ein Maßstab, an dem sich Deine Mitmenschen selbst - ganz automatisch - messen. Sie werden es nachmachen wollen, weil es jemand vorgemacht hat.
Natürlich ist genau auch das Umgekehrte der Fall. Eltern machen ihren Kindern das Rauchen vor, und (meistens) rauchen die Kinder. Eltern leben Disharmonie vor, und die Kinder machen es nach. Das wiederholt sich in der Schule, bei der Arbeit, bis in den politischen Bereich.

Worauf Du also Dein Verhalten richtest, auf Frieden oder Auseinandersetzung, entscheidet letztlich über die Vollkommenheit und Reife Deines Bewußtseins.
Es ist hier ganz wesentlich zu erkennen, daß es nicht entscheidend ist, wie logisch Du mit Deinem Mittleren Selbst denkst, sondern worüber Du denkst! Über Frieden, Anerkennung, Geduld, Achtsamkeit, Liebe oder über Auseinandersetzung, Recht haben wollen, Bewertung usw. Ist Unvollkommenheit der Inhalt Deines Verhaltens und Denkens, wird auch Dein Verhalten, besonders anderen gegenüber, unvollkommen und wenig friedvoll sein.
Bedenke also nochmals, daß Dein Verhalten, Deine Harmonie zwischen Deinen drei Selbsten der Maßstab ist, an dem andere Menschen Deinen Zustand und auch den Zustand der Vollkommenheit der Welt ablesen und beurteilen werden. Denn Du bist ja ein Teil ihrer Welt und ihrer Wirklichkeit, woran sie alles messen, erkennen und erfahren können. So werden sich also Deine Mitmenschen an Deinem Verhalten des Friedens messen.

Ist Dein Verhalten liebevoll, friedvoll und verständnisvoll - und dadurch ausgerichtet auf Vollkommenheit - gibst Du all jenen Menschen, mit denen Du zusammenkommst, die Dich erleben, ein Ziel, und vor allem immer wieder den Beweis dafür, daß auch sie selbst solch ein liebevolles Verhalten erreichen können. Du unterstützt sie in dieser Weise am wirkungsvollsten in ihrem Tun und in ihrer Entwicklung, wenn Du es (Dein Glücklichsein) vorlebst.

***Fazit:***

***Überlege einmal:***
***Wenn all Deine Freunde und Bekannten Dich gerade heute so sehen und erleben, zu welchem Urteil über Dich und die Vollkommenheit, die Mitmenschlichkeit und die Liebe der Welt, werden sie Deiner Meinung nach kommen?***

Liebster Freund/in, wenn Du Dich das täglich immer wieder fragst, und dann mit dem LICHT-Gebet (Anrufung) Deine innere Lichtschwingung steigerst und friedvoll handelst, wirst Du wacher, empfindsamer, friedvoller, liebevoller und vollkommener.

**Das Ziel ist Gott, Gott in Dir, Dein Hohes Selbst.**

Du kannst den Tag mit Gott und den Gedanken an Dein Hohes Selbst beginnen, indem Du den ersten Gedanken an Gott in Dir entstehen läßt und Dich mit Deinem Hohen Selbst-Symbol verbindest.
Laß mich Dir sagen, Du bist göttlich, das göttliche Bild, der Christus-Gott, Gott-Mann bzw. Gott-Frau. Laß mich Dir weiter sagen, daß es nichts und niemanden gibt, der Dich dazu zwingen kann, bestimmte Gottesvorstellungen - oder Nichtvorstellungen - oder besonders gute Vorstellungen - zu haben. Es müssen für Dich freie Gedanken sein, die Du liebevoll an Dein Gott-Selbst übergibst, die eine Flamme des goldenen LICHTES in Deinem Herzen entzünden, die Deinen Alltag vergoldet und wandeln wird. Du wirst auch bald feststellen, in welcher Art sich bestimmte Aspekte in Deinem Leben wandeln werden und erfahren, wo Du wirklich aufgewacht bist.
Ich weiß, es mag gerade am Anfang mit manchen Schwierigkeiten verbunden sein, diesen Weg der stetigen LICHT-Verbindung wach und mutig weiterzugehen, um diese goldene Flamme des LICHTES, der Erkenntnis und der raumvollen Liebe in Dir am Leben zu erhalten.
Du und viele andere vor Dir, die diesen Pfad des erweiterten Bewußtseins beschritten haben, haben erkannt, daß man nichts wirklich Neues und Unbekanntes lernen muß. Alles liegt schon immer in Dir und wartet jeden Tag aufs neue darauf, von Dir erweckt und angesehen zu werden.

(Genauso, wie die Elektrizität schon immer in der Natur vorhanden war, ehe man sie entdeckte und genutzt hat.)
Alles in Dir wartet nur darauf, erweckt zu werden indem Du ja zum Leben, ja zu Deiner Liebe und ja zu Dir - dem Unteren, Mittleren und Hohen Selbst - sagst. So bewegst Du Dich vom äußeren Rand Deines Lebenskreises weiter fort. Unser Weg, vielleicht nun auch Deiner, führt nach innen, ins Zentrum des Lebensrades, in eine sich stetig erweiternde Erkenntnis und somit ins LICHT.

**Darum sagen wir:**
**HUNA-VITA-Praktiker sind Botschafter des Lichtes. Weil sie wissen, daß sie ES in sich tragen.**

Als Tätiger, als Lernender und Helfender, als "Licht-Arbeiter" gehören wir mit zu den ständig zunehmenden Lichtpunkten auf unserem kleinen, blauen Planeten Erde. Sie alle verbinden sich zu dem machtvollen "LICHTNETZWERK", das zunehmend umfassender die Erde umspannt.
Du wirst es spüren, überall in diesem Lichtnetzwerk, in vielen Ländern und Orten, erstrahlen positive, liebevolle und kreative Gedanken von Menschen, Kreisen und Gruppen und HUNA-VITA-Lichtkreisen. Dein wirkungsvollstes "Werkzeug" als Lichtarbeiter innerhalb des LICHT-NETZWERKES ist die Anrufung.
Das HUNA-VITA-LICHTRITUAL, die Anrufung Deines Hohen Selbst, Deines göttlichen Lichtfunkens, wird Dir zunehmend die größten Einblicke und die klarsten Lichtgedanken schenken. Diese spezielle Meditation wird Dir weiter dabei helfen, Deine belastenden Prägungen auf Deinen Bändern zu wandeln und zu erlösen.
Diese LICHT- und HEILMEDITATION ist zugleich eine Arznei. Es ist eine wirkliche "Medizin". Laß das reinigende, heilende und befreiende LICHT durch Dich strömen. Dieses goldene LICHT Deines Hohen Selbst hilft. Es reinigt Deinen ganzen Körper von negativen Kräften. (Höhere Energien transformieren immer niedrigere Energien.) Dieses Licht versetzt Deinen physischen und spirituellen Körper in weite, harmonische Bewußtseinsschwingungen und erfüllt Dich von oben bis unten mit Kreativität. Das wird Dich transformieren und heil machen.

**Gehe besonders morgens, wenn Du gerade aufwachst, in diese Meditation.**

Werde Dir jetzt einer Tatsache bewußt:
Früh am Morgen, wenn Du Deine Augen öffnest und die ganze Welt um Dich zu erwachen beginnt, gibt es eine große Flut von aufsteigender kosmischer Energie. Nutze diese Energieflut. Laß Dir diese Gelegenheit nicht entgehen. Du erhältst dieses Energiegeschenk der Erde und des Kosmos nur einmal am Tag!
Wenn die Sonne beginnt aufzugehen, erwachen alle Energien der Schöpfung. Denke daran, auch alle alten Lehren und Religionen schreiben Gebete und Meditationen bei Sonnenaufgang vor. In diesem goldenen, energiegeladenen, morgendlichen Augenblick kannst Du einfach auf der aufsteigenden Energiewelle mitschwimmen, das ist leichter. Abends ist es schwieriger, da zu dieser Zeit die Energiefluten wieder zurückfallen. Am Morgen kannst Du mit dem Strom schwimmen.

Wenn Du also aufgewacht bist, so werde Dir bewußt, daß dieses Energie-Geschenk auf Dich wartet und diese Energiewelle Dich in eine hohe Ebene Deiner Anrufung bringt. Durch diese stetige Arbeit an Dir erhöhst Du die Frequenz Deiner Geist-Kraftfeld-Schwingungen. Somit kommst Du immer besser mit dem ähnlich schwingenden kosmisch-göttlichen UR-KRAFTFELD in Resonanz. Du empfängst von dorther - über Dein Hohes Selbst - soviel Kraft und Erneuerung, wie Du benötigst. Hierdurch hast Du die "Macht" und die wissende Freiheit, die Qualitäten Deines Lebens zu gestalten und "scheinbare" Zufälle zu beeinflussen. Du bist - um das zu wiederholen - zu kraftvoller Gesundheit, Harmonie und Liebe befähigt !

**Die Wissenschaft, die Atomphysik,**

hat eindeutig nachgewiesen, daß in der Materie bzw. in den kleinsten Bausteinen der Materie, im Atom, unglaubliche Kräfte schlummern. Diese Kräfte sind beeinflußbar durch superkleinste Teilchen. In der Atomphysik werden sie als Neutrins bezeichnet. Neutrins sind aber zugleich auch in Deinen Gedankenwellen (Mental-Feldern) enthalten. In weit höheren Mengen befinden sie sich in einem erweiterten, energetisch hochschwingenden Bewußtsein. Z.B. während der Anrufung. Darum übertrifft die Kraft und Macht dieses göttlichen Funkens in uns alles. Der göttliche Geist gestaltet die Materie. (Z.B. Feuerlauf, Löffelbiegen, Materialisationen usw.)

Alle Weisheitslehren, alle Weisen und Erleuchteten, Christus, Buddha, Krishna usw., haben gelehrt und gezeigt, daß diese kosmisch-göttliche Urkraft, die in jedem Lebewesen ruht - der göttliche Funke - die gestaltende Kraft des Universums ist. Du bist ein Teil davon. Darum hast Du die Macht, mit der in Dir schwingenden göttlichen Kraft zu kooperieren. Tust Du dies, wirst Du das Wunder Deines vollen Potentials als Mensch mehr und mehr erwecken. Es ist darum Dein ererbtes Recht von Geburt an, diese göttliche Kraft in Dir, das LICHT Deines Hohen Selbst zu genießen und Dich damit auf der Erde zu entwickeln.

***Fazit:***

*Hier liegt Deine, meine, unsere einzigartige Chance. Wir alle, Du kannst Dich mit Deinem LICHT-Bewußtsein des Hohen Selbst, mit Gedanken des Friedens, des Lichtes und der raumvollen Liebe, mit dem harmonischen Bewußtseinsfeld vieler ähnlich schwingender Menschen auf dieser Erde verbinden. All das wird für unsere Zukunft, für Dich und Deine Familie so wesentlich werden. Es ist Deiner vollen Aufmerksamkeit als intelligenter, besorgter, weiser und wunderbarer Mensch wert.*

**Worte der göttlichen Kraft und Liebe, die Du innerhalb Deines Gebets nutzen kannst.**

✷ Gott ich bin eins mit dem universellen Leben, mit der universellen Macht, der Liebe und dem Frieden. Diese großartige Kraft und Macht hat ihren Mittelpunkt in meiner Natur. Sie erfüllt mich so positiv mit Gottes universeller und vollkommener Energie, daß ich sie über mein Hohes Selbst ausstrahle, so daß sich alles zu jeder Form und zu jedem Zustand hin wandeln kann. Zu Harmonie und Vollkommenheit. Ich weiß, alles ist in Übereinstimmung mit dem unendlichen Leben, mit Gottes Freiheit und Frieden.

✷ Mein Bewußtsein steht in vollkommener Übereinstimmung mit der unendlichen intelligenten Weisheit meines Hohen Selbst. Jede Eigenschaft meines ganzen Körpers findet durch mein Unteres und Mittleres Selbst freien Ausdruck.

✷ Mein Herz ist zum Überfließen angefüllt mit Frieden, Liebe und Freude über die siegreiche Christus-Kraft meines Hohen Selbst in mir. Gottes Leben erfüllt meinen Blutstrom mit reichem Leben und meinen Körper mit der Reinheit des göttlichen Lebens.

✷ Gott in mir ist alles Leben. Ich werde bei jedem Atemzug mit Leben erfüllt. Meine Lungen saugen mit jedem Atemzug Leben ein, und mein Blutstrom wird angefüllt mit vitaler Lebenskraft.

✷ Ich weiß, daß alle meine Organe von Gottes Ur-Kraft-Intelligenz durchdrungen sind. Sie sind sich all ihrer Pflichten bewußt und wirken zusammen für die Gesundheit und Harmonie meines ganzen Wesens.

✷ Gott, ich bin die Energie, die jeden Raum erfüllt, in dem ich bin. Ich weiß, daß mein göttliches Hohes Selbst die allweise liebende Intelligenz ist, die mir das mächtige Gottes-Leben schenkt, und ich fühle die völlige Christus-Kraft meines Hohen Selbst, Seine innewohnende Gegenwart in meiner ganzen Körpergestalt.

✷ Die intelligente Christus-Kraft meines Hohen Selbst sendet ihren Überfluß an Liebe über das ganze Universum. Ich bin wiedergeboren in die vollkommene Macht Gottes. GOTT- ICH- BIN- GOTT.

**Du wirst jetzt verstehen,**

warum das Gebet die stärkste Kraft der Welt ist, und welche Kräfte die Gedanken eines Gebetes in Bewegung zu setzen vermögen.
Es wirkt hier ein "morphogenetisches" Gedankenfeld zwischen dem Betenden und zwischen dem göttlichen Kosmos. Es geht hier also um Tatsachen und erlebbare Wirkungen. In ganz eindeutigem Maß erleben wir diese Gebetsauswirkungen immer wieder bei Gebetsfürbitten für Heilungen.

Im nächsten Kapitel möchte ich Dir mehr darüber berichten, wie diese Heilenergien im Körper wirken und was sie bewirken. Auf der anderen Seite ist für Gebets- und Geistheilungen wesentlich zu wissen, warum Heilenergien auch nicht wirken. Die eingeweihten Kahunas sprachen hier von den Dornen und den Knoten auf dem Pfad.

# 13. KAPITEL

## Der 7. Weg

des Herzens und des Friedens
mit dem Heilsein von Dir und Mutter Erde.

**Dieser Weg zeigt auf, wie HUNA-VITA-Heilung geschieht. Hier heißt Heilung: Harmonisierung von Körper, Geist, Seele und Natur mittels der alten HUNA-Weisheit, der Heilkraft des Hohen Selbst und neuer Möglichkeiten der Bewußtseinstransformation. HUNA-VITA-Heilung ist ein grundlegendes Prinzip, das Heilsein von Mensch und Natur praktiziert.**

## Ein Weg geistig-seelischen Heilseins.

Alles im Kosmos, unsere Erde, wir selbst, Tiere, Pflanzen, die gesamte Materie, sind verdichtete Energie. Diese Materie-Energien einschließlich aller lebenden Strukturen haben einen energetisch-geistigen "Schaltplan", nach dem sie zusammengebaut sind und der alles miteinander vernetzt und verbindet. In diesen Schaltplan fließt aus dem Kosmos die übergeordnete, göttliche Ur-Kraft ein und kommt mit allen Schaltplänen von Materie und Leben in Bewußtseinsresonanz.
Sehen wir uns einmal eine lebende Zelle an, so finden wir dort eine energetische Schaltplanstruktur, die einem Schwingkreis ähnelt, in dem

zwischen zwei Polen Lebensenergie hin- und herschwingt. Jede Zelle erzeugt solch eine Lebensenergie, die in harmonischer Resonanz zu der oben erwähnten göttlich-kosmischen Ur-Licht-Energie steht.
Am besten erkennt man diese Zell-Lichtschwingung der Lebensenergie beim Glühwürmchen. Jede Zelle erzeugt ihre eigene, typische Schwingungsfrequenz, die mit der kosmischen Ur-Licht-Energie - mit ihrer unendlich großen Frequenz-Bandbreite - in Resonanz kommt und somit die schwingende Lebensenergie der Zelle stetig anregt.
Der russische Wissenschaftler *A.G. Gurwich* nannte diese Lebensenergie-Schwingung der Zelle "die mitogenetische Strahlung", die in ihrer feinsten Schwingung noch zehnmillionenmal schwächer als die Leuchtkraft des Glühwürmchens ist. Durch die wegweisenden Forschungsarbeiten des schon erwähnten Wissenschaftlers *F.A. Popp* weiß man heute, daß die Strahlungsquelle dieser Lebensenergie-Schwingung im Zellkern selbst liegt, in der DNS-Struktur.

**Es gibt viele Namen für dieselbe Energie.**

Die alten Kahunas im polynesischen Raum nannten diese vitale Lebenskraft Mana. Die Chinesen bezeichneten diese Energie mit "Chi", die aller Schöpfung innewohnende Lebenskraft. Sie fließt in bestimmten Energiebahnen (Meridiane) und kann durch bestimmte Akupunktur-Manipulationen innerhalb der Meridiane gesteuert werden. Durch Disziplinen wie "Tai Chi" und "Aikido" konzentriert und leitet man diese Vitalkraft im Körper. Aus Chi entspringen die beiden polaren Teilenergien "Yin" und "Yang", die alles Leben im Gleichgewicht halten. Krankheit ist demnach ein Ungleichgewicht zwischen diesen beiden polaren Kräften im Menschen.
Parallel dazu findet sich in der Tradition der Yogis Indiens und Tibets der Begriff "Prana". Für die Sufis heißt diese Kraft "Baraka" und in der jüdischen kabbalistischen Tradition "Yesod". In der christlichen Lehre paßt diese Energie in die Vorstellung vom "Heiligen Geist", der alles durchdringt und durch den Wunder bewirkt werden.
Betrachtet man das Leben als eine Harmonie der ungestörten Lebensenergie-Schwingung zwischen den beiden Polaritäten Plus und Minus (Yang und Yin), so begreift man leicht, daß durch verschiedene

Umstände diese harmonische Lebensenergie-Schwingung in der Zelle gestört oder sogar vernichtet werden kann, wodurch der Tod der Zelle eintritt. Schädigungsquellen sind in unserer so belasteten Umwelt zahlreich vorhanden, z.B. fremde Strahlungsquellen wie Erdstrahlung, Elektrostrahlung, radioaktive Strahlung, Radarstrahlung, Mikrowellenstrahlung usw. Jedoch auch Mikroben haben ihre eigene spezielle Lebensenergie-Strahlung, die meistens unterhalb oder oberhalb der Energiefrequenz der menschlichen Zelle liegt und diese nachhaltig stört. Wird dadurch die Schwingungs- und Strahlungskraft der Menschenzelle zu schwach, so wird das harmonische Zellschwingungsverhältnis (Yin und Yang) unter den Zellverbänden so beeinträchtigt, daß Krankheit entsteht.

***Fazit:***
*Um die Zelle zu heilen, braucht sie eine Schwingungs-Energie in der Frequenz ihrer eigenen, gesunden Zellschwingung.*

**Die kosmische, universelle Energie.**

Wie schon oben erwähnt, steht die in der Zelle schwingende vitale Lebensenergie Mana mit der universellen kosmischen Energie (Mana-Loa) des Hohen Selbst in einer bestimmten Resonanz. So können wir diese göttlich-kosmische Kraft, die durch das Hohe Selbst auf den Menschen einwirkt, als einen universellen "Zündfunken" betrachten, der die Zell-Lebensenergie stetig anregt.
Dieser kosmische "Zündfunken" (Mana-Loa) universaler Energie durchdringt nicht nur den Menschen, sondern letztlich alles Leben. Er ist in seiner Schwingungsfrequenz allumfassend und von unbegrenzter Reichweite. Dieser Zündfunke kosmischer Kraft ist zugleich die höchste Form von Energie und weder begrenzt noch eingeschränkt von irgendeiner anderen Energieform.
Wir werden noch sehen, wie wir mittels HUNA-VITA-Wissen und Praxis diese universelle kosmische Energie bewußter und stärker zwecks Heilung in unseren Körper leiten können.

**Das feinstoffliche Empfangssystem des Menschen.**

Im Moment ist für uns die Frage wichtig, wie jene kosmisch-universelle Energie in unseren Körper und somit in jede Zelle eindringt. Nun, die alten Weisheitslehren sagen, daß wir Menschen ein sehr empfindsames, feinstoffliches "Empfangssystem" für jene kosmischen Energien besitzen. Neben unserem meßbaren körperlichen Stoffwechsel, also dem Abbau und Umbau unserer Nahrung zu Fett, Kohlenhydraten und Eiweißen und dem Aufbau zu körpereigenen Elementen und Strukturen, besitzen wir in uns auch noch einen feinstofflichen "Energie-Stoffwechsel".
Dieses feinstoffliche Empfangs- und Steuersystem für die universelle kosmische Energie und für die körpereigene vitale Lebensenergie Mana wird als das "Chakra-System" bezeichnet. Der japanische Wissenschaftler Dr. Hiroshi Motoyama hat diese psychisch-energetischen Zentren mit einem von ihm entwickelten Gerät nachgewiesen.
Die Kabbalisten sagen, daß es in der Seele des Menschen 7 Tore gibt, die es gilt zu erkennen und zu öffnen. Die Rosenkreuzer setzen 7 Rosen als Symbole für die Chakras. In unserer Zeit äußerte der große Psychologe C.G. Jung, daß die Chakras die Pforten des menschlichen Bewußtseins seien und zugleich auch Empfangsstationen von Energien aus dem Kosmos. Der Lotos ist in den Kulturen der Ägypter, Inder und Ostasiaten das Lichtsymbol. In ihren Darstellungen zeigen Lotosblüten den Sitz der Chakren an. Ein weiterer Ausdruck für Chakra ist "das Kreisende", wie die rotierenden Sonnenräder. Zugleich ist auch das kreisende Chakra-Rad eine Analogie zum rotierenden Erdball und zur rotierenden Atom-Struktur. Chakras drehen sich normalerweise rechtsherum. Hier finden wir wieder das Prinzip der Rechtsdrehung von Energien, die für unseren Körper lebensaufbauend sind. Denke hier z.B. an die so wichtige rechtsdrehende Milchsäure, die DNS und sonstige Spiralstrukturen der lebenden Makromoleküle (LM). Die linksdrehenden Strukturen und Energien sind für den Menschen energieabbauend, also lebensfeindlich. So zeigt die Milchsäure in Krebszellen eine Linksdrehung.

Die Chakren befinden sich etwas außerhalb und zugleich auch innerhalb des Körpers, genauer des feinstofflichen Schattenkörpers Kino-Aka. Etwas ungenauer ist hierfür der Begriff Aura. Die Chakren öffnen sich an der

Körperaußenseite wie ein Trichter und sehen, direkt von vorn betrachtet, wie schnell wirbelnde und sich drehende Räder oder Blüten aus. Diese Chakra Räder oder Trichter verjüngen sich zu einem Stiel, führen durch den Körper und enden in der Wirbelsäule. Die großen Hauptchakren sind zentral, mittig im Körper angeordnet auf den zwei Zentral-Meridianen, dem Gouverneur-Meridian (hinten) und dem Konzeptions-Meridian (vorn). Beide Meridiane zusammengeschlossen, bilden den schon zuvor beschriebenen "Energie-Licht-Kreislauf". Wird dieser Energie-Licht-Kreislauf mit der beschriebenen Technik eröffnet, also aktiviert, fließt auch verstärkt vitale Lebensenergie in den Chakren und stärkt diese in ihren Funktionen und damit auch gleichzeitig alle Funktionen des Körpers und seiner Organe. Auch hier wird für Dich wieder ersichtlich, wie wichtig es ist, den Licht-Energie-Kreislauf zu öffnen und zu stärken.

Im Basis- oder Wurzelchakra liegt der größte Mana-Energievorrat unseres Körpers. Von hier steigen die beiden großen Zentral-Meridiane auf. Dieser Mana-Energievorrat wird auch als dreieinhalbfach aufgerollte Schlangenkraft (Kundalini) dargestellt, die sich im Laufe der menschlichen Bewußtseinsentwicklung immer mehr entfaltet, aufrichtet und über die Aktivierung aller Chakren nach oben in das 7. Kronen-Chakra fließt.

Das Entrollen und Aufsteigen der Mana-Energie (Kundalini) bedeutet eine äußerst starke Aktivierung der Nervenenergie im Rückenmark, was zu einer vollkommenen Integrierung beider Gehirnhälften führen soll, so daß es zu 100% genutzt werden kann. Dieser Vorgang der Energievereinigung wird auch als Erleuchtung bezeichnet, als "Chymische Hochzeit" und in der östlichen Tradition als "Samadhi".

**Der feinstoffliche Energie-Stoffwechsel.**

Wie schon erwähnt, vollzieht sich in unserm physischen Körper ein zweiter, feinstofflicher Energie-Stoffwechsel. Hierbei wird einmal aus der eingeatmeten Luft und aus der gegessenen Nahrung feinstoffliche Lebenskraft aufgenommen und dem körpereigenen Energiesystem (Mana) zugeführt. (Dieses Prinzip habe ich beim HUNA-VITA-Ernährungs-Yoga erklärt und aufgezeigt, wie man es gezielt für die Mana-Vermehrung im Körper nutzen kann.) Zum anderen "atmen" die Chakren jene universelle kosmische Energie ein und führen diese ebenfalls dem Meridiansystem

und darüber den Körperzellen zu.
Besonders die oberen Chakren, ganz besonders das 7. Scheitelchakra und das 8. transpersonale Chakra, das 8. Siegel, führen in hohem Maße diese universelle Mana-Loa-Energie in den Körper.
So können bestimmte Meister eine Zeitlang nur mit ihrem Chakra-System atmen. Sie dokumentieren das dadurch, daß sie sich in einem luftundurchlässigen Behälter einschließen lassen. Der Behälter wird dann mit dem Meister für längere Zeit in ein Wasserbecken versenkt. Später, wenn der Behälter wieder geöffnet wird, ist der Meister in einem guten gesundheitlichen Zustand.
Zugleich wird verbrauchte, niedrigschwingende "Masse-Mana-Energie" über die Chakren nach außen abgegeben. Die Chakren "atmen" also jene feinstofflichen Energieströme ein und aus. Darum ist es auch möglich, über die Technik des "Mutter-Atems", den feinstofflichen Energie-Stoffwechsel soweit zu aktivieren, daß vermehrt sich ablösende Masse-Energie von hochkommenden Bändern "ausgeatmet" werden kann. Diese Technik beschreibe ich später.

Betrachte Dir nun aufmerksam auf der nächsten Seite die Übersicht. Hier wird der Energiefluß und die Wandlung von Prana- zu Manaenergie dargestellt.

**Übersichtlich betrachtet, vollzieht sich der feinstoffliche Energie-Stoffwechsel folgendermaßen:**

* * * * * * *

* * * * *

Einströmen der Primär-Energie ( Prana, Mana-Loa),
Aufnahme der Energie aus der Luft,
aus der Nahrung und der Umwelt.
in die Chakren.

* * * *

* *

**O O**

**O O** Chakren **O O**

**O O**

□ □ □ □ □ □ □ □

□ □ □ □ □ □

Umwandlung durch die Chakren in
Sekundär-Energie = Mana

□ □ □ □

□ □ □

Einströmen von Mana in die Energiebahnen
(Meridiane) des Körpers.

□ □ □ □ □ □ □

□ □ □ □ □ □ □

Einwirken von Mana (über die Meridiane)
auf das Nervensystem

□ □ □ □ □ □ □

□ □ □ □ □ □ □

Einwirkung auf das Drüsen-Hormonsystem

□ □ □ □ □ □ □

□ □ □ □ □ □ □

Einwirkung auf Blut, Organe und Gewebe

Von diesem feinstofflichen Energie-Stoffwechsel sind - wie oben aufgezeigt - alle unsere Körper- und Geist-Seelenfunktionen abhängig. Wenn die spirituelle Entwicklung des Menschen weiter voranschreitet, d.h., wenn seine Chakren eine höhere Seelen-Geist-Energie-Schwingung aufzeigen, wird er immer feinfühliger und empfindsamer für die Energien und Kräfte, die von außen auf ihn einströmen. Wird nun diese, aus der Umwelt einströmende Primärenergie "giftig", d.h., strömen Energieformen in die Chakren, die die feinstofflichen Energiestrukturen dieser Zentren stören, so schützen sich die Chakren, indem sie sich in gewisser Weise schließen. Sie werden dadurch jedoch auch inaktiver. Der Mensch ist dann darauf angewiesen, von seinen Energiereserven zu leben. - Wie richtig die Bibel sagt: "Der Mensch lebt nicht nur von Brot allein!"

**Die Chakren sind zugleich auch psychische Zentren**

mit besonderen Bewußtseins- und Heilkräften. Die Harmonisierung der psychischen und energetischen Chakra-Energien führt zu umfassender Gesundheit und Lebensfülle. Auch die ausgeglichene Zusammenarbeit der "Drei-Selbste" des Menschen steht in engem Zusammenhang mit den Chakren und darüber wiederum mit dem Körper, besonders dem hormonellen System. Das hormonelle Drüsensystem zu stabilisieren und zu regulieren, heißt zugleich auch das Chakra-System zu harmonisieren, und das heißt, das Meridian-System der Mana-Energie zu stärken. Der Körper und zugleich die Psyche des Menschen wird aus dem Wirrwarr fehlgeleiteter Energien hin zum Gleichgewicht der geordneten Mana-Energien (Yin + Yang) geführt. Zugleich drückt sich dadurch auch die geistig-seelische Harmonie der drei Selbste aus.

**Die hauptsächlichen Störquellen dieser psychisch-energetischen Zentren sind:**

- Blockierung der drei Selbstwesen untereinander.

- Konflikte, Anhäufung von Masse-Energie auf den Bändern des Unteren Selbst, so daß es sich "schämt", mit dem lichtvollen Hohen Selbst Kontakt aufzunehmen.

- Besetzungen durch Fremdenergien, negative Gedanken und Fremdseelenwesen.

- Eine fehlgeleitete Identifizierung des Mittleren Selbst (5% Ego) mit belastenden Daten auf den Bändern des Unteren Selbst.

- Umwelt- und Standortbelastungen durch Strahlung, Umweltgifte, falsche Ernährung und falsche Kleidung (zuviel Kunststoff).

- Gestörte Gehirnintegration durch gestörten Mana-Energiefluß und Streß.

Da die Vergiftung der Umwelt und die Luftbelastung stetig zunimmt, der psychische Streß weiter ansteigt, ist es so wesentlich, die eigenen Chakrafunktionen und damit die Integration der Drei-Selbstwesen gezielt zu unterstützen. Hierher gehören die Techniken:

- ☞ Der Licht-Energie-Kreislauf
- ☞ Das HUNA-VITA-Lichtgebet/Anrufung
- ☞ Schulung des Beobachters mit Mutter-Atem
- ☞ HUNA-VITA-Ernährungs-Yoga
- ☞ die 5 Tibeter-Übungen

***Fazit:***

*Die Chakren sind die machtvollen "Drehscheiben" unseres Lebens. Sie nehmen die göttliche, universelle Energie und die Umwelt-Energie auf und verbinden unsere äußere, körperliche Welt mit unserer inneren, feinstofflichen, psychischen Welt. Diesen Vorgang der Energie- Ein- und Ausatmung gilt es mit den verschiedenen HUNA-VITA-Techniken für mehr Harmonie und Gesundheit zu unterstützen.*

# Das alte HUNA-Wissen vom blockierten Pfad.

Die Blockierungen auf dem Pfad zum Hohen Selbst werden als Knoten, die zehrenden Begleiter als Dornen, Disteln, Schlangen und geheime Sünden bezeichnet. Ein weiterer Begriff in unserer westlichen Psychologie ist die Fixierung und der Komplex.
In der Psychologie, besonders der von Freud, wird diese Fixierung als etwas bezeichnet, das im Zuge des normalen Entwicklungsvorganges eines Menschen auf einer weniger weit entwickelten Bewußtseinsstufe stehenbleibt und in das Unterbewußtsein verdrängt wird.
In der Behandlung dieser Fixierungen und Knoten auf dem Pfad ist es nun wesentlich zu verstehen, daß das Untere Selbst mit diesen Blockierungen eine tiefe, für das weitere Leben wichtige Absicht verbindet. Es ist also nicht damit getan, nur die Symptome bzw. den Blockade-Knoten an sich zu beseitigen, wie es oft in der herkömmlichen "wissenschaftlichen" Psychotherapie und Medizin geschieht. Man übersieht mit dieser Symptombehandlung die ganzheitliche Anlage des Menschen, so wie er von der Stunde seiner Geburt und vorgeburtlichen Zeit geschaffen wurde. Vor allem aber geht man davon aus, daß diese Symptome Krankheiten seien. Die alten Kahunas sagten, daß der Mensch an sich, durch seine drei Selbste, vollkommen ist. Nur durch die Blockierungen des Mana- und Gedankenflusses auf dem Pfad zum Hohen Selbst wird sein Leben gestört.

**Gründe für die Blockierungen des Pfades bestand für die Kahunas in drei großen Bereichen:**

**1.** Steht das Untere Selbst unter dem Einfluß tiefsitzender Scham-, Schuld- oder Angstgefühle oder ist es belastet durch negatives Gedanken-Beeren-Gestrüpp, so kann es den Pfad zum Hohen Selbst nicht gehen. Schuldgefühle wären hier, andere Lebewesen - auch sich selbst - bewußt schlecht und böse behandelt zu haben. Das drückte die Silbe *"Ino"* aus.
Das Wort *"Hala"* bezeichnet dieses negative Gedanken-Beeren Gestrüpp, wodurch der Pfad nicht mehr gefunden wird.

**2.** Die Kahunas gingen davon aus, daß wir unsere in diesem Leben nicht gelösten Knoten (nicht gelebte und erkannte Band-Programme) des Unteren Selbst mit in das Jenseits nehmen. Im Jenseits belasten uns diese negativen Knoten und Blockaden so sehr, daß viele Inkarnationen benötigt werden, um diese Belastungen aufzulösen. (Im HUNA-VITA-Clearing wird das erkannt und aufgelöst.)

**3.** Menschen ziehen durch ihre bestimmte Bewußtseinsstruktur und Energieschwingung fremde Wesenheiten und verstorbene Seelenwesen an. Hier begegnen wir wieder dem Bild der "zehrenden Begleiter", die Mana vom Menschen für ihren eigenen Bedarf abziehen. Die "Schlange" der Genesis gilt als das Symbol der ersten Ursache der Sünde, des Todes und des Schlechten. In der HUNA-Lehre sind alle drei oben aufgeführten Arten von Knoten und Belastungen durch das Wort *"Moo"* erfaßt.
Dieses Wort bezieht sich auf alle Arten von Reptilien und bedeutet zugleich auch "austrocknen", was das Wegnehmen von Mana ausdrückt.
So war die Schlange "Moo" ein Geist der gleichen Klasse wie die sog. "zehrenden Begleiter"; Denn sie stahlen und verschwendeten Mana.

**Es gibt noch eine Unterscheidung in "junge Knoten" und "alte Knoten" auf dem Pfad.**

**Junge Knoten**
entstehen in der Jetztzeit, momentan durch verdrängten Ärger, Aggression und negative Gedanken.

**Alte Knoten**
sind schon länger bestehende, belastende, meist unbewußte Probleme, Ängste usw. aus der Vergangenheit oder Vorleben.
Beide Arten der Knoten (Bänder) binden große Mengen Mana (Masse-Energie) an sich. Ziel ist es zunächst, die gebundene Masseenergie zu erlösen, um sie dem Menschen wieder für sein Leben zur Verfügung zu stellen. Zweitens muß die momentane Schwingungsebene des Bewußtseins angehoben werden durch Erkenntnis der Botschaft und des Sinns der Belastungen sowie durch den Einstrom hochschwingender Mana-Loa-Energie vom Hohen Selbst.

**Die Auflösung von Knoten auf dem Pfad.**

Diese Befreiung und Auflösung von Knoten kann man in zwei große Bereiche einteilen:

**1. Die Auflösung von Knoten auf der personalen Ebene.**
Hier wird angedeutet, daß auf der Ebene des Mittleren Selbst, des Unteren Selbst, der Schattenkörpersubstanz und der Mana-Energie gearbeitet wird. Folgende Maßnahmen werden innerhalb von HUNA-VITA beschritten:

**a.** Das Wissen von der "okkulten Anatomie" des HUNA-VITA-Systems.
**b.** Das "finale" Wissen vom Ur-Licht und dem Sinn des Seins.
**c.** die Punkte a. + b. führen zu einem tieferen Verstehen des Mittleren Selbst, wodurch neue, erweiterte Gedanken- und Programmuster für das Leben angelegt werden.
**d.** Umfassende Zusammenarbeit mit dem Unteren Selbst.
**e.** Erlösung der Masse-Energie von den belastenden Bändern. Durch: Schulung des Beobachters, "Dreifache Achtsamkeit", "Ich-Botschaften" und Mutter-Atem. Oft Kontakt mit dem Unteren Selbst herstellen. Durch die verschiedenen Prozesse innerhalb der HUNA-VITA-Intensivkurse, Clearing, Remothering usw.
**f.** Praktizieren des Licht-Energie-Kreislaufes und anderer bio-energetischer Körperübungen. (Sieh in den Vorkapiteln)
**g.** Anwendung des Licht-Energie-Kreislaufes unter Einbeziehung der Chakren und der 7 Farben. (Sieh in den Vorkapiteln)

**2. Die Auflösung von Knoten mittels der Hilfe der transpersonalen Ebene.**

Hier geht es darum, das Kraft- und Bewußtseinsfeld des eigenen Hohen Selbst und der kosmischen LICHTWESEN anzurufen und zu nutzen. Auf unserer trans-personalen Ebene, also der Ebene des Hohen Selbst, die über (= trans) unserem Mittleren und Unteren Selbst liegt, finden wir keine <u>persönlich</u> gespeicherten Band-Programme. Hier begegnen wir übergeordneten, ganzheitlichen Bewußtseinsinhalten des großen kosmisch-göttlichen Geschehens. Folgende Maßnahmen werden innerhalb von HUNA-VITA beschritten:

**a.** Praktizieren des HUNA-VITA-LICHT-Gebetes/Anrufung, hier mit dem speziellen Heilungsteil. (Sieh nächstes Kapitel)
**b.** Die Praxis der HUNA-VITA-Anrufung des 2.Grades.
**c.** Das Ho Oponopono Ritual zur Abtrennung alter belastender Band-Programme und deren Aka-Fäden.

Durch diese verschiedenen Techniken und Übungen der "Pfad-Reinigung" zum Hohen Selbst wird schon recht bald eine tiefe und innige Beziehung zum eigenen Hohen Selbst hergestellt. Ist dies geschehen, so können die Mana-Energien und die Wünsche nach Heilung und Lebenserfolg sehr viel besser zum Hohen Selbst fließen.
Wie Du dieses HUNA-VITA-Heilgebet aufbaust und gezielt an Dein Hohes Selbst übermitteln kannst, möchte ich Dir auf den nächsten Seiten erklären. - Zu Deinem Wohle und dem Deiner Mitmenschen.

# 14. KAPITEL

## Das HUNA-VITA-Heilungsgebet

(Fortsetzung des HUNA-VITA-RITUS NR. 8
und des 7. Weges.)

**10. Schritt**
**HUNA-VITA-Heilung.**

Unter HUNA-Heilung versteht man, daß die Unteren Selbste - durch die AKA-Fäden - und die Hohen Selbste in der leuchtenden Gesellschaft alle miteinander verbunden sind. Somit ist auch jeder, der einem anderen Menschen helfen will, mit diesem verbunden. Hier begegnen wir Aussagen, die auch Jesus gemacht hat. "Was Du einem meiner geringsten Brüder antust, das tust Du auch mir an." Das bedeutet, daß in jedem Menschen dieser Christus (Bewußtsein, das Hohe Selbst) ist. Oder folgender Gedanke drückt das ebenfalls aus. "Wir alle sind Brüder und Schwestern." Auch hier der Hinweis auf unsere gemeinsame Verbindung.
Ein weiterer Hinweis für die Funktion und Wirksamkeit der HUNA-VITA-Geistheilung ist die Tatsache, daß wir alle in einem einheitlichen Bewußtseins-Feld verbunden sind. Die fortschrittlichen Physiker sprechen hier vom "vereinheitlichten Feld", das uns alle verbindet und aus dem alles entsteht.

**Unser Hohes Selbst ist mit uns über das Scheitelchakra und Herzchakra verbunden.**

Dadurch sind auch alle anderen psychischen Kraftzentren (Chakren) entlang der Wirbelsäule angeschlossen. Über diese geistigen Kraftzentren

fließen die hohen Energien (MANA-LOA) des Hohen Selbst weiter in alle Drüsen, Zellen und Organe. Sowohl das Gehirn, die Nerven, sowie der ganze Körper wird von dieser Kraft durchstrahlt. D.h., diese Kraft des Hohen Selbst spendet Leben. Ein Teil dieser MANA-LOA-Energie wird vom Unteren Selbst umgewandelt in eine niedere Energie. Das ist MANA, das auf besonderen Körperenergiebahnen (Meridiane) fließt. Wie zuvor beschrieben, wird MANA auch noch auf andere Weise für den Körper gewonnen.
Fließt also diese MANA-LOA-Kraft und die MANA-Energie im harmonischen Rhythmus durch unseren Körper, sind wir gesund, glücklich und ausgeglichen. Zugleich ist das auch ein Zeichen, daß die drei Selbste harmonisch miteinander arbeiten und verbunden sind. Diese MANA-LOA-Energie des Hohen Selbst ist eine universelle Energie und steht im unmittelbaren Zusammenhang mit der großen göttlichen kosmischen Schöpferkraft, der UR-LICHT-Kraft. Je intensiver diese universelle Kraft (MANA-LOA) in uns strahlt, desto höher schwingt unser Bewußtsein, das Untere Selbst (Seele) , das Mittlere Selbst und unser Körper. Die Folge davon ist, daß auch der Mensch gesund und heil ist und von Schicksalsschlägen und schweren Krankheiten verschont bleibt. Das ist durch das kosmische Gesetz der Resonanz zu verstehen, das besagt: Wir ziehen das an, das unserer Energie/unserem Bewußtsein entspricht.

**Fassen wir also zusammen:**

Das Hohe Selbst gibt seine universelle Energie (MANA-LOA) weiter über die AKA-Schnur an das Untere Selbst (die Seele) und dadurch an alle 7 großen psychischen Energiezentren (Chakras). Von dort aus gelangen die Heil- und Lebenskräfte in unseren gesamten Organismus. (Genaue Erklärung siehe Kapitel 13)
Hieraus wird auch verständlich, wie wesentlich die tägliche Anrufung, das HUNA-VITA-GEBET/MEDITATION ist. Wird doch gerade dadurch diese universelle göttliche Kraft in unseren Körper geleitet. Je mehr wir uns dieser Christuskraft unseres Hohen Selbst in unserem Leben zuwenden und ein entsprechendes Leben führen, um so mehr ziehen wir diese hohen Geisteskräfte an. Wir kooperieren mit den Kräften und LICHT-Wesen des Kosmos.

Der HUNA-VITA-Heiler hat nun die Möglichkeit, wenn er oben beschriebenes Energiesystem verinnerlicht hat, über sein Hohes Selbst vermehrt jene hochschwingenden kosmischen Heilkräfte anzuziehen. Diese kann er in sich leiten, für die Selbstheilung oder über die Hohen Selbste zu einem Heil- und Hilfesuchenden. Auf diese Weise wird der MANA-LOA-Heilenergieeinstrom verstärkt zu den kranken Organen geleitet, bei sich selbst und bei dem anderen Menschen.
Um Energieverluste bei sich selbst zu vermeiden, sollten Menschen, die täglich mit vielen anderen Menschen zusammenkommen, einen sofortigen Kontakt mit ihrem Hohen Selbst herstellen, indem sie sich mit dem eigenen Hohen Selbst verbinden und Mana-Loa-Energie vom Hohen Selbst aus, über das Scheitel-Chakra, durch sich strömen lassen. Schließlich ist es ratsam, diesen Mana-Loa-Energiefluß sofort "einzuschalten", wenn man mit anderen Menschen zu tun hat. Man könnte hier den Vergleich anführen, daß eine strahlende Sonne alles gedeihen läßt. Gibt es dagegen immer nur verdunkelnde Wolken, würde das Wachstum vermindert werden. Das bedeutet, seelische Blockaden sind wie Wolken und vermindern den Einstrom von MANA-LOA Energie und verdunkeln unsere innere Hohe Selbst-Sonne.

**Ablauf der geistigen Heilung.**

Wie im 12. Kapitel beschrieben, vollziehst Du für dieses Heilungsgebet das HUNA-VITA-Lichtgebet/Anrufung bis zur 5. Stufe. Statt Deines Gebetes nach privaten oder beruflichen Wünschen und Zielen bitte Dein Hohes Selbst nun um die gezielte Heilung.
Erschaffe Dir, wie im 12. Kapitel beschrieben, ein genaues Ziel- und Wunschbild von Deinem Heilsein. Du bist mit Deinem Hohen Selbst verbunden, so wie in den Schritten zuvor beschrieben (Schritt 1- 5). Deine Hände liegen locker, mit den Handflächen nach oben, auf Deinen Beinen. Lächle! Sprich folgendes zu Deinem Hohen Selbst:

*"Bitte, göttliches Hohes Selbst, verbinde mich jetzt mit den göttlichen Heilenergien."*

Beginne von Deinem Hohen Selbst-Symbol aus, über Dein Scheitelchakra, zum Herzchakra LICHT-Heilenergie einzuatmen. Visualisiere oder fühle, wie dieses Heil-LICHT in Dich strömt. Mit diesem Einströmen erweckst und aktivierst Du - wie oben beschrieben - alle psychischen Kraftzentren entlang der Wirbelsäule. Über jene fließt Heilenergie weiter in die Drüsen und alle Zellen des Körpers. (Darum ist es so wichtig, daß der Licht-Energie-Kreislauf vorher geöffnet worden ist.) Während Du auf diese Weise das LICHT in Deinen Körper leitest, sprich dabei Worte der Heilkraft:

*"Ich ...hier sprich Deinen Namen aus.... übergebe jetzt all meine Probleme, Lasten und Krankheiten diesem göttlichen LICHT."*

Übergib alles, was Dich belastet, jetzt diesem Licht. Benenne es dabei. Danach atme mehrmals tief ein und aus. Stelle Dir vor, wie das innere Licht jetzt alles verwandelt hat und nun noch heller in Dir strahlt. Fühle Dich wohl. Lächle! Atme mehr LICHT in Deinen Körper.

*"Ich......hier sprich Deinen Namen aus...... vergebe jetzt .....hier sprich die Namen aus, denen Du vergeben kannst..... Mögen das göttliche Licht der Vergebung und unsere Hohen Selbste uns reinigen und einhüllen."*

Jetzt bejahst Du die innere Heil-Energie:

*"Göttliche Heilungsweisheit und Heilungskraft fließt in jede Zelle meines Körpers und in jeden Teil meines Bewußtseins. Ich bejahe Gesundheit, ich bin göttlich, strahlende Gesundheit in allen Zellen, Drüsen und Organen."*

Danach wiederhole den Text für das entsprechende kranke Organ, und sieh Dich dabei in vollendetem Zustand der Gesundheit! Lächle, lächle!

*"Göttliche Heilungsweisheit und Heilungskraft fließt in jede Zelle meines ....benenne das Organ..... und in mein ..benenne das Organ.... Bewußtsein. Ich bejahe Gesundheit, ich bin göttlich, strahlende Gesundheit in meinem ..... Organ benennen.....*

Verbleibe nun noch eine Weile bei Deinem Hohen Selbst und halte dabei das vollendete Bild Deiner Gesundheit / Deines Organs aufrecht. Immer dabei sanft lächeln! Danach beende des Gebet, so wie oben beschrieben.

**Die tägliche Anwendung dieses Gebetes**

wird in Dir machtvolle Heilkräfte zum Fließen bringen! Das ist vielfach bewiesen und praktiziert! Dieses ist eine hochwirksame Arznei und die beste "Medizin" für Deine Seele (Unteres Selbst). Bedenke, kein Mensch sonst kann Dir diese "Arznei" bieten, als Du selbst und Dein Hohes Selbst! Nach jedem oben beschriebenen, von Dir gesprochenen Satz warte einen Moment, so daß Dein Unteres Selbst alles aufnehmen kann, um darauf zu reagieren, vielleicht wie ein inneres Echo. Spüre es, fühle Dich zuversichtlich und wohl dabei. Dann sprich langsam, bewußt, mit dem Bild der Gesundheit vor den Augen, den nächsten Satz. Schließlich werden alle Zellen Deines Körpers und des kranken Organs diese Worte aufgenommen haben und in diesem Gesundheitsbild und Bewußtsein vibrieren. Stelle es Dir vor, fühle es. Lächle dabei!

**Vollziehe alles in voller Überzeugung von der Heilkraft Deiner inneren Christuskraft, Deines Hohen Selbst!**

Wenn alles am Anfang auch noch nicht so klappt, übe und übe und übe stetig weiter. Dein Unteres Selbst, und das Bewußtsein all Deiner Körperzellen benötigen Zeit, sich auf dieses neue Denken einzustellen. Vor allem dann, wenn Du viele Jahre vorher so etwas noch nicht gemacht hast. Bitte beachte auch unbedingt folgendes:
Richte auch Dein äußeres Leben ein auf Gesundheit (HUNA-VITA-Ernährungs-Yoga), Liebe und Achtsamkeit. Außen und Innen müssen übereinstimmen! Bedenke auch, der siebenfache HUNA-VITA-Weg ist ein Studium. Also nimm Dir zum Erlernen dieser Anrufung und der anderen Techniken Zeit. Ein HUNA-VITA-Praktiker wird man nicht, indem man dieses Buch nur liest und ein-zweimal übt. Bedenke, der Weg ist das Ziel.

# HUNA-VITA-RITUS NR. 9

## Mutter-Atem

Die Mutter-Atem-Technik ist eine Übung, die aus der Sufi-Tradition abgeleitet ist. Sie bewirkt im weitesten Sinn eine Reinigung des Körpers von niedrigen Energien und eine Energetisierung. Zu diesem Zweck wird mit zwei wichtigen Energiezentren im Körper gearbeitet.

**1.** Mit dem vitalen Energiezentrum des Bauches, wobei auch das 3. Bauchchakra mit einbezogen ist.

**2.** Mit dem Herzchakra.

Hinzu kommt, daß der Bauchnabel als Pforte gewählt wird, in die Energie einströmt. Daher auch der Name "Mutter-Atem". Damit wird darauf hingewiesen, daß durch den Bauchnabel, wie damals beim Embryo im Bauch der Mutter, Nahrung strömt, hier bei der Technik die Energie-Nahrung.

Das Herzchakra hat neben der Funktion, von außen die Schwingungen der Liebes-Energie aufzunehmen (diese ist in der großen Frequenzbandbreite der universellen Energie enthalten), noch die Eigenschaft, jene hochschwingende Frequenz der Liebes-Energie wieder nach außen abzustrahlen. In der Akupunkturlehre ist dieser besondere Ausstrahlungspunkt des Herzchakras als der "Chi-Punkt" bekannt bzw. als der Akupunkturpunkt "KG 17".

# Die Technik des Mutter-Atems.

**1.** Sitze oder liege entspannt da. Entspanne Dich mit der zuvor beschriebenen "Drei-Finger-Technik".

**2.** Konzentriere Dich einige Minuten auf den Körperort der Kraft im Bereich Deines Nabels. Stelle Dir nun mental vor, wie Du Deinen Nabel öffnest.

**3.** Sieh vor Dir eine Lichtquelle. Z.B. die Sonne oder eine andere Quelle des Lichtes und der Kraft. (Christus, Buddha, Shambala usw.) Beginne nun in Deiner Vorstellung, diese Lichtenergie in den Bauchnabel einzuatmen, und gleichzeitig mit der weiteren Einatmung leite diese Lichtenergie innerhalb Deiner Körpervorderseite (vorderer Zentralmeridian) hoch zum Herzchakra.

**4.** Mit der Ausatmung atme diese Lichtenergie als Strahl zurück zu der Lichtquelle, von der Du gerade Licht eingeatmet hast. Mit dieser Ausatmung verläßt zugleich die niedrigschwingende Masse-Energie Deinen Körper, denn ein Chakra hat ja auch die Funktion, "verbrauchte" Energien aus dem Körper auszuatmen. Besonders intensiv geschieht das durch den oben erwähnten Chi-Punkt des Herzchakras.

**5.** Atme nun mit Deiner nächsten Einatmung wieder Licht-Energie, von der Lichtquelle außerhalb vor Dir, in Deinen Bauchnabel ein und führe geistig diese Lichtkraft mit der weiteren, nicht unterbrochenen Einatmung, hoch zum Herzchakra. Atme die Energie wieder aus, zurück in die Energiequelle vor Dir.

**6.** Vollziehe diesen zuvor beschriebenen Ein- und Ausatemzyklus stetig weiter. Du wirst schon bald bemerken, daß Du Teil eines machtvoll kreisenden Lichtstrahles wirst, der Dich immer intensiver durchdringt und geistig-seelisch reinigt.

**7.** Laß Deinen Atem und das geistige Licht ca. 10 Minuten kreisen. Du wirst Dich danach angenehm vital und erfrischt fühlen.

**Eine Variante des Mutter-Atems, um Masse-Energie an bestimmten Orten des Körpers zu entfernen.**

**1.** Konzentriere Dich auf die Körperstelle, wo Masse-Energie sitzt. Dort wirst Du vielleicht ein Gefühl des Druckes, ein Kloßgefühl, ein Stechen usw. wahrnehmen. Dieses kann überall am Körper auftreten, besonders dann, wenn Du achtsam bist und mitbekommst, wie gerade ein negatives Band sich unangenehm an diesem Körperort bemerkbar macht. Das unangenehme Gefühl ist die schon erwähnte Masse-Energie des Bandes an dieser Körperstelle. Je bewußter Du bist und die "Dreifache Achtsamkeit" anwendest, desto klarer wirst Du die negativen Bänder (natürlich auch die lustvollen, positiven Bänder) in Deinem Körper spüren.

**2.** Beginne nun, an diesem Körperort des unangenehmen Gefühls einzuatmen und ziehe in Deiner Vorstellung diese Masse-Energie mit Deiner weiteren, ununterbrochenen Einatmung zum Herzchakra. Du hast z. B. ein starkes Druckgefühl in der Stirn. Dann atme in Deiner Vorstellung im Stirnbereich ein und ziehe mit dieser Einatmung die Masse-Energie zum Herzchakra herunter. Mach Dir jetzt keine Gedanken darüber, wie und wo die Energie durch Deinen Körper strömt.

**3.** Nun atme diese Masse-Energie bewußt durch Dein Herzchakra aus. Sieh geistig dabei, wie Du eine dunkle Wolke in die Lichtquelle vor Dir ausatmest, wo sie vom Licht aufgelöst und transformiert wird. (Diese Auflösung der dunklen Wolke brauchst Du Dir nicht vorstellen. Laß es einfach voll Vertrauen geschehen.)

**4.** Mit der nächsten Einatmung sei wieder am Körperort des unangenehmen Gefühles und ziehe mit der weiteren, ununterbrochenen Einatmung diese Masse-Energie weiter zum Herzchakra. Atme diese dann wieder als dunkle Wolke aus, der Lichtquelle entgegen.

**5.** Atme in dieser Art weiter und leite alle Masse-Energie (des Bandes) aus Deinem Körper. Wichtig ist bei dieser Technik, daß Du Dich nur auf das

unangenehme Gefühl konzentrierst und auf keinen Fall mit Deinem Mittleren Selbst über das Problem nachdenkst. Denn dann, durch dieses Nachdenken, würdest Du das Band weiter mit der Energie des Ärgers aufladen.
Mit dieser Variante des Mutter-Atems hast Du ein vorzügliches Mittel an der Hand, Deine Bänder von Masse-Energie zu erlösen und Deine Gefühle wieder schnell zu stabilisieren. Diese Technik wurde schon von vielen HUNA-VITA-Praktikern mit erstaunlichem Erfolg praktiziert. Denke aber ans Üben. Du mußt Deinem Unteren Selbst vorher, durch das Üben des Mutter-Atems (1. Übung), beibringen, wie Energien im Körper strömen und ausgeleitet werden können. Dann zeige Deinem US die Variante. Übe einfach so ("Vorübung") mal von diesem, mal von jenem Körperort aus, die Energien zum Herzchakra zu leiten. Auch das wird Dein US schnell lernen und dankbar annehmen, um sich auf diese Art von niederen Energien erlösen zu können. Diese Übung würde Dir wenig nützen, wenn Du sie direkt im "Ernstfall" anwenden würdest, ohne sie vorher mit Deinem US geübt zu haben.

Nun geht es nicht nur darum, Dein Augenmerk auf die Heilung des Menschen zu richten, sondern auch darum, das Heil-Sein von Mutter Erde und Natur mit einzubeziehen. Mensch und Natur sind in vielen wichtigen Wechselwirkungen miteinander verbunden. Auf den folgenden Seiten werde ich Dich darin einweihen, wie der Mensch mit seiner Hohen Selbst-Geistesmacht harmonisierend und heilend auf die Erde, seine Umgebung und die Pflanzen einwirken kann.

# 15. KAPITEL

## Der 7. Weg

des Herzens und des Friedens
mit dem Heilsein von Mutter Erde.
(Fortsetzung)

**In diesem letzten Kapitel werde ich einen geistigen Bogen vom erwachten Menschen zur Natur, unserer Mutter Erde und zum großen, ganzheitlichen kosmischen Geschehen schlagen und dadurch aufzeigen, wie Heilung immer nur ein ganzheitlicher Aspekt von Mensch-Natur-Erde und Kosmos ist. Dabei werde ich auch das Wissen um unsere außerirdischen Geschwister mit einbeziehen, da auch sie mit uns, unserer Erde und unserem Sonnensystem untrennbar verbunden sind.**

## Kosmos und Mensch sind eins.

Wir kommen nicht umhin, uns als große Einheit, als Teil des Universums zu begreifen. Wir erleben die Veränderung kosmischer Strukturen in unseren seelischen Strukturen. (Denke hier z.B. an die Wirkung des Mondes auf den Menschen.) Wir heilen unsere Abweichungen aus der göttlich-kosmischen Ordnung - die wir als Krankheit empfinden - mit den materiellen Formen dieser kosmischen Ordnungskräfte (z.B. Heilpflanzen). Doch wird uns Heilung nur zuteil, wenn wir verstehen gelernt haben, nicht nur unseren Körper, Seele und Geist zu heilen - sondern ganzheitlich heil werden wir erst, wenn wir in unseren Heilungsprozeß den Organismus der Erde und den Organismus des Universums mit einbezogen haben.

Erst wenn unsere Mutter Erde wieder "heilig" geworden ist, wenn wir "Ehrfurcht" vor dem Universum verspüren, haben wir das Thema HEILUNG letztendlich begriffen.

**Unsere Krankheiten zeigen uns an, welche kosmischen Ordnungen wir verlassen haben.**

Die kosmische Ordnung des Wachstums haben wir ins Maßlose gesteigert. Leben ist Wachstum, und die kosmische Signatur dazu ist der Mars mit Kraft, Energie und Wille. Der Mensch als Mikrokosmos entspricht dem Makrokosmos und die menschlichen Mikrokosmos-Planeten, die Drehscheiben des seelisch-energetischen Geschehens, stellen die Chakren dar. So finden wir im Menschen die Signaturen des Marses im 5. Chakra, dem Halschakra, wieder. Dieses drückt sich in der "Macht" der Sprache und des Wortes aus. Geist wirkt durch die Macht der Sprache auf die Menschen und den Organismus der Erde ein. Diese "Mars-Macht" zeigt sich in dem hemmungslosen, übersteigerten kosmischen Ordnungs-Prinzip (Mars) des Wachstums in allen Lebensbereichen. Dieses übersteigerte Mars-Ordnungs-Prinzip des Wachstums macht die Erde krank.

Die Erde wiederum antwortet darauf, nach dem kosmischen Gesetz der Resonanz (6. Kosmisches Gesetz), indem sie unsere Körper mit der gleichen Geisel des hemmungslosen Wachstums schlägt. Gemeint ist hier der Krebs. Hemmungslos wachsende Zellen, die "aus der Ordnung" der Zellverbände herausgefallen sind, zerstören unseren Körper unrettbar.
Auf Mutter Erde lastet ein unglaublicher menschlicher Gedankenstreß von Macht, Krieg, Zerstörung und Ausbeutung. Die Mutter Erde leidet, und die Kinder der Mutter, die Menschen, leiden darunter. Streß schwächt das Immunsystem. Auf der Erde zeigt sich das ganz drastisch am Waldsterben - der saure Regen ist nur das Endglied in dieser Kette. Am Menschen zeigt sich das in dem beängstigenden, rasanten Ansteigen der vielfältigen Immundefekte, wie AIDS und den zahlreichen Formen der Allergien.

Es ist die Zeit gekommen, unseren Geist zu aktivieren, d.h. ein ganzheitliches planetarisch-kosmisches Bewußtsein zu entwickeln, damit Leben auf der Erde, im Menschen, mit dem Kosmos weiter möglich ist. Dieses Prinzip der Wachstumsbegrenzung, der Gedankenbegrenzung ist das kosmische Ordnungsprinzip des Saturn. So ist das Wassermann-Zeitalter nicht nur Uranuszeit (Umwälzung und Wandel), sondern auch Saturnzeit.

☺ **Der Kosmos zeigt uns die Lösung:**

Eingrenzung unserer materiellen Ziele (Saturnzeit) und Umwandlung alter, starrer Überzeugungssysteme und Denkmodelle (Uranus-Wassermann-Zeit). Begreift der Mensch dieses und handelt danach, erhöht er sein Bewußtsein und zugleich das von der Erde. Dieses neue Bewußtsein ist der Geist der raumvollen Liebe zu allem. Es wird darum auch das Christus-Bewußtsein genannt. Diese Liebe drückt ihre kosmische Signatur durch die Venus aus, in den Aspekten der Liebe, Harmonie und Ästhetik. Im Mikrokosmos Mensch spiegelt sich das wieder im 4. Herzchakra, der psychischen Qualität der raumvollen Liebe.

***Fazit:***

*Machen wir dieses kosmische Prinzip der Liebe zur Grundlage unserer Therapie, für uns, für unsere Mitmenschen, für die Natur, für Mutter Erde und den Kosmos.*

**Planetarische Heilung heißt zugleich menschliche Heilung.**

Wir befinden uns jetzt am Rande der Morgendämmerung einer ganzheitlichen, kosmischen Ära. Eingeleitet wird sie, wie zuvor beschrieben, durch das Aufziehen der kosmischen Wirkungsprinzipien des Wassermann, des Uranus, des Saturn, der Venus, der raumvollen Liebe. Dieser Entwicklungsimpuls zielt in Richtung einer globalen-kosmischen Ganzheit von Umwelt - Wissenschaft - Erde - Natur - Mensch. Alles bereitet sich darauf vor, in diese gemeinsame, ganzheitlichere Schwingung einzutreten.

Zunehmend entdecken die Menschen und spüren durch den immer stärker

werdenden Einfluß dieser kosmischen Wirk-Prinzipien, wie alles durch die eine, universelle UR-Lichtkraft entsteht, gesteuert wird und untereinander verbunden ist. Man kann es auch als das alles beeinflussende, kosmische Bewußtsein bezeichnen. Die alten Traditionen lehren, daß der Mensch sich diesem kosmischen Bewußtsein nähern kann, wenn er seine eigene Göttlichkeit erkennt und lernt, sich dieser zu öffnen. Wie dies geschehen kann, habe ich in diesem Buch beschrieben.
Dieser Öffnungsgedanke für ein machtvolles, vereinheitlichtes Energiefeld, auch als Christus-Bewußtsein bekannt, wird zunehmend, im Sinn des Neuen Zeitalters, alle Menschen, die Natur, die Erde und den Kosmos miteinander verbinden. In gemeinsamen Licht-Meditationen, lichtvollen Gedanken und global-kosmischen Aktionen verbinden sich die Menschen mit dem Planeten Erde, dem Kosmos und ihren kosmischen Geschwistern zu einem strahlenden Licht-Netzwerk. Dadurch entsteht ein zunehmend höherschwingendes, umfassendes Bewußtseinsfeld, das auf alles harmonisierend übertragen wird.

**Der Wissenschaftler Rupert Sheldrake**

nannte diese Bewußtseinsfelder "morphogenetische Felder" (Form-Felder) im Sinn eines aus sich heraus schöpferischen Universums bzw. einer universellen Schöpferkraft, ein allumfassendes Organisationsfeld, das Struktur, Wachstum und Verhalten aller Dinge steuert.
Diese Organisationsfelder wirken auf allen Ebenen. So meint Sheldrake: Wenn sich irgend etwas formt, z.B. ein Kristall oder wenn ein Tier ein "neues Verhalten" lernt - das gilt natürlich auch für den Menschen - wird dieses neue Verhalten das spätere Heranbilden aller anderen Kristalle, Tiere und Menschen beeinflussen. Hier spiegelt sich das 1. Kosmische Gesetz wieder, daß alles mit allem verbunden ist. Aus diesem global-kosmischen Licht-Netzwerk entsteht ein "morphogenetisches Bewußtsein", das auf alles harmonisierend einwirkt. Der Mensch erkennt hierdurch immer klarer das Gesetz der alles miteinander verbindenden, raumvollen Liebe als das Grundgesetz unserer jetzigen und zukünftigen Existenz! Genau hier liegt unsere großartige Chance, das morphogenetische, heilende Bewußtseinsfeld der raumvollen Liebe aufzubauen.
Du, wir alle, können uns mit dem Licht-Bewußtsein unseres Hohen Selbst,

verbunden mit Gedanken des Friedens und der Liebe, mit dem konstruktiven Bewußtseinsfeld vieler Menschen und unserer außerirdischen Geschwister verbinden. Dann wirst Du die Kraft spüren, die dieses gemeinsame, "morphogenetische Kraftfeld" des Licht-Bewußtseins Dir gibt, gegen Angst, Verzweiflung und Zerstörung anzugehen. Du erkennst und erlebst, nie sind Angst, Negativität, Machtgelüste und Schuldgefühle stärker als das ganzheitliche Licht-Liebe-Bewußtsein.

Beginne damit, Dich mit dem nachfolgenden HUNA-VITA-RITUS NR.10, dem "Golden Lichtstrahl" und der "Lichtsäule" zu verbinden und das zu tun, was für uns alle und unsere Erde so dringend notwendig ist, um ganzheitliches Heil-sein immer mehr zu verwirklichen! Glaube mir, all das wird Dich sehr gezielt und schnell auf eine Ebene des Wohlbefindens bringen, die Du vielleicht sonst nur sehr schwer erreichen wirst. Ganz sicher wird Dein Leben an Bedeutung und Zweck gewinnen, mit den kosmischen Mächten zu kooperieren.

Du wirst zunehmend glücklicher und geistig-seelisch-körperlich heiler, wenn Du lernst, Dich, Deine Mitmenschen, Deinen wunderbaren blauen Planeten und Deine kosmischen Geschwister in Dein raumvolles, liebevolles Bewußtsein aufzunehmen, das heißt, sie zu lieben.

***Fazit:***

*Dann, liebster Freund/in, wirst Du das Wunder Deines vollen Potentials als erwachter, kosmischer Mensch und die liebende, vertrauenswürdige, führende Kraft Deines Hohen Selbst ganzheitlich erleben.*

Auf diese Weise wirst Du aufgeschlossen für das umfassende Bewußtsein, daß eine einzige Kraft, die Ur-Licht-Kraft, die eine Wahrheit und Wirklichkeit, das Universum lenkt und belebt. Du lebst mitten im Strom dieser Ur-Kraft, verbunden durch Dein Hohes Selbst. Diese erlebte Erkenntnis wird Dich mit Begeisterung und Mut erfüllen, die jede Furcht vor dem zukünftigen, turbulenten Weltgeschehen vernichtet! Dein Leben bekommt einen tiefen, verstehenden Sinn, wenn Du Deine ursprüngliche Einheit mit dieser großen, erschaffenden und erhaltenden Kraft des Universums erkennst. Denn Deine wirkliche "Heimat" ist der Kosmos, aus dem Du auf diesen Planeten gekommen bist und zu dem Du wieder zurückgehen wirst.

**Hier begegnen wir unserem Thema: "Gib Deinem Leben Kraft!"**

Die Weiterführung heißt: "Gib Deinem Leben Kraft durch das Wissen und die Verbindung mit der UR-Lichtkraft!" Ich habe am Anfang dieses Buches damit begonnen, Dir von diesem "Geheimnis" jener Ur-Lichtkraft zu berichten. Jetzt zum Ende schließt sich der Kreis, und ich komme auf diese Ur-Lichtkraft zurück, allerdings auf einer nächsthöheren Kreis-Spirale des Wissens und der praktischen Anwendung für Dein Leben und das der Erde.

**Was Du konkret für das Heil-sein der Erde tun kannst.**

Dadurch, daß sich unser gesamtes Sonnensystem den immer höheren Schwingungen der Zentralsonne nähert und zugleich in die neue Zeitenergie des Wassermanns eingetreten ist, fließen Wellen enormer geistiger Energien in das Umfeld der Erde. Es ist dieses die Vibrationskraft des "Goldenen Strahles", der Liebe und Weisheit, von dem auch schon die Mayas und andere Kulturen berichtet haben. Wie schon erwähnt, wird dieser einströmenden Kraft auch die Qualität des Christus-Bewußtseins und damit zugleich die des Hohen Selbst zugesprochen.
Wer also ganz bewußt die Verbindung mit seinem Hohen Selbst hergestellt hat und den Weg des Herzens und des Friedens praktisch geht, befindet sich in der Gesellschaft jener Menschen, die bereits mit an der Wandlung der Jetzt-Zeit arbeiten. Sie gehören zu jenen Lichtarbeitern, deren Wirken so wesentlich für die Erde und die Menschen ist. Die hohe Geistige Ebene erkennt sie an der Lichtverbindung mit ihrem Hohen Selbst ( 8. Siegel).
Ein hoher, göttlicher aufgestiegener Meister sagt zu diesem Thema folgendes:

*" Wir erfüllen jetzt getreulich unsere Aufgaben, der Menschheit auf Erden den wahren Sinn ihres Lebens in der kommenden Zeit vor Augen zu führen. Die Zeit des tiefen Eintritts in die Materie geht nun vorüber, denn andere, höhere Schwingungen treffen auf das Planeten-*

*system und regen den Geist des Menschen auf ungeahnte Weise an. Der Schlaf der Jahrhunderte ist zu Ende. Das Zeitalter der Freiheit bricht an und lenkt höhere Kräfte in die Menschenseelen.*
*Das so festverwurzelte Weltbild, das bisher noch höhere Erkenntnisse ausschloß, durch Begrenzungen und religiöse Dogmen geprägt war, die noch aus den düsteren Jahrhunderten herüberreichen, wird nun schnell hinweggefegt.*
*Freiheit des Geistes, wahre Erkenntnis des menschlichen Lebenszweckes, Entfaltung der inneren Kräfte und brüderliche Liebe, das sind Werte, die das Neue Zeitalter hervorbringt."*

**Die alte HUNA-Einweihungslehre sagt aus,**

daß die Hohen Selbste untereinander verbunden sind. Sie werden als "die leuchtende Gesellschaft der Hohen Selbste" bezeichnet, die "Poe Aumakuas". Der heutige Mensch hat mittels des alten HUNA-Wissens die Möglichkeit, an diese hohe Ebene der Poe Aumakuas "anzuklopfen", damit ihm aufgetan wird. D.h., über das in diesem Buch schon beschriebene HUNA-VITA-LICHTGEBET wird er eingebunden in die Sphäre der Hohen Selbste bzw. des Christus-Bewußtseins. Somit hat er heute die Möglichkeit, als "Kanal" diese Christus-Kraft (Ur-Licht-Kraft) zu sich, zu den Mitmenschen und zu Orten zu leiten, wo diese Kraft gebraucht wird.

Diese hochschwingende Christus-Kraft des Hohen Selbst wird u.a. auch dafür benötigt, ein machtvolles, kosmisches "Energie-Bewußtseins-Tor 11:11" zu öffnen, damit Erde und Mensch eine Möglichkeit bekommen, in eine weitere Bewußtseinsspirale der Evolution einzusteigen. Das ist ein weiterer Schritt "heimwärts", ein Schritt tiefer in unsere Mitte, zu dem LICHT-KÖRPER unseres Hohen Selbst. Diesen Schritt durch das Tor gehst Du mit dem "Goldenen Lichtstrahl", mit der "Lichtsäule" und Deiner "Anrufung des Hohen Selbst".

# HUNA-VITA-RITUS NR. 10

## Die Errichtung und Verankerung des "Goldenen Lichtstrahles" als "Lichtsäule" auf der Erde.

Hierbei geht es nicht um Durchsagen oder bestimmte Botschaften aus der hohen geistigen Ebene, es geht darum, ausschließlich dienender Kanal zu sein, durch den diese goldenen Lichtenergien auf die Erde strömen. Wobei natürlich der Mensch, der Kanal ist, ebenfalls in eine hohe Schwingung versetzt wird, die seinem Körper, seiner Gesundheit und seiner Entwicklung in hohem Maße zugute kommt.
Diese Lichtsäule kannst Du allein errichten und verankern oder mit gleichgesinnten Mitmenschen (z.B. in einem HUNA-VITA-Lichtkreis).
Der Goldene Lichtstrahl wird durch die Lichtsäule auf die Erde gebracht, gezielt dorthin, wo diese regenerierende und transformierende Kraft benötigt wird. In die eigene Wohnung/Haus, zum eigenen Meditationsplatz, zu dem großen LICHT-NETZWERK, zu Orten der Natur, wo Belastungen sind, zu Mülldeponien, Kernkraftwerken usw.

Mit dieser verankerten, strahlenden Lichtsäule hast Du einen "Ort der Kraft" erschaffen, von dem eine Verbindung zwischen Erde und Kosmos hergestellt ist. Für Deinen Meditationsplatz bedeutet das, Du befindest Dich während Deiner Meditation/Anrufung in Verbindung mit dem Kosmos bzw. mit den Licht-Wesen des Kosmos, mit den höheren Energien des Tores 11:11 und unseren außerirdischen Geschwistern. Du praktizierst Licht-Arbeit, im wahrsten Sinn des Wortes.

**Errichtung der Lichtsäule mit Hilfe des HUNA-VITA-LICHT-GEBETES.**

**1.** Vollziehe das HUNA-VITA-LICHT-GEBET so, wie ich es Dir im HUNA-VITA-RITUS NR. 8 beschrieben habe. Bist Du an der 5. Stufe angelangt, also dort, wo Du Dein persönliches Gebet/Wunsch übergibst, richte Dich mit folgenden Worten an Dein Hohes Selbst. Wobei Du Dir immer bewußt sein solltest, daß dieser Kontakt immer über Dein Unteres Selbst zum Hohen Selbst läuft:

**2.** *"Bitte, göttliches Hohes Selbst, verbinde mich jetzt mit allen Hohen Selbsten von Lichtgruppen, dem großen LICHT-NETZWERK und HUNA-VITA-Lichtkreisen, die diesen Pfad des Lichtes gehen. Verbinde mich mit der leuchtenden Gesellschaft der Hohen Selbste und den Goldenen Lichtstrahlen des Kosmos."*

**3.** Stelle Dir in Deinem Geist vor, wie Du eine Lemniskate ziehst, die Dich mit den Hohen Selbsten und dem Goldenen Lichtstrahl verbindet. Diese Lemniskate ist zum einen ein machtvolles, verbindendes Energiesymbol und zum anderen ist sie eine Aufforderung in der "Bild-Sprache" an Dein Unteres Selbst, hier an diesem Ritual mitzuwirken.
Die Lemniskate stelle Dir als eine flache, horizontal liegende Acht vor. Dabei umschließt die eine Schleife der Acht Dich und Dein Hohes Selbst-Symbol, und die zweite Achtschleife umschließt alle anderen Hohen Selbste nebst dem Goldenen Strahl. Stell Dir die anderen Hohen Selbste als ein großes Feld von Lichtkugeln vor, die sich um den Goldenen Strahl scharen. Siehe, wie alles in einem großen LICHT-NETZWERK eingebunden ist. Halte dieses Vorstellungsbild einen Moment aufrecht.

**4.** Stelle Dir nun eine flach liegende Lemniskate dort auf dem Boden vor, wo Du die Lichsäule errichten möchtest. Hier wirkt die Lemniskate zugleich als Energie zur Lichtsäulenverankerung und als eine "Positionsmarkierung" für die Säule.

**5.** Sieh jetzt das Symbol Deines Hohen Selbst und bitte Dein Hohes Selbst, diesen Goldenen Lichtstrahl in Dich, durch Dich, in die Lichtsäule strömen zu lassen. Sei Dir dabei bewußt, daß das Bewußtsein aller Hohen Selbste hierbei mitwirkt.

*"Bitte, göttliches Hohes Selbst, leite diesen Goldenen Lichtstrahl in mich und durch mich in die Lichtsäule. Bitte, Ihr göttlichen Hohen Selbste, errichtet jetzt diese strahlende Säule aus Licht und Christus-Kraft."*

**6.** Beginne nun diesen Goldenen Lichtstrahl über Dein Hohes Selbst-Symbol in Dein Scheitelchakra einzuatmen, bis zu Deinem Herzchakra. Dann, mit der Ausatmung, öffne im Geist Dein Herzchakra wie eine helle grüne Blüte und laß aus ihr den Lichtstrahl dorthin fließen, wo die Lichtsäule errichtet werden soll. Dabei sprich folgendes Mantra der Kraft:

Mit der Einatmung: *"Gott Ich Bin"*,
mit der Ausatmung: *"Strahlende, göttliche Kraft der Liebe."*

**7.** Stelle Dir vor, während Du stetig weiter Licht-Energie aus Deinem Herzchakra ausstrahlst und das Mantra weiter sprichst, wie sich langsam eine Lichtsäule formt und Du mit Deinem Geist diese Säulenform unterstützt, bis sie über das Dach Deines Hauses weit hinausgewachsen ist.

**8.** Steht die Säule, beginne damit, die Säule ebenfalls tief, bis in den Mittelpunkt der Erde, wachsen zu lassen. Stelle Dir den Erdmittelpunkt als einen strahlenden Licht-Kern vor. Jetzt ist die Lichtsäule endgültig verankert.

**9.** Stelle Dir nun weiter vor, wie das obere Säulenende eingebunden ist in ein riesiges Licht-Netzwerk. Sprich dazu folgendes:

*"Ich bitte Euch, Ihr göttlichen Hohen Selbste, verbindet diese Lichtsäule jetzt mit dem großen, göttlichen Licht-Netzwerk und mit allen anderen Lichtsäulen. Bitte laßt von nun an für immer die goldene, strahlende Christus-Kraft in diese und alle anderen Säulen strömen."*

Stelle Dir diese große Lichtvernetzung vor, so gut Du es kannst.
Zum Schluß atme wieder über Dein Hohes Selbst in Deinen Körper die "rosarote" Christus-Liebe ein, und durch Deine geöffnete Herzchakra-Blüte diesen rosa-roten Strahl der Christus-Liebe in die Lichtsäule aus. Fülle sie mit diesem Liebes-Licht vollständig an. Sage dazu das Mantra:

*"GOTT ICH BIN, STRAHLENDE LIEBE"*

Wiederhole dieses Mantra stetig, während Du Licht in die Lichtsäule einströmen läßt.

**10.** Beende Dein Lichtgebet, wie zuvor im HUNA-VITA-LICHTGEBET/Anrufung beschrieben.

Bei jeder Deiner nächsten HUNA-VITA-LICHTGEBETE/Anrufungen beziehe diese Säule mit ein und laß Licht - wie oben beschrieben - in sie fließen. Mach dieses ca. noch 5-6 mal. Dann brauchst Du bei Deinen weiteren Anrufungen nur noch kurz darum zu bitten, daß Licht in sie fließt.
Setze bei Deiner Anrufung auch Lichtsäulen an den Ort Deiner Arbeit.
Bedenke dabei, daß Du mit dieser Technik sehr viel Kraft und Licht auf die Erde und zu den Menschen bringst. Du bist der "Botschafter" des Lichtes und unterstützt damit das Heil-sein von Mensch und Erde. Gleichzeitig erschaffst Du für die Erde und die Menschen eine immer stärker anwachsende Verbindung mit dem Kosmos.

**Wir kommen zum Ende.**

Ehe ich mit diesem letzten Absatz begonnen habe, hatte ich mich mit meinem Hohen Selbst verbunden und nach einer Schlußbotschaft für dieses Buch, für Dich und die anderen lesenden Menschen gefragt. Dazu habe ich das "Neo-Tarot" benutzt. Ich bekam folgende Antwort:

*"Mische Dich niemals in die Liebe und das Gebet eines anderen Menschen ein. Gib die Vorstellung auf, Du alleine wüßtest, wie man liebt und wie man betet. Respektiere einfach andere Menschen und daß die Art, wie sie lieben und beten, für sie vollkommen ist."*

Als Erläuterung gibt es dazu eine wunderschöne Geschichte, ich möchte sie Dir in diesem letzten Psycho-Bild erzählen:

## *PSYCHO-BILD NR. 21 "Das Gebet".*

*Moses begegnete einmal einem Mann, der gerade betete, aber ein so absurdes Gebet sprach, daß Moses stehenblieb. Und nicht nur absurd war das Gebet, es war beleidigend für Gott. Der Mann sagte:*
*"Laß mich Dir näherkommen, oh Gott, und ich verspreche Dir, wenn Du schmutzig bist, werde ich deinen Körper reinigen. Wenn du Läuse hast, werde ich sie beseitigen. Und ich bin auch ein guter Schuhmacher, ich werde für dich die besten Schuhe machen. Niemand sorgt für Dich oh Herr...... ich werde mich um Dich kümmern! Wenn du krank bist, werde ich dich bedienen und dir Medizin bringen. Und ich bin auch ein guter Koch!"*
*Moses fuhr ihn an." Hör auf! Hör sofort mit diesem Unsinn auf! Was redest du da? Daß Gott Läuse an seinem Körper hat! Und daß seine Kleider schmutzig sind und du sie säubern willst? Und daß du sein Koch sein willst? Wo hast du nur dieses Gebet gelernt?"*
*Der Mann antwortete: "Ich habe es nirgendwo gelernt. Ich bin ein sehr armer und ungebildeter Mann, und ich weiß, daß ich nicht zu beten verstehe. Ich habe es mir selbst ausgedacht....... und dies sind eben die Dinge, die ich kenne. Läuse machen mir selbst sehr zu schaffen, also müssen sie auch Gott stören. Und manchmal ist das Essen, das ich bekomme, nicht besonders gut, dann tut mir mein Magen weh. Auch Gott wird manchmal leiden. Dies sind einfach meine eigenen Erfahrungen, die ich in mein Gebet hineingenommen habe. Aber wenn du das rechte Gebet kennst, bringe mir es bitte bei."*
*Also brachte ihm Moses das rechte Gebet bei. Der Mann verbeugte sich vor Moses, dankte ihm mit Tränen tiefer Dankbarkeit. Er ging davon, und Moses war sehr zufrieden, und er dachte, er hätte eine gute Tat vollbracht. Er sah zum Himmel auf, um nachzuschauen, was Gott wohl davon hielt. Aber Gott war sehr aufgebracht!*
*Er sagte:" Ich habe Dich ausgesandt, um mir die Menschen näherzubringen. Dieses 'rechte Gebet', das du ihn da gelehrt hast, ist überhaupt kein Gebet - denn Beten hat nichts mit dem Gesetz zu tun, Beten ist Liebe. Liebe ist sich selbst Gesetz, sie braucht kein anderes*

*Gesetz. Und aus Liebe entsteht Gnade. Und aus Liebe - Wahrheit. Denke daran: Wenn du die Wahrheit verstehen kannst, befreit Wahrheit. Und eine andere Befreiung gibt es nicht!"*

**Liebster Freund/in,**

Wir haben nun zusammen eine gewisse Zeit verbracht. Unsere Gedanken sind in Richtung "Entfaltung der eigenen Göttlichkeit" gewandert. Ein mögliches Handwerkszeug dazu ist der HUNA-VITA-Weg zu Deinem Hohen Selbst.
Ich wünsche Dir viel Licht, tiefes Ahnungsvermögen und Gottes Segen auf Deinem weiteren Entwicklungsweg - mit Deinem ganz persönlichen Gebet oder mit dem HUNA-VITA-LICHTGEBET..................

für die Welt
im HUNA-VITA-LICHT

# Literaturnachweis

**Ramtha**
In der Tat Verlag

**Das unpersönliche Leben**
Dem Wahren, Schönen, Guten - Verlag

**Yoga der Ernährung**
Aianhov, O.M.
Prosveta Verlag

**Der Maya-Faktor**
Arguelles, Jose
Goldmann Taschenbuch

**Kasskara und die sieben Welten**
Blumrich, J.F.
Knaur Verlag

**Die Rohkosttherapie**
Burger, Guy Claude
Heyne Taschenbuch

**TAO Yoga**
Chia, Mantak
Ansata Verlag

**Maitreyas Mission**
Creme, B.
Edition Tetraeder

**Fit fürs Leben**
Diamond, Harvey
Goldmann Taschenbuch

**Remothering**
Diamond, J.
Verlag für Angewandte Kinesiologie

**Psychologik**
Eschner, M.D.
Kersken - Verlag

**Das neue Handbuch der Esoterik**
Goodmann, L.
Diana-Verlag

**Ent-wickle dich!**
Hyatt, Ch.S.
ro ro ro Taschenbuch

**Psycho-Pictographie**
Howard, Vernond
ERI-Verlag

**Die Schlüssel des Enoch**
Hurtak, J.J.
Zentrum der Einheit, CH-3855 Schweibenalp

**Einbruch in die Freiheit**
Krishnamurti, Jiddu
Ullstein Sachbuch

**HUNA-Praxis**
Krotoschin, H.
Hermann Bauer Verlag

**Die stärkste Kraft der Welt, das Gebet**
Laubach, Frank C.
Oesch Verlag

**Die Lehre des Wachstums**
Leadbeater, F.
Hirthammer Verlag

**Das mystische Leben Jesu**
Lewis, Spencer H.
AMORC

**1. Geheimes Wissen hinter Wundern**
**2. Kahuna Magie**
Long, Max Freedom
Hermann Bauer Verlag

**Carlos Castaneda und die Lehren des Don Juan**
Lütge, Lothar-Rüdiger
esotera Taschenbücherei

**Lexikon des Geheimwissens**
Miers, Horst E.
Goldmann Taschenbuch

**Die Psychologie der möglichen Evolution des Menschen**
Ouspensky, P.D.
Plejaden Verlag

**Lebende Makromoleküle als Lebenselixier**
Ostertag, W.
Humata Verlag

**Das Geheimnis der Osterinsel**
Prachan, J.
Molden-Verlag

**Die Lazaris Botschaft**
Rabben, M. (Übersetzer), Goldmann Taschenbuch

**Das Buch EST**
Rhinehart, Luke
Kailash-Buch

**Die Wunde der Ungeliebten**
Schellenbaum, Peter
Kösel Verlag

**Kybalion**
Schwerin, Hans Edo
Akasha Verlag

**Die Lehren der Essener**
Szekely, Dr. Ed. B.
Bruno Martin Verlag

**Der Geist der Münze**
Tegtmeier, R.
Goldmann Taschenbuch

**Das KI-Buch**
Tohei, Koichi
Kristkeitz Verlag

**Mystik und neue Physik**
Talbot, Michael
Heyne Sachbuch

**Willst Du gesund sein, vergiß den Kochtopf**
Wandmaker, K.
Waldthausen-Verlag

**Die Kraft ohne Grenzen**
Wilde, S.
Undine Verlag

**Der brennende Busch**
Weinfurter, Karl
Karl Rohm Verlag

**Harmonische Ernährung**
Weise, D.O.
Smaragdina Verlag

**Cosmic Trigger**
Wilson, R.A.
Sphinx Verlag

**Was es heißt ein Mensch zu sein**
Zacharias, Thomas

**raum & zeit**
Jahrgang 10, Nr. 53
Ehlers Verlag

# Einladung

Möchtest Du mehr über HUNA-VITA erfahren, so lade ich Dich ein, mit mir zu korrespondieren. Du erhälst kostenlos und unverbindlich Informationen über

**mein spezielles HUNA-VITA-Training,**

**meine Kassete zu diesem Buch**

**und über die verschiedenen HUNA-VITA-Lichtkreise.**

Meine Anschrift:

**Ekkehard Zellmer**
**Anton-Heinle-Str. 21**
**D-86316 Friedberg**